饶胖说

资本市场系列

LAW & BUSINESS 法商图书

饶胖说新三板

董秘·资本实务二十讲

饶 钢 洪卫青 著

法律出版社 LAW PRESS·CHINA

本书赞誉

叶　檀　著名财经评论家

很多人写新三板，能够在细节上告诉你怎么做得不多。懂理论才能接地气，懂理论难，接地气更难，饶胖做到了。

钱学峰　汉理资本董事长

市面上讲新三板的书很多，但是能够真正搞懂这个市场的人却少之又少，特别是能从挂牌企业和从资本两个角度来理解这个市场，饶总在企业操作和资本市场运作两方面都很有经验，这本书无论对于想进新三板的还是已经在新三板运作的公司都有重要的参考价值，是一本难得的新三板资本运作好教材。

袁　季　广证恒生证券公司总经理

新三板之于饶总，不仅仅是资本市场之二三事，更是让他找到了更多快乐和价值的地方。由于深度参与市场，又乐于分享，饶总的实战经验相信可以给许多新朋友提供借鉴和参考。

高利军　维珍创意（430305）董事长

饶总是新三板一万多名董秘中为数不多的、十分杰出的董秘之一，江湖有名的“新三板三剑客”之一。新三板企业，大多体量比较小，请不起像A股上市公司那样的专职董秘，所以大多数新三板董秘都是非专业出身，如财务总监兼任，副总经理兼任的。饶总既熟悉新三板，又熟悉上市公司，经常在三板圈里授业解惑，积极帮助其他董秘，有很高的威望。新三板的董事长在各自的行业里都是专家，但在资本市场里确是小学生。新三板的企业是否能借力资本市场再上一个台阶，很大程度上取决于董事长的学习能力和格局。作为一名董事长，我经常在微信圈里阅读学习包括饶总在内的专家们的文章，来提高自己资本市场的水平，收益颇丰！饶教授写的书，实操性很强，比较接地气，推荐大家阅读。

崔彦军　董秘一家人创始人、南北天地软件（430066）董秘

顺应新三板市场的迅猛发展，一本新三板资本实操性技术专业书籍隆重上市。该书作者结合三板资本市场及丰富的实操经验，详细解读了新三板市场的资本运作及具体实施，深入浅出、风趣幽默、实操性强，有助于企业、投资者、中介机构了解三板，在实务操作中具有非常重要的借鉴意义，十分值得关注。

程建辉　进门财经（838764）董事长

新三板为所有创新创业型企业开启了资本市场的大门，同时，也激活了整个社会的创新活力。新三板是个成长型市场，所有市场参与者都处在探索学习过程中，饶总是最早深入研究各项法律法规和进行市场实践的资深董秘，经常听到他关于各类市场热点事件的分享解读，语言诙谐幽默，段子形象生动，每次都在愉快的氛围中受益良多。

颜　鸿　哇棒传媒（430346）总经理

一万家的企业群体，衣衫褴褛的痛苦前行，一年一年的希望与失望。不经意之间新三板已经成为了一个无法撼动的现实，你可以蔑视它，或装作看不见它，但你绝对无法穿越它，它是钢铁一样的存在！

饶胖兄，别称“叫兽”。三板的观察者，研究者，鼓吹者，资深从业者，众多新三板爆点观点的引发人，饶胖的众多貌似先验的观点，最终变成了冷酷的现实。有人说，众说新三板到了一个瓶颈期，节点期，无处可行期…… 此时，饶胖兄出书正当其时，此书干货满满，解我等经年之惑。

郑培敏　上海荣正投资咨询有限公司董事长

饶兄是三板一线实务战线的“教授级”专家，也是证券金融业的“作家”，他既能把理论知识深入浅出地解读得外行也一目了然，还能用调侃的文字把严肃而索然无味的财经术语发挥成轻松的段子，这些都是要很高的造诣的。相信浓缩了饶总思想精华的《饶胖说三板：董秘·资本实务二十讲》一书不会让关心三板的读者们失望的。

罗党论　中山大学岭南（大学）学院教授、新三板智库联合创始人

快速发展的新三板急需大批优秀的董秘，新三板的董秘比主板公司的董秘工作更累，要求更高，要学习的东西更多。饶总这本风趣幽默的新三板董秘“宝典”显然是市场的刚需，是一本值得推荐的书籍。

葛贤通（K先生）　K先生工作室创始人

坦白说，由于各种原因，新三板市场职业董秘并不多，像饶总这样高水平的更是稀有物种，更难能可贵的是饶总还能把原本枯燥的专业知识用群众喜闻乐见的方式表达出来。在此强烈推荐给董秘朋友们以及关心这个市场的其他人士，相信此书会给你带来美好的阅读体验。

沈致君　上陵牧业（430505）董秘

新三板发展之快是我们未曾预料的，在多达一万一千多家的新三板企业中，董秘水平可谓参差不齐，而饶总作为优秀董秘的代表，在普及董秘知识、提高董秘水平、助推三板发展方面，可谓不遗余力，几年来，无论是网络还是线下，无论是讲课还是论坛，我们都不时地可以看到饶总的身影，因为其专业的精湛，说话诙谐幽默，晦涩的证券专业知识和现象，经他娓娓道来，立即生动鲜活了！饶总笔耕不断，这次集结成书，实乃新三板的一大幸事！

人，才是资本市场的尺度

常　亮

初识饶兄，是在某某软件公司一间没有窗的办公室里。

他热情地拉住我，对着一台笔记本电脑，滔滔不绝地为我一个人，做了一场长达两个小时的专场路演。

骇人听闻的勤奋。

自此以后，涉世未深的我逢人便讲："某某软件真是个适合上市的好苗子，我要是有钱，肯定买。"

很久以后我才知道，那一年光是正式场合的路演，饶兄就讲了将近四十场，是整个新三板当之无愧的"路演狂人"。对我一个人的路演，并非一见钟情，乃是惯性使然：一开口就收不住了。

也许正是因为饶兄的专业和热情，让某某软件成为新三板第一家通过做市转让实现"千人千股"的公司。当然，公司基本面才是第一位的，一切荣耀归于领导。

饶兄的勤奋，仅仅是表象，其底色是对哲学，特别是对认识论的思考和实践。虚实相生，物我两忘，直抵要害：

什么才是企业的真相？饶兄认为"在资本市场运作中，真相并不重要，因为这个真相实不可得！"

"我们判断的唯一依据就是企业发出的信号，而不是企业本身，企业的资本动作是信号，财务报表也是信号，企业外的人仅仅可以接触到信号，以此判断企业到底发生了什么，同时要牢记，那仅仅是信号，不是企业本身。"

监管层控制是过去和现在的信号，而投融资则是一种依据信号预测未来的活动。饶兄的这本力作，首先是一本关于企业进入资本市场以后，如何认识过去、管理现在以及预测未来的哲学书。

《1984》中有这样一句话，颇为拗口，却精确描述了过去、现在和未来的关系：

"谁控制过去就控制未来，谁控制现在就控制过去。"

转换为资本市场的语言便是：企业在合规的前提下客观评价现状并把握好稍纵即逝的时机，才能管理好资本市场对企业的预期，而预期本身是可以自我实现的。饶兄大作围绕着近年来新三板市场发生的一个又一个经典案例,将自己是如何分析和利用彼时市场莫衷一是的新情况、新问题,原原本本地展现在读者面前,将拗口的监管语言还原到最原初的动因,拨云见日,纲举目张。

但这远远不是本书最精华的部分。

泰勒斯认为:“人是万物的尺度”,资本市场是万物之一,所以人亦是资本市场的尺度。

因此,饶兄将投融资工作的本质总结为“说服别人”,即关于“人”的工作;哲学是关于人类内心的学问,不可不察。

恺撒曾在《高卢战记》中愤世嫉俗地写道:

“人们只能看到自己想要看到的事实。”

作为高度抽象化的总结,李善友如下这段话成为恺撒名言的现代版:

“成年人学习的目的,应该是追求更好的思维模型,而不是更多的知识。在一个落后的思维模型里,即使增加再多的信息量,也只是低水平的重复。”

人如此,书如此,道理如此而已:当越来越多的资本市场读物成为对政策法规的阐释、注解和扩写时,其实不过是在落后思维模型中低水平地重复。这本小书却反其道而行之,畅快淋漓地庖丁解牛,直接在思维方式上授人以渔。

而在“道”的层面,企业经营和金融投资,本质都是押注未来的活动。对于预测未来,人类的理性还远远不够牢靠,亟须信仰的强力加持,一段著名的祷文是这样写的:

“愿上帝赐予我平静,能接纳我无法改变的事;愿上帝赐予我勇气,能改变我可以改变的事;并赐予我智慧,让我能分辨这两者的不同。”

平静和勇气因人而异,饶兄这本小书,有智慧。

自序:我眼里的新三板

饶胖的来历

我在进门财经APP开了一个“董秘来了”栏目,讲授新三板资本运作和董秘实务。在进门财经的讲课是一个线上课程,共24期。绝大部分时间,我是在家里书房,穿着家居服,一个人对着手机完成,只有一个听众在我身边,就是饶胖。胖胖是一条狗,男的,柴犬,2岁了,小时候抱他回家的时候,他是那一窝里面最肥的,所以取了个名字叫胖胖,可惜长大了,别人问叫什么名字啊?叫胖胖,啊,这么瘦!胖胖绝大部分时候都会扮演一个严肃的听众,金融的内容听多了估计胖胖自然有感觉,有朋友打趣说,这是名副其实的“金融单身狗”。2016年过去了,2017年新三板会怎么样?我问了胖胖,胖胖认真思考了以后,告诉我一个字“旺”。

我和新三板以及本书的来历

第一次听说新三板这事儿,还是在2014年2月,春节刚过,当时我正在一家公司做董秘,负责组织IPO工作,计划按照2013年年底的数据申报创业板,3月正是准备申报资料、3年一期财务报表的关键时候,忙得天昏地暗,突然有一天董事长把我叫到办公室,说:考虑到IPO实际上仍不收材料,综合下来,他决定暂时不申报创业板,改为申请在新三板挂牌。

新三板?这是个什么玩意儿?我也是丈二和尚摸不着头脑,也难怪,新三板正式启动是在2015年12月底,在那个时候确实大家都不太清楚。经过一番研究,慢慢理解了董事长的想法,既然IPO不收材料,干等着还不如先到新三板看看有什么政策红利,反正也是可以随时再启动IPO,这一随时就是2年,这是后话。这一变化对于我的工作倒是影响不大,IPO招股书和审计要比新三板严很多,招股书和审计都基本完成,从严到松、从繁到简还是比较容易的,400多页招股书减了一半,形成新三板的公开转让说明书,审计报告只是缩短了一年报告期而已,律师的材料变化也不大,总的来说工作量不是很大,但是如果是从新三板标准的资料改到IPO的,那可是一个大工程,现在很多新三板公司转去IPO的公司都有体会,不是那么容易。

虽然我理解了董事长的战略,但是,外人看来就不是那么回事了,改为新三板准备后没几天,会计事务所的老大李老师就找我了,问我:是不是公司出了什么大问题?我说:一切正常啊,你的团队不都在现场如火如荼地干活,能有什么大问题?他说,如果没有大问题,你们为何要放弃 IPO 转投新三板?说得我一愣一愣的,当然,我向他拍胸脯保证这仅仅是一个资本策略的选择问题,他仍然是将信将疑。

这其实也是一个资本市场世界观的问题,我们大多时候总是在纠结企业到底是什么情况。什么才是企业的真相,其实,在资本市场运作中,真相并不重要,因为这个真相实不可得!我们判断的唯一依据就是企业发出的信号,而非企业本身,企业的资本动作是信号,财务报表也是信号,企业以外的人仅仅可以接触到信号,以此来判断企业内部到底发生了什么,同时要时刻牢记,那仅仅是信号,而不是企业本身。你也许会说,那企业里的人总清楚真相吧,我看也未必,举个例子,我转新三板后为了宣传企业我经常要去做路演,介绍我们公司的光辉形象和美好未来,这些对外的宣传活动我都是屏蔽了内部的同事,这个你懂的。有一次在电梯口碰到一个中层经理,他和我打招呼说饶总我看了你的路演,我说你在哪里看的?在网上,对了前几天我在某新三板网站做了一个视频的路演。他接着说看了你的路演,我发现我们公司真不错啊!开始我想笑,把自己人也忽悠了,后来想想也对,每一个公司内部的同事他们看到的就是自己的一亩三分地,接触的自己公司的信息反而是很有限的,犹如盲人摸象,很少有渠道让他全面了解公司的情况。想想自己做基层员工的时候,绝大多数时候看到的都是身边企业负面的情况,所谓“灯下黑”“仆人眼中无英雄”。

2014 年 4 月 8 日,我们把材料送进了金阳大厦(全国中小企业股权转让系统,也就是我们俗称的“新三板”)。照例,我们券商和企业一行头天晚上在荣大做了一夜材料,凌晨四点才收工,第二天一早一行人拎着材料赶到金阳大厦,那时新三板不像现在这么火热。我们到了申报窗口就我们一家,材料递进去,窗口里面的美女熟练地翻阅着资料做形式检查,看到一个地方就问我们的保代,保代隔着窗口回答。看他说得费劲,美女就说你进来说吧,请他进去还请他坐下,一会就搞好了,保代出来就感慨还是股转服务好啊!

2014 年 7 月在新三板挂了牌,直到 2016 年 6 月在新三板停牌 IPO,期间 2 年多的时间对新三板的认识也是不断加深,特别是自己角色的转换。之前我都是做拟 IPO 的准备,核心目标是 IPO 成功,一个特点就是低调行事,悄悄地进村放枪的不要。可是来了新三板以后,突然发现目标发生了根本变化,从申报阶段直接跨入了交易阶段,既然是交易阶段,资本目标自然就包括了股票的活跃度和交易量、融资、股权激励等,而这一切都建立在企业资本市场的知名度上。酒香也怕巷子深,新三板企业那么多,你不喊或者喊的声音不够大、不够好听就没有人会注意到你。我突然发现宣传企业成了我的主要工作目标和任务,其中路演成了重头戏。记得第一次收费的路演是在深圳朗庭酒店,第一财经办的新三板论坛,缴了5000大洋的路演费。那天下午有8家企业路演,我排在大约五六名的样子,我也就耐心、认真地听了前面几家的路演。轮到我的时候,我信心爆棚,对比他们的水平打个比方,如果按围棋段位,他们都是街上练摊的,我是职业九段,从此我习惯了路演结束别人跑上来说你最棒!之后路演一发不可收拾,2015年大半年时间路演30多场。后来有一次我参加基金年鉴组织的路演,也是收费的,第二天基金年鉴黄总就给我打电话说他们办新三板董秘班请我去讲课,说昨天路演台下就有董秘班的学员,不少学员提议让我来当讲师,我说我没讲过啊,要讲什么内容也不知道,黄总说给你半天时间你自己安排,回头给我个PPT就行。于是,我从此走上了新三板培训讲师的道路,开始时6个题目讲半天,逐步扩展为每个题目讲半天,可以讲个四五天。2016年9月10日,我接到很多朋友发来的节日祝贺,我刚开始还是蒙圈的,是什么节日?教师节!听过我的课的线下学员已经有几千人了。

2015年12月,进门财经的程总邀请我到他们的直播APP上讲讲新三板课程,试了一期以后开了“董秘来了”栏目,一发不可收拾。将近一年讲了24期,每期1个小时左右,覆盖了新三板资本运作和董秘实务的方方面面,听众万余。有一天,有个朋友建议说你这么好的内容,我们帮你整理成文字,出书吧!这就是本书的来历。

线上讲课和线下讲课很不一样,线下讲课,下面坐着学员,你可以感受到他们的情绪,要诀是马上与几个学员建立起情感的联系,好玩他们会笑,同意会点头,不好会表现出来。作为讲师可以根据现场情绪调整自己的内容,闷了讲个小段子,没听懂再解释得仔细点。线上讲课虽然便利,就是我自己对着手机讲,讲师和听众的物理位移的时间节省了,确实方便,但是对于讲师是巨大的考验,我看不见听众,也无法获得反馈,如果老去关注文字反馈会打乱自己的思路,确实很不习惯,还有就是不知道大家听到了没有,总担心掉线,一分神思路也会乱,真是一个很好的演讲训练。

我聊的大部分内容是新三板资本实务和董秘实务,政策展望不是我的强项,政策展望这一讲由洪卫青老师撰写。洪老师是厦门大学会计学博士,具有投行多年从业经验,现在监管机构做博士后,主要从事政策研究。

我要特别感谢余燕燕、朱理文、曹璐、陶宇维、唐仁花、肖喆宁、芦萌、吴慧琴、黄兴、王亚文、王晓燕、邵小鹏、吕彩平、林素以及进门财经负责速记、帮我把录音整理成书稿的朋友；感谢进门财经程建辉、谭金都、李凌、王洲的帮助，没有你们，我很难有信心坚持在线上讲下去；感谢熊建平、李晶、胡飞霞、常亮、邬煜、葛贤通等几位朋友能腾出宝贵时间参与到我的线上课程里；感谢杨晓提供了很多证券技术建议；感谢何植松和张静律师提供的法律支持，与你们的交流我也学到了很多；感谢股转张华老师耐心解答我的疑难问题；感谢法律出版社法商分社薛晗社长的指导并把这个想法付诸现实；感谢赵明霞和章雯两位编辑耐心修改我口水化的文字；感谢基金年鉴黄霞把我推上讲台的伯乐之恩；感谢冯伟民先生对本书的支持；感谢王颖、丁楠帮助我整理和校对本书。

水平有限错误在所难免，姑且作为一个靶子供读者批评。

我眼里的新三板

为一万家欢呼，为新三板喝彩！

2016年12月19日，一个载入中国资本市场史册的日子，新三板——全国中小企业股份转让系统，挂牌企业达到了1万家，虽然我们每一个新三板同仁都知道这一天很快就会到来，但是今天笔者看见这个红彤彤的数字还是忍不住激动。仅仅从家数这个维度看，新三板已经是全球第一大证券市场。

2013年12月14日，新三板破茧而出。

新三板的诞生，补上了我国多层次资本市场重要的后腰。

从此，广大中小企业有了资本市场的选择。我们知道上海证券交易所于1990年12月19开始营业，随着上海证券交易所开市的第一槌响起，新中国的证券市场悄然开启，当天在上交所上市的8只股票史称“老八股”。到今天正好26年。2016年12月9日，仅仅在10天之前，上市公司总数刚刚突破了3000家，从“老八股”开始到第一个千股，市场耗时十载；到第二个千股，又走了10年；如今第三个千股却只用了6年。

尽管看上去，上市公司数量增加的速度是在大大地提升，但是对于数十万计的中国中小企业而言无异于杯水车薪。

根据中商情报网讯资料显示：2015年年末，全国工商登记中小企业超过2000万家，全国规模以上中小工业企业（年主营业务收入2000万元）36.5万家，占规模以上工业企业数量的97.4%；实现税金2.5万亿元，占规模以上工业企业税金总额的49.2%；完成利润4.1万亿元，占规模以上工业企业利润总额的64.5%。中小企业提供80%以上的城镇就业岗位，成为就业的主渠道。

在新三板之前绝大多数中小企业没有可行的资本市场选择，IPO要求高、耗时长，往往是远水解不了近渴，海外资本市场也不是绝大多数中小企业可以驾驭的,这些特点决定了绝大多数中小企业是没有可能走向资本市场的,严重地制约了中小企业的利用资本市场获得发展的机会。三年前新三板的诞生,为中小企业走向资本市场打开了大门,之前也许只能想想,现在除了想还可以干!去新三板吧,实现你的资本梦想。

当然,经历了2015年短暂的高潮,这一年多来新三板始终处于漫漫的低潮期中,你从新三版参与者的言论就可以知道。之前与证券报的一个记者聊天,她觉着新三板很不好,很多问题,如流动性不好、企业价值低估或者发现困难、定增也不好做、制度建设远远落后于参与者预期等,所以她让我评价新三板到底好不好,但是我们能用一个词"好"或者"不好"来描述一个有一万家公司的证券交易场所吗?不能!在这样一个数量规模的市场里,有流动性好的企业,有流动性不好的企业,有估值高的企业,有被市场低估的企业,有定增困难甚至发行失败的企业,也有估值很高受市场追捧发行顺利的公司,所以我们不能有一个匀质的概念来描述这样一个企业差异化程度如此之高的证券市场。作为企业,新三板提供了一个资本市场的机会,但并没有保证任何一家来到这个市场的企业都能取得一样的成功,资本市场的成功同样取决于你企业自身的能力,包括企业运营发展的能力和资本市场运作的能力。

即使我们从统计学上讲,这样一个大数量(1万家)的基础,一定服从正态分布,如下图所示:

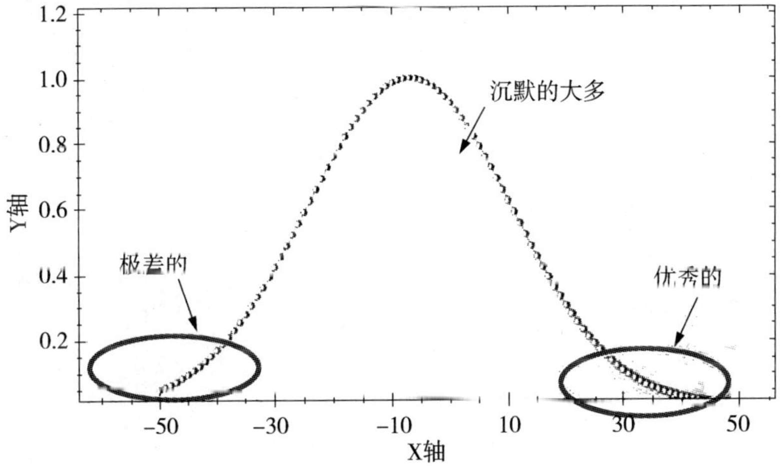

正态分布图

你同样不能指望所有的企业都是市场关注的焦点,估值高、流动性好、发行顺利,所以我们不能说这个市场好不好,只能具体地分析某家企业的具体情况,针对性地改善,但不能因噎废食,这个市场不好我就不来了,你来了还有努力的机会,你不来连机会都不会有。当然,如果你具备 IPO 或者海外上市的条件,那你可以选择 IPO 或者海外上市,可是对于绝大多数够不上 IPO 标准和海外上市标准的中小企业而言,笔者认为新三板是中小企业走上资本市场之路的第一步和首选,你来了才会有机会。

另外,关于新三板的政策和制度,所有的新三板从业人员都希望利好的政策能来得猛烈一点,这种心情大家都一样;但是从企业的角度讲,如果政策制度现在不尽人意,你就不动作吗?显然也是不行的,在现有的政策制度环境里最大限度地利用政策制度给予的空间做好企业资本运作才是根本。

笔 者

2017 年 1 月 19 日于上海

目录 CONTENTS

第十九讲

企业价值传播

酒香也怕巷子深

我们这个企业在新三板市场上要被别人知道,真叫“酒香也怕巷子深”,你公司再好,在这个市场上还是要宣传,这是新三板的命题。秘诀在哪,就是出去喊,喊就要声音大,就是比谁嗓门大,另外就是比勤快,你得经常去发言、去露脸。 328

第二十讲

新三板政策演变和展望

新三板重点问题的政策展望及政策建议

随着挂牌公司家数的快速增加,新三板市场逐渐暴露出制度供给、监管资源与市场快速扩容不匹配,市场交易、融资、定价功能发挥不充分等突出问题,市场发展已进入“瓶颈”期,亟须统筹规划、深入改革、重点突破、有序发展。 367

第一讲　资本市场决策

——我要去资本市场吗？

资本战车一旦启动不是你想下来就能下来的。

资本来了是好事，你有钱发展了，但是资本不是来做雷锋的，资本是要增值的，不增值的资本就死掉了，资本退出有两条途径：要么卖给后来的投资者，要么你去资本市场上市，现在多了条选择就是新三板。

在我进入资本市场的十几年中，不断地有不同领域的朋友，基于不同的立场和我讨论这一类问题。做财务顾问的朋友，为了抢单，我要去上市吗？做风险投资（VC）的朋友，为了引导被投资者进入资本市场，我要去新三板吗？一般投资者朋友，新三板好还是纳斯达克好？我应该去新三板还是创业板？

实际上这一类问题，饶胖没有办法回答，因为“要不要去上市？要不要去新三板？新三板好还是纳斯达克好？”这些只是参与到资本市场里面以后的战术性问题，哪一个市场、板块或者交易所适合投资者，就往哪个方向努力。由此转化来的需要回答的战略性问题就是：要不要下决心去资本市场走一走？

这个问题应该怎么考虑呢？通常情况下，我们需要从经济学角度，先假定人是理性的，再来做利弊分析。理性人的特点是趋利避害，理性人的假设：第一，理性人能够分辨出什么事情对自己有利，什么事情对自己不利；第二，理性人总能做出对自己有利的选择。理性人是充满理智的，既不会感情用事，也不会盲从，而是精于判断和计算，其行为是理性的。有了理性人的假设之后，我们来分析资本市场的利与弊有哪些。

进入资本市场的七大好处：形象提升、目标具象化、价值实现、融资便利、激励团队、外延扩张、规范竞争力。

第一，形象提升。成为公众公司以后，对于企业形象的提升是必然的，因为这意味着公司整体实力上了一个台阶，从客户、战略伙伴、供应商、社会舆论到自己的员工等，对公司的信心都会有所提升，政府层面也会对企业更加重视；另外，上市也会让企业更有“面子”,中国人有句老话:“富贵不还乡,如衣锦夜行。”作为成功的企业经营者,选择上市有时只是为了光宗耀祖,这么看来,我们开玩笑地说,股转公司挂牌敲钟仪式长时间的排队和集体婚礼,显得有些不近人情。

第二,目标具象化。经营者为了激励员工,会给整个企业树立一个更加远大的目标,但如果这个目标仅仅作为口号或者标语那么基本上是作不了数的。企业树立的这个目标过于遥远也起不到激励和引导的效果。企业经营中就需要把远大的目标具象化,或者分解成一个个阶段性目标,就如同跟一个小学生谈多久之后要高考,那就太远了,可能提醒他把这周的周测验、这个月的月考、这学期的期末考试考好更有实际意义。所以说目标具象化非常重要,“梦想一定要有,万一哪一天就实现了呢?”在谈到目标的时候,上市或者说登陆资本市场是一个很具象化、很有意义、很有时间感和节奏感的目标,因此这个目标在企业激励中很“好用”。

第三,价值实现。这个好处分两个方面:一方面是无形资产的有形化。我们看资产负债表,体现着企业的资产、负债和所有者权益,但是并不能反映企业的某些无形资产,如企业的客户、技术、商誉等,这些赚钱的“把式”和核心竞争力都没有在资产负债表里面体现出来,如果不到资产市场去,这些无形资产是很难变现的。现在上市公司动辄几十倍、上百倍的市盈,相当于投资者愿意用企业一百年利润的价格来折算企业的价值,其实这是对企业要素凝聚在一起形成的赚钱能力的一种期望和信心。另一方面就是把企业卖掉直接变现。这是很多企业家面对的很实际的问题,这些企业家不想继续了玩下去,想脱手把企业卖掉,他们个人已经没什么追求了,但是还有跟自己一起奋斗了很多年的兄弟,要对他们有个交代。这个时候为了脱手,走向资本市场是一个很好的办法,企业有了价格就可以进行转让,兄弟们也有了安排。

第四,融资便利。中国在改革开放这几十年来,基本上是处于资金推动的模式下,不需要钱的公司或者商业模式是比较少的,大部分还是需要资金,特别是比较方便的、成本低的资金来推动商业进展。资本市场是打通融资的一种重要手段,在资本市场,融资相对便利、成本低,对于企业的发展有很大的好处。

第五,激励团队。公司治理中有几个重要问题,首先就是信息不对称,其次还有道德风险,如果企业员工、职业经理人和股东不是一条心,对于企业来说就非常危险。另外,人除了解决温饱问题,还需要追求成就感。所以通过股权激励的方式激励团队和员工,是现代企业不断发展的一个重要手段。如果没有这样的激励,就很难找到优秀的人才,来使整个团队长足地发展。但是,如果不登陆资本市场,股权就没有增值的空间,也没有价格。一个非公众公司,股价是很难确认的,员工手里的股权如果没有增值或者估价，也很难起到激励的效果。

第六，外延扩张。外延扩张就是通过收购兼并扩展业务，进入资本市场，可以通过发行股票扩张资产，也可以融到现金去收购。进入资本市场很重要的一点是打通了股权融资渠道，自己企业的股票价格得到市场的认可，这时用股票作为对价进行投资并购就成为可能。

第七，规范竞争力。这个其实是反着说的。以前经常有企业家朋友跟我说，要去资本市场还有那么多的规矩，要搞公司治理结构、职业经理人制度、三会要健全、不能搞关联交易、定期要披露信息、内部控制体系要健全有效等，总而言之，非常麻烦。我解释说，我们现在的企业制度或者说上市标准都是学习美国的，美国资本市场发展了一百多年，市场自然演变出了这样一套规律，符合这样特征的企业，往往是市场喜欢的，或者说是一个好企业。也就是说，公司治理结构健全是一个好企业的标志，所以，规范也是一种竞争力。再者，企业安全十分重要，改革开放三十年，企业家在做生意时，或多或少要利用法律的灰色地带，打破条条框框，来获得竞争和发展的机会，这就是所谓的“原罪”，规范就是解决原罪的最好途径。经常有朋友问我，IPO很难，最关键是什么？我说：“最关键是老板或者董事长抵御不规范行为诱惑的能力，就是董事长的自制力，商业活动中总有那样或者这样不规范但是方便、高效、省钱的方法，如果你没在资本市场或者没有远大的资本市场抱负，抵御这样的诱惑确实很难，但反过来说，如果你克制住了，就有了资本市场的选择权，自制力就是竞争力。”

坏处也是有的，如成本、透明、约束、话语权、开弓没有回头箭。

我们说了资本市场的好处，其实我觉得都不重要，而坏处才是关键，因为大家在踌躇要不要进入资本市场的时候，其实已经明白它的好处了，就是因为拿不准它的坏处，才会踌躇。

第一，成本。很多朋友问我上市需要多少成本，聘请中介要花多少，under-table要花多少等，但是我会说这些钱都是小钱，不用太在意，关键的成本在于下面这几点：首先，企业的商业模式经不经得起规范。在中国，目前整个营商体系的环境是相当恶劣的，所以如果不去资本市场，企业通常情况下或多或少都会采取一些规避、减少税费的措施。然而一旦进入资本市场，企业就必须规范，就不能再做规避动作。是否一经规范，企业的商业模式可能就无法实现盈利，就意味着企业不存在了？其次，规范成本是否会给企业的利润带来很大影响。比如说软件企业需要很多技术人员，员工的社保、个税是否缴纳齐全，一般小公司都会采取规避措施，工资分批发放、现金发放，按照低基数缴纳等。规范之后，就必须按实际缴纳，员工可能还要求按之前基数缴纳，要求税后工资，这样人力资源成本大大上升。

成本上升之后,企业是否还能撑住就未必了。所以说资本市场成本不是指上市需要的中介费用,而是指规范之后多出来的税费、社保等,企业是否能够负担。而且一旦完税,就意味着企业“暴露了”,即使第一年上市申报没有成功,也不打算继续,但是之后的税费依然只能多不能少,否则税务局就要进行稽查,想要回到过去是不可能的。

第二,透明。企业一旦进入资本市场,就要披露信息。实际上在我们国家,上市公司、新三板公司信息披露越来越趋近于过度披露,很多信息是商业秘密,一旦披露出来,竞争对手就知道了,这就比较危险。例如,你跟客户说,这个价格我不赚钱,我要涨价,你的资料公开披露出来客户一看,你毛利这么高,还涨价?再如,员工以前并不知道公司的利润水平,现在披露出来员工知道公司赚了这么多钱,就会要求涨工资。所以说,信息透明是把“双刃剑”,能不能接受就是对企业的考验。前一阵,饶胖在策划一个新三板借壳案子,想把我们投资的一家大数据公司跨过A轮B轮,直接装到新三板壳里,目标公司的CEO刚开始听方案时很兴奋,但是听到我说透明的问题时就开始犹豫了,他不想过早地把团队、客户和商业细节数据暴露在竞争对手面前,最终拒绝了饶胖的方案。

第三,约束。之前我去北京跟几个董秘朋友见面,说起某一家准备IPO的公司,朋友说这家公司做不了IPO,因为没有自我约束能力。进入资本市场,很多事情企业就不能做了。如说原来企业就是老板自己的,钱从这个兜进入那个兜,怎样都是自己的。进入资本市场就不一样了,公司的钱是公司的,自己的钱是自己的,不能再混着用了,老板急着用钱的时候,再从公司兜里掏钱,那就是违规,但不这样做就可能会失去很多机会,约束自己也就十分困难了。

第四,话语权。对于中小企业来说,老板有比较大的话语权。一旦成为上市或者挂牌公司,就有了各种监管,小股东来参加股东会,还要正襟危坐开个会,甚至“演一出戏”,股权经过慢慢稀释后,有可能话语权就会受到限制,如果稀释太多,甚至可能失去控制权。

第五,开弓没有回头箭。资本市场很鼓励人,有各种各样的好处。但是,万一做不好,人心就散了,队伍就难带了。说好的上市计划没几天又不做了,面对已经向企业倾斜政策的政府无法交代,员工、客户会觉得企业出现了问题等。当时,我进入一家公司是准备做IPO的,结果那一年IPO暂停了,后来决定去报新三板,当时我们的律师和会计师都十分着急,问我:“公司是不是出了什么问题?一定要实事求是的告诉我们。由此可见,一旦反悔,周围人对这件事情的反应会非常大,你说你不想干了,没人会相信你,只会相信是企业出了大问题。人心散了,还有什么事可以做成?

这样,我们就把进入资本市场的利与弊都进行了分析。除了利弊问题,我们还要考虑以下四个维度。

第一,企业的发展阶段。每次有朋友来跟我说要进入资本市场的时候,我首先会问现在企业多大规模?企业到了一定规模做这件事情就水到渠成,太小了暂时还是不要考虑了,揠苗助长肯定是不行的。企业只有到了一定规模,才需要更多的外部力量,需要激励员工,需要更多的钱和资源,才需要进入资本市场。而"集权不透明,运作高效率"才是适合小企业的模式。

第二,企业所处的行业特性。有些行业适合资本市场,有些行业不适合。资本市场估值低的行业,进入资本市场需要花很大力气,但是效果往往不理想,这是行业特性所决定的。

第三,企业所处的竞争环境。如排名在你前和后的竞争对手都进入了各种资本市场,在这种情况下,可能需要赶紧动起来,因为竞争对手进入了资本市场以后,很可能会发展得比你快,你原有的行业地位很快就保不住了。这个时候企业所处的竞争情况,会逼得企业不得不走向资本市场,并不由得自己来选择。

我在深圳做过一家公司IPO,这家企业的老板是这个行业的"祖师爷",改革开放之初他从国外回来,这个行业中绝大多数后来企业或多或少都有他带出来的徒弟,谈起他的竞争优势,他很自豪地说要干高端的产品,别人只能购买国外50万美元一台的机器,而他只需要买国内20万元人民币的设备再自己花几万元人民币改造一下就可以达到国外50万美元机器同等的精度和效率。可是,这个行业里他很瞧不上的一家后生企业,按他的说法是没有技术,抢先一步A股上市了,融了一大笔钱,50万美元的机器随便买,挖起人来毫不手软,短短2年就超越他成为行业龙头,把"祖师爷"远远甩在后面,这时"祖师爷"才真正领悟了资本的力量。

第四,把资本市场当作是工具还是目的。资本市场一定是一个工具,而不是目的。如果说是目的,那企业就会落入市值管理的陷阱中,市值管理会被提升到与企业管理同等重要的位置,这就完全没有必要了,资本市场只是作为工具来帮助企业发展的。

那么,当我们想清楚了进入资本市场的各种利弊,同时又进行了其他维度的考量之后,能否得出一个结论呢?恐怕还是不行。我想起了以前我们哲学系的王教授,他说:你的同学失恋了,肯定很痛苦,你就要安慰他,"失去了一棵树,还有整片森林","没有了小芳,还有其他小草呢","你有大好前程,以后机会多的是"。你的同学听了觉得很有道理,顿时感觉好多了,但是转念一想,又开始痛苦。说明通过利弊分析来解决决策问题是有难度的,我们还需要考虑人的决策思路问题。

利弊决策是一个静态决策,就是说我们只考虑了各种因素静态时的关系,但是实际情况并不是静态的,特别是有人参与的时候。牛顿物理学就是静态的,他建立了一个模型,根据这个世界有输出与输入的规律,形成一个方程,你在旁边观察输入输出是否符合这个原理,如果符合,这个方程就成立了。但是索罗斯在他的演讲集《超越金融》中就讲了人的两个不确定性,即人的易误论和反射论。易误论,是指人对世界的看法永远是局部和曲解的,这个道理很简单,人都不是万能的。我们参与到观察和决策中,从现实到我们的头脑是一个因果关系,又会因为这个关系反过来影响到现实,这就是反射性。有了人的参与,这就是一个动态的过程。例如,我有一个朋友,那个时候正在创业,他和几个合伙人凑了100万元人民币,但是还不够,没法展开干,他就到处去融资,融到了100万美元回来,有了这笔钱就可以大刀阔斧地干了。可是不巧,“10号文”那个时候刚刚发布,当时建立的离岸公司,搭建的WOFE架构,钱却进不了中国账户,花了大半年时间钱才进来,可是钱进来的时候,他们的月收入已经上千万元了,已经不需要那笔钱了。道理在哪呢?如果说没有那笔在天上飞的钱,他们没有信心,也不会启动做这件事情。可是,事实证明,不一定需要这笔钱才能够做成,这就是人的力量。如果不考虑人的因素,静态地去做决策,就会有问题。反过来讲,很多事情,事在人为,需要憋足一股劲,说不定就成了。这就是人在决策中的作用。

还有还原论困境。哈耶克是大师里的大师,对很多事情非常有预见性。他就说道,在自然科学中,人们通过具体的经验来了解宏观世界,反过头来用抽象的方法来了解微观世界。在经济学领域,认知的顺序与自然科学是相反的,人们先是通过人类经验了解微观个体的行为,继而抽象为宏观经济整体,这就是还原论。那么还原论最大的困境是什么呢?例如,我们看到一个蚁窝或者蜂巢,它们的行为让人非常惊讶,它们好像很有大脑,有见地、有思路地在建设他们的蜂窝、进行捕食行动,但是当人去研究它们每一个个体时,又会觉得无章无序,无法从它的行动中推演出整体的情况,这就是还原论困境;又如,大脑,我们的大脑是有脑回路的,是由脑细胞、神经回路构成的,但是去研究脑细胞和神构回路是绝对得不出人是有思想这个结论的。所以说在整体方面与个体方面会有一个很明显的差别,很难从个体上分析出整体效果。我们之前进行的利弊分析往往是个体效果而不是整体效果,每个企业、每个人都不一样,组合到一起再加上环境的变化所产生的结果往往出人意料。这就是还原论的困境。

模型能不能产生决策效果?这是关于理性的问题。理性人通过模型推演,能不能产生决策效果?伊曼纽尔·德曼是一个物理学家,后来投身华尔街,开始做金融。在《失灵》这本书中,他认为认识世界有三个方法:理论、模型和直觉。理论描绘“是什么”是内外世界的统一，是本质，比如说几何学的定理。模型描绘“像什么”，是类比，是隐喻，是一种交流方式，而不是真实物体本身。直觉，“人剑合一”、主客体合一。这个听起来可能比较悬，弄了半天“拍大腿”的时候，还是要靠神秘主义。**但是反过来讲，神秘主义，也就是直觉，是人们进行决策的唯一方式，所有的利弊分析、推演、模型，都只能帮人们营造直觉的环境，而不能帮人们得出靠直觉才能得出的结论。**

德鲁克是管理学大师，他在《卓有成效的管理者》中就提到，趋势的转变才是决定一个机构以及其努力的成败关键。人的逻辑性虽然不是特别强，但是人能察觉，这正是人的优点所在。什么意思呢？**在这个世界中，发展最重要的是拐点，我们根据所有历史性的事件做出的预测都是趋势性预测，并不能预测出拐点的诞生，拐点的判断就是靠人的直觉。**

故事一

天边的一汪清泉，解得了眼前的干渴吗？

有一次一个老朋友安排了午餐会，让饶胖给他的老友做做资本咨询，这个饶胖在行。

一见面，一个清瘦的中年商人，全身上下透着精干和精明，饶胖一闻就知道，正如我国著名会计教授李若山的名言：“你给我个账本我拿鼻子一闻，就知道是不是假账。”饶胖比不上李教授，多年吃的亏加起来总还有些心得。

宾主落座，朋友简单介绍，企业家就开始介绍他的情况。在饶胖引导下，基本搞清楚情况：主要做汽车行业的非标设备承包制造，大项目多，流动资金占压严重，企业刚起步，大几千万元的营业额，想继续做大，需要钱。大批中介和专家蜂拥而至，给他开出了上新三板的药方，先合规补几百万元的税，然后规范股改，挂牌新三板，然后就成功融到钱了。介绍完情况，企业家抛出问题：那么新三板应该去吗？怎么去啊？过几年我能上市吗？

听完，饶胖直接问了他一个问题，目前你最需要什么？企业家一愣。饶胖接着问，你是不是需要流动资金好扩大你的生意规模？企业家点点头。

饶胖说：第一，你需要钱这件事情和去不去新三板没有直接因果关系，新三板或者主板或者其他资本市场都是远水。但是，你现在的主要问题是资金问题，那么我们来考虑资金问题，暂时把新三板放到一边。因为，新三板固然好，是你资本市场之路的开始，但是走上这条路，除了规范就是花钱，融到钱这事还在半年1年之后，你等得起吗？

第二,目前围绕着你的投资者,都是以资本市场为退出渠道的,需要在资本市场上挣钱走人,自然需要你能够在资本市场上出现。例如,挂牌新三板,他们把这个作为投资的前提,要拿到他们的钱还有很长的路要走。如规范的财务报表,解决历史问题便于挂牌,等着一切明朗了,也许就会投资你了,可是你的生意等得起吗?反过来讲,其实他们需要你把生意做大,他们才会来,因为传统项目只有到一定规模,资本市场才会喜欢,而你急需的是资金,去做到他们要求的规模,是不是听起来有点悖论的感觉。

为今之计,找你信任的投资人拿钱,扩大生意规模,再图谋资本市场。投资大体可以分两类:一类投人,另一类投事。投人的靠信任人,投事的靠理解事情能成功,理解事很难,要高超的水平,所以产生了市场上另一类投资者,一般称为 pre-IPO 投资者,是指在财务指标或者资本指标达到一定标准情况下进行投资。像这位企业家目前的情况,离这些标准很远,又处于传统行业,没法像互联网之类的讲故事讲梦想,为今之计,只能从熟人,即从信任你的人身上打主意,他们了解你,理解你的生意,也许只有这些人会在这个阶段投资你。

送走了老友和企业家,饶胖感慨虽然资本市场这汪清泉解不了这位企业家的近渴,但是人总是要有梦想的,没有梦想和咸鱼有什么差别,不过咸鱼翻身了还是咸鱼,只不过帮咸鱼翻身的“砖家”们总是手上会沾点油水。

透明的代价,爱尚鲜花自爆家丑为什么?

关于去资本市场不利之处,有一点就是透明。资本市场要求企业按照一定的信息披露标准披露信息,这是私人企业变为公众企业一个重大的不同,对于某些企业而言,这个透明会成为妨碍其发展的重要不利因素。如商业秘密可能为人所知,客户发现你这么赚钱而要求你降低价格等,还有就是一些行业或者企业的灰色地带行为会曝光,可能会对企业带来伤害,2016年4月挂牌的爱尚鲜花就是一例。

挂牌新三板自爆家丑引爆行业潜规则。

在4月27日披露的爱尚鲜花公开转让说明书市场推广模式中,出现关于刷单的说明:

刷单是公司营销的一种手段,由公司员工或外包给外部人员进行。其按照公司要求在各大营销平台下单,以提高公司产品在营销平台的销量排名,有助于提高公司产品的销量。但刷单产生的订单并非真实销售,本说明书中披露的公司利润表数据已将该部分剔除。收入及利润数字反映了公司真实的业务情况。

刷单的具体过程如下(具体见图1-1):

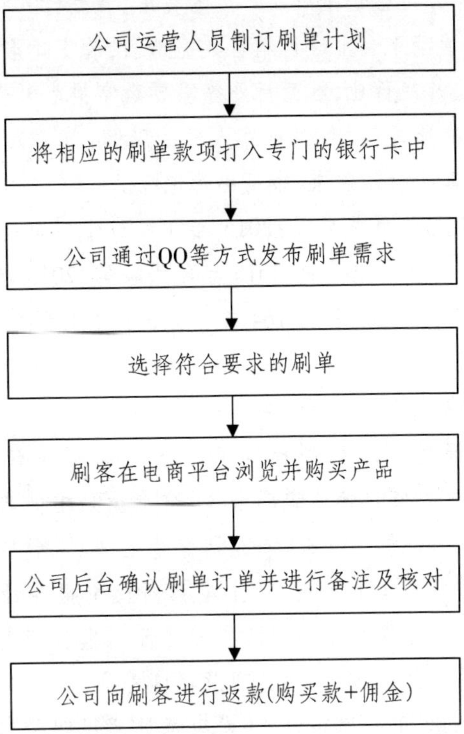

来源:爱尚鲜花公开转让说明书。

图1-1　爱尚鲜花刷单具体过程

报告期内,公司各期的刷单费用、刷单笔数及其占比如下:

表1-1　爱尚鲜花刷单一览表

时间 项目	2015年1~7月	2014年度	2013年度
刷单费用	739,268.07	989,164.97	26,345.44
刷单笔数	163,676	90,959	8701
刷单笔数占比	42.02%	24.05%	4.95%

刷单作为公司业务营销的一种手段,不属于真实的销售。刷单过程中,公司将汇出的刷单总金额计入营业成本,将刷单回流的金额(即通过各大营销平台下单而产生的刷单收入)计入营业收入。剔除刷单收入时,全额冲回原计入营业成本和营业收入的刷单金额,原刷单收入和刷单成本之间的差额即为刷单费用,为公司营销手段而产生的费用,调整计入销售费用。

实质上就是在网络营销平台上进行销售数据造假,改变排名吸引客户,这种事情在互联网行业、游戏行业,电商行业等需要数字排名来吸引客户和投资人的行业我们一直有所耳闻,我们行外人只是风闻,行内人讳莫如深,这回爱尚鲜花一下子把盖头掀了起来,市场一片惊呼。

爱尚鲜花的公开转让说明书显示:2015 年 1 ~ 7 月公司的营业额为 2877 万元,平均每月 411 万元。再根据 2015 年年报推算,2015 年 8 ~ 12 月公司的营收额仅为 822 万元,平均每月 164.4 万元,月均营收额下降 246.6 万元,下跌幅度达到 60%。

爱尚鲜花是要立地成佛还是万般无奈?

我们都明白揭露潜规则的利害,爱尚鲜花是局内人,不会不懂,那为什么还有披露呢?我们注意到公开转让说明书里,这一段是楷体与其他正文字体不同,这是反馈修改的留痕。再看《补充法律意见书》里股转有反馈问题"(5)针对报告期内公司刷单的情况,请主办券商及申报会计师补充核查,说明采取了哪些必要审计程序和尽职调查方法证明报告期内公司收入的真实、准确、完整,并发表意见;请主办券商及律师补充核查,分析论述公司是否符合'合法规范经营'的挂牌条件,并发表意见。"说明股转发现了问题,也许是举报,也许是平台上的数据与财务报表打架,也许是中介之前说了什么。被股转问了问题,你回答不好,挂牌也许就没戏了。这个时候爱尚鲜花选择了挺身而出,自爆家丑,从此以后做好人,《补充法律意见书》称:公司已出具书面承诺,不再发生上述情形。

资本战车一旦启动不是你想下来就能下来的。

不挂牌是一种选择吗?也许你要问,为啥要坚持自爆行业潜规则,不惜开罪同行和赖以为生的平台,还是要挂牌呢?不挂牌不也是一种选择吗?我们来看看爱尚鲜花的历史我们就明白,资本战车一旦启动不是你想下来就能下来的。翻阅爱尚鲜花的公开转让说明书就知道,这是一家上了资本战车的公司。2013 年,爱尚鲜花获得中路资本天使轮投资,2014 年先后获得达晨资本、浙商创投的 A 轮及

A + 轮融资，2015 年获得鼎锋资本领投的 B 轮 1 亿元融资。**资本来了是好事，你有钱发展了，但是资本不是来做雷锋的，资本是要增值的，不增值的资本就死掉了。资本退出两个途径要么卖给后来的投资者，要么你去资本市场上市，现在多了条选择就是新三板，**如果你见过 VC 的 termsheet，你对“赎回和合格上市条款”就不会陌生，下面就是一个典型的赎回条款：

如果公司未能在投资后 × × 个月以内完成合格上市或合格并购（定义见下）；或实际控制人或公司违背其在交易文件项下所做的任何陈述和保证，或未能完全履行其在交易文件项下的责任和义务，导致交易文件的全部或者部分无法履行或交割无法实现。×轮投资人有权要求公司以“回购价格”回购×轮投资人持有的全部或部分股权。

向×轮投资人支付的回购价格是以下两个值中的较大值：

（1）该×轮投资人投资金额的 100% 加上每年 × ×% 的复利；

（2）该×轮投资人所持股权比例所对应的公司的当期净资产值。

合格上市，是指公司股票在上海证券交易所、深圳证券交易所，以及纽约交易所、纳斯达克或其他各×轮投资人认可的交易所上市交易，且上市交易时公司市值不低于人民币×亿元。

合格并购，是指公司被并购的价格不低于本轮投后估值的×倍。

公司应在×轮投资人发出“股权回购”的书面通知当日起的 60 个自然日内付清全部金额。延迟支付的，应按照应付金额的每日千分之三向×轮投资人缴纳违约金。

你一旦上了资本的战车，只好勇往直前，再没有中途下车的道理。

第二讲　资本战略设计

——总得有个路线方针吧?

资本战略是企业战略的重要组成部分,即我们怎样利用资本和资本市场去实现企业的目标。企业的目标,其实取决于怎么看,取决于立场。我们在制定企业目标的时候,实际上是要取得各相关方的利益均衡。

资本战略设计,乍听一下这个题目比较空。根据这几年的经验,很多东西在实操实务里是有困惑的,会有矛盾和分歧。如果有个战略,有一个总的指导原则,这些做资本的朋友,董秘做实务操作的时候,就会相对有依据、有方向感。

企业资本战略设计分两块:第一块,简单地讲一下资本战略的逻辑;第二块,讲一个资本战略设计和实施的案例。

什么叫资本战略?

战略听起来很空,我们可以理解为规划、原则、方向。总而言之,是一个大纲性的东西,那么制定战略。特别是企业的战略,纲领,第一个问题面对的是什么?我们面临的第一个问题是企业的目标,换句话说就是企业的愿景、使命、价值观,这个东西是写在墙上的。

一般企业的目标是什么呢? **是生存和发展**。这是内在的需要。企业存在,就如一个生物体一样,存在的使命是生存和繁殖。我们企业作为社会的有机体,它的内在目标第一是活下去,第二是发展。第三个叫资本的逻辑,这个我们就回到了现实。我们现在这个社会,从马克思发现资本的奥秘以后,整个社会就如他预言的一样都被资本所裹挟,这是我们生活世界的现实和现状。我们绝大多数人,从小父母就告诉你要读好书,把书读好。为什么要把书读好呢? 能考个好大学。为什么要好好考大学呢? 考大学以后就能有个好工作。为什么有个好工作呢? 进个好单位,有份好收入、娶个好媳妇,生个娃,再贷款买个房,好好做房奴。这是我们人生的真相吗? 当然不是,这是个哲学问题。只是我们可以这么说,这个是资本世界给我们规定的现实,我们每个人都在资本规定好的生存链条上前进,这样资本才能最大化增值。**资本的逻辑是什么呢？增值**。资本，如果不增值，则意味着死亡。我们经常会说货币资金，这不是资本。资本是什么？资本能流动、能增长，核心问题就是增值。既然企业在这个资本的现实世界里，那么它的终极目标就是增长。这就是资本的逻辑。我们为什么要去资本市场？也是为了符合资本的逻辑。

那么企业战略是什么呢？**战略就是实现企业目标的中长期策略**。资本战略是企业战略的重要组成部分，即我们怎样利用资本和资本市场去实现企业的目标。企业的目标，其实取决于怎么看，取决于立场。企业由不同的利益相关体组成。例如，老板和普通雇员，这两者的企业目标就很不一致，因为大家的立场有相当大的差别。我们在考虑企业的目标时，也要考虑到相关的各个利益方的立场。如企业内部的大股东、外部小股东、管理层、职业经理人、基层员工，外部除了客户、供应商、债权人、债务人、证券机构、监管机构这些直接的利益方之外，还有间接的利益方，潜在的投资者、社会公众、媒体、竞争者、非政府组织，这些都是企业的利益相关方，跟我们企业的目标，或多或少有一点关系。所以我们在制定企业目标的时候，实际上是要取得各相关方的利益均衡。

图 2－1 是一个资本战略规划的简单流程。

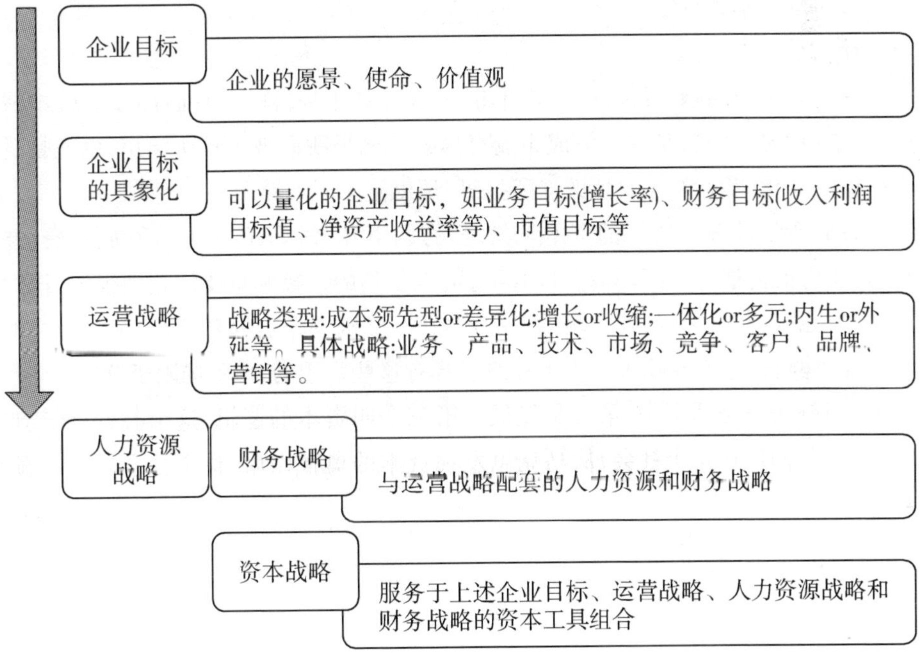

图 2－1　资本战略规划的流程

第一步，要有个目标。企业目标是很抽象的，如愿景、使命、价值观。例如我要做成一个一流的企业，这都是企业愿景、使命、价值观的一部分。但是这些东西过于抽象，没法具体操作执行。

第二步，我们要把企业的目标具象化。具象化的标准就是量化，有些不能量化的目标，我们要把它具体描述出来。如业务目标，我们要增长到多少，或者要达到一个怎么样的水平；如财务目标，有收入的目标值等；如资产收益率，或者净资产收益率，股东的回报率，或者资本市场经常提到的市值，即企业总的市场价值是多少，这也是很具象化的目标。

第三步，为了完成这些具象化的目标，我们要定出运营战略。运营战略是什么？就是我们怎么来运营这个企业去实现企业目标。运营战略有很多的分类，有成本领先型或者差异化。或增长，或收缩，或异地化，或多元化，内生或者外延，或者内生外延相结合等。具体的战略包括业务、产品、技术、市场、竞争、客户、品牌、营销等。

第四步，跟运营战略相匹配的，怎么配人、怎么配钱（财务），通常称为人力资源战略和财务战略。

最后，就是资本战略，是指服务于上述企业目标、运营战略、人力资源战略和财务战略的资本工具组合。

什么是资本工具？

这里有一个问题，资本战略、资本市场是工具还是目的？我们都知道资本战略、资本市场是工具，是为了完成企业目标的。如果我们被工具所异化，也就是马克思说的异化，我们被工具所改变所操纵，那就走上了邪路。

我们通常情况下所说的资本工具，会有以下几个：筹钱、分配、激励、投资、并购、企业价值传播等。不同商业模式下，资本工具的选择和重要性差别很大，比如资金驱动的业务重融资，人力驱动型的重激励，高资本公积的高送转，现金充裕的多分红，外延扩张靠并购等。资本战略工具有这些常用的，但不局限于这些。

“某软件”资本战略设计和实施的案例

上面讲了企业资本战略设计的逻辑，从企业运营目标到运营目标到资本战略，重点为这些逻辑如何在实践中运用。以某软件为例，介绍如何在实际中运用。

分为三部分：

1. 情况介绍：做资本战略，要看这盘菜的料如何，所以要做简单介绍；

2. 资本战略设计:在这盘材料上如何设计资本战略;

3. 资本战略实施的过程。

首先简单介绍一下"某软件"是干什么的。

两个关键词:IT + 金融,是金融领域提供 IT 服务的软件公司。从技术、行业、产品、区域四个观察纬度来看,技术上做互联网、大数据、云计算、移动。行业上,海外做证券、保险、银行、电商,国内目前只做证券。产品形态上,海外做定制软件,国内做行业应用解决方案,区域上,海外只做日本市场,国内做证券公司。

2015 年实现销售收入 2.72 亿元,净利润 6405 万元,过去 5 年销售收入的复合增长率为 31%,净利润的复合增长率为 40%。资产特点是现金流充裕,收入稳健增长也是特点。

海外业务领域,主要为金融机构提供软件外包服务,业务涵盖证券、银行、保险等领域的核心交易系统及管理系统,是主要的业务收入来源,2015 年占 90%,这是基本面。

国内目前服务 40 家证券公司,有中信证券、国信证券、广发证券、中国银河证券、国泰君安证券等。国内证券业务产品演进分三阶段:第一阶段:客户营销服务系统(CRM),大数据挖掘引擎(MOT),投行信息系统。第二阶段:机构 CRM,互联网微金融平台,移动互联网证券系统,互联网综合证券平台。第三阶段,实时大数据挖掘引擎,页面证券交易平台。这块业务已经投入多年,基本上从日本引进来,产品和服务都是从日本学习来的,经过两三年,已经进入收获期,这是增长面。

上面是基本情况介绍。**针对这种情况,该如何进行资本战略设计?首先是业务策略:海外和国内券商。**日本市场需求很强烈,但老龄化很严重,外包是必然。文化语言因素导致中国外包竞争能力较强。优势和策略:长期战略客户稳定增长,精细化作业管理,行业内领先稼动率水平,高标准质量控制,自动化作业工具开发,总成本曲线平坦。但也存在风险,如中日政治关系恶化,日元汇率大幅贬值。所以在这样一种情况下,业务目标是稳健增长,业务量每年增长 20% 左右。国内券商,2015 年股市不错,券商都挣到钱,开始 IT 投入加大,同时,互联网时代带来新的机遇,未来有好的发展。因此国内业务目标为未来 3 年高速增长,年收入增长不低于 100%。

资本战略 SWOT 分析(见表 2-1)。

表 2-1 资本战略视角的 SWOT

内部能力 / 外部因素	优势(strengths)	劣势(weaknesses)
	规范具备 IPO 条件 现金充沛 日本客户长期关系稳定 国内证券业务增长强劲 团队优秀 既有业务利润高	主业传统 IT 外包市场估值低 无财务杠杆资金效率低 大客户依赖,汇率波动影响大 国内证券业务规模尚小 人力成本持续上升,管理跨度有上限 IT 外包业务商业模式不佳
机会(opportunities)	SO	WO
日本市场长期稳定需求 互联网证券业务大发展 登陆资本市场(新三板)和 IPO 辅导	对日外包业务现金流业务稳定增长 国内证券业务加大投入高速增长 用足三板政策和保留资本市场选择权	日元汇率持续贬值淘汰竞争对手 国内证券业务加大投入 寻求注入高估值业务改变市场预期
威胁(threats)	ST	WT
中日关系恶化、日元汇率大幅贬值 国内证券业务竞争加剧 人力成本持续上升 进入新领域的风险控制能力不足 外延扩张的并购整合风险	增加人民币业务比重 持续开发新产品新技术保持技术优势 全面股权激励 + 自有学校新生培训 借助专业机构力量“专业人做专业事” 高风险战略性项目用基金“表外”,低风险项目做并购	增加人民币业务比重 专注证券领域适度关注互联网金融 追求团队动作高效“小而美” 事业部“版块”运营风险隔离 外延扩张面向未来的商业模式——数据资产的积累和布局

优势:规范具备 IPO 条件,现金充沛,日本客户长期关系稳定,国内证券业务增长强劲,团队优秀,既有业务利润高。劣势:主业传统外包市场估值低,无财务杠杆资金效率低,大客户依赖,汇率波动影响大,国内证券业务规模尚小,人力成本持续上升,管理跨度有上限,IT 外包业务商业模式不佳。机会:日本市场长期稳定需求、互联网证券业务大发展、登陆资本市场(新三板)和 IPO 辅导期。威胁:中日关系恶化,日元汇率大幅贬值、国内证券业务竞争加剧、人力成本持续上升、进入新领域的风险控制能力不足、外延扩张的并购整合风险。对策:对日业务现金牛业务量稳定增长,国内证券业务加大投入高速增长,用足新三板政策和保留资本市场选择权,增加人民币业务比重。持续开发新产品新技术保持技术优势,全面股权激励 + 自有学校新生培训,借助专业机构力量“专业人做专业事”,

高风险战略性项目用基金做“表外”，低风险项目做并购，日元汇率持续贬值淘汰竞争对手，国内证券业务加大投入，寻求注入高估值业务改变市场预期。劣势方面的对策：增加人民币业务比重，专注证券领域，适度关注互联网金融，追求团队运作高效“小而美”，事业部“板块”运营风险隔离，外延扩张面向未来的商业模式就是数据资产的积累和布局。

这是一个完整的资本战略视角的分析。在这个分析下，形成了资本战略设计，见图2-2：

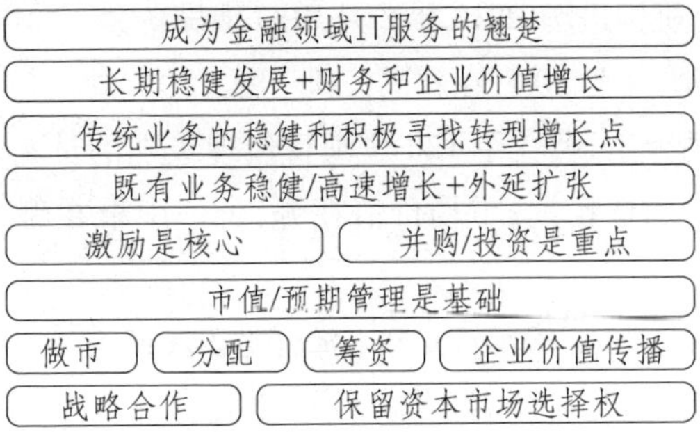

图2-2 资本战略设计

(1)目标：成为金融领域IT服务的翘楚；

(2)具象化的东西：追求长期稳健发展，财务和企业价值增长(收入增长海外20%，国内100%)；

(3)业务策略：传统业务的稳健和积极寻找转型增长点；

(4)措施：既有业务高速增长+外延扩张；

(5)激励是核心(强调保持员工的稳定和正常的运作)，并购/投资是重点(要做外延的扩张)；

(6)市值/预期管理是基础(预期管理做好，预期很关键，没有预期没法实施股权激励和并购)；

(7)具体资本工作：做市(促成交易活跃和市场定价)、分配(高速扩张是对好企业的判断)、筹资(虽然眼下不缺钱，生存和发展是第一目标，但外延扩张都需要钱)、企业价值传播(公开信息披露，履行义务，加强企业宣传，让投资者知道你)、战略合作(需求外部的帮助)、保留资本市场权(非常重要，凡是对我们有利的，都要保留资本市场选择权。情况会变化，但保留资本市场选择权，会对企业行为有所约束。身在新三板，心向IPO)。

整个资本战略设计构图，一层层下来，基本跟我们之前分析的企业情况和资本战略逻辑配套起来的。

简单回顾,两句话。第一句:好孩子,要转型。“好孩子”是指我们是一个非常优良的企业,利润收入非常好,财务非常健康,非常规范。但是,业务很传统,估值不高,我们要转型。第二句:我们是一个稳健优质传统的IT公司,但有一颗坚决转型的心。

企业各有各的情况,但资本战略设计殊途同归。

1. 资本战略实施:新三板只是资本战略的一个步骤。于2012年股改,设立了员工持股平台,中介机构进场,2013年8月,IPO辅导备案。2014年4月向股转申报材料,5月得到反馈,7月30日在新三板挂了牌。挂完牌之后,做了第一轮的定向增发,主要以激励为主,覆盖了120位项目经理级别的员工。到了2014年年底,启动了做市。要确认预期,市场价值在哪,价值中枢在哪里,把预期建立起来。

当时三家做市商,天风、国泰君安和上海证券。2016年2月有分层消息,称和做市商家数有关系。2014年12月至2015年3月,引入了第二批做市商提供股票做市服务,包括广发证券、太平洋证券、长江证券和万联证券。2015年5月,实施了2014年度的分配方案,10股送3股转增7股派7元人民币含税,马上同步又做了第一次定向增发,1899.5万股,价格10.65元,筹资2.02亿元,同时实施了员工持股计划,杠杆式的,新三板的第一例员工持股计划,覆盖另外300个基层员工。杠杆计划是这样的,员工出一块钱,公司的股东借给员工3块钱。3块钱哪里来?就是那个派7元的方案里出来的钱。

2. 做市后的市场表现:做市是确认自身价值的有效工具,做市后情况还不错。入选新三板成指,三板做市成分股,2016年顺利进入创新层,2016年6月29日申请IPO并在新三板停牌,停牌时股东数超过1016人,外部股东比例超过27%,已符合上市公司股权分布要求。总的做市还是有效果的,确认价值,员工的激励才有效果。从重大事件股价来看,股价也是一次比一次高,第一次增发、第一次做市股转让、第二次做市股转让、第二次增发,停牌收盘价,每一次股价都比上一次重大事件股价上了一个台阶。

3. 股权激励:在资本市场工具里面,激励很重要,软件公司主要是人,股权激励和员工持股计划已覆盖近1/3的团队成员,数百名公司员工跟各种各样的股权激励和员工持股计划相关。分为几个层次:初级软件工程师由自办的民办培训机构培训,升到中级软件工程师之后,就可以加入员工持股计划,高级软件工程师和项目经理,2015年做了第一次定向增发,覆盖项目经理和资深高级软件工程师;早期进入公司的核心团队挂牌前就有相当多的股份,这样通过股权激励计划、员工持股计划、员工持股平台份,基本都覆盖了。

4. 并购投资和战略合作:根据整个资本战略规划和 SWOT 分析,投资并购和战略合作基本三个方向:(1)既有业务扩展;(2)风险化解和大数据;(3)精准数字/社会化营销、互联网金融、移动互联网新产业新技术。这是我们要改变的估值形象,全面拥抱互联网和大数据,这是互联网的时代。

5. 并购投资标的的三个筛选标准:(1)业务协同;(2)市场协同;(3)并购项目财务指标证明竞争优势。

6. 资金准备:2015 年发行筹资 2 亿元,加上原有的 2 个亿,共有 4 个亿现金,钱够了。

7. 策略(专业的人做专业的事和风险隔离原则):(1)与专业 PE 合作关注并购(专业的人做专业的事)。(2)与专业互联网投资的 VC 合作成立投资基金关注早期项目(风险隔离)。很多有战略意义的新产业新项目,比如说大数据,2015 年投了一个做移动大数据的公司,它是通过和 HL 资本合作成立投资基金来投资,独立于母体之外,之后做好了再并进来。

主要和两个投资机构有深入的合作,一个是专做互联网投资的 VC 成立投资基金,关注比较早期的互联网项目,HL 资本,会在互联网金融方面连续投资。另外一个呢,我们会和专业的 PE 来从事收购兼并,目前是江苏的 YD 资本。YD 资本是一家很大的 PE,是一个庞然大物,它有 300 多亿元的规模,投过 500 多个项目,有 50 多家上市公司。那么跟他们合作,有以下几个原则:(1)我们需要它的项目。它项目多,资源广,投过很多项目,有很深的关系,我们可以借助。(2)我们要借助他们的专业团队。公司主要做业务,搞资本的人数很少。我们不可能花很多的精力去做专业团队做的事情,要靠他们的专业团队做尽调、做分析报告。但是由公司来做决策。

再看一个案例,这也是资本战略的问题。

你还在热议迁址贫困县,哞棒传媒已然西去拉萨

1. 政策出台

2016 年 9 月 9 日证监会发布《中国证监会关于发挥资本市场作用服务国家脱贫攻坚战略的意见》(以下简称《意见》)称:对注册地和主要生产经营地均在贫困地区且开展生产,经营满三年、缴纳所得税满三年的企业,或者注册地在贫困地区、最近一年在贫困地区缴纳所得税不低于 2000 万元且承诺上市后三年内

不变更注册地的企业,申请首次公开发行股票并上市的,适用“即报即审、审过即发”政策。

2. 市场激烈反应

一石激起千层浪,整个周末新三板的各路大咖都在研究那些在贫困县注册经营的新三板公司,周一开盘,新三板出现了一个新的版块,叫扶贫概念股。例如,宏源药业831265,碰巧注册在贫困县,碰巧已经公布了IPO辅导,碰巧业绩还都过得去,一开盘就股价就翻了个翻,吓得公司盘中就停了牌。

3. 有人先知先觉

这几周,**新三板的老板、董秘都在热议这个政策,且不论那些在贫困地区的原生企业,《意见》还规定:注册地在贫困地区、最近一年在贫困地区缴纳所得税不低于2000万元且承诺上市后3年内不变更注册地的企业,也可以享受这个政策。大家揣摩,这不是鼓励让大家迁址吗?迁到指定地区,缴上2000万元所得税,再来个承诺,上市后3年不搬走,那可就即报即审,在那排队几百家公司里,插个光明正大的队。**

有个董秘问我迁址这事真假,我说真的啊,听领导的没错,她幽幽地叹了口气说,她老板自从这消息入了耳,再也拔不出来了。

迁还是不迁,自然是一个问题。

当你们还在这里商议踌躇,一家新三板公司,哇棒传媒悄然完成了迁址,西飞,从北京搬去了西藏。

2016年6月23日,哇棒传媒公告称:完成注册地址变更,公司已向拉萨当地工商行政管理机构提交企业迁入登记申请书并取得了新的营业执照。公司变更后的注册地址为:拉萨经济技术开发区管委会办公楼×××室。

哇棒传媒原来在哪里?2016年4月18日公告的2015年年报,注册地址还是在北京市东城区后永康胡同。

当然,你要问西藏拉萨在592个贫困县的名单里吗?回答是否定的。但是,你要知道证监会IPO向西部地区倾向政策一直都有,这次只是把贫困地区更加“精准”地添加进来。

且不论迁到西藏是不是能按《意见》即报即审,西藏拉萨的优惠政策也是蛮给力的,在一份《西藏拉萨经济开发区关于支持入区发展的若干意见》的政府文件,在这个有37条的文件里,优惠政策还是很有力度的,如所得税按15%,地方部分全部免征(实缴9%);增值税地方部分返还;投资设备给补足;技术改造给奖励;上市给奖励等。

这么会玩的公司值得你关注!

4. 迁址攻略

当然,迁址是个大事,不是那么容易,要坐上扶贫这趟快车,先得自个掂量下。

第一,你得够大。你的利润水平,要缴纳 2000 万元以上的企业所得税,如果是高新技术企业 15% 所得税率,你的税前利润要 1.34 亿元以上,当然也不能刚刚好,所以 2 亿元左右税前利润才行,这个水平勉强到了借壳或者做上市公司二股东的下限,看来扶贫的竞争对手主要是壳资源。

第二,你走得了。饶胖有个朋友打算把员工持股公司迁到低税负地区,到原注册地上市办领导那里请示,也许前面领导正想别的事,没注意听,以为要把上市主体迁走,直截了当地说:走,可以,先把历年给你的政府补助全给我吐出来。所以你要走,当地政府这一关你能不能过,你先掂量下。实务里,工商不复杂,麻烦的是税务要清算。

第三,业务能支持吗? 要把企业所得税缴在当地,你的利润就要在当地确认,通常需要把票开在当地,这个你要考虑下你的业务模式,可行不可行。

第四,去哪里? 如果前三个都能搞定,那么就是迁到哪里去? 千万不要按着媒体报道的来。这是大事,正经事,绝不能道听途说。和招商引资地区政府接上头,需要这些地方去上级金融管理部门协调,再请有权力和证监会对接的地方金融部门出面与证监会协调。还有好多政策细节问题,需要有关部门确认,如你迁去了,税也缴了,人家贫困县摘帽了,咋整?

第五,想好风险。在写这文章时,正好在朋友圈看到一个《中央高层再出重拳整顿招商引资,所有招商承诺必须兑现不得毁约》(原载于招商引资内参微信公众号)。啥意思,就是"关门打狗"这事在招商引资屡见不鲜,去之前千好万好,去之后关门打狗,概不认账。这有什么办法? 明告诉你,没辙,你得先有这心理承受能力。

第六,迁了址你能快多久? 你要知道现在的 IPO,行情是,受理后,即拿到证监会受理函,预披露了材料以后,大约 1 年,才会指定预审员,打开你的材料开始审核,后面大约要经历 1 年多的审核、反馈、补充材料。我们理解,即报即审,就是报了即指定预审员开始审核。后面的路径应该一致,反馈好了排队上会,不知道这段有没有绿色通道? 发审会批准,等着发批文,这个时间也蛮长的,《意见》说审过即发,这几个环节加起来,还是蛮有吸引力的。

迁还是不迁,这是一个问题! 还是一个关于资本战略的问题!

第三讲　新三板发行普通股融资

——来了新三板，增发你总要会吧？

融资的最好形态是呈阶梯型，最好的情况是，一次比一次价格高。如果这次发行价格为30元，下次发行价格变成10元，之前的投资者该有多生气啊，会觉得自己被欺骗了，而且这种愤怒是会扩散蔓延的。所以企业在融资的时候，千万不要企图一口气吃个胖子，尽量让每次进来的股东都挣到钱，这也有利于企业树立好的资本形象。策略就是小步快走，分阶段来。

大家对于参与新三板的目的，比较直接的理解就是方便融资。记住，任何融资开始之前，心里先要有一张表——资产负债表，心里也要清楚融资前后对公司资产负债表的影响（见图3－1）。

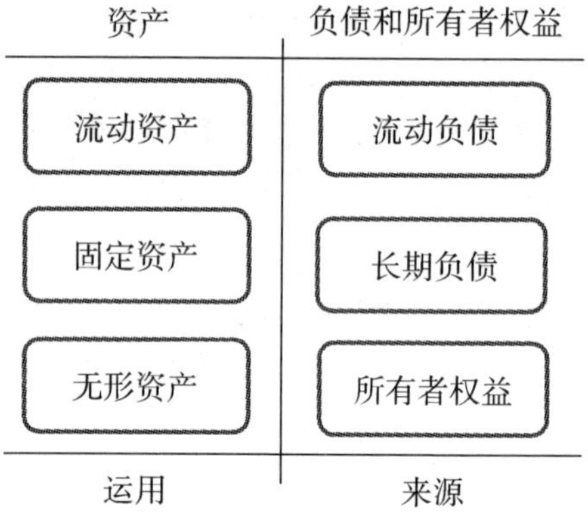

图3－1　资产负债表

资产负债表，体现了企业的资产、负债和所有者权益，早期这张表的名字叫“资产来源与运用表”，我觉得这个名字更加形象。开办公司的钱是哪里来的？一个就是老板（股东）的钱，即所有者权益；另一个就是借钱，即负债，这就是资金来

源。有了资金后,就要投入的生产过程中,就形成了资产。比如说购买原材料,就有了存货。把产品卖给客户,客户还没有支付,就形成了应收账款,建厂房,买设备,就有了固定资产等。

一、融资的方式与意义

(一)融资方式

企业融资是体现在资产负债表的负债与所有者权益当中的,我们筹钱方式有这样几种,如果企业选择借钱,就是债务型工具;如果选择发行股票问股东要钱,则是权益型工具。

这两个工具比较好定性,在这两者中间还有一种混合型工具,有可能是债,有可能是股,根据具体条款,可能会发生变化,比如说可转债。企业融资可以发行普通股、优先股,其中优先股往往是可以转换的,属于混合型工具(见图3-2)。

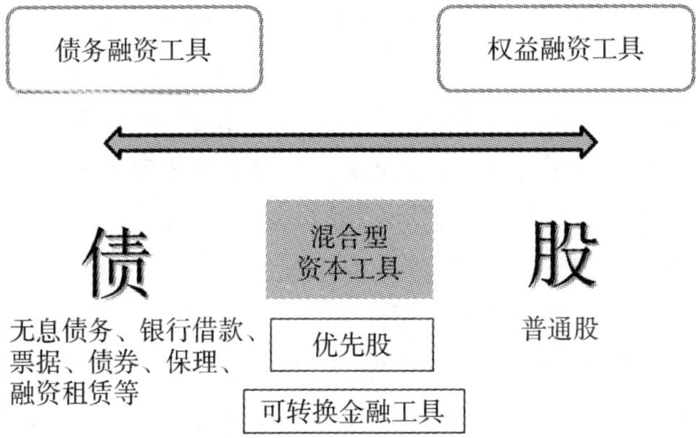

图3-2　企业融资的谱系

(二)债务型工具利弊分析

借钱,包括贷款、发行债券、保理(应收账款抵押借款)、融资租赁等,是属于资产负债表中负债这一端的,借钱以后,企业负债率是会上升的,因此借钱有好处,但是也会添麻烦。我的会计学教授讲过,分析股票时,主要看它筹资的借钱成本高低,如果筹资成本低,股票值得投资。这是什么道理呢?因为正常的股票涨跌是跟净资产收益率相关的,如果一个公司的盈利能力是一定的,想要加大股票的收益率,那么就要多借钱。说简单点就是,企业自己用10万元,挣了

10 万元,收益率是 100%,可是如果企业用自己的 5 万元,再加上借来的 5 万元(利息 5%),挣了 10 万元,收益率 =(10 万元 - 5 万元 ×5%)/5 万元 =195%。所以说,通常情况下,企业在经营中,只要净资产收益率大于债务利息率,就可以尽量加杠杆,但是也有风险,杠杆也不能一直往上加,加太多以后,负债率超过 70% 银行会拒绝提供贷款,并且,负债上升后风险加大,在资本市场上会产生风险折价。

(三)权益型工具利弊分析

在新三板发行了普通股,得到了现金,进入股本和资本公积,那么就意味着增加了股本,降低了资产负债率,净资产收益率也会下降。另外,发行股票过多后,存在失去对公司的控制权风险。我们在新三板发行普通股是增加股本、降低资产负债率,发行股票后就有了现金。因为现在我们都是溢价发行,也就是说票面金额都是 1 元,其他全部进入资本公积,那么融到的现金就进入了股本和资本公积。发行股票后的结果就是资产负债率以及净资产收益率会下降,也就是说企业收益会被摊薄、稀释,而发行过多,股本过度扩张会导致丧失企业控制权。

股本扩张在 A 股市场有个现象叫“高送转”,发生“高送转”往往企业股票就会涨。这有个有趣的逻辑在里面,就像是先有鸡还是先有蛋的问题,但是我们往往反过来去思考这个问题。我对这个逻辑的理解是,资本市场追求的是高增长,企业业绩是高增长的,那么其股票价格也会随之升高。这里有个估值公式:利润/(收益率 - 增长率),而股价和增长率成正比。增长快的时候,股本就可以扩张。比如,股价从本来的 1 块钱涨到 10 块钱,然后进行“10 送 10”,变成了 5 块钱,再涨到 10 块钱,再“10 送 10”,又变成 5 块钱……这就是“高送转”在我们印象中的现象,即高增长后一般会伴随着股本扩张。但是如果我们把因果关系倒过来想这个问题,认为如果股本扩张,就会出现高增长,这个逻辑就比较奇怪了。这个逻辑虽然很难理解,但是我们依然要迎合。虽然我们知道市场的这个逻辑是很荒谬的,但是要明白“高送转”就是中国股民的喜好方式,那么在做市值管理或者企业资本运营的时候,我们就需要知道“武器库”里面有个武器叫作“高送转”会对刺激股价有帮助。**那么“高送转”从哪里来呢,就是资本公积。溢价发行股票之后,资本公积就会增加,而资本公积就是附属股本,现在只不过把大家的东西还给大家了,并没有什么成本。**

二、新三板普通股融资的法律法规

我们在资本市场做资本运作,最重要的一条就是合规,在做好的同时一定要合规。合规是底线,做不到合规是很危险的,资本市场最重要的就是法制,否则就会乱套,就没有公平性可言。这些法律法规在股转的网站上面都有,很多问题一目了然。目前,有以下这些法规:

1.《非上市公众公司监督管理办法》(以下简称《管理办法》);

2.《全国中小企业股份转让系统有限责任公司管理暂行办法》;

3.《全国中小企业股份转让系统业务规则(试行)》;

4.《全国中小企业股份转让系统股票发行业务细则(试行)》;

5.《全国中小企业股份转让系统股票发行业务指引第1号——备案文件的内容与格式(试行)》;

6.《全国中小企业股份转让系统股票发行业务指引第2号——股票发行方案及发行情况报告书的内容与格式(试行)》;

7.《全国中小企业股份转让系统股票发行业务指引第3号——主办券商关于股票发行合法合规性意见的内容与格式(试行)》;

8.《全国中小企业股份转让系统股票发行业务指引第4号——法律意见书的内容与格式(试行)》;

9.《全国中小企业股份转让系统挂牌公司权益分派业务指南(试行)》;

10.《挂牌公司股票发行审查要点》(四个文件):(1)《挂牌公司股票发行审查要点》,(2)《挂牌公司股票发行文件模板》,(3)《挂牌公司股票发行常见问题解答—股份支付》,(4)《挂牌公司股票发行备案材料审查进度表》;

11.《挂牌公司股票发行常见问题解答(二)——连续发行》。

三、新三板发行普通股融资的方案设计

发行股票除了合规问题以外,还有一些操作性问题。我经常和在做发行股票的同行说:“没有发不出去的股票,只有发不出去的价格。”发不出去可以选择降价,那么为了少“割肉”,还需要辅助工作,宣传、沟通、描绘蓝图等都需要做。但是最后有人愿意买股票,不仅取决于公司的实力,还取决于当下的环境,所谓造势不如趁势。所以说资本市场高潮时要融资,低潮时要增持。

我上会计研究生的时候,学到的第一条金融法则叫作“万物升起,必将落下”,反过来也是一样的,跌到底自然会起来。在资本市场形势不佳的时候,除非企业特别缺钱,融资的事情还是要等一等,资本市场如果已经探底了,等一等价格就会

上来的。

（一）谁来批？普通股发行的审批

200人以下股转系统备案,200人以上证监会行政许可。

我国股转系统的绝大部分事宜不需要事先批准的,事后如有不妥再回来找企业,但是还是有事情需要事先批准,有很多神奇的数字,比如说:200、50、35、10%……我们要了解这些神奇数字背后的法律来源,才能够理解新三板的管理办法,其中一条:“在全国中小企业股份转让系统挂牌公开转让股票的公众公司向特定对象发行股票后股东累计不超过200人的,中国证监会豁免核准,由全国中小企业股份转让系统自律管理。”什么意思呢?就是公司发行股票,发行完毕之后股东人数如果超过200人的情况,事前是需要证监会批准,才可以发行。

为什么是200人呢?200在中国证券发行中是一个非常重要的数字,因为在IPO的过程中,最主要的法规是《公开发行股票并上市管理办法》。《公开发行股票并上市管理办法》第18条第1项规定,发行人不得有下列情形:最近36个月内未经法定机关核准,擅自公开或者变相公开发行过证券;或者有关违法行为虽然发生在36个月前,但目前仍处于持续状态。这是一个禁止项,如果有,就不能IPO了。

那么什么是公开发行?我们再来看《证券法》,《证券法》第10条规定,公开发行证券,必须符合法律、行政法规规定的条件,并依法报经国务院证券监督管理机构或者国务院授权的部门核准;未经依法核准,任何单位和个人不得公开发行证券。

有下列情形之一的,为公开发行:

(1)向不特定对象发行证券的;

(2)向特定对象发行证券累计超过二百人的;

(3)法律、行政法规规定的其他发行行为。

如果说一个股份有限公司不是上市公司又超过了200个且未经有关部门核准,就是重大违法行为,是不可能进行IPO的。这就是为什么“200人”问题非常严重,这是重大瑕疵。而上市交易的股份有限公司即上市公司,股东人数没有上限。

新三板公司是以国务院令的形式规定的另外一种公司形式,即非上市公众公司,股东人数可以超过200人,但超过时需要证监会批准后才能向股转公司提出挂牌申请,这里可以看出200人是非公众公司和公众公司以及上市公司之间的分水岭,也可以理解为公开发行证券和非公开发行证券的分水岭。

那么如何计算股东人数呢？没有挂牌的非公众公司，包括有限责任公司和股份公司，股东名册在工商局，以工商登记为准，而非上市公众公司的股东名册则在中国结算，即中国证券登记结算有限公司。股份公司发行股票的行为是由公司股东大会来决定的，召开股东大会首先需要开一个董事会来提请召开股东会，然后披露召开股东大会的通知，在召开股东大会的通知中会有一个日期，这个日期在股东大会召开之前，叫作“股权登记日”，在这一天之前在册的所有股东都有权参加这次的股东会，并在股东大会上行使表决权。

新三板公司股权登记日交易结束后，可以向中登公司申请股东名册，在拿到截至股权登记日这一天的股东名册后，股东名册上是现有股东，现有股东人数再加上此次定向发行股票的拟发行对象的个数，如果不超过200人的，则不用证监会核准，直接发行即可。

这个地方有一个问题，如果发行对象是一个有限责任公司，该公司的有众多股东，加上截至股权登记日的股东人数超过了200人，是否需要证监会审批？**我们在这里有一个专业名词出现了，叫作“穿透”，在新三板公司发行股票时，采取“不穿透”，即一个公司不论其股东人数多少均视为1个发行对象。但是在企业于股转公司进行挂牌时，则需要“穿透”，**即该挂牌公司所有自然人股东加上法人股东里的间接股东（穿透到最终自然人或国有资产管理部门）的总人数，超过200人的，需要报批证监会获批后方可挂牌。

（二）发行对象——能发行给谁

根据《管理办法》第39条及《全国中小企业股份转让系统投资者适当性管理细则（试行）》的相关规定，发行对象主要有：

（1）公司股东；

（2）公司的董事、监事、高级管理人员、核心员工；

（3）符合投资者适当性管理规定的自然人投资者、法人投资者及其他经济组织。

自然人（500万元，2年投资经验），法人组织（500万元注册资本和500万元实缴资本），金融产品（集合信托计划、证券投资基金、银行理财产品、证券公司资产管理计划）。

新三板普通股的三类发行对象：

第一类，公司股东，股东大会股权登记日这一天的股东名册上的所有股东。

第二类，公司的董事、监事、高级管理人员和核心员工。

1. 董事、监事很好理解，公司的章程中都有定义。

2. 高级管理人员，也就是所谓的“高管”。什么是高级管理人员，比如说，一个公司有 1 个总裁、10 个副总裁，那么这 10 个副总裁都是高级管理人员吗？答案是不一定。要看公司章程的规定，如果章程规定公司总经理及副总经理为公司高级管理人员，并不意味着 10 个副总裁都是高管，因为副总裁不一定是副总经理，大家不要觉得这里是在没有意义地玩文字游戏。企业在设计治理结构的时候，往往有两套管理制度，一套是资本市场管理制度，对董事、监事、高级管理人员的披露有严格要求，对其权利也有严格限制，对董事、监事、高管与企业之间的交易是受限制的，另外持有公司的股票都要限售。可是在现实经营中，这是很难实现的，兄弟们也是出来赚钱的，没必要给所有人都套上一个“枷锁”，所以很多管理人员在公司都是副总裁，但是在法律上却不是高级管理人员，他的股票不需要锁定，交易不需要受到限制。所以说一定要学会看公司章程。

这里举个例子，最近大家应该都听说了“宝万之争”，宝能提了一个议案，罢免所有董事、监事，这个议案被董事会全体董事投票否决了，这个时候要想知道这么做是否合理，最应该去看公司章程，有兴趣的话还可以学一下《公司法》，相关的还有《上市公司章程指引》、《上市公司股东大会指引》、深圳证券公司的《上市规则》和《企业规范治理准则》。但是最重要的要看章程，公司章程会写得非常清楚，这是一个公司的最高“法律”。再回到“宝万之争”，宝能作为拥有万科 10% 股权以上的股东，根据万科章程规定，是有权提出召开董事会的，董事会可以接受也可以拒绝。那么，董事会要拒绝一件事情的形式是什么？——开会。董事会不是一个人，不管什么事情都需要开会，不管批准、拒绝都要开会，不能说不开会就出具文件，然后盖个董事会章。

不知道大家有没有注意过，上市公司年报董事会的日期，审计报告会有一段话——“董事会讨论……”最后一段话——“董事会确认……”即董事会开讨论会批准了某事项，但是实际上审计报告出炉以后，会计师事务所还需要走一套内核流程，报告定稿准备好了以后才拿到董事会，那么审计报告日期提前定好，就定在董事会这一天，就没有什么法律瑕疵，否则，审计报告日期早于董事会开会事情，如果有人较真，这个报告就是有问题的。之前还碰到过一个情况，大股东为了审议某事项强行召开股东会，二股东不赞成此事项但奈何持股数量不够。后来，二股东起诉董事会决议无效，理由是董事会秘书没有列席会议。在《上市公司章程指引》中却有规定，董事会秘书必须列席董事会。也许这么做，改变不了实质结果，但是会让你很难受。所以说资本市场博弈，要学会用合规的武器。

3. 核心员工。有一个真实的笑话，有一次我上完课，有一个公司的董事长来问我:“我觉得我的秘书很不错,能否把她认定为核心员工?”作为一个情商很高的公司董秘,我们肯定不能直接否定一个老板非常信任的人,那么就要告诉老板,原则上肯定没有问题,但是要告诉你认定核心员工不是你老板一句话,而是有整个过程。第一步开董事会进行提名审议,第二步要召开职工代表大会通过,第三步要向全公司进行张榜公示,最后要召开股东大会审议通过,股东大会的决议是要公告的。也就意味着全世界都知道董事长把自己秘书认定为核心员工,这样的话,公司内部、外部一定有不一样的想法,你把这个过程和老板讲了,估计他也就知难而退了。

第三类,合格投资者。

合格投资者是符合投资者管理规定的自然人、法人及其他经济组织。自然人在开户的时候,前一天要有500万元以上的金融资产,而且第二天不能全部转出,2016年8月股转一下子处罚了10家券商,都是开户不规范的问题。金融产品,包括:集合信托计划、证券投资基金、银行理财产品、证券公司资产管理计划。

法人组织一般就是两种形式,有限责任公司和有限合伙企业,很少会用纯粹的普通合伙企业,因为它需要承担无限连带责任,就相当于自然人了,都是用有限合伙,即执行事务合伙人(GP)是无限责任,普通合伙人(LP)按出资承担责任。对于有限合伙企业,要求500万元实收资本的验资报告,有些券商被处罚就是因为没看到验资报告就给有限合伙开立了新三板账户。有限责任公司,要求500万元的注册资本。有一次上课讲到这里,有个同学过来和我讲:“饶胖你知不知道商事制度改革了,现在这个有限责任公司不要求实缴资本就可以注册了,只要说就行,你250万元,我250万元,我们两个250万元,承诺注册资本500万元,没投钱就可以成立个有限责任公司,就可以开个新三板账户,很容易啊!”我说:“你说得很对,只是为什么别人不怎么干,那是因为税的问题,有限责任公司卖掉股票要缴纳25%的企业所得税,分到我们手里还要缴20%的个人所得税,综合税率40.5%,不划算对吧。”目前,投资股票,自然人税率最低,有限合伙企业是按照个体工商户5%~35%的累积税率缴纳个人所得税,有限合伙有一些税收优惠,主要在民族自治地区如新疆、西藏等,但是那个政策是针对PE的,而PE是要在基金业协会备案才能取得资格,这个需要留意。

(三)选择发行对象——要发行给谁

上一节发行对象是法规的限制性规定,就是股票发行能发给谁,在实际操作过程中,在能发给的这些对象里,你具体选择谁,是出于企业的需要,通常要考虑以下这些因素:

1. 新三板公司（转板）IPO 的可行性条件

根据我们国家多层次资本市场的规划，各个层次之间是要有转板机制的，也许未来就有新三板企业直接转板到上交所和深交所，如果有了转板制度，一个新三板企业需要具备上市公司的股权分布条件。上市公司要求，发行总量在 4 亿股以下，公众股东最少要占有 25% 以上的股权，每人申购股票的数量在 1/‰以下即千人千股；发行总量在 4 亿股以上，公众股东最少要占有 10% 以上的股权。由于三板市场流动率低，这个要求是很难达到的，但是在两三年前，这件事情还是个海市蜃楼，对于资本运市场目标来说，这些都是长期目标，我们要慢慢来做，不能因为政策的快速变化而放弃，所以如果有转板的设想，发行股票的时候就要考虑股权分布的问题。

2. 实际控制人的控制权稀释

上市公司的大股东往往持股比例都不高。因为公司在资本市场中会不断地一轮一轮稀释，从一开始创业到有投资者进来，到 IPO，再到后来的增发和并购，不断地稀释，大股东会越来越少，就会出现控股权争夺的事情发生，实际控制人拿的股份比较少，别人就有机可乘。所以说在增发的过程中，必然带来控股权的稀释问题。中小企业一开始实际控制人一定是掌握大笔股票的，在资本市场大势不好的时候，增发价一定上不去，这个时候如果实际控制人手里有资金的，建议第一时间给自己做定增，把自己的股份拉上来，叫作巩固控制权，等到市场好的时候，再卖给别人或者增发给别人，也就是另一种低买高卖。

3. 股权激励

发给公司内部人员，一般来说就构成股权激励，就会形成股份支付，会增加当期管理费用，减少当期的利润。股份支付我们有专门的一讲，可以参阅。

4. 外部投资者的选择

（1）流动性。如果企业的资本运作目的中包括创造流动性的，那么在增发时就要适当地考虑一些容易卖出股票的短期投资者，而不是全部选择那些可能长期持有的机构投资者，机构投资者通常不是频繁交易股票的投资者。反过来，如果企业需要长期投资者，就要选择一些机构作为外部投资者。

（2）背书价值。企业还要看看在外部投资者中能不能找到对企业发展或者资本运作有所帮助的投资者。我们宣传一个公众公司好，一种方法是自己说我们好，另一种方法就是让别人来证明我们好。如果以腾讯或者百度是公司的股东来作为背书，就很容易证明公司有投资价值。所以，在引入外部投资者的时候，除了钱还能为企业带来背书价值，对企业来说一定是有帮助的。

（3）社会关系。中国的商业社会是一个关系社会，企业上下左右的关系都是需要打理的，在企业股票看涨、大批投资者蜂拥而至的时候，就要进行筛选，该还人情的还人情，该买未来的买未来。

银橙传媒曾经做过一次定增，这个案例对我们很有借鉴意义。银橙传媒当时跟其他新三板公司一样，在 2015 年 3 月的时候股价乱涨，在银橙传媒的股票还没完全涨起来的时候，它停牌了，当时股价 16 块多，停牌后披露了一个与新华网合作的战略公告，新华网大家都知道的，进军互联网传媒行业。给新华网发的股票 14 块，当时的市盈率 40 多倍，复牌以后股票涨起来了到 36 块。这个做完以后，它马上做了一个大的定增方案，要募集 14 亿元（见图 3－3）。

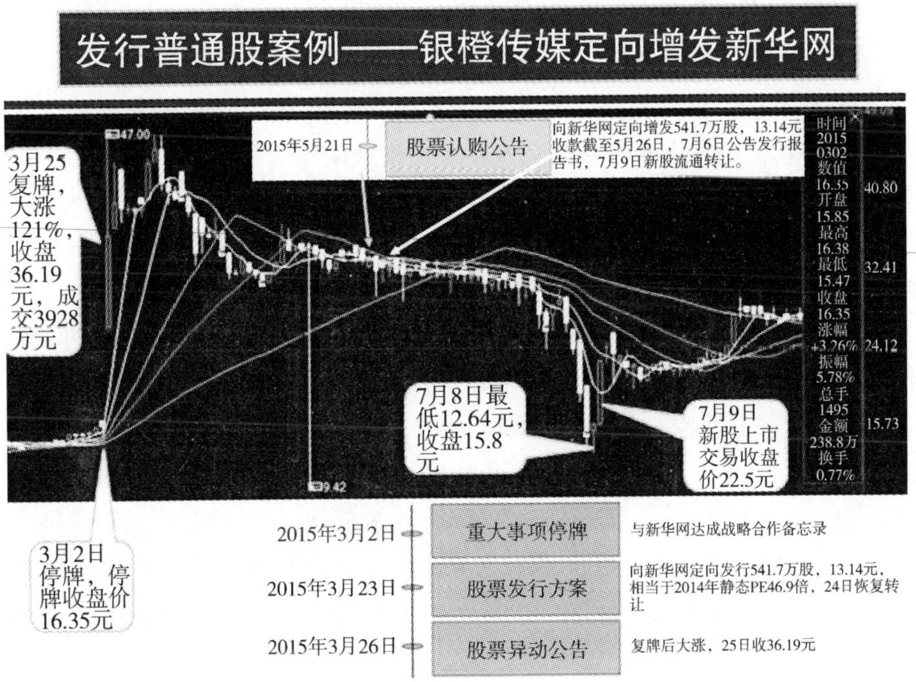

图 3－3

这是什么意思呢？我们看任何一个价格曲线，有一个假定，假定曲线上的每一个点，它的信息反映了所有信息，这叫完全有效市场，但其实完全有效市场是不存在的。这个信息应该含在价格里面。当我们有两次定增的时候，其中一次定增是战略合作，发给一个很好的战略合作伙伴，价格很低，但它是我的一个重要资源；另外一个是我们要募集很多钱来做很多事情。战略合作和融资性定增哪一个在前？一定是战略性合作在前，因为那个时候的价格是不含战略合作伙伴信息的价格，公布消息价格以后价格会上涨，这个时候的价格包含了这个信息，此时再做融资性定增。这里有一个前后顺序问题。银橙传媒的思路是对的，先来一个大利好，股价上来，再融一把大的。但是银橙传媒很倒霉，2015 年会里面批得很慢，等它好不容易把第一次批完，股灾来了，根本没法融到钱，经过修改发行方案，降到 10 亿元，也没发成功，最后在 2016 年 3 月 31 日，不得已放弃了这次发行方案。

（四）发行人数

一个神奇的数字：35，根据《管理办法》第 39 条的规定，公司确定发行对象时，除公司股东外的投资者合计不得超过 35 名。

新三板每次发行普通股，可以发行 35 个人，不包括现有股东。这是股转公司的规定，为什么是 35 人？有一个段子，说有人问一个专家，为啥一次只能发 35 人？不是 45 人不是 55 人不是 25 人？这个依据是什么？专家被问急了，答：我也不知道为什么是 35 人，不过纳斯达克就是 35 人。笑话不能当真，但是股转制度的顶层设计参考纳斯达克是真的，所以如果我们想展望未来股转制度变迁的走势，那一定要去看看参照纳斯达克的演变过程作为借鉴。

如果要对超过 35 人发行股票，有以下几种方法：第一种，代持。这个方式是非法的，即使这么做了，也是代持人与被代持人之间的约定，我们企业不能参与其中。第二种，持股平台。现在这个方式已经被禁止了（参见第八讲“关于持股平台新规的学习和讨论”）。第三种，别忘了 35 个名额中不包括现有股东，如果在股权登记日前买个 1000 股，成为现有股东，就没有名额限制了。

另外，在新三板发行普通股，发行对象是不穿透计算的，不管是自然人、有限合伙、有限公司还是资管产品，有一个算一个，不需要穿透计算机构和资管产品最终持有人。

（五）优先认购权

新三板公司的在册股东是有优先认购权的，这在《发行业务细则》中有具体规定，以现金认购的，公司现有股东在同等条件下对发行的股票有优先认购权。

这个规定的来历是《公司法》。《公司法》在有限责任公司的章节中规定了现有股东有优先认购权，其认购权行使的方式是股东不同意其他股东转让股权给外部股东时，该股东可以行使优先认购权，行使的方式就是按同等条件买下这些股权。

《公司法》中优先认购权的法理依据是，有限责任公司是一个半资合、半人合的组织,有限公司最多 50 个股东。法理假定这些股东都是认识的,是除了钱以外,还有其他的社会关系存在的,有信任基础在,当公司要接受一个不熟悉的外部股东投资时,其他股东有权反对,只要行使优先认购权,把其该出的钱由自己来出就可以。

《公司法》中股份有限公司的章节没有关于优先认购权的约定,这是因为股份有限公司的法理设定是一个资合组织,大家拿钱出来买股票就行了,认不认识不重要,有没有社会关系也不重要,这时就没有优先认购权的事情了,谁有钱谁愿意买谁就可以买。

新三板公司叫非上市公众公司,公司形式是股份公司,却规定了有优先认购权,这就比较特殊了,但是,规定了章程中有约定的从章程,即可以通过修订章程来取消优先认购权。

新三板公司有优先认购权的坏处在于,如果公司想要发行股票,股东行使优先认购权时,公司必须要给股东留出一个打款的时间,在有限公司阶段因为股东少,股东放弃优先认购权,只要签一份放弃优先认购权声明,经过律师鉴证即可,到了公众公司阶段,可能有很多不认识的股东,甚至很难找到他,公告也没有法律效力,只有留出一个打款的时间,如果到期现有股东没有打款,才可以向其他人发行股票,这样就很麻烦,整个发行时间不可控。一般的方法就是修订章程取掉优先认购权,这个章程修正案可以与发行股票的议案在同一股东大会上进行审议,章程修正案在前,这是比较激进的做法,有的律师认为应该开两次股东大会,前一天开个股东大会修改章程取消优先认购权,第二天开另一个股东大会通过股票发行方案。

这个时候有人说,公司实际控制人不同意修改章程,他认为取消优先认购权会损害自己的利益,新三板公司的发行很独特,其发行对象可以在股东大会结束后,股票发行之前再确定,如果实际控制人想买,那时,实际控制人可以把股票全都买走,不会存在取消优先认购权会损害自己的利益的问题。

(六)发行对象的确定形式

《全国中小企业股份转让系统股票发行业务细则(试行)》第 12 条规定,挂牌公司董事会做出股票发行决议,应当符合下列规定:(1)董事会决议确定具体发行对象的,董事会决议应当明确具体发行对象(是否为关联方)及其认购价格、认购数量或数量上限、现有股东优先认购办法等事项。认购办法中应当明确现有股东放弃优先认购股票份额的认购安排。已确定的发行对象(现有股东除外)与公司签署的附生效条件的股票认购合同应当经董事会批准。(2)董事会决议未确定具体发行对象的，董事会决议应当明确发行对象的范围、发行价格区间、发行价格确定办法、发行数量上限、现有股东优先认购办法等事项。第13条规定，董事会决议确定具体发行对象的，挂牌公司应当与相关发行对象签订附生效条件的股票认购合同。前款所述认购合同应当载明该发行对象拟认购股票的数量或数量区间、认购价格、限售期，同时约定本次发行经公司董事会、股东大会批准后，该合同即生效。

1. 董事会决议明确发行对象的情况

如果公司在开董事会讨论发行方案时，已经确定了发行对象的，要与发行对象签订附生效条件的认购合同，这时的发行对象是不能变的；如果股东会开完，要打款的时候，有人退出，你只能减少发行数量，或者重新开董事会、股东会来修改发行方案。

2. 董事会决议未明确发行对象的情况

在开董事会时，还没有确定具体的发行对象，但是可以确定发行对象以及价格范围，这是一个"全面"方案，也就是说所有的公司这种发行方案都可以是一样的，本次董事会未确定发行对象，但是确定了发行对象的范围是现有股东、董监高、符合适当性投资者规定的投资者，全部包含在里面了，发行价格也可以定一个范围例如10～20元，发行价格的确定方法是协商或询价。

这些都是《发行业务细则》的原话，所有的决定权都在企业手里，这样就没有那么被动。一般情况下，企业会在发行对象已经确定以后，再召开董事会，甚至要求把合同签好，发行对象先签字盖章，企业可以不盖章先拿到自己手里，因为企业一盖章就是确定发行对象了，这个道理在哪里？发行过程可能很长，一到几个月，中间股市一波动，可能投资人就不干了，这个时候我们还可以换人，等到开完股东大会结束，如果超200人还需要证监会完成审批，在发认购公告前，进行协商或者询价确定发行对象。

此时，有的董秘花招用得就有点过头了。公告上说在股东大会之后协商确定发行对象，股东大会是早上10点到12点召开，下午1点就已经确定发行对象了，这样就太夸张了。发行对象是可以在股东大会之后，证监会批准之后确认的，我们可以先把所有工作都做好，如果企业没有获得发行对象的意向，千万别开会，因为任何发行都可能失败，一次失败的发行会给企业在资本市场中产生不可逆的影响，企业要尽量避免这种事情发生，宁可不发行也不能发行失败。所以一定要确定发行对象能进来，才能开董事会出发行方案。虽然早就确定了意向，但是总要留出一定的、合理的协商时间，否则你的督导券商也不愿意，太假了是不是？

打钱也有讲究，一定在你公告的认购公告里规定的时间段，才能打钱，否则需要退回去重来。认购结束需要出发行报告，才能去股转申请备案，备案好了才能股票登记。出具发行报告之前先要验资，会计师要核对资金从哪里进来，核对认购对象和他的账户是否一致，是不是在发行人认购公告规定的时间打款，这个钱也不能早打，早打了还得退回去重来。当然，如果签署了附生效条件的认购合同规定了保证金条款，那也是可以的。

有人问："如果没签附生效条件的认购合同，先付保证金可不可以？"甚至有人愿意支付全额保证金，保证金付到公司账上。那不行，到认购的时候还得先退回去，再按规定时间打进来，否则没法验资。另外，如果保证金付到实际控制人那里，等发行结束在退给投资人，这个可以，那是他们之间的私人约定，和公司发行没有关系，这个事情董秘肯定是不知道的。

讲一个董事会确定发行对象的案例。2016 年 11 月 3 日，之前迁址去了西藏的哇棒传媒（430346），公布股票发行方案，并发出股东大会通知，拟每股人民币 19.15 元发行 900 万股融资 1.72 亿元，当日，哇棒传媒收盘价 17.95 元，截至 11 月 7 日的 60 日均价 18.99 元，基本是个平价发行，在眼下这么差的新三板行情里能发行成功都是牛人。这时，有看官插嘴："现在还就是个发行方案，股东会还没开，过了 200 人还得证监会批，长着呢，几个月呢，现在说发行成功为时尚早吧？"饶胖开始也是这么想的，我们知道如果开董事会时，确定发行对象的，需要在发行方案里明确对象并与发行对象签署附生效条件的认购协议。哇棒传媒这次的发行方案是确定发行对象的，共有 10 个新增外部股东，7 个机构 3 自然人，再加哇棒传媒董事长自己认购 1915 万元人民币。上述投资者与哇棒传媒签署了附生效条件的认购合同，并在 11 月 2 日向哇棒传媒缴纳了认购额 10% 的保证金，缴了保证金，变卦是有很大代价的，股东大会不会有问题，只剩证监会批准发认购公告打款了，那么应该可以说发行成功了吧？

（七）发行价格及数量

股票发行的价格和数量，这两个因素的乘积就是本次募集资金的上限，募集资金总额也是发行的核心问题，一般需要考虑以下几个因素，当然最终发行的数量及价格是根据市场行情来决定的，毕竟这是个市场交易行为，一般需考虑以下几个因素。

1. 资本计划和融资目的

融钱来干吗？一定要有个长远规划，这是企业真实的目的。在撰写发行报告时的融资目的，多是写给监管机构和投资者看的，前者需要内容宽一点、多一点，把能写的都写上,需要说得稍微详细一些,未来有可能用钱的地方尽量都说上,如扩大生产能力、投资并购、研发、补充流动资金等,都说上总归没错的,到时候做哪个都可以变通。给投资者看的用途要描述得有前景才好。

2016年8月8日,股转发布了《挂牌公司股票发行常见问题解答(三)——募集资金管理、认购协议中特殊条款、特殊类型挂牌公司融资》,至此,新三板公司募集资金的用途披露方式有了明确的规定,再也不能想怎么写就怎么写了。其对于募集资金的用途做了详尽的规定:

> 挂牌公司募集资金应当用于公司主营业务及相关业务领域。除金融类企业外,募集资金不得用于持有交易性金融资产和可供出售的金融资产或借予他人、委托理财等财务性投资,不得直接或者间接投资于以买卖有价证券为主营业务的公司,不得用于股票及其他衍生品种、可转换公司债券等的交易;不得通过质押、委托贷款或其他方式变相改变募集资金用途;暂时闲置的募集资金可以进行现金管理,经履行法律法规、规章、规范性文件以及公司章程规定的内部决策程序并披露后,可以投资于安全性高、流动性好的保本型投资产品。
>
> 挂牌公司应当防止募集资金被控股股东、实际控制人或其关联方占用或挪用,并采取有效措施避免控股股东、实际控制人或其关联方利用募集资金投资项目获取不正当利益。
>
> 挂牌公司应当按照发行方案中披露的募集资金用途使用募集资金,改变募集资金用途的,应当在董事会审议后及时披露,并提交股东大会审议。

同时,对在发行方案里的募集资金用途的披露方式做了规定:

> (1)挂牌公司股票发行方案中应当详细披露本次发行募集资金的用途并进行必要性和可行性分析:
>
> ①募集资金用于补充流动资金的,应当结合公司目前的经营情况、流动资金情况,说明补充流动资金的必要性和测算的过程。
>
> ②募集资金用于偿还银行贷款的,应当列明拟偿还贷款的明细情况,披露募集资金偿还贷款对挂牌公司经营和财务状况的影响。
>
> ③募集资金用于项目建设的,应当结合项目立项文件、工程施工预算、采购协议及其他资金使用计划量化说明资金需求和资金投入安排。
>
> ④募集资金用于股权收购的,应当对标的资产与挂牌公司主业的相关程度、协同效应进行说明,列明收购后对挂牌公司资产质量及持续经

营能力的影响。

⑤募集资金用于购买非股权资产(是指构成可独立核算会计主体的经营性资产)的,发行前挂牌公司应当与交易对方签订合同或协议,在发行方案中披露交易价格,并有审计报告或者资产评估报告的支持。

⑥挂牌公司发行股份购买资产构成重大资产重组并募集配套资金的,应当从以下方面进行说明,包括但不限于:挂牌公司前次募集资金金额、具体用途及剩余资金安排;本次配套募集资金与本次重组事项的相关性,募集资金金额是否与挂牌公司及标的资产现有生产经营规模、财务状况相匹配等。独立财务顾问应当对募集资金用途、合理性、必要性进行核查并发表明确意见。

⑦募集资金用于其他用途的,应当明确披露募集资金用途、资金需求的测算过程及募集资金的投入安排。

(2)挂牌公司股票发行方案中应当详细披露前次发行募集资金的使用情况,包括募集资金的具体用途、投入资金金额以及对挂牌公司经营和财务状况的影响等。

挂牌公司的主办券商应当在"主办券商关于股票发行合法合规性意见"中就挂牌公司本次发行是否符合募集资金信息披露要求等逐项发表明确意见。

2. 内部环境和外部环境

外部环境主要是指当下以及未来一段时间资本市场的走势,趋势比你的企业厉害,顺势而为才是王道,我们常说投资很简单,就是低买高卖就行了,发行股票融资,也可以理解为卖股票,自然高价较好,这个容易理解,都希望卖得一个好的高的价格,如果你处于资本市场高峰,这个似乎很容易做到,因为所有的资产价格都在高位,例如2015年上半年,如果在市场底部,想发高峰时的价格就比较困难,我们常说没有卖不出去的股票只有卖不出去的价格。要在弱势中融资,要看企业的内部环境,是不是没有其他更好的融资渠道,又急着等钱用,如果不是火烧眉毛,建议等一下,在弱势中做足功课,做好准备一旦市场反转,立即启动。

3. 类比和对未来的判断

这分为两个层面:一个是你自己怎么看,另一个是投资者怎么看。

外部投资者在考虑购买企业发行的股票时,是一种投资行为,投资者对比的是他可以接触到的其他投资标的,例如新三板上类似公司的价格,这个主要考虑是不是便宜,也可以对比主板上类似公司的价格,这个主要考虑赚钱的空间。对公司未来的判断,也是考虑赚钱的空间。

对于企业而言,就是要换位思考,站在投资者立场上,理解投资者的想法,我们知道,投资者依据的信息是很有限的,而企业则了解更多的信息,例如与同类公司的竞争优势比较,以及本公司未来的增长潜力,在发行时,要充分考虑这些信息怎样传递到投资者那里,帮助投资者完成对企业类比,帮助投资者理解你未来的潜力。

资本市场的价格一定是对未来的期望,这个价格一定含有包装成分,不是说要欺骗投资者,但是还是可以通过期望向大家展示企业的理想,以及运营逻辑。企业在做融资的时候,投资者投的也不是企业的现状,而是其美好的未来。

4. 募资节奏与股价关系

融资的最好形态是呈阶梯型,最好的情况是,一次比一次价格高。如果这次发行价格为 30 元,下次发行价格变成 10 元,之前的投资者该有多生气啊,会觉得自己被欺骗了,而且这种愤怒是会扩散蔓延的。所以企业在融资的时候,千万不要企图一口气吃个胖子,尽量让每次进来的股东都挣到钱,这也有利于企业树立好的资本形象的塑造。策略就是小步快走,分阶段来。

5. 协商还是询价

《全国中小企业股份转让系统股票发行业务细则(试行)》第 12 条第 2 项规定,董事会决议未确定具体发行对象的,董事会决议应当明确发行对象的范围、发行价格区间、发行价格确定办法、发行数量上限、现有股东优先认购办法等事项。

我们前面讲过,审议发行方案董事会召开时,如果已经确定发行对象的,应该与发行对象签订附生效条件的认购协议,约定价格数量等条款,待股东会批准、证监会核准(如有)、股转备案后生效。

如果审议发行方案董事会召开时,未确定发行对象,这是大多数的情况,我们之前讲过原因,那么在发行方案里需要确定“发行价格确定办法”,通常的方法是协商或者询价。

有一次,我接到一个新三板公司董秘的电话,问我能否把我们发行询价的方案发给他,我说我们没有使用询价方案确定发行价,所以我没有询价方案的文本,他说你不是在发行方案里写着询价吗,我说兄弟你要看清楚,我写的是协商或者询价,即股东会批准发行方案,证监会核准本次发行后,我确定本次发行价格的方法既可以是协商也可以是询价,最后我们用的是协商,所以没有询价方案文本。

协商很容易懂,就是你和投资者私下沟通达成一致。

询价是什么意思呢？《全国中小企业股份转让系统股票发行业务细则（试行）》第17条规定，董事会决议未确定具体发行对象的，挂牌公司及主办券商可以向包括挂牌公司股东、主办券商经纪业务客户、机构投资者、集合信托计划、证券投资基金、证券公司资产管理计划以及其他个人投资者在内的询价对象进行询价，询价对象应当符合投资者适当性的规定。第18条规定，挂牌公司及主办券商应当在确定的询价对象范围内接收询价对象的申购报价；主办券商应根据询价对象的申购报价情况，按照价格优先的原则，并考虑认购数量或其他因素，与挂牌公司协商确定发行对象、发行价格和发行股数。

上面两条说得很清楚，询价的对象是符合投资者适当性的规定的投资者，需要事先制订一个询价方案，按询价方案接受报价，按价格优先的原则以及其他要素确定投资者。

比如，你规定一个价格区间和数量，如10～20元，数量200万股，在某月某日某点开始到在某月某日某点结束，报价需盖公章或自然人签字，传真到指定的传真号，价格优先的原则，并考虑认购数量或其他因素。

在实践中，询价方案，在有效宣传和较好的市场环境下，可以获得比较高的发行价格；坏处是你无法选择投资者。我们前面谈到，在企业发展中，我们除了钱还需要很多其他东西，如果采用询价，只能是价高者得。

6. 价格还有监管需要交代

我们发现在新三板，发行价格是由企业自己确定的，只要发得出去，理论上讲定什么价格都行？真的是这样吗？

《全国中小企业股份转让系统股票发行业务指引第2号——股票发行方案及发行情况报告书的内容与格式（试行）》第10条规定，公司应在发行计划中披露以下内容……(3)发行价格或价格区间，以及定价方法。这是企业要说明定价方法的合理性。

《全国中小企业股份转让系统股票发行业务指引第3号——主办券商关于股票发行合法合规性意见的内容与格式（试行）》第5条规定，股票发行主办券商合法合规性意见应当包括以下内容……(6)关于发行定价方式、定价过程是否公正、公平，定价结果是否合法有效的意见。

定价说明的方法要求要定量和定性分析相结合，例如股票发现前一段时间的价格、同类可比公司的价格等。如果定价很离谱也很难通过股转的审核。

举个例子，假设董事会前60天股票均价30元，你要1元发给实际控制人，很难论证这次发行价格是公平的。如果你的董事长坚持这么做，你也可以把发行报告里的话，先写给他看，例如，公司在本次审议发行方案董事会前60天的均价是

30 元/股,市盈率 30 倍,同行业公司平均市盈率 28 倍,本次发行价格 1 元/股,市盈率 1 倍,发行对象为公司实际控制人,价格采用协商确定,综上,本次发行价格的定价方式、定价过程是公正、公平,定价结果是合法有效。你让他自己读读,也许他就改主意了。

7. 发行流程(见图 3 -4)

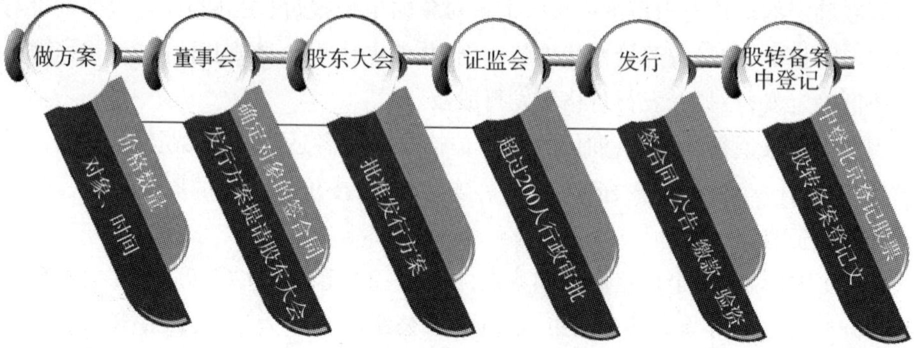

图 3 -4　新三板股票发行流程

(1)做方案

前面讲了做股票发行方案的各个要素,现在就把这些要素形成文本也就是发行方案,发行方案股转是有模板的,照着填就行,股转网站上有《全国中小企业股份转让系统股票发行文件模板》"股票发行方案"。

(2)董事会

董事会通过《股票发行方案》,并提交股东大会批准,此时,已经确定发行对象的,应该与发行对象签订附生效条件的认购协议,约定价格数量等条款,待股东大会批准、证监会核准(如有)、股转备案后生效。董事会决议未确定具体发行对象的,董事会决议应当明确发行对象的范围、发行价格区间、发行价格确定办法、发行数量上限、现有股东优先认购办法等事项。

(3)股东大会

根据《公司法》,发行股票是股东大会的权限。由出席会议的股东过半数同意批准。股东大会股权登记日在册股东,是本次发行的原股东,如果章程没有取消原股东优先认购权的,在册股东可以行使优先认购权。

(4)超 200 人证监会核准

如果本次发行对象加在册股东数超过 200 人,这里发行对象直接对象计算个数,不穿透到最终持股人,需要在股东大会批准后,报证监会核准,拿到证监会核准批文才能往下走。

(5)发行

股东大会批准发行方案后,如果需要证监会核准在拿到批文后,如果发行方案里没有确定发行对象,这是大多数的情况,这时就可以确定发行对象,发行价格和发行数量。

8. 与发行对象签订认购合同

9. 发布认购公告

合同签订完毕,发布股票认购公告,认购公告中要具体约定付款期限及要求,如该笔款项必须是由被发行人账户打入公司账户等。

10. 验资

由具有证券业务资格的会计事务所对认购款项进行验资,并出具验资报告。

11. 到股转领取发行备案函件

凭验资报告和其他备案文件,到股转公司办理发行备案手续,股转公司会对发行报告以及中介机构提交的报告进行复核,复核后无误的会下发函件。这里要注意,股转虽然是事后备案,但是如果存在重大问题,也可以不给你备案,在本书第十二讲“借壳2”的软智科技案例中,我们就看到10个月过去了仍然没有拿到备案函的情形。另外,增发筹集的资金使用,是在取得登记函件后才可开始使用资金,否则是违规的,切记。

12. 股票登记

取得股转公司的备案函以后,需前往中国证券登记结算有限公司北京分公司进行股票登记,就在股转旁边。记住,新三板企业,非上市公众公司,股东权利的登记不再是工商管理部门,而是中国证券登记结算有限公司,在中国结算登记后,新增股东的权利就成立了。另外,如此次发行对股东的股票有限售约定的,一定要做认购协议中进行明,并在中国结算登记。

13. 连续发行

如果要准备连续发行股票,必须在前一次发行取得股转公司函件后,才可以召开下一次关于发行的董事会。这在《挂牌公司股票发行常见问题解答(二)——连续发行》中有明确规定。

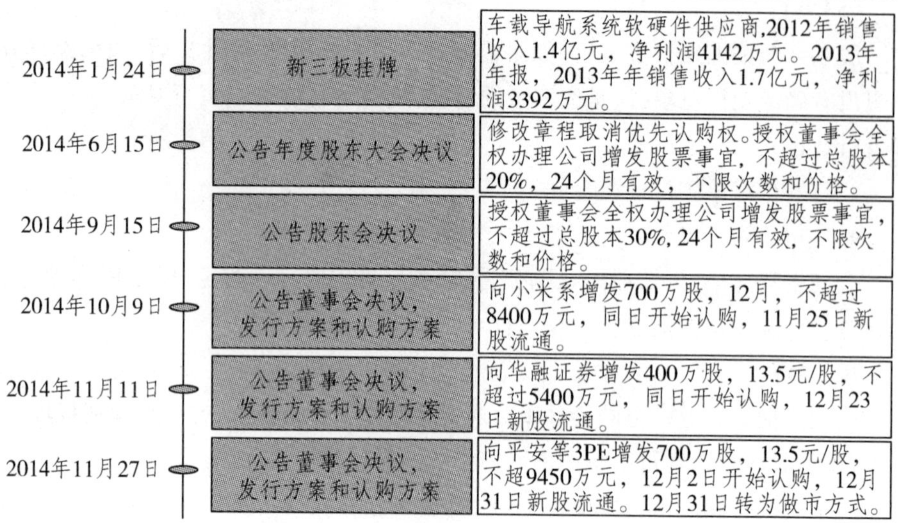

图 3－5　新三板普通股增发案例

2014 年 1 月 24 日,该公司在三板挂牌,一开始是做导航仪的,后来转做软件行业,2012 年的利润为 4000 余万元,2013 年利润为 3900 余万元。

2015 年 6 月股东大会决议修改章程,取消优先认购权,授权董事会全权办理公司增发股票事宜,不超过公司现有股本的 20% 的股票,24 个月有效,不限价格和次数。由于之前增发的 20% 不够用了,9 月 15 日再次召开股东大会,将授权扩展到公司现有股本的 30% 。

2015 年 10 月 9 日,公司董事会决议同时披露发行方案以及认购方案。向小米增发了 700 万股,12 元/股,募集金额 8400 万元,同日开始认购。11 月 25 日,新股开始流通。而 11 月 11 日,新股流通之前,公司开了第二次董事会,向华融证券发行了 400 万股,13.5 元/股,募集金额 5400 万元,同日开始认购。16 日之后,11 月 27 日又一次召开董事会发布发行方案,向平安 PE 发行 700 万股,13.5 元/股,募集金额 9450 万元,12 月 2 日开始认购,12 月 31 日新股流通,同日转为做市方式。也就是说该公司开了一次股东会,做了三次发行。

《公司法》第 37 条规定,股东会行使下列职权,包括对公司增加或减少注册资本作出决议。《上市公司章程指引》第 40 条规定,股东大会是公司的权力机构,依法行使下列职权:……(7) 对公司增加或者减少注册资本作出决议……(注释:上述股东大会的职权不得通过授权的形式由董事会或其他机构和个人代为行使。)非上市公众公司相关规定为,董事会在其职权范围内和股东大会授权的范围内对审议的事项作出决议,不得代替股东会对超出董事会授权范围和股东会授权事项进行决议。

新三板公司虽然没有上市公司关于“股东大会的职权不得通过授权的形式由董事会或其他机构和个人代为行使”的规定，但是非常明确地规定了，董事会只能在其职权范围内行使职权。

我们再来看该公司的《章程》第36条规定：“公司股东大会由全体股东组成。股东大会是公司的权力机构，依法行使下列职权：……（七）对公司增加或者减少注册资本作出决议……上述股东大会第（一）至（十四）项的职权不得通过授权的形式由董事会或其他机构和个人代为行使。”从这一点可以看出来，该公司是计划去IPO的公司，其《公司章程》是按照《上市公司章程指引》制定的。而该公司此次的发行行为严重违反了《公司法》和《公司章程》的规定，越权对发行作出决议，由此会对其未来IPO产生重大不利影响。

第四讲　新三板发行优先股

——新三板优先股的前世今生

什么样的公司适合发优先股，总结下来，第一个是金融类的，扩大权益资本的；第二个是大蓝筹，钱比较多，现金流比较多，可是股份又不愿意稀释；第三个是估值比较低，稀释股本不合算；第四个就是作为并购重组的工具。

一、新三板优先股是怎么回事

自从2015年新三板的优先股的政策出来以后，前前后后有不少家都公布了方案，但是，到2016年9月为止，只有中视文化一家的优先股发行成功，应该说，第一例，我们有了，从政策公布到实施的一个全过程，有了第一个案例："新三板首单优先股花落中视文化"。

什么叫作优先股？2013年，国务院出了一个文件，《关于开展优先股试点的指导意见》，这个是优先股的源头，从此，我国资本市场有了优先股这个事情了。国务院2013年的文件（国发〔2013〕46号），这个文件解释什么叫优先股：**"优先股是指依照公司法，在一般规定的普通种类股份之外，另行规定的其他种类股份，其股份持有人优先于普通股股东分配公司利润和剩余财产，但参与公司决策管理等权利受到限制。"**

我们一般说的发行的股份是普通股，之外的，我们叫优先股。**优先股的两个特点：第一，它比普通股有优先分配和优先受偿，优先分配利润或者是优先分配剩余资产；第二，优先股股东权利受到限制，不像我们普通股股东，普通股股东有参与公司决策管理的权利，参与方式就是参加股东大会，可以投票，可以提案，但优先股的权利是受到限制的，因为权利和义务一定是对称的。**

但是，饶胖相信大家跟我一样，读完了这段话，其实还是不知道优先股是什么东西。我也是一样的，读完这段话，我也不知道优先股是什么东西。我们大致看下，我把它分一分，解释一下，饶胖是做企业财务出身，做过多年公司的财务总监，从我们企业融资的角度讲，我们通常分两个维度：一头是股，另一头是债，债就是你借钱要还的，比如有息债务，借了钱，按照约定的时间和利息，付利息，还本付息；另一种是股，就是资本金，股东把钱投进来，除了公司破产清算，股东是没有权利要求公司还他钱，当然了，股东可以转让股份，或者说，可以在市场上买卖股东持有的股份或者股票。但是，股东没有权利要求公司把他的股本金还给他，除非公司破产清算或者减资。通常情况下，债是有期限的，到时间是要还本付息的，有付息债务，另外还有无息债务，比如说应付账款，其实是占用供应商钱，是无息的债务。

在企业融资的谱系里，优先股，我们可以认为是混合性资本工具，这也是饶胖在读中视文化优先股发行报告的时候学的，混合性资本工具，优先股是一个框，可以设计成债务性的，也可以设计成权益性的，也可以在债务性和权益性之间进行转换。**所以，既有债务工具的特点，又有权益工具的特点，到底是什么，要看具体的条款怎么设计，优先股是一个混合性的资本工具。**

任何的资本工具都是根据市场需求来的，没有市场需求就没有这些资本工具的产生。我们经常说，之前有垃圾债，有美国的次贷危机，为什么有那个东西？那就是因为有人对这样的资本工具有需求，不管是融资方还是资金方，都对这样的一个形式有需求，所以资本和华尔街设计了这样一种资本工具供投资者或融资人选择。我们也是一样，我们有债务工具和股份工具的选择，债务工具比如说，借钱、应付账款；股份工具，我们增资扩股，发行普通股，引入投资者。除此之外，我们现在有了优先股，对企业来说，就多了一种新的融资工具，对于投资者来说，多了一种投资工具。

我们做融资的时候，心里一定要有一张表——企业的资产负债表（Balance Sheet，BS），左边是资产，有固定资产、流动资产、无形资产，还有其他资产；右边是资金的运用，就是融到钱之后，投到生产经营这个环节，投到生产环节是流动资产，比如存货、应收账款，投到固定的生产设施，就是固定资产，比如说投入土地，资产形成无形资产，还有其他的，这都是融来钱之后运用到生产经营上的一种形式上的表现。

钱从哪里来？两个途径，第一个是负债，第二个是所有者权益，按是否付息，负债分为有息负债和无息负债。有息负债比如向银行借钱，要还利息的，无息负债，例如应付账款，占用供应商的资金。按偿还期限分，负债可以分为短期负债和长期负债。这些都是企业向债权人借的钱，称为债务性的融资。

所有者权益是什么呢？主要是股本以及附属资本，如资本公积、未分配利润等，这些都是公司的股东投到公司里面的钱，形成的股东权益。

现在发行优先股,会出现在资产负债表的哪里?从企业端来看,如果是债务性的,我们就列入负债,期间是短期的,还是长期的;如果是权益性的,属于股东权益,通常是次级资本,我们把它放到所有者权益里面。这就是我们要用资本工具的时候,首先要明白我们要做这个事情,对我们的资产负债表到底有一个什么样的影响。

二、什么样的公司适合发优先股

第一个是银行类金融机构,发行优先股补充资本。什么原因呢?我们国家是有资本管制的,比如说一个银行类的金融机构主要靠放贷获得收益的公司,放贷的总额是与它的资本金挂钩的,这是中国金融管制的一种方式。比如你有1亿元的资本,如果是4倍的系数,你可以放4亿元的贷款,那你就可以算得出来,放4亿元的款可以有多少利息,每年能做多少生意。资本金不扩大,就没法扩大我的生意,唯一的办法是增资扩股增加资本金,可是如果现有股东不愿意稀释自己的权益,那怎么办呢?可以尝试发点优先股,补充一下资本,使资产负债率能够下降,多借钱,多做生意,同时,又不稀释原有股东的权利。

第二个就是资金需求量比较大,同时现金流比较稳定的公司。比如说,有些公司想降低一下资产负债率,补充一下长期资金,这也是一个权益性的,因为债务性融资的会提高资产负债率。

另外,创业初期,成长性的公司。由于目前的股票估值比较低,如果在这个阶段发行普通股的话,估值(价钱)不太合算,可能会导致股权稀释过于厉害,所以这个时候不太愿意发行普通股。

还有,优先股可以作为并购重组的工具——发优先股,并购重组的时候,买一个公司,可以用现金买,也可以用公司的股票买。没有优先股这个工具的时候,只能用普通股来买,有优先股这个工具的时候,还可以发优先股给人家,换来资产或者公司股权。

什么样的公司适合发优先股?总结下来,一是金融类的,扩大权益资本的;二是大蓝筹,钱比较多,现金流比较多,可是股份又不愿意稀释;三是估值比较低,稀释股本不合算;四是以优先股作为并购重组的工具。

三、在新三板上发优先股的法规

在新三板上发优先股有以下这些法规:

1.《国务院关于开展优先股试点的指导意见》(国发〔2013〕46号);

2.《优先股试点管理办法》(证监会令第97号);

3.《非上市公众公司信息披露内容与格式准则第 7 号——定向发行优先股说明书和发行情况报告书》；

4.《非上市公众公司信息披露内容与格式准则第 8 号——定向发行优先股申请文件》；

5.《全国中小企业股份转让系统优先股业务指引(试行)》。

前面两个是大帽子，第一个是国务院发布的，第二个是证监会发布的，是规范上市公司和规范公众公司的，第三个和第四个是非上市公众公司信息管理披露细则、定向发行优先股说明书以及优先股业务指引，第二、三、四都是证监会的文件，第五个是股转公司的业务指引。要在新三板上发优先股，首先要学习这些法规。

四、优先股与普通股有什么差别

(一)发行对象不同

在新三板上发行优先股，发行对象与普通股不太一样，优先股只能向合格投资者发行，合格投资者的规定和新三板的合格投资者规定差不多，文字上稍许差异，但是，在普通股发行的时候是三类发行对象，包括股东和董事、监事、高级管理人员、核心人员，再加上符合适当性规定的投资者，发行优先股的时候，是没有前两类的。第一，原来的股东如果不是符合适当性规定的投资者，不是合格投资者，是不能作为发行对象的；第二，董事、监事、高级管理人员、核心人员如果想认购优先股的话，必须是符合适当性规定的投资者即合格投资者，而不能是因为董事、监事、高级管理人员、核心人员身份就自动有这样的资格。发行普通股的时候，董事会发出召开股东大会通知里有股权登记日，股权登记日在册的股东都有权利参与普通股的发行，董事、监事、高级管理人员、核心人员也是有权利的，这是一个比较大的不同。

(二)优先股表决权受限制

优先股表决权是受限制的。我们都知道，普通股的股东在公众公司里行使权利，按照《公司法》和《非上市公众公司管理办法》的规定，主要的权利是参加股东大会，并对议案进行投票。当然了，你持有到一定数量也可以在股东大会提案或者提名董事，股东主要的权利是参加股东会，对股东大会的议案进行表决。

优先股实际上是没有表决权的。优先股股东只在特定情形下才有权出席股东会并参与分类表决的权利：修改公司章程中与优先股相关的内容，一次或累计减少公司注册资本超过 10%，公司合并、分立、解散或变更公司形式，发行优先股，公司章程规定的其他情形。在前述情况下,优先股股东才有权利参与表决并且是和普通股股东分类表决,各表决各的,就是股东会要表决两次,一个议案普通股股东出席多少,谁同意,谁不同意,多少比例,优先股股东多少,出席会议多少,同意不同意。

在某一种情况下,优先股股东有可能恢复表决权,就是你不分他钱(优先股股息),公司累计三个会计年度或连续两个会计年度未按约定支付优先股股息的,股东大会批准当年不按约定分配利润的方案次日起,优先股股东有权出席股东大会与普通股股东共同表决,每股优先股股份享有一定比例表决权。一般来说,在发行方案里有表决规定,优先股恢复表决的时候,优先股股东的表决权怎么折算为普通股的股东。大家记住,优先股股东有优先获得股息的权利,但是,通常情况下,优先股股东是没有表决权的,只在特定的情况下才有表决权,而且是分类表决,如果公司不按约定支付优先股股息,优先股的表决权就恢复了,一旦公司如约把股息付给他了,优先股的表决权又取消了。

(三)优先股的发行方案

做一个优先股的发行方案,可以总结成一句话,里面有九个要素,我们要知道优先股是什么类型的,只要把优先股九个要素都说清楚了,优先股方案设计也就设计好了,比如说,本次优先股发行方案是这样的:本次发行的**优先股是:①分阶段调整股息率的;②可累计的;③非参与的;④不设回售及设有条件赎回条款;⑤不可转换的优先股;⑥无担保;⑦无评级;⑧属于权益性工具;⑨没有限售期。大致看来如果把九个要素都包括进去,优先股发行的方案就设计好了。**

第一个要素,优先股是债还是股,或者说是债务性的还是权益性的,设计优先股方案最重要的是考虑这个问题,是债还是股?列在资产负债表哪里?发行以后对企业的资产负债表以后,有什么样的影响?这是第一个要考虑的问题。要明白,优先股到底列在哪里,是增加资产负债率还是降低资产负债率?比如说,类金融公司,要做的是扩张权益资本,一定要做成权益类工具,否则没有任何意义。

怎么区分是债还是股,这是个会计问题,有三个会计准则:《企业会计准则第22号——金融工具确认和计量》《企业会计准则37号——金融工具列报》《金融负债与权益工具的区分及相关会计处理规定》。这个是很专业的,有兴趣的,学财务的朋友研究一下。如果你不是财务出身的董秘,怎么办?听你的审计会计师的,要求你的审计会计师,按你的方案,出一个专项审计意见,不是在你现场做事的小朋友跟你说,而是现场负责的会计事务所老师、合伙人,甚至是出专项意见也要经过会计事务所技术内核环节,判断这个方案究竟是负债工具,还是权益工具。

大体来说，你可以这样判断，如果这个工具，你的对象——投资者有权利把它还回去的，或者说让你支付一个对价把它拿回去的，通常情况下是负债；如果投资者没有权利，或者说，你没有义务在某一个时间点或者某一个条件下，把这个东西赎回来，不管是用现金，还是用其他权益工具或是对价的方式，通常情况下是权益工具。投资者如果有权利要求你赎回来，通常就是债务工具。当然了，具体判断取决于这三个会计准则，如果你不会，没关系，让你的会计师出专项意见。

第二个要素，股息率。现在一般的方案是年息8%左右。一般来说，有固定的，也有分阶段调整的（股息率的调整通常是根据证券市场的价格波动或银行存款利率的变化进行适当的调整），但新三板优先股有一个强制性规定，优先股票面股息率不得高于公司最近两个会计年度的年均加权平均净资产收益率，比如你净资产收益率是10%，那你的股息率不能超过10%就行了。

第三个要素，是否可累积。累积的意思就是，你今年没付人家钱（优先股股息），那么下一年，这个钱（优先股股息）是不是可以滚存到下一年一起付，如果可以，就是可累积的。

第四个要素，参不参加。优先拿到了股息以后，优先股股东能不能和普通股一样，参与其他的利润分配，如果优先股股东是可以参加分配的，就是可参加优先股，如果不参与分配，就是不可参加优先股（按照优先股是否有权获得超额利润为分类标准，参加优先股，是指优先股股东分取了约定的股息之后，公司在普通股股东间进行分红时其仍可再次参与分配；而非参加优先股在剩余利润中无再次参加分配的权利）。

第五个要素，回售及赎回条款。回售是指发行对象在约定条件下要求公司购回其持有的优先股的权利。赎回是指公司在约定条件下购回已发行优先股的权利。

第六个要素，是可转换优先股还是不可转换优先股。有些优先股就是给你一个固定息之外，优先股不能转为普通股，也不能转为其他债券，也不能转为其他权益工具形式，称为不可转换。如果将来，根据约定，优先股是可以转换为普通股的，或者转换为其他的工具，或者其他的债务方式，称为可转换优先股。不可转换优先股，就是什么情况下，都不可转换成其他金融工具（按照优先股是否可转换成普通股或债券等其他证券类型为分类标准，可转换优先股，是指公司发行的优先股在发行一段时间后根据约定可以以一定的转换条件和价格转换成普通股，且条件和价格都是在发行时事先约定的，但其股息率通常比一般优先股低；不可转换优先股则不论什么情况下都不能转换为普通股）。

第七个要素，担保、评级和限售。担保是指本次发行优先股是否安排了担保的增信措施。发行优先股是否安排担保,取决于优先股的发行情况,优先股发行的很好,不需要担保;优先股发行的不好或者对方有要求,指定的投资人有要求的时候,因为优先股的工具有时候是定制的资本工具,定制工具就跟对方能够买什么就很有关系,比如说,我们发中小企业私募债,一般来说,要 AA 的评级,为什么要 AA 的评级呢?因为一般来说,中小企业债发行对象,是银行的理财产品,理财产品,要投资一般来说,要求有 AA 以上评级的标准化的证券产品,大家比较喜欢,这是必须有 AA 级别以上的公司担保,这个评级才能上去,所以,如果没有这个担保,评级上不去,也就卖不出去。评级也是一样,指本次发行优先股是否安排市场第三方评级机构对本优先股出具了评级报告,有时候也是,投资人在其章程里面,规定只能投资 AA 级别以上的证券产品,不包装一下,可能就没法做你的投资人了。限售是指本次发行优先股是否安排限售期,取决于你和你的投资者之间的协商;优先股发行完了,登记完了,是不是马上能卖,还是约定要限售一段时间。

新三板已经公告的优先股案例如下:

表 4-1　新三板优先股案例

证券简称	证券代码	优先股数量(万股)	计息期限	股息率/年	是否可累积	是否可参与	是否可赎回	是否可回售	是否可转换
鑫庄农贷	830958	≤220	5	6%	是	否	是	否	否
中视文化	430508	≤10	5	4%	是	否	是	是	否
中国康富	833499	≤1500	5	—	是	否	是	否	否
诚信小贷	834038	≤20	3	7%	是	否	是	否	否
思考投资	831896	≤200	3	—	是	否	是	否	否
齐鲁银行	832666	≤2000	5	—	否	否	是	否	是
红山河	831367	≤50	5	6% ~8%	是	否	是	否	否
法福来	831267	≤50	5	6% ~8%	是	否	是	否	否
一滕股份	832856	≤80.1	6	1.20%	是	否	是	否	否
勇辉生态	833087	≤35	无	1.20%	是	否	否	否	否

这是新三板智库的研究报告,统计到 2015 年 4 月 16 日,统计的优先股有 13 家,11 家公告了。排在最早公告的,是鑫庄农贷,苏州的一家小贷公司,他们实际上最早准备,第一个公告,准备补充权益资本的,增大放贷的规模,但是 2015 年年底,证监会叫停了新三板所有类金融的挂牌和发行,所以就停在了这里,不知道什么时候能开,所以中视文化就后来居上,做了新三板优先股第一单。

中视文化董秘李晶和饶胖关于优先股的对话

李晶:海南中视文化传播股份有限公司(以下简称中视文化、股票代码430508)于2014年1月在股转系统挂牌,是海南首家新三板挂牌企业,注册资本6500万元,旗下业务包括广告传媒、演艺娱乐、院线运营、内容投资等,是海南省文化产业领军企业。

中视文化发行优先股的原因是什么?在股转系统还没有正式发布这个优先股实施指引的时候,我们已经有过这样的一个考虑,主要原因是跟我们的一个交易对手方有比较大的关系。交易对手方是海南岛联合股权投资基金管理有限公司,国资下面的一个企业,负责海南省财政厅管理海南省文化产业的专项基金的使用和监督管理,正因为交易对手的这种特殊性,最后,我们在考虑企业采取的几种融资方式之后,我们当时判断说,可能优先股更符合这次交易方案的设计(2015年中视文化主营收入2.07亿元,净利润2284万元,各项财务指标同比均取得了大幅增长。同时,中视文化已有九家做市商,也是三板成分指数股和做市样本股)。

在股转系统发布具体的指引之后,我们就开始积极地与对方进行沟通。在2015年11月23日董事会做了一个发行预案,接下来就是按照流程,股东大会通过,再到验资,2016年1月,向股转系统递交了一份申请材料,股转系统也进行了受理,之间进行过多次的反馈和解释说明,在3月拿到了《证券简称及代码通知书》,大概又经过一个月的时间,跟中国登记结算北京分公司处理出资登记方面的一些事宜。因为实际上这个系统对中登来讲也是新的,中登上线这个系统,也是经过了一些测试,毕竟都还没有操作过嘛,我们登记的优先股,它当中,有一个条款是不可转换,有5年的限售期,实际上来说,假设其他的兄弟公司发行的是可转让的优先股,其他的11家公司当中实际上有些是没有限售期的,上来以后怎么转让,其实也是对股转和中登来说,是一个比较新颖的点,毕竟来讲,在三板上面,也是一个创新工具。

中视文化优先股方案的要素是可累积、有担保、有限售、无评级、非参与、不可转换、可赎回。

优先股作为一个企业可以选择的一种融资工具,从我们中视文化的这一个方案来看,特殊点在哪里?第一,因为我们交易对手方是一个国资企业,国资企业当时提出来说,因为托管的是海南省财政厅的一个专项基金。大家知道,国有资产是有一个保值增值的要求的,能否做一个保本的约定,普通股很难满足它这一点,但是对方又要求。实际上,2013年国务院出台了一个意见之后,各地的各项发展基金都转为相应的股权投资的这样的一种方式,之前它更多的时候是以补贴的形式出现,直接进入企业的非经常性损益里面,相应来说,它可能更分散一些,起到的作用也不太大。所以在2013年,国务院出台了这个意见之后,各地的专项产业发展基金就转为股权投资的这个方式,来对遴选出的比较优质的企业,进行集中投放,以提高资金使用效率。正因为国资有一个保值增值的要求,又要求股权投资的这样一个形式,实际上,有一个回收期的,专项基金,到期了以后,还要回收。在这样一些前提条件下,中视文化最后决定是,优先股的方式可以满足到大家的一个需要。在这样的情况下,我们针对这个交易,设计了一些条款,其中包括,可回售,也是给国资这样的一个权利,因为实际上来讲,我也是发觉,包括上市公司也好,包括我们三板的其他的兄弟挂牌公司也好,很少有选择可回售的,可能从公司的角度出发吧。从我们的角度来说,因为我们跟我们的国资对手方还是一种合作的关系,所以我们特别加了一个可回售的条款。我也注意到一些公司,其中包括齐鲁银行,在它的预案里,它是可以转换的。这里,我们也是与对方有一个沟通,根据各公司的一个具体情况,做相应的一些选择。我在这里讲这些,是希望大家对背景有所了解,之后可以了解到,在三板的挂牌公司里面,什么样的公司更适合于应用这种融资工具。其实,这个可能是在选择优先股或者发行普通股,或者说直接发债,这几样之间,做选择的一个最大的因素吧。因为我也看到其他有一些公司,像勇辉生态(833087),它的认购公告里面,认购对手方也是国资的一个专项发展基金。而且,在我们发出这样一个公告之后,也有很多兄弟公司的董秘打电话过来咨询,做一些交流,接来下讲,也遇到了很多跟中视文化有相同类似情况,也就是有国有专项资金以股权的方式投入公司里面,要符合它在一定期限内保值增值的要求,采取这样的方式,相对来讲,就比较符合这样的一个框架。

第二,类金融机构,本身有一个资本充足率的要求,先天性的比较适合这样的一种方式来完成他们的融资计划。所以,各类挂牌公司、各个市场主体在参与优先股融资方式的时候,考虑到它的一个特殊性,能够有针对性地根据自身情况来参与这样的一个运作方式。

我介绍了一下中视文化优先股发行的背景,接着,我们讲一讲在实际操作中，遇到的一些问题。因为股转对优先股第一单是相当谨慎的，大家从刚刚的时间可以看出来周期是比较长的，我们公司在融资方面还是有一定经验，所以资料准备，相对来说还是比较齐备的。但是股转在审核的时候，提出了很多的反馈意见，除去一般问题的反馈清单之外，还专门要求询问公司具体的一些特殊问题，对股转的反馈要认真对待，确实是问得非常细的。有一些在我们认为理所当然的一些商业条款，比方说在履约能力，因为我们这次在偿还有一个担保条款，实际上是一个偏商业的条款，但是股转在这个方面花了很多时间精力审核，要求我们中介机构主办券商和律师发表相关的一个意见。

还有几点：第一，带有优先股的公司如果IPO的话，会是什么样的一个状况？因为没有这样的先例，这样一个问题，请教了几位保代，目前来讲，得到的反馈是，假如带着优先股，去申请IPO，还是按正常的流程和程序进行申报，暂时也不做特殊的处理；因为当时做这个方案的时候，考虑得比较多，我们的优先股设定了5年的期限，我们还好，我们做的是有限售期的，如果没有限售期的，直接可以在市场上转让，将来申请IPO的时候，是不是会产生一些附带的问题？让我和保代，和多家券商公司做了一些沟通的，毕竟是一个新兴的事物，我想这个问题在后续的操作中，会随着案例的增多，也会随着监管部门对公司发行优先股越来越了解，可能会有一个相应的解决问题之道。

另有一个转换的问题，实际上来讲，除了齐鲁银行之外，都没有设定可转换的一个条款。实际上，我是希望各位挂牌公司，从挂牌主体对这一点做一个审慎的判断，因为有些公司可能觉得优先股的股息率比较低，实际上需要综合的从一个企业状况出发，做一个综合的考虑。

饶胖：优先股的赎回条款是否会给投资者带来再投资的风险？

李晶：关于优先股的赎回条款给投资者带来再投资的风险的问题，实际上是交易双方的博弈。作为优先股的买售方，肯定要考虑到，我的时间成本与我的收益是不是确实是一种正相关。从我们的角度来讲，我们的情况刚刚已经跟大家介绍到了，我们的交易对手是一个国资，本身是产业发展基金的一种属性，在这个方面，它对风险可控的一个要求，是高于其他的，比如说发普通股，或者其他的投资工具的。从这个角度来讲，我们的条款是从企业本身的一个角度出发做出的选择，实际上讲，比如说永辉，既没有可赎回，也没有可回售的条款，这个还是根据企业的各自的情况，包括交易对手的要求来进行这样一个设置。

饶胖:优先股对新三板市场有何影响?

李晶:**优先股政策落地新三板,实际上表达了股转对新三板发展支持的一个态度。虽然在我们申请过程中,是比较絮结的,非常抠条款和字眼的一些来回反馈沟通,但本身这个事情,对股转而言,对三板挂牌的公司而言,这个市场的参与主体而言,是一件非常正能量的事。对挂牌公司而言,又多了一种融资工具,作为股转来讲,又可以放开来这项管制,来使大家确确实实的资本运作的各个方面,带来一些正收益吧,是一件非常赞的事情。**

饶胖:中视文化优先股发行的周期和时间安排如何?

李晶:从刚才的我们的时间表上看到,我们在2015年10月23日发布了预案;2016年4月21日,我们就在中登北京分公司完成了优先股的登记,总的时间周期在5个月左右。因为我们是全市场的第一单,来回反馈沟通也占据了比较长的时间,另外,加上有过年的情况。实际上,我觉得之后从市场各主体,从股转来看,从挂牌公司来讲,从中介机构来讲,有了这样一个先例、经验之后,发行周期会大大缩短,与正常的普通股发行,也没有太大的这个区别,是在一个半月到两个月时间,如果材料准备的比较详尽,也没有太多可疑虑的地方的话,我想周期会和普通股发行一样,就可以完成了。

饶胖:优先股最长几年?

李晶:是这样的,有些是没有期限的,无存续期,可以一直存续下去。

饶胖:我也问过几家三板公司的董秘,在设计优先股方案的时候,有这么几种的情况,第一,类金融公司是一种,扩张股本;另外一种是认为现在新三板市场,比较低迷,发普通股估值不高,不合算,关键是公司又需要钱,所以考虑发优先股,通常是一个权益性工具,因为定债务工具,实际上和债务差不多,那么定了权益工具以后呢?利率,我问了两家,都是定在8%左右;反过头,我又问了一些市场参与者,就是让他们看一看,就是如果是这样利率的情况下,他们有没有兴趣参加?得到的消息还是比较负面,所以说,我也跟业界的一些大佬聊了这件事情,我就是觉得说,谁会是新三板优先股的投资者?这个还是需要市场形成的过程的,现在市场上投资新三板股票的投资机构,我们现在说的投资机构都是投股权的,他们通常情况下,对这种低收益的品种,他们没什么兴趣,这是第一个。第二个,整个市场上,玩股的和玩债的,不是一拨人,所以,**我们发优先股的时候,和我们原来发普通股潜在的投资者发行对象,通常不**

是在一个池子里，这个又给我们优先股的发行带来一个挑战，尽管是一个很好的创新性工具，怎么用好啊，还要大家各显神通。

新三板上第一个发布优先股预案的鑫庄农贷的故事

跌破发行价、跌破净资产、跌破面值，鑫庄农贷的春天何时到来？

“跌破发行价、跌破净资产、跌破面值，惨啊！”鑫庄农贷董秘王建荣，对饶胖哀叹道，“这春天还会来吗？”2015年鑫庄农贷年报显示每股净资产1.23元，2016年6月27日盘中跌破面值0.99元，相当于对2015年净资产折价20%。

十二个兄弟一年净利润4401万元。

2016年6月27日，新三板公司从事小额农村信贷业务的鑫庄农贷，在盘中跌破的发行价0.99元，正式成为新三板有史以来第一只跌破面值的股票，要知道鑫庄农贷2015年年报显示，主营业务收入7476万元，税后净利润4401万元，而年报显示鑫庄农贷只有员工12人，人均净利润367万元，饶胖没查过资料不知道是否是新三板人均净利润最高的公司，但是肯定名列前茅。

从鑫庄农贷2013年到2015年的收入和净利润数据看，业绩非常稳定，同时2015年资产负债率不高，只有18%。

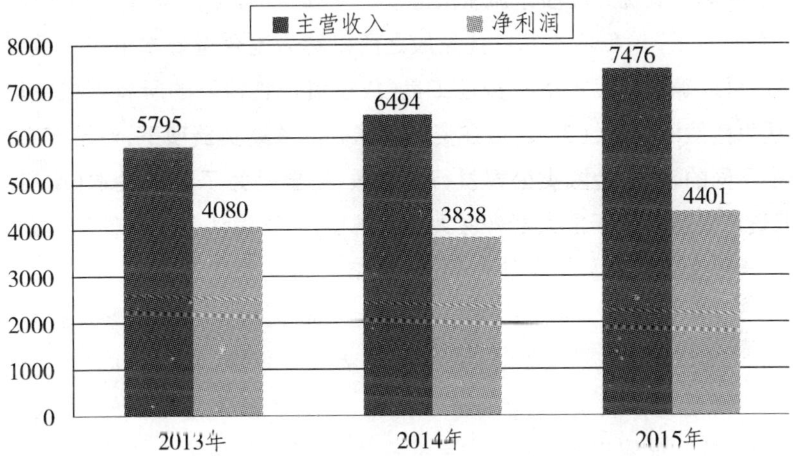

图4－1 鑫庄农贷2013～2015年收入和净利润数据表

挂牌新三板顺风顺水。

2014年8月8日在新三板挂牌代码830958，2015年5月12日变更为做市交易方式，初始做市商6家，5月18日公告股东人数超过200人发行股票需证监会核准,8 月 10 日收到证监会发行核准,9 月 22 日完成股票发行 3700 万股,1.5 元/股,募集 5550 万元,发行对象包括为 6 个做市商和 9 个自然人(全部为公司董监高和法人股东董事长),新增股票 9 月 25 日上市流通,股本扩张到 3.7 亿股。

两个字断送优先股之梦。

鑫庄农贷这类的小额贷款公司,其商业模式就是放贷收息,资金来源是股本和借贷资金,在金融管理机构对资产负债率有严格管控的情况下,扩张股本获得资金是做大放贷(生意)规模的必由之路。但是普通股会稀释现有股东权益,那么优先股这种混合型资本市场工具就是金融类公司筹资的理想工具。

2015 年 9 月 22 日股转发布了《全国中小企业转让系统优先股业务指引(试行)》,打开了新三板公司发行优先股的大门。

仅仅过了一个半月,行动迅速,有专业的董秘就应该这个样子,2015 年 11 月 2 日,鑫庄农贷发布了《非公开发行优先股的预案》,计划融资规模不超过 2.2 亿元人民币(含 2.2 亿元人民币),优先股所募集资金全部用于补充其他一级资本,提高本公司资本充足率。

可惜,**在预案设计中,券商项目人员犯了一个致命的小错误。股息发放条件中规定:强制向本次优先股股东派发股息。**大家知道(如果不知道请自学或者到饶胖的“董秘来了”课程里学习),**优先股之所以称为混合型资本市场工具,就是根据条款,可以确认为股本即权益性工具,放在资产负债表的所有者权益里,也可以确认为负债即债务性工具,放在资产负债表的长期负债项下,对资产负债表的影响是不同的,对于金融类公司发行优先股,主要是为了扩张股本(所有者权益)降低资产负债率便于加大杠杆做大放款规模,如果确认为债务性工具则达不到初衷。**随后我们看到鑫庄农贷在 11 月 23 日对预案进行了修正,并在 12 月 17 日通过了修正后的预案。我们知道,股东超过 200 人的新三板股票发行是要报证监会核准,而证监会接收材料是有规定,需要年报数据,鑫庄农贷和中介在王总带领下行动迅速,1 月 20 日就公告了年报(太快了),王总刚要笑,晴天霹雳!当天,全国股转系统继暂停私募股权基金挂牌后,又把暂停的对象扩大到包括小贷公司在内的所有类金融机构等。根据通知,所谓类金融机构,是指“一行三会”主管以外的金融企业。挂牌停摆了,发行也停摆了。

“四不之下”的进退维谷。

停摆了一直持续到 5 月 27 日,政策明朗了。这一天股转发布了《关于金融类企业挂牌融资有关事项的通知》,对于除一行三会监管金融企业和私募股权投资基金以外的其他具有金融属性企业，包括：小额贷款公司、融资担保公司、融资租赁公司、商业保理公司、典当公司等具有金融属性的企业，没有挂牌的不再挂牌，已挂牌的暂停融资，协议转让不能变更为做市转让，即使符合创新层条件也不让进创新层，简称：**不挂牌、不融资、不做市、不进创新层。**

鑫庄农贷的春天何时到来？

苏州董秘聚会，席间王建荣说他是自带粮草服务企业。王总也持有鑫庄农贷不少股份，在去年不良做市商砸盘时和几个高管还进场买了一些，现在好了，全套在里面，几年的年薪都不够填，戏称为自带干粮。

自从停摆以后，至“5·27”政策明确，不能增发，失去了扩张的通道，想进行重组也面临各种政策困难，真叫进退维谷。

有人管的孩子，一行三会监管企业和 PE 尽管有严格限制，但是政策明朗了。而没人管的孩子，其他具有金融属性企业，怎么办呢？**资本市场最怕的就是不确定性，政策的不确定性是致命的，**鑫庄农贷现在打折的价格就是市场对这种不确定性的反馈，饶胖在写这篇文章时，鑫庄农贷价格报 1.01 元。

第五讲　新三板挂牌企业的股权激励设计和实践

——没法兑现收益的股权激励都是“耍流氓”

我认为在股权激励这件事上，公司控制人首先要想明白它的目的。激励员工最重要的是让他们得到好处，为此需要在股价低迷的时候做股权激励，在股价高的时候兑现收益，这是一个非常重要的原则。

为什么要搞股权激励？企业是各种资源的组合，包括：人、财、物、关系、技术等。其中唯一不能少的就是人，没有人其他资源都是无效的。企业来到资本市场的重要目的之一就是利用资本市场聚集和激励人。21世纪什么最重要，《天下无贼》里的黎叔都知道：人才！

股权激励是激励公司团队的一种方式，但如果股权无法变现或是没有可变现的预期，这种激励就没有任何价值。如公司给了员工一些股份，但如果员工不能在资本市场上将其估价或者变现，那这些股份就没有效用。所以，股权激励一定是和资本市场联系在一起的，是资本市场中的一个基本工具。利用资本工具激励团队是登陆资本市场的重要目的之一。

在企业里，方方面面的人有不同的立场。立场不同，利益也就不同，比如大股东和小股东的利益是不一样的，非持股员工和股东的利益诉求也不一样。股权激励的逻辑是让员工和股东的利益尽可能保持一致。股权激励所达成的目的也是企业登陆资本市场的主要红利。

截至2016年11月，新三板关于股权激励还没有正式规定，我们现在能依据的都是针对上市公司的规定，包括证监会颁布的《上市公司股权激励管理办法》及有关备忘录1~3号，以及《关于上市公司实施员工持股计划试点的指导意见》等几个文件。

2016年7月13日，证监会发布了《上市公司股权激励办法》将于2016年8月

13 日开始实施，现行的《上市公司股权激励管理办法（试行）》于 2005 年年底发布，此后，根据股权激励监管的实际需要，证监会又陆续发布了 3 个股权激励相关事项备忘录和 2 个监管问答，这次是将上述内容整合修正，核心内容修改的不多，基本是原来试行办法和后来打的 5 个补丁整合在一起了。重要的修改包括：关于定价留了自主的余地但要聘请独立财务顾问特别说明，预留部分改为 20%，外籍境内工作人员纳入等。虽然新《办法》颁布实施了，老的《办法》我们也得熟悉，因为我们需要参考案例，而之前的案例都是在老《办法》的规定下做的，好在新旧《办法》差异不大。

新三板到目前为止还没有股权激励的法规出台，所以，在新三板挂牌的公司就面临这样一个问题：由于没有专门的指南作指引，实施股权激励没有明确的方向。比较专业的公司会参照上市公司的办法来做，其他的公司就听从各种专家的意见，甚至是自己闷头搞，导致出现各种各样的问题和后遗症。

新三板挂牌公司要做股权激励，一是应该好好学习针对上市公司的规章制度；二是应该好好学习上市公司的股权激励案例。同时，我们期待，股转系统能够针对新三板以及中小企业的具体情况，制定出台适合中小企业股权激励的管理办法或指南，以指导中小企业做好股权激励。

一、基础问题

从广义上说，所有涉及运用股份包括期权，或者各种各样跟股票有关的激励方式都可称之为股权激励。**从形式上划分，股权激励分为三种：第一种是直接持股。第二种是股权激励，这里用到的是股权激励的狭义概念，即证监会关于上市公司的股权激励管理办法中提到的两种形式：一是股票期权，二是限制性股票。第三种是员工持股计划，它对应的是证监会施行的上市公司员工持股计划管理办法。**

企业在挂牌前，一般会采用第一种，也就是直接持股的方式进行股权激励，后两种通常是公司在上市或者挂牌的资本运作阶段采用的方式。企业最开始是有限责任公司，股改后成为股份有限公司，再往后成为挂牌或者上市公司，后两种形式往往是用在挂牌之后的阶段。

在公司的不同发展阶段，股权激励的具体方式有所不同。什么是直接持股？这里我们说的是广义的直接持股，即团队成员直接发股票，既可以把股票直接发到员工本人名下，也可以代持，即由名义持有人直接持有公司股权成为显名股东，代持人再与实际持有人签订代持协议，被代持人是隐名股东，股东权利归隐名股东所有，委托代持人代为行使。另外，还可以采取持股平台等多种形式。到了股改的时候,代持一般会改为合伙企业或者其他合规方式;公司挂牌之后有了市场价格或是获得了资本市场定位,此时可以采用期权或者限制性股票的方式来做股权激励。公司再往后发展,如果员工数量比较多,而且想让股权激励在覆盖了核心骨干之后覆盖更多的员工,就可以使用员工持股计划。

股权激励是有成本的,主要表现在两个方面:一是显性成本,即形成股份支付,需要记入当期管理费用和资本公积;二是隐性成本,因为实际控制人或其他股东的股份会因此被稀释。

股权激励的本质是由股份收益或资本收益置换员工的薪酬,确认股权支付行为的目的是保证财务报告不失真。

现在新三板增发的核查内容里提及,如果公司发行股票给员工,券商和会计师对这个发行是否构成股份支付,明确发表意见。券商一般会听取会计师的意见,所以是否构成股权支付主要取决于会计师的看法,这是一个关键节点。第二个节点包括两个关键词,一是“低于市价”,二是换取服务。股份支付是一个会计概念,《企业会计准则第 11 号——股份支付》有相关概念。

什么是“低于市价”呢?低价发行有两点要注意:第一要看是不是构成股权支付,第二要看低价发行是不是存在利益输送,或是存在损害其他股东利益的行为。

股权激励或者限制性股票的价值,也就是股份支付的价值怎么计算呢?目前在海外市场,用股票期权和限制性股票的方案,通常是用金融工程的方法计算。国内目前关于股权支付的成本计算,还没有形成统一意见,到底是用金融工程的方式来算,还是直接用市价和发行价格之间的价差直接一减?每家会计师事务所处理的方式不太一样,这需要公司和自己的会计师再去讨论。股份支付的问题我们在第七讲“股权激励中的股份支付问题”中详细论述。

二、股权激励方案设计的十三个重点

设计股权激励方案要考虑很多问题,考虑完这些问题后是不是就会设计方案了?这也不好说,但考虑完这些问题以后,起码会得到一个方向。

第一,要考虑企业的发展阶段和资本市场的阶段。如果企业已经挂牌了,这时要搞股权激励适合用股票期权或者限制性股票。早期的时候通常是直接给团队发股票,这时分配一定要慎重,因为分出去就收不回来了,公司早期发展变化会比较大,创业团队人员进出频繁,一旦股权给出去了,人走了比较麻烦,后来了的人怎么办,都需要仔细考虑。

第二,要看公司有没有资格搞股权激励。在这方面,新三板对挂牌公司尚无规定,此时应该参考证监会关于上市公司的规定。具体来说,如果最近一年上市公司的审计报告中有否定意见或是不能表达意见,或最近一年被证监会行政处罚的,公司就不能搞股权激励。所以公司一定要注意,审计报告不要打补丁,要尽量避免被处罚。

第三,要考虑拟股权激励的对象是否具备资格。目前新三板没有这方面的规定,而针对上市公司的规定是:董事、监事、高级管理人员、核心技术业务人员以及公司认为应当激励的其他员工可以获得股权激励,但不应该包括独立董事。新三板挂牌公司可以参考新三板对增发对象的设计,即对董事、监事、高级管理人员及核心人员实施股权激励。

股东或实际控制人,原则上不能成为激励对象,因为股权激励是想让员工与大股东的利益趋于一致,如果激励实际控制人,就失去了它应有的意义。

第四,要考虑是用期权还是股票来激励。在企业属于有限责任公司或是挂牌之前,可以直接用股票来激励。特别在公司没有引入 PE 的时候,股份没有市场价,不需要做股份支付,那时也不是公众公司,也无须会计师监管,通常情况下可以直接使用股票作为股权激励,用代持也可以。

但是公司到了股权交易阶段特别是挂牌以后,选择期权还是限制性股票来激励就要有所考虑了。期权是指未来购买股票的权利,比如现在公司的股价为每股10 元,预计明年可涨到 20 元,后年涨到 30 元。现在公司以期权作为激励方式,也就是允许明年公司股票涨价时,得到激励的员工还可以 10 元的价格来买股票,他可以因此赚得股票差价。**一般而言,公司会对期权的行权条件做一些限制,如规定工作满多少年、行权时在职与否、公司是否业绩达标、激励对象是否达到关键业绩指标(KPI)等。**

限制性股票是指上市公司按照预先确定的条件授予激励对象一定数量的本公司股票,激励对象只有在工作年限或业绩目标符合股权激励计划规定条件之后,才可出售限制性股票。如公司的公开市场股价是 10 元,现在公司以 5 元一股的价格卖给激励对象,这个价差就是激励对象得到的收益,它要计入成本里。

是用期权还是用限制性股票作为激励,核心区别在于要考虑激励对象有没有支付能力。因为期权不用现在就要激励对象出钱,公司以业绩增长预期作为激励内容,同时对激励对象也有一定的行权条件要求;如用限制性股票作为激励内容,则需要激励对象实际出资来购买相对低价的股票,这时有的激励对象会有顾虑,毕竟是要拿出真金白银来买股票,收益如何还要看公司的未来。

另外,还有一种情况,就是行业惯例,如互联网行业,通常谈薪酬包,都是“薪水 + 期权”的结构,如果你是互联网企业去谈限制性股票,恐怕难有对比性,员工也不一定会搞明白。

第五，要考虑股权激励的数量和预留的问题。对于这个问题，针对上市公司的有关规定里说得非常清楚：股权激励总数不能超过公司总股本的10%，单一激励对象不能超过总股本的1%。上市公司一般体量比较大，10%股份的量是非常大的，一般来说，上市公司股权激励方案里面超过5%的都很少。这涉及一个平衡的问题，激励股份发得多，股份支付就多，对公司的利润影响就会很大，每股盈余（EPS）会大幅下降。

另外一个问题就是股权激励方案里有些是明确激励对象的，有些是预留给后来的人。上市公司规定一次股权激励方案，预留股份不能超过10%（2016年8月13日起修订为20%）。新三板并没有明确的规定，通常会预留一些给后来的人。企业在挂牌前和挂牌后都要考虑到这个问题。许多企业目前还是小企业、小团队，但公司发展非常快，可能经过一两年甚至半年的发展就会上一个大台阶。那时要引进新人才，如果事先没有做股份预留，就会产生很大的问题，如果最初激励股份发得太多，没有太多百分比留给后面引入的新人，也会很被动。所以，**股份激励要呈阶梯状，既要考虑到现在的核心员工，也要考虑未来谁能给公司做出更大的贡献。此外，还要考虑人员的流动性。**比如目前公司团队有10个人，做股权激励时需要设置一个机制：将来若有人离职，需要按照预先的约定把股份转让出来。要事先规划好，如果要回购，价格要事先作出约定，还要约定好回购的股票再由谁持有。

第六，要考虑是让员工直接持股还是通过持股平台持股。就目前而言，新三板挂牌企业的持股平台是不能参与定增的（详见第八讲“关于持股平台新规的学习和讨论”），包括员工的持股平台也不能参与定增，持股平台参与定增设计的股权激励方案目前是走不通的。当然，市场上也有人在呼吁，对于员工的持股平台政策应该网开一面。

从利益诉求上讲，员工都希望直接持股，这样工商登记上有他的名字，利益就落实了，公司不能随意剥夺员工的权利。但对管理者一方来说这样并不有利，对于他们来说，肯定是间接持股管理方便，特别是公司早期人员流动频繁，公司要挂牌或者上市时需要找持股的员工签字，一旦离职后找不到人会非常麻烦。

从上述情况来看，建立员工持股平台就显得非常重要了。这样一来，员工流动不会影响公司整体股份的变动，实际进行管理时很方便，也容易在平台上进行人和人之间的约定。一般公司在进入资本市场之前使用持股平台的情况较多，上市后用持股平台的却不多。因为进入资本市场后，公司相对成熟了，管理层也相对比较稳定，人员流动较少。不过，对于已挂牌新三板公司，新设立的有限公司或合伙企业员工持股平台不能通过认购定向增发的新股获取用于员工激励的挂牌公司股份。

目前，人们针对持股平台衍生出一些疑问，其中之一是持股平台是否可以转让一些老股，这是可以的，但前提条件是新设员工持股平台需要在券商处完成投资者账户合规性审查并成功开户，然后才可以参与到挂牌企业的二级市场交易中来。同时，员工持股平台必须有500万元资产并经过验资后才能到证券公司开账户。

以上都是针对挂牌以后的企业来说的。如果企业想做持股平台，应该在挂牌前就把平台搭好，由几个高管或者实际控制人持有，约定除了高管自己拿的股份以外，其他股份都是代持，将来引入新员工持股计划或股权激励办法的时候，由他们将股份转让给需要激励的员工。这些事都是挂牌之前可以做的。

至于谁适合直接持股，谁适合通过持股平台持股的问题，重要的初创伙伴可以直接持股，其他人则通过平台持股比较合适。因为重要的合作伙伴在早期是实名持股，激励效果比平台持股要大很多。

关于股权激励通过持股平台变现的问题，我们可以举例来说明。如持股平台持有100万股，有100位员工，有退出的员工需要卖掉1万股，如何操作呢？第一步，先在持股平台市场出售1万股；第二步，持股平台的有限合伙人做一次减资，把退出的那个员工从合伙人名单上去掉办理变更手续，并把出售1万股股票的钱划给他。

第七，要考虑股票的来源与变现的问题。对于股票的来源，新三板没有规定，新三板股票的来源无外乎是增发或转让。

《上市公司股权激励管理办法》（2016年修订）第11条规定：“拟实行股权激励的上市公司可用以下方式作为标的股票来源：（一）向激励对象发行股份；（二）回购本公司股份；（三）法律、行政法规允许的其他方式。”

《关于上市公司实施员工持股计划试点的指导意见》规定：“员工持股计划可以通过以下方式解决股票来源：（1）上市公司回购本公司股票；（2）二级市场购买；（3）认购非公开发行股票；（4）股东自愿赠与；（5）法律、行政法规允许的其他方式。”

增发股票时是否可以约定强制回购？原则上可以约定，比如限定股票是回购还是注销。在这方面，新三板挂牌企业也可以参照上市公司的做法，同时，公司回购股票以后应该做减资。如果公司自身回购，目前新三板没有相应制度，可能回购户都开不了，会产生一些问题。变通处理，可以通过实际控制人来操作，然后由实际控制人转让给其他激励对象，这样比较容易行得通。但是如果交易方式是做市，在没有大宗交易通道的情况下，无法协议转让给指定的人，也是实施中的困难，有企业采用约定收益权的方法做变通处理，但是实际运作较为困难。

第八，股权激励的定价和锁定期。股权激励就是为了激励，拿激励的人得有好处，如果现在股票有公允价，直观来说，股权激励的股票价格就是在公允价上打个折,这就是限制性股票的逻辑,如果现在股票10块,我给你打个5折,让你5块钱买,这个差价就是激励。

上市公司用于股权激励限制性股票的价格是有明确规定的,就是激励计划草案公布前1个交易日收盘价或者前20天(60、120,括号里是新规可以选择的)平均收盘价较高者,然后最多打5折。根据新规,你也可以用其他方式定价,但是发行人和券商要做合理性的专项说明。

期权的逻辑是企业在发展,以后价格一定比现在高,如果允许激励对象用现在的价格,在未来购买公司的股票,就形成了激励。上市公司用于股权激励期权的授予价格是有明确规定的,就是激励计划草案公布前1个交易日收盘价或者前20天(60、120,括号里是新规可以选择的)平均收盘价较高者。根据新规,你也可以用其他方式定价,但是发行人和券商要做合理性的专项说明。

由于新三板没有明确规定,参照上市公司的法规也是正途。

股权激励都是为了长效激励,鼓励激励对象的长期行为,所以通常有锁定期和兑现期。上市公司股权激励和员工持股计划都明确规定,至少锁定1年,兑现至少2年,通常的方案是1+3或者1+4,就是锁定期1年,这1年不能买卖股票,兑现激励效果也是分期的,3年或者4年按比例和约定来。

有人会问,股价跌破当时的发行价是不是就亏了?这是肯定的,当然会亏。所以股权激励一般应当在市场低迷、股价不高的时候实施,股价高的时候做激励就把大家都套住了,不会产生什么激励效果。

2016年新三板行情低迷,正是做股权激励的好时候,就是市场差股价低或者被低估,要做股权激励,行情好股价高适合激励方案兑现收益,不要认为只有资本市场好的时候才做资本运作,资本市场不好的时候更要做,特别是股权激励,让兄弟们都得到实惠才是硬道理,这样激励才会有效果。

第九,员工持股计划与股权激励的区别。股权激励与员工持股计划,这二者区别何在?这里我们谈到的股权激励和员工持股计划都是指狭义的概念,对应的是证监会发布的《上市公司股权激励管理办法》和《关于上市公司实施员工持股计划试点的指导意见》中对股权激励和员工持股计划的规定。

1. 看获得股票或期权的价格是否为公允价格。股权激励办法中,被激励者并非通过公允价购买股票,公允价与实际购买价之间的这个差价就是激励的来源。具体来说,股权激励规定了两种形式:一种形式叫期权,即可以用现在的价格在未来某一时间购买股票,其内在逻辑是预计将来股价会上涨,以这个差价进行激励;另一种形式叫限制型股票,即将股票以低于当前市场价格的价格卖给被激励者,这也是用差价做激励。

员工持股计划的管理办法规定与上述不同，其获得股票的股价是市场价，员工一样可以在市场上以市场价购买股票。那么激励效果从哪里来呢？员工持股计划通常会有配套措施，如控股股东可以向员工赠送股票，比如员工按照市场价买一股，控股股东再赠送一股，这种激励效果就与期权或限制型股票的激励效果一致了。另外一种情况是，员工买一股，同时可以向公司借钱再买几股，借的钱不收利息或只收定息。这相当于公司为员工加了杠杆，假定将来股票有高盈利，被激励员工还本付息之后获得盈余就达到了激励效果。

2. 两者的激励对象略有不同。员工持股计划主要是面向基层员工，《关于上市公司实施员工持股计划试点的指导意见》中规定："员工持股计划的参加对象为公司员工，包括管理层人员。"而管理人员一般来说不超过员工持股对象的10%。《上市公司股权激励管理办法》第8条规定："激励对象可以包括上市公司的董事、高级管理人员、核心技术人员或核心业务人员，以及公司认为应当激励的对公司经营业绩和未来发展有直接影响的其他员工，但不应当包括独立董事和监事……"该条款规定得非常细，主要是激励高管和核心的业务和技术人员。

"某某软件"是新三板挂牌公司中第一个实施员工持股计划的公司。当时设计方案的时候，有其他挂牌公司的方案申报审批时没有通过，其主要原因是员工持股计划中高管人数的占比较多，以致不太像员工持股计划，更像是股权激励方案，所以被要求拿回去修改。

第十，税务问题。股权激励最终一定要兑现股权收益，而股权收益一定会涉及缴税问题。所以，我们在设计股权激励的时候，一定要考虑好被激励对象的税收问题。

1. 个人所得税。从目前中国的税制来看，简单来讲，个人直接持股的税负最低，获得股票分红和出售股票的个人所得税税率都是20%。持有股票1年以上，或满1个月且不足1年的，还有不同的分红优惠税收政策。如果是从二级市场取得的股票转让，比如通过增发、转让的方式获得的股票，个人所得税目前是不需要缴税的。非上市公司，股权激励个人所得税原来的政策是分为两段，授予/行权时，低于市价部分是按工资薪金所得征税，出售时按财产转让所得征税，即在期权行权、限制性股票解禁以及获得股权奖励时，按照股票或股权的实际取得价格与市场公允价之间的差额，按照"工资、薪金所得"项目，适用7级超额累进税率征收个人所得税；在个人转让上述股票或股权时，还要对转让收入高于取得股票或股权时公平市场价格的增值部分，按"财产转让所得"项目，适用20%的比例税率征税。2016年9月22日，财政部与国税总局联合发布了《关于完善股权激励和技术入股有关所得税政策的通知》（财税〔2016〕101号），调整了上述股权激励税收政策,对非上市公司(含新三板公司)符合条件的股票期权、限制性股票、股权奖励,由之前的在取得和转让两个环节征税,合并为转让环节征税一次征税,且一次性征税统一适用20%的税率。大家要留意,上市公司是在行权/解禁/获得时工资薪金所得纳税,经申请最多可以延期12个月缴纳。相关法规参见《财政部、国家税务总局关于个人股票期权所得征收个人所得税问题的通知》(财税〔2005〕35号)、《财政部、国家税务总局关于股票增值权所得和限制性股票所得征收个人所得税有关问题的通知》(财税〔2009〕5号)、《国家税务总局关于股权激励有关个人所得税问题的通知》(国税函〔2009〕461号)。

2. 有限合伙企业的税率问题。有限合伙企业不交企业所得税,只交合伙人的个人所得税,目前是按照个体工商业户生产经营所得的税率来缴纳,即5%~35%的超额累进税率。有限合伙也有各种优惠政策,如在新疆、西藏等民族自治区注册有一定优惠。民族自治地区实行的税收政策允许私募股权基金按20%的税率缴纳个人所得税,有些地方地税部门还会返还其中的20%,实际税率只有16%。但需要注意的是,这个政策针对的是私募股权基金。

现在对私募股权基金的管理实行的是两重备案,即成立私募股权基金管理公司要到基金业协会去备案,发基金产品也要到基金业协会去备案。一般来说,制订实施员工持股计划或股权激励计划的有限合伙平台达不到这个标准,激励用的持股平台——普通合伙人(GP)是自然人。一般来说,看一个合伙企业是不是私募股权基金,首先要看其GP是自然人还是机构,若是机构的话就再往上追溯,看它是不是管理公司,有没有备案,如果GP是自然人则无须再追溯。

3. 有限公司的税率问题。兑现股权激励的时候要涉及转让股票,对于涉及有限公司的股票转让,第一要交25%的企业所得税,第二要交20%的个人所得税,综合费率达40.5%。涉及股票分红的时候,分红要交税,如果两个有限公司的税率不一样,从执行低税率的公司出来的分红还要按照执行高税率公司的税率进行补税;如果税率一致则不用补税,就算作投资收益。投资收益是免税的,只要交分红的个人所得税就可以了。

有专家建议,可以用资产管理计划,这是不需要缴税的。如果资产管理计划是契约型基金或组织,其没有代扣代缴义务,但作为员工持股计划的持股人与受益人是有交税义务的,风险转移到了持股人与受益人这里,交不交税由他们自己决定。所以说这种"没有税"的说法不一定正确,有时只是表示资产管理计划没有代扣代缴义务。

针对上述情况,一般处理原则是:(1)不管实际控制人是不是代扣代缴,一定要把税报齐、交齐;(2)董监高要把税报齐、交齐;(3)其他人的税务风险自己承担。

第十一,业绩设定。股权激励的核心目的是把员工和控股股东或大股东的利

益捆绑在一起，实现公司业绩和个人业绩的捆绑，否则股权激励就背离了其本意。所以，股权激励是否有效的标志之一就是看有没有业绩设定。

公司发股票给被激励员工之后，最终是否实现股权支付，一是要看兑现价格是否低于市价，二是要看被激励人是否实现了兑现收益的条件限制。比如被激励人要行权，在明年买股票的时候，公司会给其设置一些与业绩挂钩的条件，通常情况下这种股权激励一般是要做股份支付的。又如限制性股票，会对被激励人什么时候可以卖、达到什么样的业绩可以卖等做出限定。

所谓兑现，就是被激励人把股权激励的份额兑换成现金拿走。通常来说，业绩设定包括两层内容：一层是公司层面的指标，如约定公司今年的盈利水平要比去年提高 10% 等。这类目标应该设定得比较低，一般都能实现，否则大家都无法获得激励。另一层是个人指标。达成了公司指标就可以给大家进行激励了，这时要看每个人的关键绩效指标（KPI）是否达标，达标的就可获得激励。这也有两种考核方式：一种是一票否决制，达到 KPI 指标的可以获得 100% 的激励，没有达到则什么都没有；另一种是按比例来，如完成 80% 的绩效就获得 80% 的激励，完成 60% 的绩效就获得 60% 的激励。这些完全是公司管理的问题，可以依据公司的实际情况去设定 KPI。

监管层对上市公司的此类事项有一些规定，如规定必须要有考核体制、考核办法，有行权条件。根据《股权激励有关事项备忘录》第 3 号的规定，行权的前提是净利润不低于授予日前最近三个会计年度的平均水平且不得为负。新三板目前没有此类规定，可以参照上市公司的规定实施。上市公司规定的是底线，新三板挂牌公司可以往高处设，往更低处设则要谨慎一些。

第十二，股权激励方案需要行政许可吗？根据《公司法》，股权激励由公司股东会或者股东大会批准，目前规则，上市公司得到股权激励和员工持股计划均无须证监会批准。新三板目前没有股权激励和员工持股计划的具体指南，在董事会公告股权激励和员工持股计划后并发出召开股东大会通知后，股转目前会事后审核该方案，如果股转认为必要，会发出问询，在回复问询的期间要暂停股东大会召开流程，待股转对问询回复满意修改发行方案后后，才能再发出股东大会通知。

第十三，在新三板现行体制下股权激励方案设计的注意事项。在新三板股权激励细则还没有出台的情况下，实施股权激励前要考虑以下几个问题：

1. 期权方案行不行得通。之前有一个朋友把他的方案发给我看，是一个期权的方案，后来券商觉得方案不行，就退回来了要修改。对于期权方案，监管层的意见非常明确：不能与现行的发行体制发生冲突。这里有几层意思：一是如果发行对象是核心员工，就要走认定程序，董事会提名并表决、独立董事发表意见、监事会发表意见、职工代表机构发表意见、公示、股东大会通过这些步骤一个都不能少;二是期权方案确定的是被激励人可以以现在的价格在未来买股票,但未来公司发行的股票仍必须重新走发行程序,遵守发行条件,包括发行对象不能超过35人,且必须是现有的股东、董监高、核心人员、符合适当性投资者管理办法的投资者。所以说,希望找一个一劳永逸的方法,只开一个股东会公布股权激励管理办法说要发个期权,明年就自动行权了,这种做法在目前新三板股权激励管理的细则出来之前是不行的。

2. 回购能不能操作。员工持股计划和股权激励都有行权条件,比如说现金股票,股票已经给了被激励人,但若其不符合行权条件则不能回购;又如规定被激励人必须为企业服务满3年或满4年,在此期间每年可行权一定比例,如果离职了,未行权的股票需要还给公司。

在这方面,上市公司的流程很简单,它可以回购注销。现在新三板能不能回购尚存疑问,有挂牌公司做过回购,也注销成功了,中国证券登记结算有限公司也开了户。但由于现在中国结算对于新三板公司回购怎么开户还没有形成明确的文件或规定,所以回购注销还没有稳定的政策保障。

不能回购怎么办?有一个变通的方法是不在条款里写回购,而是写转让,比如将股票转让给某一个高管,然后再转让给其他需要激励的对象,这样操作是相关规定未予禁止的。但是如果你已经是做市转让方式,没有协议转让通道,在大宗交易制度出台前,定向转让也是很难实际操作的。

3. 以什么方式持股。《非上市公众公司监管问答——定向发行(二)》规定,现在不能向持股平台发行股票,所以持股的方式需要有所改变。如果公司人数较少,可以直接认定核心员工,董监高则不用认定,因为他们本来就是合格发行对象,其他核心员工的认定需要走程序,然后直接给他们发股票。低于市价的做股份支付,平价发行的则不需要做股份支付。

如果公司需要激励的人较多,推荐使用券商的资管计划来做员工持股计划。与私募及基金子公司相比,券商资管计划最大的优势在于:一是券商资管的委托人就叫员工持股计划,可以用公司的名字加员工持股计划的期数作为具体的名字;二是对每个员工的资格和持股份额没有限制,而私募股权基金对每个投资人都有所限制,如规定每个人的投资份额不低于100万元,或要求个人投资者的年收入不少于30万元、公司资产不少于300万元,或要求基金子公司的产品总规模不能低于3000万元等。所以从目前来看,用券商资管计划做员工持股计划是最方便、最简单的,而且现在的税率也不高,一般为每年4‰~6‰,对人数也没有限制,多达几百人也可以。券商的资管计划来做员工持股计划的缺陷,主要是资管计划是定期产品，虽然可以续期，但毕竟与允许长期无到期日的股权激励计划不同。

4. 关于持股平台。《非上市公众公司监管问答——定向发行（二）》规定不能向持股平台发行股票，但是没有说不可以转让，也没有说在公司挂牌前不可以做。所以现在还没有挂牌的公司可以先把持股平台做起来。已经挂牌的公司还想使用持股平台时如何做呢？这要看这个持股平台能否开立证券账户，这是第一个条件；第二个条件是手上要有可流通的非限售股，可以把这部分可流通非限售股转让给持股平台一部分，目前转让没有限制，但不允许发行。

"某某软件"实施股权激励方案的案例，供大家参考。作为一个以人力资源为核心的公司，"某某软件"的股权激励从一开始就做得很有特点。

"某某软件"成立于2006年12月，成立时股本仅有1000万元。当时以MBO（管理层收购）的方式把这个公司买下来时，股价为1.2元，所以实际控制人一共花了1200万元。2008年，核心团队的31位成员进行增资，价格是平价，即每股1.2元。核心团队获得总股份的1/3，由两位高管代持。

在公司发展早期的时候，代持其实是最经济、高效的方法，转让、进出等业务处理起来非常容易。有些专家讲从一开始就要规范，但有时候一味追求规范也未必就好，在发展的早期，简单、高效、方便才是重点。但另一方面，我们也要明白规范代持的时点，到了该规范的时候就一定要规范。

2008～2011年间，核心团队有1/4的人离开，又有新人加入。在企业的创业早期，这种流动是很正常的，此时采取代持的方式处理股权问题就比较简单。因为股改的原因，2011年10月实现了代持还原，把代持的股份转入了两个持股平台。

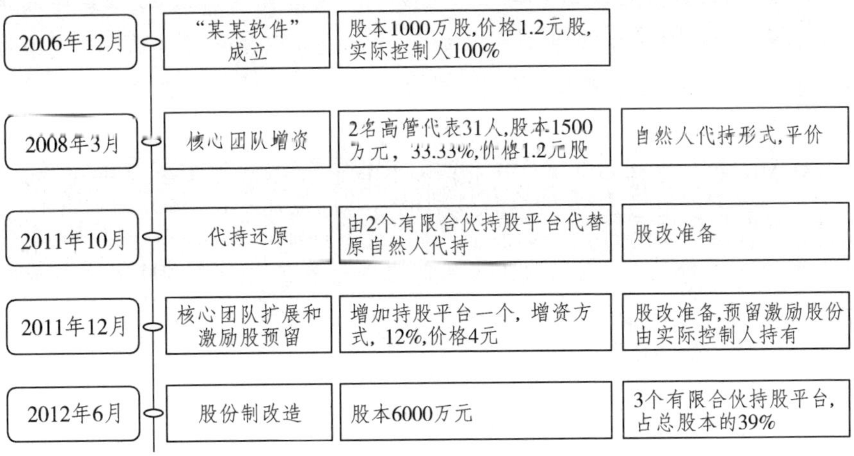

图5－1　"某某软件"股权激励方案（2006～2012年）

股改是非常重要的规范性标志，股改前公司可以做股份代持，一旦要股改就必须规范起来。当时公司是把两个代持人的股份转给了两个持股平台，由几个核心员工成立一家新公司，有限合伙形式，把原有的股份平价买过去，以这种方式分成了两个持股平台。2012年2月，核心团队扩展加上激励股预留，又增加了一个持股平台，新的持股平台以增资方式加入进去，股价是每股4元，这个价格已经是最初平价的3倍多了。

这每股4块钱就是当时的净资产。可能有人会问，当时的净资产要不要做股权支付？因为当时的净资产就是公允价，所以不需要做股权支付。再说，在那个阶段没有人会关心股权支付的事，要到公司股改上市（挂牌）之后才会涉及这个问题，在上市（挂牌）之前是没有人管的。

当时增加的这个员工持股平台，在总股份中大概占比12%，由实际控制人持有。为什么要在那个时点做员工持股平台？因为如果等公司向前发展一段之后再做的话，会涉及股票资源从哪里来的问题，而且价格会很高。控制人还需要预留一些股份给未来的核心员工，这些预留的股票由实际控制人先拿着，等到合适的时候即可转给需要激励的人。

以上都是非常经典的股权激励设计方式，从一开始高管直接持股，到股改时，代持还原为有限合伙，同时增加预留的持股平台，由实际控制人持有，为未来的股权激励留下空间。股份制改造完成后，总股本6000万股，其中由3个有限合伙持股平台持有约39%，实际控制人持有稍高于50%的股份，此外两位高管还持有一部分。后来，公司又做了第三持股平台中的预留股转让。当时公司准备IPO，因为要以2013年的数据去上市（挂牌），所以2013年年底是一个非常重要的时间点。就在那一年的年底把股权激励的事做了，该返给谁的返给谁，实际控制人也把之前承诺，要拿出来作为奖励的股票平价转给了相应的激励对象。

公司当时准备登陆中小板，中小板对股权激励的股权支付要求很严格。当时有一些外部投资者购买了少量股份，这部分股份形成了一个公允价，实际控制人进行了平价转让，所以当年公司的财务报表里有一个504万元的股权支付。

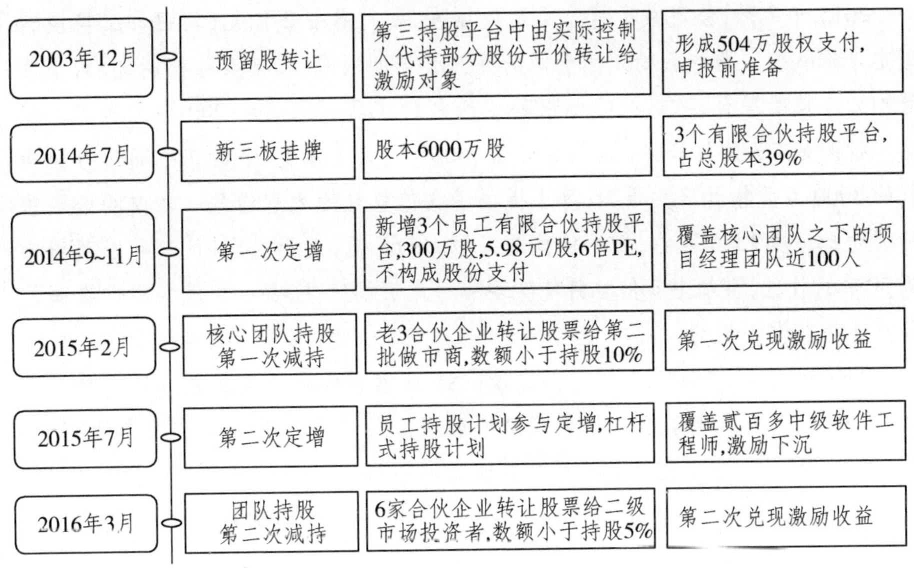

图 5－2　“某某软件”股权激励方案(2013～2016 年)

后来情况有所变化，“某某软件”于 2014 年 7 月在新三板挂牌，总股本 6000 万股，其中员工持股由 3 个有限合伙企业持有。挂牌后的 2014 年 9 月，公司做了第一次定增，新增 3 个员工持股平台，以每股 5.98 元的价格(相对于上一年 6 倍 PE)向 3 个新设员工持股平台(有限合伙)发行了 300 多万股。

这 300 多万股最后没有认定为股权支付，原因有以下几点：第一，定增前后，没有其他价格，会计师认为这是一个公允价；第二，公司引入了三个外部投资人，他们持有 60 万股，他们持股份的价格与公司发给员工持股平台的股价相同。这些股份发给了核心团队下面的 100 多个项目经理和资深高级软件工程师。股权激励的顶层设计做好之后，就要趁股价低的时候发给核心员工，否则被激励员工买了股票但得不到收益，达不到激励的目的。

2014 年 12 月，“某某软件”引入第一批做市商，实际控制人向其转让了部分股票，价格比较便宜。2015 年 2 月，公司引入第二批做市商，这次的转让价格比以往稍微高了一些，这是选择最初 3 个合伙企业的持股平台减持股票，尽管价格比市场价低一些，但兄弟们第一次兑现了收益。当初兄弟们是以每股几毛钱买的股票，经过历年的分红，早就收回了成本。现在以每股十几块钱的价格卖掉，而成本基本是零，以此计算的话相当于收益率无限大。团队的核心员工第一次拿到股权激励带来的好处，我们把这称为第一次兑现激励收益。

2015 年 7 月,公司做了第二次定向增发,发行募资 2 亿元,其中员工持股计划是平价认购。股权激励是怎么做的呢? 公司的股东,包括实际控制人、两个高管和六个持股平台,一起把分红借给中级软件工程师为主的 200 多位员工。当时实行的是 1:3 的杠杆,这些员工出资 1000 万元,上述 10 个股东把通过分红得到的 3000 万元借给这些员工,等于提供了 3 倍杠杆的无息借款。之前的股票价格大约是每股 13 元左右,增发价格是每股 10.65 元,两相对比,员工可以获得不到 30% 的收益,再加上 3 倍杠杆能实现百分之百的收益,头一年就实现这么高的收益还是非常不错的。

2016 年 3 月,公司团队做了第二次减持,6 家合伙企业在二级市场出售少于 5% 的股票,以此实现了第二次兑现激励收益。关于内部兑现是有约定的,称之为“小额快速”。持股员工每年可以申请卖出不超过 10% 的股票,还要集中到一起去操作,这样可以提高公司的运作效率,也不会影响流动性,不会在市场上给公司带来不好的影响。

被激励员工因为尝到了甜头,现在开始惜售,准备在公司 IPO 之后获得更大的收益。其实公司还是希望员工适当出售一些股票,一是可以改善生活,二是能提高市场的流动性。

这里还有另外一个案例。2016 年 3 月 31 日,某科技公司公告发行方案称,面向董监高、核心人员和现有股东发行股票,价格是每股 9 元。该公司之前的股价一直在 6 元以下徘徊,这次的发行价比市价提高了 50%。该公司共发行 200 万股,总股本 1 亿股,即发行 2%。

饶胖认为,该公司宣传这个方案的目的是发出一个信号,向外界表示公司特别是董监高对未来的发展很有信心,所以即使现在公司的股价是 6 元,他们也愿意用 9 元的价格去买。对于这种做法,饶胖不大理解。**我认为在股权激励这件事上,公司控制人首先要想明白它的目的。激励员工最重要的是让他们得到好处,为此需要在股价低迷的时候做股权激励,在股价高的时候兑现收益,这是一个非常重要的原则。**很多公司在股价高的时候做员工激励,导致员工被套,这种让员工得不到实惠的股权激励是没有意义的。

第六讲　股权激励计划中的股份支付问题

——股权激励没成本吗？

做激励的关键点为：什么时候发、以什么价格发。对于员工在股价低迷时做激励效果最佳，但对于公司可能大额的股份支付成本会影响企业利润表。

一、股权激励

2016 年资本市场不太好，特别是新三板市场非常低迷。在这个时间点最适合做什么，当属股权激励。不要等到股价高企的时候再把骨干员工们套牢。股权激励的成本就是股份支付。股份支付里面关于金融工具的估值是一个难题。

为什么要做股权激励？

企业是各种资源的组合，包括：人、财、物、关系、技术等。其中最重要的就是人，没有人其他资源都是无效的。**企业来到资本市场的重要目的之一就是利用资本市场聚集和激励人。**

股权激励是有成本的。

股权激励是有成本的，例如，由于一次性计提巨额股权激励成本，携程 2016 年第一季度经营亏损 18.27 亿元（其中 10.39 亿元来自哪儿）。剔除股权激励成本，携程一季度的净利润为 2.57 亿元，远高于去年同期的 3300 万元，去哪儿的亏损亦由 2015 年的 2.934 亿元降至 2016 年的 2.745 亿元。

企业家的问题：“股权激励能降低薪酬成本吗？”

企业家：我是一家设计公司老板，公司刚挂牌新三板，公司主要成本就是人工成本，原来企业搞一些避税办法，员工都要求税后薪酬，现在上了新三板，都规范了，企业代付个人所得税成本压力很大，听专家说能用股权激励的办法降低人工成本，请问饶胖如何操作？

饶胖:在不合规的情况下,承担逃税的风险,偷漏税刑事罪,中心城市社保成本高,管得严,通常要顶格正常缴纳,很难规避。如果使用劳务派遣的方式,法规规定劳务外派人数比例不能超过10%,而且不能是核心岗位,如果是二三线城市,看当地社保的政策。

在合规情况下,股权激励不必然带来人工成本下降,因为有股份支付的规定,如果是薪酬性质或者换取服务的,则要把费用计入成本中去。针对核心高管,给股权画大饼同时降薪少发奖金也许可行。但对于基层员工来说股权激励需要,工资奖金同样也不能少。股权激励不必然带来企业成本的下降。

二、股份支付

(一)股份支付是一个会计问题

《企业会计准则第11号——股份支付》第2条规定:“股份支付,是指企业为获取职工和其他方提供服务而授予权益工具或者承担以权益工具为基础确定的负债的交易。股份支付分为以权益结算的股份支付和以现金结算的股份支付。以权益结算的股份支付,是指企业为获取服务以股份或其他权益工具作为对价进行结算的交易。以现金结算的股份支付,是指企业为获取服务承担以股份或其他权益工具为基础计算确定的交付现金或其他资产义务的交易。本准则所指的权益工具是企业自身权益工具。”(见图6-1)

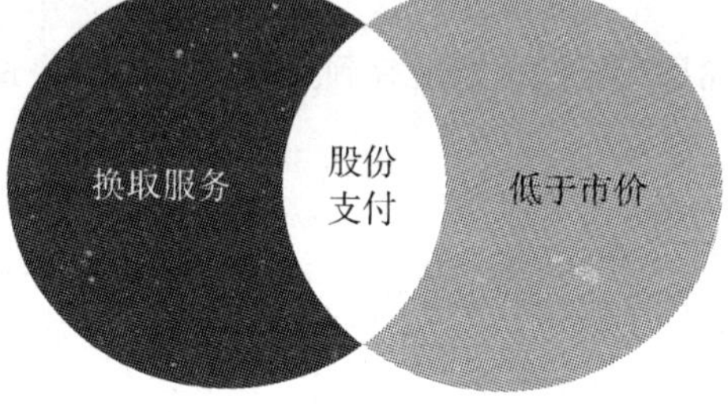

图6-1

(二)股份支付涉及的法规

1. 全国股转系统《挂牌公司股票发行常见问题解答——股份支付》;
2.《企业会计准则第11号——股份支付》;
3.《企业会计准则第22号——金融工具确认和计量》;

4.《上市公司执行企业会计准则监管问题解答》(2009 年第 1 期,会计部函〔2009〕48 号)。

(三)确认股份支付的两个关键点

确认股份支付有两个关键问题:一是股转《挂牌公司股票发行常见问题解答——股份支付》中的相关规定。二是所有挂牌公司均适用《企业会计准则第 11 号——股份支付》。具体来说,有以下几点需要注意:

1. 什么情形下适用股份支付

(1)向公司高管、核心员工、员工持股平台或者其他投资者发行股票的价格明显低于市场价格或者低于公司股票公允价值的;

(2)股票发行价格低于每股净资产的;

(3)进行股权激励计划的;

(4)全国股转系统认为的其他情形。

2. 券商明确发表是否构成股份支付的意见

主办券商应当结合本次股票发行的对象、发行的目的、股票的公允价值和发行的价格,判断是否需要适用股份支付并说明具体的账务处理方法。

3. 券商说明发行对象、发行目的、股票公允价值

(1)发行对象

说明本次股票发行的对象,如公司高管、核心员工、员工持股平台、做市商或者其他外部投资者等。

(2)发行目的

说明本次股票发行的目的,并说明是否以获取职工或其他方服务为目的,或者以激励为目的。

(3)股票的公允价值

说明挂牌公司股票的公允价值,并说明公允价值的判断方法。公允价值的论述应当充分、合理,可参考如下情形:

①有活跃交易市场的,应当以市场价格为基础,并考虑波动性。

活跃市场的定义:《企业会计准则第 22 号——金融工具确认和计量》。

需要同时具备以下三个特征:第一,市场内的交易对象具有同质性;第二,可随时找到自愿买卖双方;第三,价格的信息是公开的。

②无活跃交易市场的,可以参考如下价格:

第一,采用估值技术。估值方法应当符合《企业会计准则第 22 号——金融工具确认和计量》的有关规定确定权益工具的公允价值,并根据股份支付协议的条

款的条件进行调整。可以使用的估值方法包括现金流折现法、相对价值法以及其他合理的估值方法,也可聘请估值机构出具估值报告。企业应当根据具体条件恰当选择合理的评估方法,科学合理使用评估假设,并披露评估假设及其对评估结论的影响,形成合理评估结论。

第二,参考同期引入外部机构投资者过程中相对公允的股票发行价格,发行价格不公允的除外,例如,由于换取外部投资者为企业带来的资源或其他利益而确定了不合理的发行价格应当被排除掉。

挂牌公司需注意的是,无论采用何种方法确定公允价格,对公允价格的论述应当合理、充分并可量化,而非只有定性的说明。

4. 换取服务的判断点

股份支付,是指企业为获取职工和其他方提供服务而授予权益工具或者承担以权益工具为基础确定的负债的交易。

所谓职工,一般的判断标准就是劳动合同,通常而言母公司职工和合并报表范围内子公司职工。签署劳动合同的自然认定为换取服务。

问:大股东、实际控制人低价增发算股份支付吗?

答:上市公司规定股权激励对象不能是持股5%以上的股东,新三板并无直接规定,但实际控制人或者大股东低价不宜成为股权激励对象,道理在于,股权激励就是为了使员工和实际控制人或者大股东利益趋于一致,而激励实际控制人或者大股东显然与这一逻辑相悖。

5. 低于市价(公允价)的判断点

(1)有活跃交易市场的情况。

市场价,通常是董事会通过发行方案或者股权激励方案之前一段时间(如20天、30天、60天等)平均交易价格。

(2)没有活跃交易市场的情况下以引入外部投资者(非关联方)的价格、净资产(税务局核税标准)、估值技术确定三种方式来做参考。

方案是否涉及股份支付需要征询会计师意见,提早知道对年度报告的影响。什么叫活跃市场?《企业会计准则第22号——金融工具确认和计量》规定:“活跃市场,是指同时具有下列特征的市场:(一)市场内交易的对象具有同质性;(二)可随时找到自愿交易的买方和卖方;(三)市场价格信息是公开的。”

(四)非限制性股票激励计划的股份支付计算和入账

所谓非限制性,是指该股票授予激励对象后,对于激励对象行使股票权利没

有任何限制，如限售期、行权期和考核指标等，这时激励股票的价值最大，是一个上限，有限制，就会相应减值。

《企业会计准则第 11 号——股份支付》第 5 条授予后立即可行权的换取职工服务的以权益结算的股份支付，应当在授予日按照权益工具的公允价值计入相关成本或费用，相应增加资本公积。

授予日，是指股份支付协议股东会或者董事会获得批准的日期。

例如，向高管 1 人增发 10 万股，价格 10 元，市场价 20 元，可以直接卖的，没有任何要求和条件的，股权激励成本为 10 × (20 - 10) = 100 万元，会计处理：借：管理费用 - 股份支付 100 万元，贷：资本公积 100 万元。

其他情况：

1. 大股东低价转让算不算？

答：算，低价转让照样算股份支付，计入管理费用和资本公积。

2. 增发或者低价转让给持股平台或者员工持股计划算不算？

答：算，处理方法同上。

（五）限制性股票或者期权方案股权激励成本计算

刚才我们讲了，非限制的，股票价值最大，是一个上限，有限制股票应当减值。

《企业会计准则第 11 号——股份支付》第 6 条规定："完成等待期内的服务或达到规定业绩条件才可行权的换取职工服务的以权益结算的股份支付，在等待期内的每个资产负债表日，应当以对可行权权益工具数量的最佳估计为基础，按照权益工具授予日的公允价值，将当期取得的服务计入相关成本或费用和资本公积。在资产负债表日，后续信息表明可行权权益工具的数量与以前估计不同的，应当进行调整，并在可行权日调整至实际可行权的权益工具数量。等待期，是指可行权条件得到满足的期间。对于可行权条件为规定服务期间的股份支付，等待期为授予日至可行权日的期间；对于可行权条件为规定业绩的股份支付，应当在授予日根据最可能的业绩结果预计等待期的长度。可行权日，是指可行权条件得到满足、职工和其他方具有从企业取得权益工具或现金的权利的日期。"

第 7 条规定："企业在可行权日之后不再对已确认的相关成本或费用和所有者权益总额进行调整。"

按前述高管的例子，有行权条件，12 个月不能行权，之后每过 12 个月解锁 50%，价值低于可以直接行权的公允价值，所以在每个 12 月 31 日对可以行权的权益性工具以其公允价值进行合理估计。

三、员工股票期权激励计划(ESOP)简介①

(一)历史沿革

18 世纪后半叶起始于美国与欧洲市场。19 世纪 20 年代期权市场规则混乱,市场发展缓慢。1973 年 4 月 26 日芝加哥期权交易所(CBOE)开张。期权合约买卖管理标准化里程碑。今天全美交易所内有 2500 多只股票和 60 余种股票指数开设相应的期权交易。芝加哥期权交易所成为世界最大期权交易所。

1973 ~2012 年期权年度交易额(见图 6 -2):

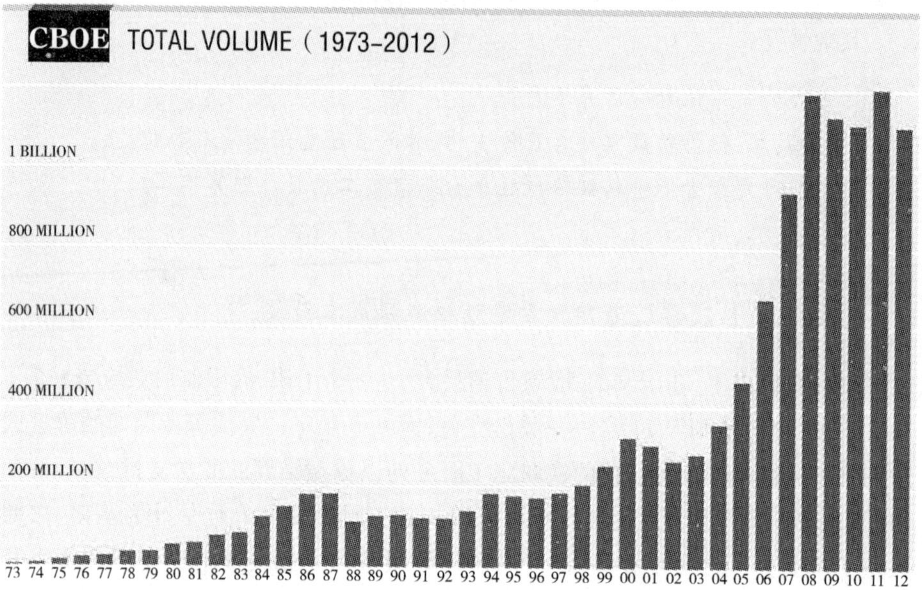

资料来源:芝加哥期权交易所。

图 6 -2 芝加哥期权交易所 1973 ~2012 年期权年度交易额

(二)期权介绍

什么是期权? 期权是一种"权利",是一种"金融工具",是指买方向卖方购买并支付期权费(指权利金)后拥有的在未来"一段时间内"(指美式期权)或未来"某一特定日期"(指欧式期权)以事先"规定好的价格"(指履约价格)向卖方购买或出售一定数量的特定标的物(如股票)的权利,但同时"不负有"必须买进或卖

① 本节内容由熊建平先生提供。

出的“义务”。两种方式的区别在于,美式期权的员工可以按照自己对股票市场波动的判断和理解去行使他的权力,起到更好地激励员工的作用。

从其本质上讲,期权实质上是在金融领域中将权利进行定价,使得权利的受让人在规定时间内对于是否进行交易,行使其权利,而义务方必须履行。在期权交易时,购买期权的一方称作买方,而出售期权的一方则称作卖方;买方即是权利的受让人,而卖方则是必须履行买方行使权利的义务人(见图6-3)。

交易参与者:

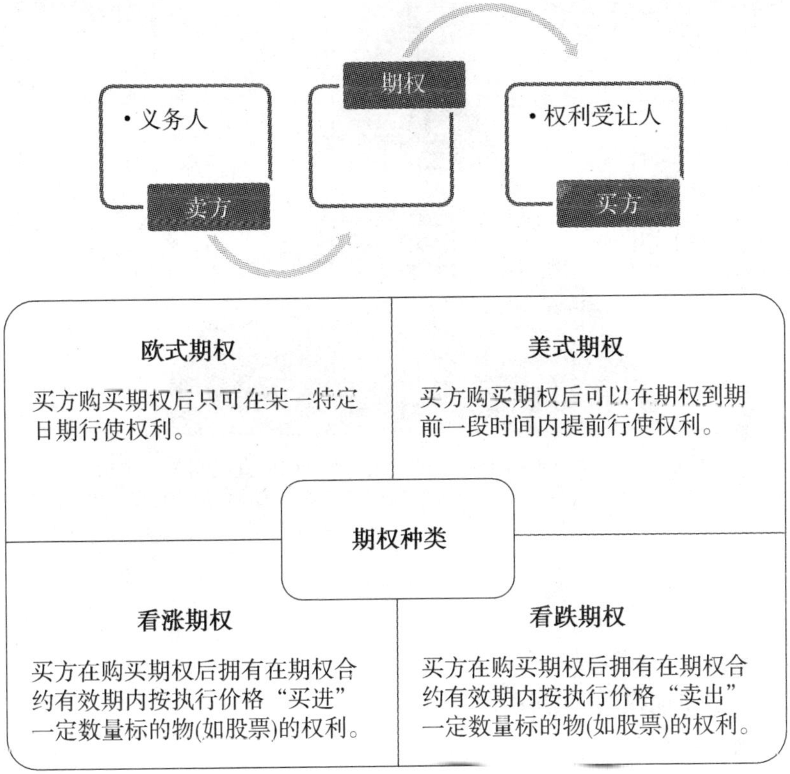

图6-3　交易参与者与期权种类

(三)企业可以利用期权做什么

期权对于企业来说有多种用途,其中最普遍的一种用途是上市或者准备上市企业为了激励其企业管理层和员工而发行员工股票期权激励计划。

向员工发行股票期权对于企业管理与激励员工已经是非常普遍的现象,是企业为了激励和留住核心人才而推行的一种长期激励机制。有条件的给予激励对象股东权益，使其与企业形成利益共同体从而刺激并促进企业发展。

1. 员工股票期权激励计划（Employee Stock Option Plan）（详见图6－4）

（1）一种看涨期权；

（2）一种用于长期激励员工的工具；

（3）员工有权利按照合约规定价格购买自己公司的股票；

（4）员工利益与企业利益绑定成为利益共同体；

（5）授予激励对象权利以一定价格在有效期内购买公司股票。

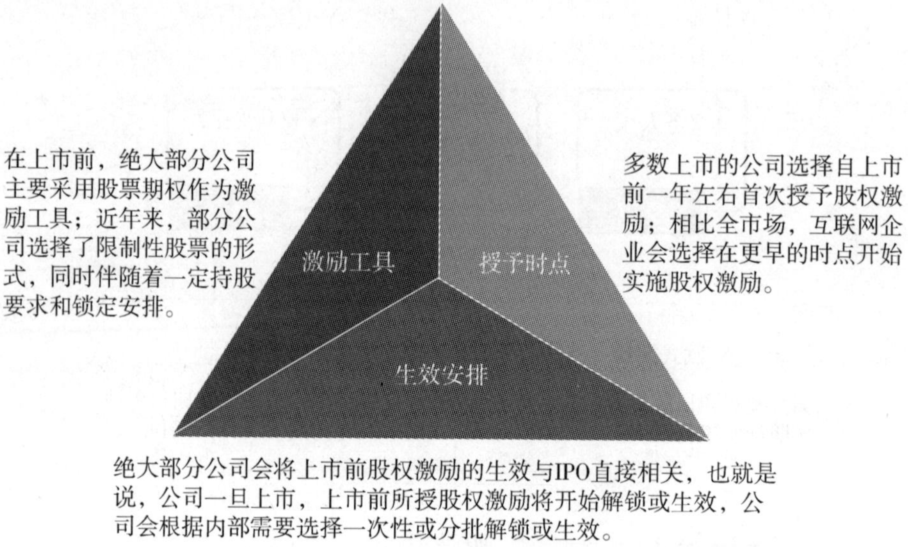

图6－4　员工股票期权激励计划

2. 企业可以用期权做什么

3. 实施股票期权激励的收益

4. 股票期权激励计划的多赢效果（见图6－5）

（1）公司股东。①将管理层的利益与股东利益紧密结合，从而实现股东利益最大化；②减少委托代理导致的内部人控制风险。

（2）公司本身。①业绩显著提高和改善；②减少现金流出，改善财务状况。

（3）管理层。①更好地与绩效挂钩，积极性提高；②递延薪酬支出，③递延税务支出。

（4）骨干员工。充分调动积极性和能动性。

（5）客户。获得更好的服务和产品。

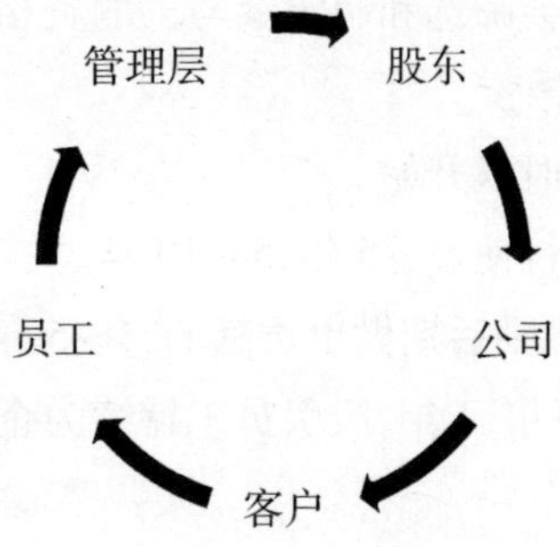

图 6-5 股票期权激励计划效果

5. 股票期权收入在管理层工资中的比例(见图 6-6)

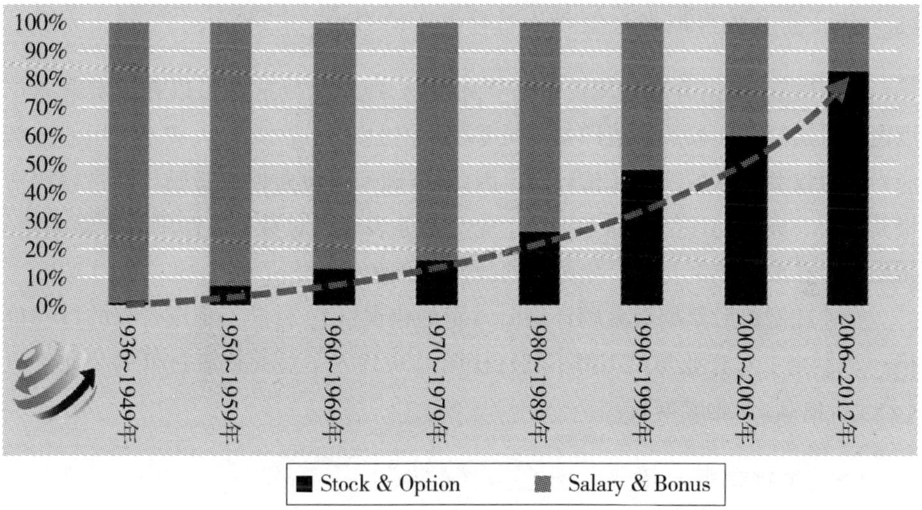

图 6-6 股票期权收入在管理层工资中所占比例

以世界五百强企业为例,期权收入占工资比例正在逐年上升。在 2006-2012 年,股票与期权奖励已经成为高管们的主要收入。在股票与期权奖励的比例逐年升高的同时也反映出股票期权的重要性也在逐年变大。企业应当高度重视这种奖励机制并且合理评估其价值。

(四)员工股票期权激励计划介绍

企业在推行 ESOP 之前,需要先对企业进行全面的价值评估。

1. 确定员工持股的份额和分配比例。

2. 制订详细的计划实施程序(ESOP)。

3. 参加者的资格:董事会筛选和制定参与人的资格。与公司长远利益捆绑在一块的。

4. 计划开始时间:什么时候开始。

5. ESOP 的期限:立刻行使、3~5 年,5~10 年,关键看如何激励员工,激励过去做出的贡献,立即行使,激励后期做出贡献的,3~5 年。

6. 行权日期(如 25% 每年,4 年,吸引员工持续为企业服务)。

7. 行权价格:公司定。

8. 期权数量:数量上体现岗位重要性。

9. 绩效挂钩:利润要求,销售要求,股价目标等。

10. 关键人员的流动率:流动率高,实际行权少,实际成本低。

(五)员工股票期期权激励计划对企业的影响

按照国际,我国香港地区及中国会计准则,股权激励成本可以在一定财务年度内进行摊销。期权的价值即是公司需要承担的财务成本,计入成本费用的金额应当按照权益工具的公允价值计量。因此,准确地对股票期权激励计划进行评估极其重要。准确的评估有助于提升企业的财务表现。对员工的激励效果最大化。帮助企业在成本控制与员工激励之间找好平衡点。

企业在制定股票期权激励计划时常犯的错误:(1)制定了难以行权的行权价格;(2)制定了对企业与员工都不利行权期;(3)计入了过高或者过低的公允价值(公允价值高,企业成本高)。

(六)定价模型介绍

1. 股票期权激励计划的评估

根据中国证券监督管理委员会发布的《上市公司股权激励管理办法》第 31 条的规定,上市公司应当聘请律师对股权激励计划出具法律意见书。

第 32 条规定,上市公司董事会下设的薪酬与考核委员会认为必要时,可以要求上市公司聘请独立财务顾问,对股权激励计划的可行性、是否有利于上市公司的持续发展、是否损害上市公司利益以及对股东利益的影响发表专业意见。

评估时所需参数基本概念(见表 6-1):

表 6-1 股票期权激励计划评估参数

参数名称	基本概念	相关影响
Exercise Price 行权价格	公司确定被授予人可执行该期权价格	行权价格越高,公允价值越低
Spot Price 即期股价	授予日当前公司的交易所股票价格	即期股价越高,公允价值越高
Term 期限	被授予人持有该期权的有效年限	期权有效期限越长,公允价值越高
Volatility 波动性	同行业可比公司历史平均股价波动情况	波动性越大,公允价值越高
Dividend Yield 股息收益	股息与股票价格之间的比率	股息收益越大,公允价值越低
Forfeiture Rate 员工离职率	被授予人历史平均离职率	离职率越大,公允价值越低
Suboptimal Factor 预计提前行权因子	预计股价为行权价格几倍的时候,期权持有者会行权	预计提前行权因子越大,公允价值越高

2. 行业里目前主要使用两个估值模型:

Black Scholes 期权定价模型用于评估欧式期权(BS 期权定价模型)

Binomial 期权定价模型用于评估美式期权

(1)股票期权激励计划的评估——BS 期权定价模型

布莱克-舒尔斯定价模型(英语:Black Scholes Pricing Model),简称 BS 定价模型,又称布莱克-舒尔斯-墨顿模型,适用于"欧式"期权或权证等金融衍生工具定价的数学模型。由美国斯坦福大学教授费雪·布莱克(Fisher Black)与斯坦福大学教授迈伦·舒尔斯(Myron Scholes)于 1973 年首先提出,并由哈佛商学院教授罗伯特·C. 默顿(Robert C. Merton)完善。布莱克与墨顿凭借该模型在 1997 年获得第二十九届诺贝尔经济学奖。

该公式的出现为期权交易市场带来了前所未有的繁荣。BS 定价模型为包括期权、权证、股票、债券、货币等新兴衍生金融市场在内的各种以市价价格变动定价的衍生金融工具的合理定价奠定了基础。虽然计算结果也会有差异出现,如著名的"波动率的微笑",不过因其计算结果足够贴近市场价格所以被广泛流传和应用(详见表 6-2)。

表 6-2　影响模型估值的主要参数

波动率	行权价格	行权期限
同行业可比公司历史股价波动情况	公司确定受于人可执行该期权价格	对授予人何时可以行权的时限要求

股票期权激励计划的评估——BS 期权定价模型(见图 6-7)

$$c = S_0N(d_1) - Ke^{-rT}N(d_2) \qquad d_1 = \frac{\ln(S_0/K) + (r+\sigma^2/2)T}{\sigma\sqrt{T}}$$

$$d_2 = \frac{\ln(S_0/K) + (r-\sigma^2/2)T}{\sigma\sqrt{T}} = d_1 - \sigma\sqrt{T}$$

图 6-7　BS 期权定价模型

BS 定价模型公式推导过程非常复杂,但大致可以简单理解成:
期权价值 = 期满时股票价值现值 - 期满时行权支付价值现值(详见图 6-8)

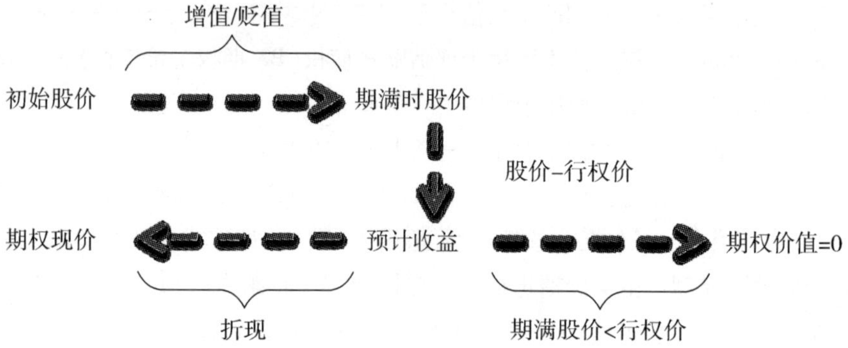

图 6-8　期权价值的计算

(2)股票期权激励计划的评估——Binomial 期权定价模型

二项式期权定价模型(Binomial Option Pricing Model),是由考克斯(J. C. Cox)、罗斯(S. A. Ross)和鲁宾斯坦(M. Rubinstein)等人在 1979 年提出的一种期权定价模型。可以计算"美式"期权价值。**与 Black Scholes 期权定价模型相比,Binomial 期权定价模型推导过程更直接简单,不需要太多数学知识就可以运用。**

1973 年,布莱克和舒尔斯(Black and Scholes)提出了 Black - Scholes 期权定价模型,对标的资产的价格服从对数正态分布的期权进行定价。随后,罗斯开始研究标的资产的价格服从非正态分布的期权定价理论。1979 年,罗斯、考科斯和鲁宾斯坦在《金融经济学杂志》上发表论文"期权定价:一种简化的方法",该文提出了一种简单的对离散时间的期权的定价方法,被称为 Cox – Ross – Rubinstein 二项式期权定价模型(具体见图 6 – 9),并在应用上与 Black Scholes 期权定价模型互补。

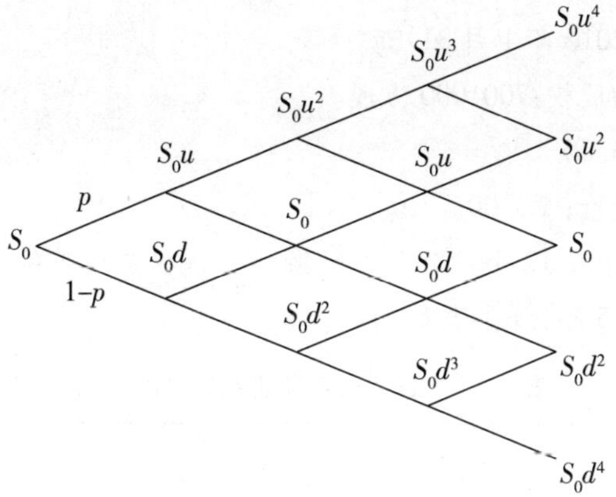

$$p = (e^{rt/n} - d)/(u - d)$$
$$u = e^{\sigma\sqrt{t/n}}$$
$$d = e^{-\sigma\sqrt{t/n}}$$

图 6 – 9　Cox – Ross – Rubinstein 二项式期权定价模型

二项期权定价模型假设股价波动只有向上和向下两个方向,且假设在整个考察期内,股价每次向上(或向下)波动的概率和幅度不变。

虽然这一假设非常简单,但是由于可以把一个特定的时间段细分为更小的时间单位,由此建立的二叉树期权定价模型可以反映给定期权期限内标的资产的未来市场价格可能的变动路径。

模型将考察的存续期分为若干阶段,根据股价的历史波动率模拟出正股在整个存续期内所有可能的发展路径,并对每一路径上的每一节点计算期权行权收益和用折现法计算出的期权价格。

对于美式期权,由于可以提前行权,每一节点上期权的理论价格应为期权行权收益和贴现计算出期权证价格两者较大者。

1. 评估案例分析——美式期权

背景:假设 XYZ 公司发布了美式期权激励计划(可提前行权)。计划如下:

授予日:2016 年 1 月 31 日。

到期日:2026 年 1 月 31 日。

评估基准日:2016 年 1 月 31 日。

授予员工的购股权:700,000 万股。

行权价格: $3.00。

授予日公司股价: $3.00。

行权计划:授予日 12 个月后可进行第一次行权总股数的 20%。每隔 12 个月累积 20%,合计 5 年(详见表 6-3)。

表 6-3 XYZ 公司美式期权激励计划

时间 项目	2017 年	2018 年	2019 年	2020 年	2021 年	合计
行权百分比	20%	20%	20%	20%	20%	100%
可行权股数	140,000	140,000	140,000	140,000	140,000	700,000

第一步:确认提前行权因子。

美式期权允许员工提前行权,因此评估时需要预计当股票价格高于行权价几倍时员工会选择行权。差价越高员工收益越大;可根据公司历史行权记录计算得出。

第二步:确认公司离职率。

员工离职后,未行权期权将作废;员工与管理层的离职率不相等,需分开单独进行评估;可根据公司历史离职率计算得出。

第三步:收集市场数据。

公司历史股价波动率;公司所在国家的无风险利率;行权价格;评估基准日公司股价;股息率。

第四步:模型选择。

美式期权可以提前行权,因此选择 Binomial 期权定价模型进行评估。

假设评估基准日参数如下(见表 6-4):

表 6－4　评估基准日参数（美式）

项目	参数
行权价格	$3.00
评估基准日股价	$3.00
行权前离职率	2.85%
行权后离职率	1.33%
提前行权因子	1.5
平均波动率	40.45%
无风险利率	1.0414%
股息率	0%

期权价值评估：

第一步：将参数带入 Binomial 定价模型对每个行权年度分别进行价值评估得出每股期权折现后价值。

第二步：行权年度每股期权折现价值 × 可行权股数 = 行权年度期权折现价值（见表 6－5）。

表 6－5　XYZ 公司 5 年年度期权价值评估（美式）

时间 项目	2017 年 1 月 31 日	2018 年 1 月 31 日	2019 年 1 月 31 日	2020 年 1 月 31 日	2021 年 1 月 31 日	合计
每股期权价值（折现后）	0.93	1.00	1.06	1.10	1.13	
可行权百分比	20%	20%	20%	20%	20%	100%
可行权股数	140,000	140,000	140,000	140,000	140,000	700,000
行权年度期权折现价值	29,863.23	40,331.99	48,230.60	153,988.77	158,043.06	730,457.65

通过 Binomial 定价模型计算后，XYZ 公司此次发行的期权公允价值为 $730,457.65，此公允价值将计入企业财务成本并且在一定财务年度内进行摊销。后续几年金额将只根据评估的金额逐年计入管理费用。

2. 评估案例分析——欧式期权

背景：假设 XYZ 公司发布的期权激励计划条款不变，但是由美式期权转为欧式期权（即不可提前行权）。

授予日:2016 年 1 月 31 日。

到期日:2021 年 1 月 31 日。

评估基准日:2016 年 1 月 31 日。

授予员工的购股权:700,000 万股。

行权价格: $3.00。

授予日公司股价: $3.00。

行权计划:2021 年 1 月 31 日 100% 行权(见表 6-6)。

表 6-6　XYZ 公司欧式期权激励计划

项目 \ 时间	2021 年
行权百分比	100%
可行权股数	700,000

因欧式期权不允许提前行权,所以无须考虑提前行权因子和离职率。

第一步:收集市场数据,公司历史股价波动率;公司所在国家的无风险利率;行权价格;评估基准日公司股价;股息率。

第二步:模型选择,欧式期权不可以提前行权,因此选择 BS 期权定价模型进行评估;假设评估基准日参数如下:欧式期权只可在期权到期日方可行权,因此无须考虑行权前离职率、行权后离职率、提前行权因子(见表 6-7)。

表 6-7　评估基准日(欧式)

项目	参数
行权价格	$3.00
评估基准日股价	$3.00
平均波动率	40.45%
无风险利率	1.0414%
股息率	0%

期权价值评估:

第一步:将参数带入 BS 定价模型。

第二步:行权年度每股期权折现价值 × 可行权股数 = 行权年度期权折现价值。

通过 BS 定价模型计算后,XYZ 公司此次发行的期权公允价值价值为 $768,600.00,此公允价值将计入企业财务成本并且在一定财务年度内进行摊销。

(七)总结

期权分为:(1)欧式期权/美式期权;(2)看涨期权/看跌期权。

企业授予员工股票期权以激励他们,并使双方利益趋同;调动员工积极性;提高业绩。

股票期权激励计划的公允价值计入企业财务成本。因此准确地对其公允价值进行评估有助于真实反映企业的财务表现。

关于使用金融工程的方法对股票期权激励计划公允价值评估,企业可聘请专业财务顾问以及律师对股票期权进行评估。

股份支付的成本在授予的时候合理估计计入成本,以后不管如何波动都不改。如果授予的期权没有任何限制,最大的成本是公允价和授予价的差额乘以数量来确认股权支付的上限;在有限制性的条件下,考虑到未来的波动性、条件、年限等,需要把其折算成现值,其金额要小于无限制性条件金额。

国内会计界对按上限计提还是需折算现值没有统一的说法。**做激励的关键点为:什么时候发,以什么价格发。对于员工在股价低迷时做激励效果最佳,但对于公司可能大额的股份支付成本会影响企业利润表。**

广联达(002410sz)限制性股票股权激励案

股权激励方案

草案:2013 年 1 月 28 日。

限制性股票:850 万股,占股本 2.1%,其中预留 40 万股。

价格:7.85 元/股。授予价格为本计划草案公告前 20 个交易日广联达股票均价(前 20 个交易)15.70 元的 50%。

激励对象:为公司高级管理人员、中层管理人员及公司认定的核心技术(业务)人员,共计 251 人(无公司独立董事、监事、持股 5% 以上的主要股东或实际控制人或持股 5% 以上的主要股东或实际控制人的配偶及直系近亲属),单一个人不超 1%。

解锁期限:1 +3 结构,12 月锁定期,后 36 个月 30:30:40。

解锁条件:公司条件:13 ~15 年净资产收益率大于 14%,扣非后净利润增长率 12 年为基础 13 ~15 年 15%、40%、75%,且净利润平均不得为负。

个人条件:绩效考核合格。

会计处理

授予日:根据公司向激励对象定向发行股份的情况确认股本和资本公积(实际首次限制性股票的授予日为2013年1月28日,预留的限制性股票的授予日为2013年11月14日)。

根据会计准则规定,在全部限制性股票解锁前的每个资产负债表日,按照授予日限制性股票的公允价值、限制性股票当期的解锁比例以及预计可解锁的限制,股票数量的最佳估计数将取得职工提供的服务计入成本费用和资本公积(其他资本公积),不确认授予日后限制性股票的公允价值变动。

解锁日:在解锁日,如果达到解锁条件,可以解锁;如果全部或部分股票未被解锁而失效或作废,则由公司按照授予价格进行回购,并按照会计准则及相关规定处理。

股份支付成本

每股限制性股票的公允价值=授予日股票价格-授予价格

则根据初步确定的授予价格,每股限制性股票的成本约为7.85元。首次授予的总会计成本约为6358.5万元人民币(810万股×7.85元/股)。根据中国会计准则要求,对各期会计成本的影响如表6-8所示:

表6-8　首次授予总会计成本年度摊销额

年度	第一周年	第二周年	第三周年
年度摊销金融(人民币元)	37,091,250	18,015,750	8,478,000

公司第二届董事会第二十次会议将预留的限制性股票数量由40万股相应调整为52万股,并确定2013年11月14日为授予日,以定向增发形式向36名激励对象进行了预留限制性股票授予,共计52万股,授予价格为14.22元。上述52万预留限制性股票已于2013年11月25日上市。

2013年年报

根据《企业会计准则第11号——股份支付》的规定,公司实施股权激励计划对公司相关年度的财务状况和经营成果将产生一定的影响。根据已确定的限制性股票的授予日,按照各期限制性股票的解锁比例(30%、30%、40%)和授予日限制性股票的公允价值总额分别确认限制性股票激励成本。限制性股票成本应在生效等待期内摊销,对各期会计成本的影响如表6-9所示:

表 6－9　2013 年年报限制性股票成本各期摊销额

项目	第一期解锁	第二期解锁	第三期解锁	合计
计入 2013 年	22,052,655.00	11,026,327.50	9,801,179.50	42,880,162.00
计入 2014 年	1,856,400.00	11,954,527.50	10,626,246.50	24,437,174.00
计入 2015 年	—	928,200.00	10,626,247.00	11,554,447.00
计入 2016 年	—	—	825,067.00	825,067.00
合计	23,909,055.00	23,909,055.00	31,878,740.00	79,696,850.00

2014 年年报

公司已分别于 2013 年 1 月 28 日、11 月 14 日向激励对象进行了首期和预留限制性股票的授予。2014 年董事会确认解锁条件成就。第一期可解锁激励对象 250 人，可解锁股份数量为 314.925 万股，该部分股票已于 2014 年 4 月 3 日解锁并上市流通。

2014 年共有 10 名激励对象离职，董事会通过《关于回购注销离职激励对象已获授尚未解锁的限制性股票的议案》，共回购注销股票 311,306 股（见表 6－10）。

表 6－10　2014 年年报限制性股票成本各期摊销额

项目	第一期解锁	第二期解锁	第三期解锁	合计
计入 2013 年	22,052,655.00	11,026,327.50	9,801,179.50	42,880,162.00
计入 2014 年	1,856,400.00	11,954,527.50	10,626,246.50	24,437,174.00
计入 2015 年	—	928,200.00	10,626,247.00	11,554,447.00
计入 2016 年	—	—	825,067.00	825,067.00
合计	23,909,055.00	23,909,055.00	31,878,740.00	79,696,850.00

2015 年年报

2015 年 3 月 24 日，董事会通过《关于限制性股票激励计划部分股票解锁的议案》，确认设定的首次授予的限制性股票的第二次解锁条件和预留部分限制性股票的第一次解锁条件均已经满足，首次授予的限制性股票的第二次解锁手续，办理预留部分限制性股票的第一次解锁手续。本次可解锁股票合计数量为 4,509,802 股。该部分股票已于 2015 年 4 月 3 日解锁并上市流通。当天收盘价 29.06 元，合计流通市值 1.31 亿元。

限制性股票股权激励方案实施总结

2013年1月28日,公司以定向增发形式向251名激励对象进行了首期限制性股票授予,共计810万股,授予价格为7.85元。2013年11月14日,公司以定向增发形式向36名激励对象进行了预留限制性股票授予,共计52万股,授予价格为14.22元。

授予日、上市日、授予价格:

(1)首期限制性股票授予日:2013年1月28日,上市日:2013年2月18日,授予价格:7.85元/股;

(2)预留限制性股票授予日:2013年11月14日,上市日:2013年11月25日,授予价格:14.22元/股。

激励计划的有效期、锁定期和解锁期:

本限制性股票激励计划有效期4年,其中首期锁定期1年,解锁期3年。

限制性股票对公司经营业绩的影响:

限制性股票成本应在生效等待期内摊销,从而对公司的经营业绩造成一定影响。

每股限制性股票的成本=授予日股票价格-授予价格,具体如下:

(1)首次授予的限制性股票成本=(16.8-7.85)×810万股=7249.5万元。

(2)预留授予的限制性股票成本=(28.5-14.22)×52万股=742.56万元。

由于2015年业绩不符合解锁条件,第三期40%不能解锁,本年冲回2013年、2014年确认的股份支付成本(见表6-11)。

表6-11 2015年年报限制性股票成本各期摊销额

项目	第一期解锁	第二期解锁	第三期解锁	合计
计入2013年	22,052,655.00	11,026,327.50	9,801,179.50	42,880,162.00
计入2014年	1,770,720.00	11,367,547.50	10,104,486.38	23,242,753.88
计入2015年	—	892,500.00	-19,905,665.88	-19,013,165.88
合计	23,823,375.00	23,286,375.00	—	47,109,750.00

股权激励的公司条件

解锁条件:公司条件:13~15年净资产收益率>14%,扣非后净利润增长率12年为基础13~15年15%、40%、75%,且净利润平均不得为负(见图6-10)。个人条件:绩效考核合格。

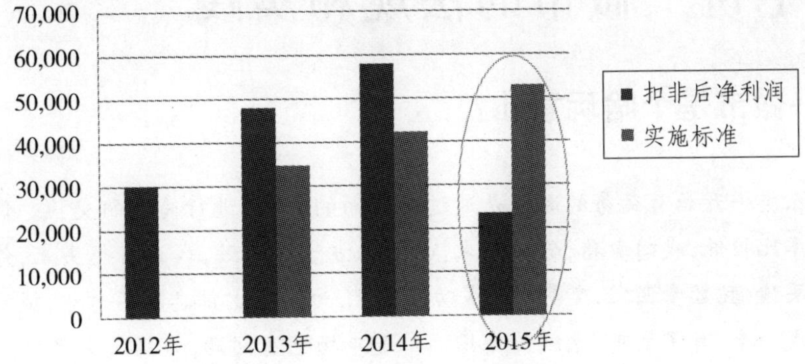

图 6－10　2012～2015 年公司扣非后净利润增长率

2015 年公司条件未达成，这部分限制性股票按方案回购注销，公司办理减资手续。

第七讲　做市的法规和实践

——做市是个啥玩意儿？

人类一开始有交易的时候是通过面对面的方式，进行简单的交换。但是成功率比较低，我想卖猪，你想卖米，必须双方达成一致，我正好想买米，你正好想买猪，且数量匹配，交易才能成功。因此，为了减少信息的不对称，提高交易的成功率，有了集市，也就是市场。但是市场也有问题，市场太大了就不好找到合适的交易对象。这就有了撮合人（中介）。继续发展就发现撮合的方式也很麻烦，还需要三方都在场，如果中间人（中介）来做市商，这边收猪那边收米，那么他两边都可以交换。当然有了货币这件事情就简单了。目前证券交易发展到最方便的方式，即信息在瞬间可以得到充分对称，就是电子竞价系统，即交易所的结构，通过计算机以及大量的数据，瞬间找到买家和卖家，撮合价格，成功交易，这时就变为了竞价交易。

中国资本市场激荡三十多年，从来没有过"做市"这个东西。直至新三板市场的设立才开启了"做市"之旅。做市商制度是一种以做市商为中介的证券交易制度，由做市商向市场提供双向报价，投资者根据报价选择是否与做市商成交。

以前我们身边有哪些做市商呢？打个比方，我们去中国银行换外汇，银行指示牌上，会有一个买入价和卖出价，中国银行就是外汇的做市商。这是新三板之前，我们在市场中唯一能经常遇到的做市商。

股转系统的做市交易制度，作为一个新事物，将做市商引入了新三板市场，到现在也就两年多时间，整个市场从业者和监管者都在摸索中前行，饶胖也经历了从无知到懂一点到再懂一点的过程，直到今天可以出来给大家讲讲。

最近大家都在关注"八达岭野生动物园老虎咬人"的事件，人们讨论的第一个层面是当事人的过错占主要原因，第二个层面是不遵守规则的严重后果，那我要补充第三个层面，人的认识结构中占绝大部分的是感觉和直觉。2002 年，卡尼曼获得诺贝尔经济学奖，行为经济学成为显学。21 世纪以来脑科学的研究进展突飞猛进,发现人类不是之前大家所说的理性动物,所以当人们看到一个规则"猛兽危险,禁止下车"的时候,在大多是人的脑中是没有印象的,或者人们不能马上直观地理解这一规则背后代表的严重后果。如果人们进园之前不是草草看一眼规则,而是播放猛兽有多么凶猛的视频,可能就不会有人下车了。说了这么多,是因为做市也是同样的道理,我们只看法规,没有实践,是不知道会发生什么的。法规中读不出做市千变万化,就如同我们只看围棋的规则,是没有办法感受两位围棋大师博弈的精彩。因此,我们不仅要学习法规,更要在实践中学习做市这件事。

企业打算去做市之前,中介机构、财务顾问等,劝说企业管理者去做市的原因中重要的一点就是可以使交易活跃。当时**我们决定做市的原因很简单,一是活跃市场,二是给自己定价**,这样才方便进行收购。这是我们美好的愿望,现在已经快两年了,结果还不好说。

2016 年 5 月的时候,饶胖读的会计硕士班的同学在长沙组织了一次聚会,其中有一个环节是带大家去看杜鹃花海,据说是长沙一个著名的景点。第二天一大早起来,经过 5 小时左右的车程,想象中马上就能看到漫山遍野、鲜艳美丽的杜鹃花,没想到我们到了以后,像是来到了《行尸走肉》的拍摄现场,周围大雾弥漫,不知道有没有杜鹃花,更不知道杜鹃花海是不是真的很美。

这个跟我们做市的经历非常相近,我们对做市这件事情抱着非常美好的理想,做完后的结果怎么样?玄奘大师是得道的高僧,但是佛教中有个规矩是得道成佛后不可说,那就有人问他不可说,那你自己、众生又怎么知道你成佛了呢?玄奘曰:"如人饮水,冷暖自知。"

这里有一个数据,2016 年 5 月 16 日,做市交易股票共 1504 家做市交易,752 家有交易,752 无交易,意思就是一半的做市公司当日无交易。作为一家做市的公司,本来就是为了活跃交易的,结果反而没有交易,那么大家就要想了,为什么没有交易呢?是公司业绩太差、公司流通股太少,还是做市商太少?这也是每当做市企业面临这个问题时,"砖家"为企业分析出的原因。

在这一天没有交易的公司里面,我看到一家叫"威丝曼",这是一家大公司,该公司目前有 6 家做市商参与做市,根据其公告的 2015 年年度报告,普通股总股本 71,233,333 股,其中有流通股 35,225,746 股;2015 年度营业收入 3.36 亿元,净利润 2955.15 万元,5 月 11 日公告定增认购公告,说明定增对象都已经确定,只等投资入账了。不论从经营业绩、还是流通股数量或是参与做市的券商数量来衡量,"威丝曼"在市场理应交易活跃,但是当天仍然无交易量。

5月16日当天,做市交易前28家与协议交易前28家的成交量都在几十万元左右,虽然做市交易总成交量比协议交易总成交量略多,但两种交易方式下的成交量可谓在一个量级,也并不能说明做市交易比协议交易的流动性更高。

另外一个略显“悲催”的案例,2016年7月4日新绿股份复牌,当天大跌46%,成交34.6万元,7万股,收3.78元,新绿股份发生了暴跌,可能是名字没取好,当然这是开玩笑。新绿股份于2015年11月20日拿到挂牌函,于2016年1月20日由协议转让方式变更为做市转让方式,由海通证券等共5家券商为公司股票提供做市报价服务。

新绿股份是家大公司,从事肉牛育肥、屠宰以及牛肉类产品的加工销售,发起股东里知名PE林立,2015年度营业收入7.66亿元,净利润6368.89万元,总股本1.47亿股,基本每股收益0.55元。虽然其净利润同比有6.2%的小幅下滑,但其2015年度营业收入同比上升18.05%,总的来说业绩还是不错的。

2016年7月4日因资产重组停牌的新绿股份复牌,当日只成交了7万股约34.6万元,一共33笔交易,最大一笔交易是5000股,基本上都是1000股,但股价却从6.60元一路迈着小碎步,跌至3.78元,因为每卖出1000股,做市商就下调一次股价,且战且退,基本上每1000股股价就下调一个台阶,就这样大跌46%,由于做市交易是双边计算成交额,实际上仅仅成交了3.5万股,仅用了约17万元就将其市值蒸发了4.7亿元。

当然有人就说做市交易有什么好,我们不玩了行不行。一家叫捷昌驱动的公司就变更了交易方式,由做市转让变为了协议转让。当然,这家公司的情况是准备进行IPO,有专家指导他们进行IPO需要清理三类股东。因此用协议转让的方式来清理三类股东。

讲了这么多负面例子,我们来讲一些正面的。三板市场交易量,真的这么差吗?

安达科技(证券代码:830809),2016年1月11日开始做市交易,到2016年9月23日,合计172个交易日,从7.89元涨到20.06元,涨了154%,日均成交1426万元,日均换手率0.95%,有10家做市商,股本1.73亿元,主要从事锂电池材料磷酸铁及磷酸铁锂的生产。

由此看来，在新三板市场上有好的有差的，有公司没交易，也有公司红红火火，因此大家在这个问题上不要过于悲观，如果在新三板市场上不会运作、不会宣传或者不是好企业，交易量就会有问题，但如果你是一个好企业，又会宣传，一样可以玩得风生水起。

一、什么是做市?

(一)做市的法规

1.《全国中小企业股份转让系统业务规则(试行)》(2013 年 2 月 8 日发布，2013 年 12 月 30 日修改，以下简称《业务规则》)3.1.2 规定："股票转让可以采取协议方式、做市方式、竞价方式或其他中国证监会批准的转让方式。经全国股份转让系统公司同意，挂牌股票可以转换转让方式。"企业只能选择一种做市方式，但是经股转批准，可以转换做市方式。

2.《全国中小企业股份转让系统股票转让细则(试行)》(2013 年 12 月 30 日发布，以下简称《转让细则》)第 13 条规定："股票可以采取做市转让方式、协议转让方式、竞价转让方式之一进行转让。"但是竞价转让到现在还没有出台，所以现在仅有做市转让和协议转让两种方式。

(二)如何做市

《业务规则》3.1.4 规定："挂牌股票采取做市转让方式的，须有 2 家以上从事做市业务的主办券商(以下简称'做市商')为其提供做市报价服务。做市商应当在全国股份转让系统持续发布买卖双向报价，并在报价价位和数量范围内履行与投资者的成交义务。做市转让方式下，投资者之间不能成交。全国股份转让系统公司另有规定的除外。"

(三)谁是做市商

1.《全国中小企业股份转让系统做市商做市业务管理规定(试行)》(2014 年 6 月 5 日发布)第 2 条规定："本规定所称做市商是指经全国中小企业股份转让系统有限责任公司(以下简称全国股份转让系统公司)同意，在全国中小企业股份转让系统(以下简称全国股份转让系统)发布买卖双向报价，并在其报价数量范围内按其报价履行与投资者成交义务的证券公司或其他机构。"

2.《转让细则》第 56 条规定："证券公司在全国股份转让系统开展做市业务前，应向全国股份转让系统公司申请备案。"

截至2016年8月5日,获全国股份转让系统公司同意做市商的证券公司或其他机构共有85家。

表7-1 《转让细则》要点解读

至少2家做市商	1. 如果挂牌即做市,其中一家必须是推荐挂牌的主办券商或该主办券商的母(子)公司;(第14条) 2. 如果为其做市的做市商不足2家,且30个转让日未恢复为2家以上做市商的,如挂牌公司未按规定提出股票转让方式变更申请,其转让方式将强制变更为协议转让方式。(第18条)
双向连续报价	1. 做市商应最迟于每个转让日的9:30开始发布买卖双向报价,且相对买卖差不超过5%;(第49条) 2. 做市商每个转让日提供双向报价的时间应不少于做市转让撮合时间(每个转让日的9:30至11:30、13:00至15:00)的75%,即如果做市商发布的买卖双向报价的单边价格被撮合成交,则剩下的单边报价的单独存续时间不可多于做市转让撮合时间的25%,否则做市商需要补提供一个单边价格。(第54条)
交易规则	1. 投资者之间不能成交,投资者可以采用限价委托方式委托主办券商买卖股票;(第44条、第45条) 2. 主办券商:限价申报、做市商:做市申报;(第46条) 3. 限价申报之间、做市申报之间不能成交;如有2笔以上做市申报到价的,按照价格优先、时间优先原则成交。成交价以做市申报价格(即做市商报价)为准。
做市商库存股下限	1. 如果挂牌即做市,初始做市商应当取得合计挂牌公司总股本5%或100万股(以孰低为准),且每家做市商不低于10万股的做市库存股票;(第59条) 2. 协议转让变更为做市的,做市商在做市前应当取得不低于10万股的做市库存股票;(第59条) 3. 做市商持有库存股票不足1000股时,可以免予履行卖出报价义务。(第52条)
后续做市商加入	1. 挂牌即做市的,后续加入的做市商须在该股票挂牌满3个月后方可为其提供做市报价服务;(第61条) 2. 由协议转让变更为做市的,经股转系统批准即可(无须公司同意)。(第61条)
库存股来源	股东在挂牌前转让、股票发行(增发)、在全国股权转让系统买入。(第60条)
开盘和收盘价	第一笔交易和最后一笔交易(不是加权平均价)。(第71条、第72条)

(四)什么是做市商制度

做市商制度的交易机制被称为报价驱动机制(Quote-driven),而与之相对应的是指令驱动(Order-driven)制度,又叫竞价交易制度、委托驱动制度(见表7-2)。

表7-2　竞价交易制度与做市商制度

竞价交易制度(指令驱动制)	做市商制度(报价驱动制)
是指买卖双方将委托指令下达给各自的代理经纪人(交易所的会员),再由经纪人将指令下达到交易所。在汇总所有交易委托的基础上,交易所的交易系统按照价格优先和时间优先的原则进行撮合成交,完成交易。竞价市场的基本特征是,证券交易价格的形成是由买卖双方直接决定的,投资者交易的对象是不确定的其他投资者,而不是做市商。现国内两大证券交易所和三家期货交易所均采用此交易制度。	是一种报价驱动式的交易机制,与竞价交易中的隐性报价不同,做市商同时进行显性的买卖双向报价,并在其主动报出的价格上实现买卖交易,只要投资者愿意买,做市商就必须卖,或者只要投资者愿意卖,做市商就必须买,其情形类似于中国人民银行的结售汇业务——其外汇的买入和卖出就是“做市商”。买卖价差是做市商的主要收入。

二、新三板做市的一般规定

(一)至少两家做市商

如果不足两家且30个转让日未恢复强制转为协议方式。这两家做市商不一定是企业挂牌推荐券商,但是如果挂牌即做市,两家做市商的其中一家必须是企业挂牌推荐券商。

(二)双向报价——不能单边买也不单边卖

交易日9:30开始双向报价,做市商挂出一个买价,同时需要挂出一个卖价,价差不得超过5%,双向报价时间不少于75%。之前我们提到,做市商履行连续报价义务,所谓连续报价,就是指如果买单被吃掉后,只剩卖单,则变为单边交易,单边交易的时间不得超过每日交易时间的25%,做市商就需要及时再挂出一个买单。

(三)交易规则

投资者之间不能成交,投资者申报为限价申报,做市商申报为做市申报,限价申报和做市申报成交称为“到价”,价格和数量以做市商报价和数量为准。

(四)做市商库存股下限

如果挂牌即做市,对于库存股的要求比较高,不低于5%总股本100万股孰低;协议转做市,不低于10万股。做市开始后,下限是1000股。

(五)后续做市商加入

挂牌即做市的企业,后续做市商加入需 3 个月后;转做市的,经股转批准即可。

(六)库存股来源

老股转让,双方协商完毕价格后,签订转让协议,交易即可。增发,增发比较复杂,需要走一个完整的增发程序。企业需要经过董事会、股东会的审议通过后,去股转公司进行备案,之后通过中国结算登记完毕后,股票才可以变为做市股。

市场购买,在三板市场购买达到 10 万股后,向股转递交申请,经批准后就可以开始进行做市。

(七)开盘和收盘价

指第一笔交易和最后一笔交易的价格,注意这里并不是指加权平均价。

三、做市的由来

人类一开始有交易的时候是通过面对面的方式,进行简单的交换。但是成功率比较低,我想卖猪,你想卖米,必须双方达成一致,我正好想买米,你正好想买猪,且数量匹配,交易才能成功。因此,为了减少信息的不对称,提高交易的成功率,有了集市,也就是市场。但是市场也有问题,市场太大了就不好找到合适的交易对象。这就有了撮合人(中介)。继续发展就发现撮合的方式也很麻烦,还需要三方都在场,如果中间人(中介)来做做市商,这边收猪那边收米,那么他两边都可以交换。当然有了货币这件事情就简单了。目前证券交易发展到最方便的方式,即信息在瞬间可以得到充分对称,就是电子竞价系统,即交易所的结构,通过计算机以及大量的数据,瞬间找到买家和卖价,撮合价格,成功交易,这时就变为了竞价交易。当然这是饶胖的个人观点。

四、做市利弊

表 7－3　做市的好处与弊端

好处	弊端
关注度：在新三板市场企业过多的情况下，做市转让企业数量少于协议转让企业，因此其关注度将高于协议转让方式的企业。	没有协议转让通道：协议转让、做市转让和竞价转让只能三选一，不能同时进行，企业选择做市转让后无法再以协议价格定向转让股份，但是企业在资本运作中往往有这样的需求。
流动性：与协议转让（相当于集市）难以匹配交易双方相比，做市转让相对来说更容易成功，因此它创造了一定的小额的流动性。	是流动性的有利条件，但不必然带来流动性。
背书效应：做市商愿意花钱购买企业股票来参与做市，这本身就是种背书。	低价给做市商的库存股，对大股东来说是种“割肉”。低价做市股还是肉疼：很多做市商会提出为企业提供服务还要自己花钱买股票，会要求企业低价转让或者增发股票。
价值发现：从此有市场价了。	从此有了市场价：将使投资者产生“锚定效应”，影响股价的原因有很多，都会造成价格不合理、不公允，而价格一旦降低，不论因为什么原因，都将影响投资人的心理产生不可逆转的影响，改变对公司价值的判断，从而影响后续交易价格。
市值管理：做市是市值管理的重要手段。	做不好也是把“双刃剑”
疑问：上述的这些好处真的能实现吗？	

五、怎样启动做市

（一）做市决策

要不要做？从长远来看，从企业来到新三板的目的出发，做市的利大于弊，应当做市。何时做？看市场情况，比如市场低迷时适合先定增再做市。

（二）做市商选择

主办券商必须吗？挂牌同时以做市方式转让的，主办券商必须为做市商；协议转让转为做市转让的，虽然主办券商可以不为公司做市，但以主办券商对公司的了解程度，大家会认为主办券商如果不是因为对公司价值判断较低或者投资风险较大，理应参与做市。要几家？做市商数量与交易活跃度无必然联系,而且数量多难以协调。因此建议先选择一家做市商,作为主要做市券商,多给予其一些筹码,由他们来选择其他做市商,有利于做市商之间的互相配合。券商是挑大的还是小的?不宜以“大小”论英雄,取决于其与公司观点是否一致,对公司各方面是否认同。同时要留意大券商资金较为雄厚,肯定比小券商有优势。

(三)做市库存股数量和价格

库存股数量,挂牌后做市每家最低限10万股,至少2家。就是说要做市至少要库存股20万股,当然这是下限,如果要活跃交易,20万是远远不够的,这和你的股本大小以及资本运作的想法有关,如果想活跃,主做市商手上筹码要足够多。价格的确定是个公司与做市商博弈的过程,可在做市商报价的基础上进行谈判。

(四)做市决策程序

召开董事会提出议案,通过将交易方式变更为做市交易的议案交股东大会审议;召开股东大会审议交易方式变更为做市交易的议案;向股转公司提出申请并经股转系统同意;股转系统出具意见后,当日(T)公司发布提示性公告。

(五)启动

自T+2转让日起该股票正式变更转让方式,相关做市商开始为该股票提供做市报价义务。

六、做市实践

与做市商的日常沟通非常重要——做市商所掌握的信息比企业要多很多。

投资者通过交易软件看到看到做市商报出的三档买卖报价挂挡和延时的成交明细。但是我们看不到投资者的买卖单情况,而做市商可以看到10档投资者的买卖挂单和10档做市商的报价,相当于做市商面对的是一个“明牌”市场,做市商可以看到买卖双方的“牌”,投资者并不了解市场情况,只能通过做市商报价的变化,猜测市场上投资者的动向(见表7-4)。

表 7-4

投资者(《转让细则》第 74 条)	做市商(《转让细则》第 73 条)
全国股份转让系统每个转让日 9:30 开始发布即时行情,其内容主要包括证券代码、证券简称、前收盘价、最近成交价、当日最高价、当日最低价、当日累计成交数量、当日累计成交金额、做市商实时最高 3 个价位买入申报价格和数量、做市商实时最低 3 个价位卖出申报价格和数量等。	全国股份转让系统为做市商提供其做市股票实时最高 10 个价位的买入限价申报价格和数量、最低 10 个价位的卖出限价申报价格和数量等信息,以及为该股票提供做市报价服务做市商的实时最优 10 笔买入和卖出做市申报价格和数量等信息。

(一)做市转让方式下的价格形成机制

只有在知道做市转让方式下,股价是如何形成的,我们才能进一步规划资本运作过程中的各种策略。

先看一个例子,某一家公司连续 9 天下跌,但是每天都以红线收盘,却显示在下跌。后来我就去它研究这 9 天的 K 线图,发现其实它每天都是整天下跌的,但是收盘时一笔交易将股价拉回开盘价甚至略高于开盘价,显示了一个阳线。新三板大部分公司的 K 线图都是这样的,那我们由此可以揣测,做市转让方式下股价是如何形成的。如果大家都是一样的情况,那么股价是不是就可以操纵了呢?

明利仓储股票异动案

"明利仓储"这家公司很有意思,2015 年 11 月 27 日当天出现异动,瞬间股价涨了 5 倍,收盘后,其做市商"英大证券"就发布了一个公告,向投资者澄清并道歉,说明异动原因是因为他们下错了单,把股价由 6 块多下成了 41.71 元,成交了 5000 股。

当天它的 K 线图像一个没有心跳的心电图,仅有一个脉冲。实际上"明利仓储"是一个流动性非常活跃的公司,但是由于这根 41.71 柱子太高了,把其他的交易都压在了下面,所以呈现出了"一柱擎天"的 K 线图型(见图 7-1)。

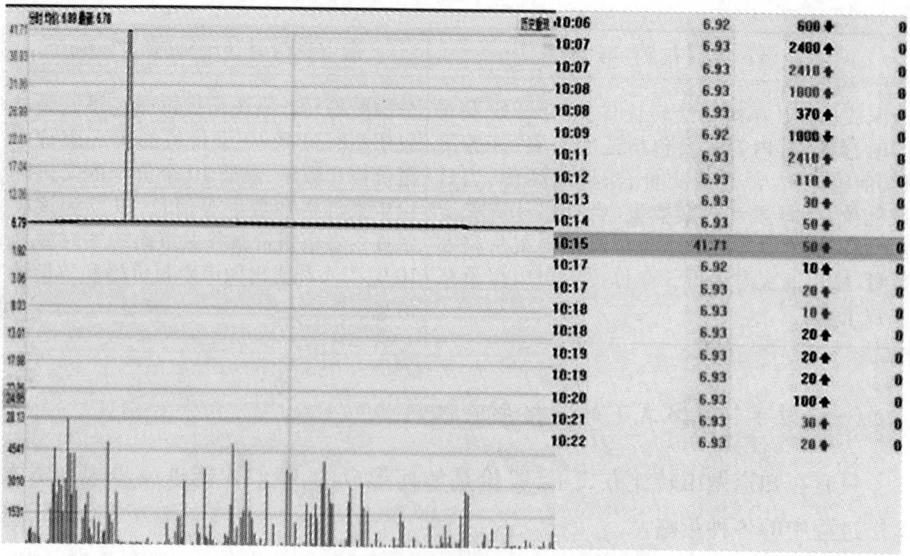

图 7－1　明利仓储股票异动案例

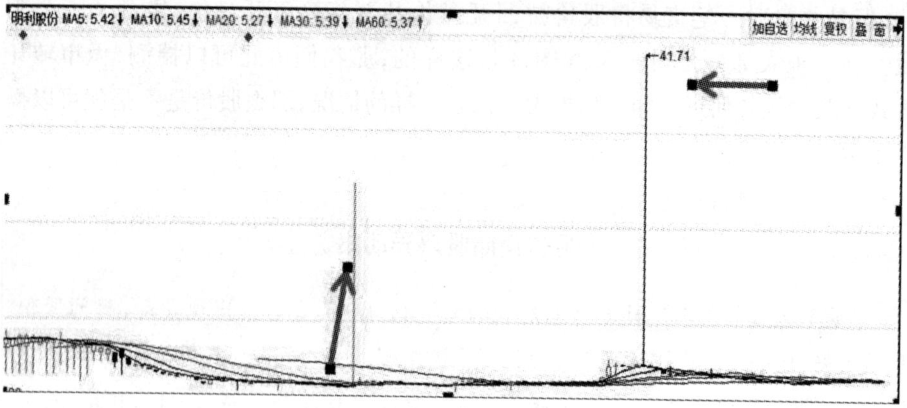

图 7－2

后来我在研究这家公司的股票时发现，突然发现这家公司之前就出现过一模一样的情况，也是有一笔 26.90 的交易。后来我问了一些新三板大咖，为什么之前这次交易不需要道歉，27 日这次却发公告道歉了呢？他们告诉我，新三板就是这样，没人发现就不需要道歉，说明新三板市场的监管体系在不断完善，这次的异常交易被交易监察发现了，就要求企业自查或者发布公告说明情况。

英大证券公告称，2015 年 11 月 27 日 10 点 14 分至 15 分由于交易员下单失误，将公司做市股票明利仓储（831963）买入下单下错为 41.71 元/股，并成交 5000

股,造成该股票盘中瞬间涨幅达514.29%。英大证券表示,对于本次引交易员失误导致的异常波动,公司十分重视,并对此次事件进行紧急处理和改正,同时对相关责任人采取了严肃的处理。对于本次事件对市场造成的影响,向广大投资者表示道歉。

其实“明利仓储股票异动案”也不是第一次发生,“红豆杉”2015年3月就出过这样一次乌龙。当时“红豆杉”一只股票把整个三板指数都拉起来了,一分钟以后随即回落之前的价位,由7元/股涨至68元/股,又跌回7.08元/股。K线图形态同“明利仓储”一致,也是一柱擎天。

天风证券公告表示由于交易员下单失误,将公司做市股票红豆杉买入下单6.8元/股下错为68元/股,并成交1000股。天风证券表示,对于此次因交易员失误导致的异常波动,公司十分重视,并成立了专班对此次事件进行紧急处理和改正,并对相关责任人采取了严肃的处理。

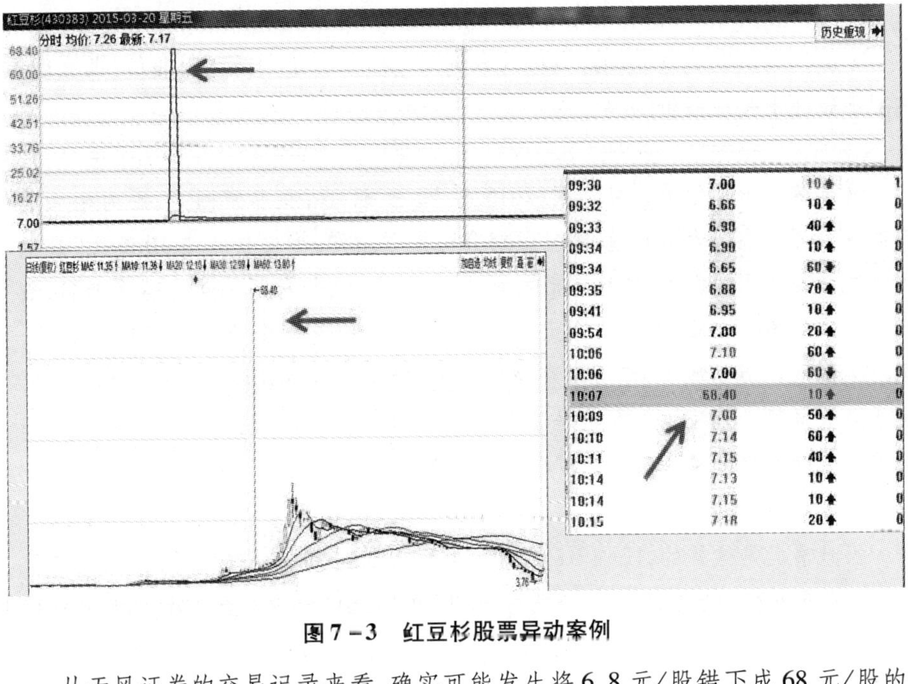

图7-3　红豆杉股票异动案例

从天风证券的交易记录来看,确实可能发生将6.8元/股错下成68元/股的可能性,但是我们回过头再去看“明利仓储”的交易记录,从6.92元/股到41.71元/股,也能下错单?用上海话说完全“不搭嘎”,所以我们只能揣测,是用脚下的单,还是下错了窗口。不知道大家知不知道,每个交易所的交易员一般都要对着五六个屏进行操作,所以下单下错窗口也是有可能的。

09:30	7.00	10↑	1
09:32	6.66	10↑	0
09:33	6.90	40↑	0
09:34	6.90	10↑	0
09:34	6.65	60↓	0
09:35	6.88	70↑	0
09:41	6.95	10↑	0
09:54	7.00	20↑	0
10:06	7.10	60↑	0
10:06	7.00	60↓	0
10:07	68.40	10↑	0
10:09	7.08	50↑	0
10:10	7.14	60↑	0
10:11	7.15	40↑	0
10:14	7.13	10↑	0
10:14	7.15	10↑	0
10:15	7.18	20↑	0

图7－4

上面的案例明利仓储和红豆杉的案例都是往上乌龙指（操纵）股价，那么做市情况下有往下操纵股价的吗？

这是饶胖亲身经历的异动案，2015年12月31日，我非常高兴，因为全天股价都在15元左右，大家知道，去年我们公司做了增发，增发价格是10.6元，最低的时候跌到了7元左右，复牌以后顺利涨回了15元，经历了全年的高峰低谷，最高股价达到30元/股，年底这全天维持着15元/股，比增发价高了30%～40%，这一年虽然经历了股灾，经历了跌破发行价，但是最后得以顺利收官，太太平平，我已经觉得很满意了。就在正准备关电脑下班回家的时候，突然这个时候有个做市商电话打了过来，说你快去看盘！一看盘，目瞪口呆之下，最后以12.8元/股收盘。

当时情况是这样的，12月31日14:54离收盘还有6分钟的时候，以成交价15元/股成交了2万股，同一分钟股价又到了14.61元/股，紧接着又砸到了12元/股，一直到了14:57时，有别的做市商醒了过来，一笔交易拉回了15.4元/股，但是瞬间又被打回到了12元左右/股，别的做市商又拉了回来，就这样连续4个回合，最后来不及了，没人家手快，最后以12.8元/股收盘，K线图形成了一个蹦极的形态，就这样全年最后几分钟，出现股票暴跌（见图7－5）。我们非常震惊，为什么会出现这样的问题？为什么会出现挂单价与成交价相差甚远的情况？

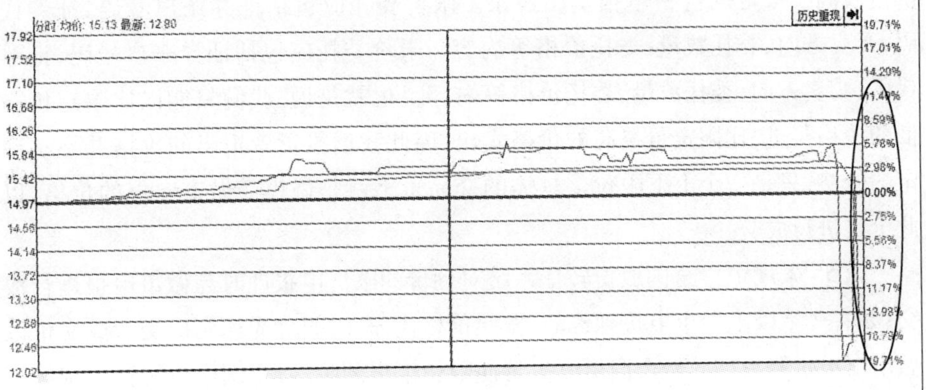

图 7－5

作为董秘，我们遇到这种情况必然要做的两件事情：一是自查，自查公司有没有出问题，自查控股股东、实际控制人那里有没有出问题；二是如果得出结论是没有，我们要有一个标准的回答："经查，公司没有应披露未披露的事项；经询问控股股东，没有应披露未披露的事项。"

是不是大势出问题了？

我们需要观察，下一个交易日是 1 月 4 日，这一天我们涨了 17.58%，基本上把年底那天跌的都涨回来了，成交了 1252 万元，在新三板，这是一个很大的交易数字，而那天整个 A 股市场出了大问题，第一次熔断。这是值得纪念的一天，在第一次熔断的时候，我们的股票还大涨了 17.58%，所以股票异动跟大势根本没什么关系。

为什么会出现挂单与成交相差甚远的情况？

21 世纪经济报道记者常亮在他的一篇文章《新三板做市股罕见异动　多公司直指做市商操控》[①]中认为，新三板交易规则中有漏洞。

根据股转系统《转让细则》第 44 条规定："做市商应在全国股份转让系统持续发布买卖双向报价，并在其报价数量范围内按其报价履行与投资者的成交义务。做市转让方式下，投资者之间不能成交。"意思是我们俩买卖股票，不能直接交易，只能"限价委托"，然后通过做市商交易，做市商是按照报价和数量进行交易。

第 45 条规定："限价委托是指投资者委托主办券商按其限定的价格买卖股票的指令，主办券商必须按限定的价格或低于限定的价格申报买入股票；按限定的

---

① 常亮：《新三板做市股罕见异动　多公司直指做市商操控》，载《21 世纪经济报道》2016 年 1 月 5 日，第 12 版。

价格或高于限定的价格申报卖出股票。限价委托应包括证券账户号码、证券代码、买卖方向、委托数量、委托价格等内容。限价委托应包括证券账户号码、证券代码、买卖方向、委托数量、委托价格等内容。”也就是说，我们只能以比限定价格低的价格买进，比限定价格高的价格卖出，因此我们投资者报出的价格并不是确定的价格，只是一个上下限价。具体的交易价格就是做市商做市申报的价格，以此价格进行成交。

第55条规定：“全国股份转让系统对到价的限价申报即时与做市申报进行成交；如有2笔以上做市申报到价的，按照价格优先、时间优先原则成交。成交价以做市申报价格为准。做市商更改报价使限价申报到价的，全国股份转让系统按照价格优先、时间优先原则将到价限价申报依次与该做市申报进行成交。成交价以做市申报价格为准。到价是指限价申报买入价格等于或高于做市申报卖出价格，或限价申报卖出价格等于或低于做市申报买入价格。限价申报之间、做市申报之间不能成交。”因此，交易价格及数量并不是投资者决定的，而都是由做市商决定的。

我们回过头来看“明利仓储”当时的情况。10:14股价为6.93元/股，假定此时有一个投资者限价申报卖出，报价6.95元/股，10,000股；此时英大证券交易员，做市申报买入，乌龙指，报价41.71元/股，5000股，到价。什么是“到价”？是指投资者限价申报卖出的价格等于或者低于做市商申报买入的价格。按照价格优先、时间优先的原则，成交价以做市商申报价格为准，因此虽然投资者报价6.93元/股，但应该以41.71元/股成交。做市商在其报价数量范围内履行与投资者的成交义务，所以英大证券报5000股，尽管投资者报10,000股，最终还是以5000股成交（见图7-6）。

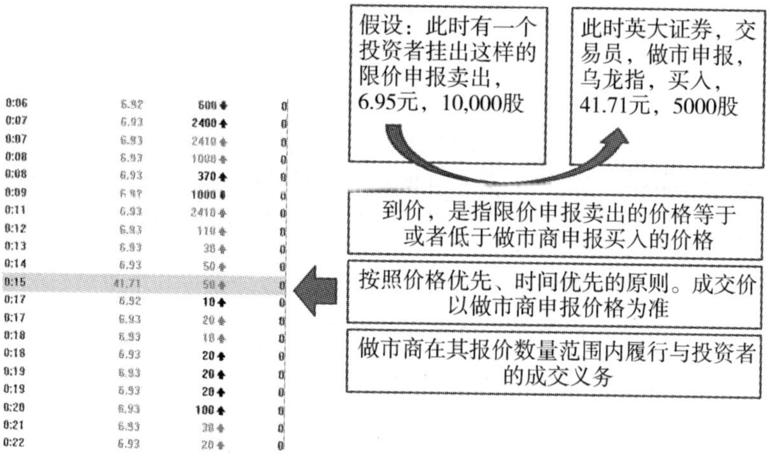

图7-6　根据学习的做市交易规则来复盘明利仓储股票当时的情形

再来看我们当时的情况，当时我给做市商打电话询问盘面情况，他们告诉我盘面上确实没有价格在 12 元/股左右的买单或者卖单，均在 14 ~ 16 元/股之间。假定此时有一个投资者在 14:54 限价申报买入，报价 15.9 元/股，2000 股。此时，某做市商，做市申报卖出，报价 12 元/股，1000 股，到价。按照价格优先、时间优先的原则，成交价以做市商申报价格为准，尽管投资者报出了 15.9 元/股买入，但是有做市商原意以 12 元/股卖出，就按照做市商的价格成交，数量按照做市商的申报范围，因此仅卖出了 1000 股。这 1000 股，每股少卖了 3 元左右，1000 股就是 3000 元，如果企业有 1.6 亿股，那就是 5 个亿的市值没有了（见图 7－7）。

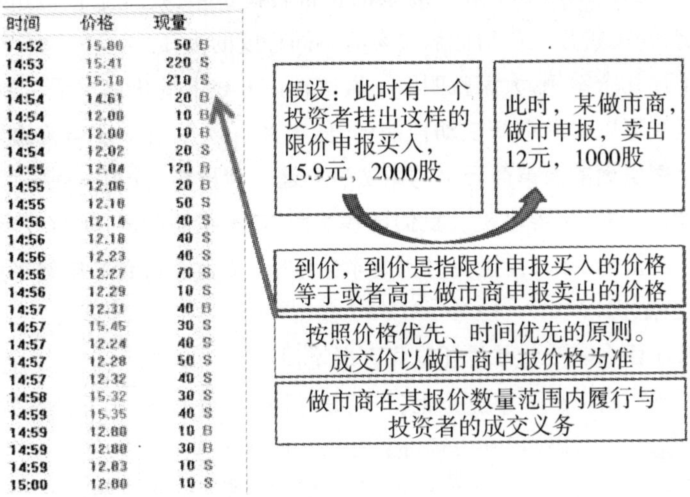

图 7－7　根据学习的做市交易规则来复盘当时的情形

这件事情肯定是人为恶意操纵，因为不是只有我们一家，据 21 世纪经济报道分析：“14 只做市股尾盘低价主动成交，为个别做市商主动调整做市申报买入价格和卖出价格，使其与投资者限价申报到价成交。”这就意味着，个别做市商单单采用大幅偏离其他做市商报价水平的价格，即可以与订单簿中按价格排序原本靠后的投资者到价成交。为什么都发生最后几分钟？因为企业的做市商不止一家，别的做市商发现股票异动的情况就会出面维护交易将股价拉上来，如果太早了，很快就会被拉回来，就会没有“弹药”，所以在收盘时，如果没有注意到，或者手没有他快，就会被“偷袭”成功。反过来，可以把股价往下做也就可以往上做。如果你企业的股票在下跌，只有你的做市商每天用 1000 股、2000 股就可以帮企业把股价维护得很漂亮，当然，这需要企业跟其做市商商量，他是否愿意帮你冒这个风险，毕竟有一点违规的风险。按照股转规定，如果做市转让方式下连续 3 天涨跌不超过50%的,如果当天加权平均价格超过20%的,最高价与最低价相差超过30%的,做市商就要向股转公司做报告。年底那一天,某券商他们做的价格都在20%以内,看上去很专业的样子,这叫天算不如人算。最后结果大家都知道。

股转系统2016年1月29日发布《全国股转系统公司就某券商异常报价事件作出纪律处分决定》,决定称:12月31日14:50分,为执行本部门"卖出做市股票、减少做市业务当年浮盈"的交易策略,某券商做市业务部对圆融科技等16只股票以明显低于最近成交价的价格进行了主动卖出申报,造成上述股票尾盘价格大幅波动。其中,圆融科技等13只股票当日收盘价跌幅超过10%,跌幅最大的达19.93%。上述行为严重影响了多只股票的正常转让价格,扰乱了正常市场秩序,市场影响恶劣,相关责任人员对此后果负有不同程度的责任。

根据上述几个案例,大家就明白了做市转让方式下的价格形成机制是怎么回事。**股价其实可以由做市商主动控制的,做市商可以用很多技巧来操纵股价,比如像前面案例里面的做市商硬来的做法也算是一种技巧,仅用一两千股就把股价拉上来或者打下去,不容小觑。我们理解之后,在维护股价时,就可以考虑到价格形成机制对股价的影响,在投资时也要学会分析,其股价到底是自然形成的,还是"画图"画出来的。**

做市商靠什么赚钱?差价还是库存股增值?

东方证券在新三板做市业务上,可谓是券商中的NO.1,东方证券的做法是重仓,集中火力。东方证券场外市场部总经理,在2015年第一财经新三板峰会上关于做市商盈利有一段讲话。我们可以根据这段讲话来看看从做市商的角度来看,做市商是如何盈利的。**他说东方证券在8月开始做市之前,也是考察了我国台湾地区和纳斯达克做市商的盈利模式,现在全球盈利模式两种:一种模式是赚差价模式,纳斯达克比较典型,这个是以高频交易作为前提的,它的周转率比较高,这些做市商也是从二级市场买入,少量的库存。另一种模式就是台湾地区的私募市场的模式,以库存的增值作为一个盈利模式,本质上就是坐庄。**他们算了一下,按照2015年1月到10月交易金额的水平,除以二,假定差价是5%,算价除以80家,一家也就是两千多万元的收入,覆盖团队成本都困难,更不要说盈利,所以目前来看,不少的做市商采取投资的理念来进行做市,所以按照东方证券的做市方法来看,首先是选投资标的,做市标的肯定是有投资价值的,或者是成长股或者是价值股,相应有了库存以后,一方面把它的价值体现出来,另一方面把流动性体现出来,这样企业有了合理的价格之后,可以融资、并购做股权激励,在这个里面,做市商就可以赚两种钱:一种是赚差价的钱,另一种是赚流动性提升的钱。

另外,做市商的考核是根据年度来计算的。截至2015年12月31日进行结算2015年一年做市商挣的钱，但是从2016年1月1日开始，其成本就是2015年12月31日那一天结算的数字，所以2016年做市商的成本很高，很多都是赔钱的。

（二）做市实践常见问题

1. 做市商能帮助产生流动性吗？做市商不作为导致没有流动性吗？

饶胖认为，对于小额交易来说做市商确实可以帮助企业增加流动性。比如说，投资者有几千股想要卖出，就对着做市商挂出的价买入价报出卖出价，做市商马上就会做一个动作，下调买入价，投资者跟着调，做市商继续下调……就会出现“新绿股份”股价异动案的情况。但是我们要活跃的流动性，最终还是取决于有没有平衡的双边需求，就是有买单有卖单。因为做市商必须双向挂单，所以一般情况下，比如说做市商看到企业有个2万股的大买单，他一定先做反向操作，把他自己买单的价格调下来，先从市场上收2万股，再卖给买家。所以做市商不见得会根据企业价值走，他要进行的是撮合交易，必须做到平衡。

2. 做市商多能带来好的流动性吗？

大家知道有一家叫“华强方特”的公司，就是“金融街熊事件”的主角，华强方特有34家做市商，仍有很多天却是0交易。这件事情要分两方面来看，做市商多，对于小额交易确实能够带来小额流动性，但是如果股票供求不平衡一样是没有交易的。

3. 做市商能帮助确定价格吗？

就是我们说的做市商能否帮助发现企业价值。

给大家讲个故事，我们公司2014年12月开始做市，大概2014年10月时就开始寻找做市商，由于我们公司是做券商软件的，有40个主流券商是我们的客户，我们老板跟这些券商的领导都很熟，就提出来他负责去找做市商。几周之后，还是把这件事情交给我做了，原因是这些做市商只给8倍市盈率，而他想要20倍。于是我就去联系了很多做市商朋友，谈了以后发现定价确实是一个问题，因为不知道怎么定价，所以做市商在没有办法定价的情况下只有一个选择，就是给企业一个地板价，做市商在不知道企业股票能卖多少钱的情况下，给一个最低价总不会亏。做市商一般都是两种出身：一种是做投行的，另一种是自营盘交易的。我发现不会定价的都是搞投行的，因为西方世界投行是要负责股票定价的，我们中国投行搞定价不是主要工作，因为价格都是监管来定的。后来没有办法，再跟下一个做市商谈的时候，我一上来就会问：“你觉得我们公司的股票能卖多少钱?如果你能说出一个数,我来打折,保证你赚钱就好。”可是一直都没有人能说清楚。后来,我们做市商就选择了IPO团队所在券商的做市团队,因为是两个团队,所以之前不认识,小伙子一进我办公室,我问了同样的问题:“你觉得我们公司的股票能卖多少钱?”他说:“我觉得25元到30元没有问题。”我就觉得比较有意思,他给的价格正在我的心里价格范围内,我又接着问他是否对我们公司了解,他说“不了解,你们公司不是做软件的吗?我们公司还在帮你们IPO呢,不错的、不错的。”他觉得市面上交易情况下,软件公司能定多少,就给我们定多少钱,完全是交易思路而不是投行思路,我想着就对了,再打个折给你就好,就定了价格,拿了第一批股票,剩下两家做市商就是跟风,但是他们觉得价格有点高,拿的股票比较少,现在都后悔了。转过年我们股价涨到20元/股左右,我们马上启动了第二批做市商。第二批做市商价格定为比市场价打一个小折扣,比第一次高了不少。第一批做市商中觉得我们股价太贵而没有要的一家券商就来找我们,问能不能用第一次的价格给他,在得到否定的答案以后,他还是嫌贵,没有要。5月做了增发,给做市商配股份,那时候是22元/股,他又来了,说看好我们,要求给他一点筹码。我说“可以啊,22元/股。”他说能不能给上一轮的价格?我说那是之前的价格,他依然嫌贵走了。一直拖到12月,他给我打电话,说他们在市场上买入了我们的股票,参与做市,大概价格在27元/股左右。永远赶不上趟,这样的做市商能帮助企业定价吗?我深表怀疑。现在跌破做市商拿股价格的股票比比皆是,有一家公司拿股价格是5元/股左右拿的,现在是1.6元/股,当时是如何定价的呢?

4. 在做市转让方式下要定向转让怎么办?

大宗交易,即在盘后另外一个系统进行交易,并不影响盘内的价格。目前股转还没有大宗交易制度。因为大宗交易通道没有开,大致的操作方法就是9:30之后是做市交易规则,但是9:15~9:30是进行竞价交易规则,按照顺序交易,不存在价高者得的问题,这个时候企业可以安排熟悉的做市商,定向交易,两面同时挂单,由一家做市商买进再卖出,相当于做了个盘前的撮合。但是一家做市商只能做一笔99万股,如果超过了99万股,且只有一家做市商配合,那么企业可能需要多做几天,否则挂单过多会被别的做市商劫走,而如果企业跟劫单做市商关系不好,可能就要不回来了。竞价交易的这个价格通常情况下在上收盘价格的10%以内是比较安全的,但是这都是灰色地带,谁也不会承认这样操作的,只能说把这单挂出去,做市商帮企业做做撮合,不可能明目张胆地进行。如果价格超出了这个范围,股转就会来查。如果企业想要转回协议转让的方式,条例规定,所有的做市商同意就可以。

5. 做市商批次的选择

如果企业想要形成一个价格梯度，最好是要有不同的筹码，不同的价格，放在不同的人的手里，才能形成交易。如果大家筹码的成本都差不多，交易的活跃度是很难形成的。

6. 选择多少家做市商合适？怎样搭配比较合理？

刚刚讲到价格梯度的重要性，而且做市商多一点比较有利于活跃度，所以最好是多一点。创新层要求最少 6 家做市商，至少要凑够数，但是一开始最好先选择 3 家，这是个标配，因为只剩一家做市商，就又转回协议转让方式了，如果只要 2 家就很容易出现 1 家股票卖完的情况，如果 1 个月之内他不能补仓，或者不能找到另外做市商来代替，也要转回协议转让方式，因此 3 家就比较安全。建议选择一家做市商，作为主做市券商，多给他一些筹码，由主做市券商选择其他 2 家做市商，有利于做市商之间的互相配合，第二批再加 3 ~ 4 家做市商。一共 6 ~ 7 家做市商我觉得就是一个好的配比，太多的话，容易出现难以协调、不方便沟通的情况，企业最好可以直接联系到交易员的领导。有一次我们公司的股票有做市商在恶意出货，我就去找做市商一家一家地问，问到有一家，他就说去看一下，后来跟我说："不好意思，今天上午实验一个自动交易程序，忘了撤下来了，不好意思，马上撤下了。"大家看，这个沟通就很重要，如果联系不到，他可能就把库存都清完了。还有一次股灾的时候，总是有一个做市商挂一个很大的卖单，我也是一家一家地找做市商问，问到一家，我说："现在股灾这么严重，你总是挂 1 万股卖单，这个信号很不好，给大家泄气，你挂 1 千股行不行？"他马上调整到 1000 股，价格立即稳住了。如果跟做市商沟通，都找大领导也不行，尽管他态度很好，但他要打电话给直接负责人，负责人再到经理，经理再转到交易员，等他回电话的时候已经收市了，还有用吗？

第八讲　关于持股平台新规的学习和讨论

——持股平台不让玩了，咋办？

新规限制了持股平台参与挂牌公司定向增发，具体受到影响的主体其中有一类是所谓的“民间集成投资机构”。第二类受影响的主体就是员工持股平台，这个是大家做得比较多的，究其原因其实是跟企业的发展阶段有关系的。

2015年11月24日，股转公司突然发布了一条重要规定——《非上市公众公司监管问答——定向发行(二)》，由中国证监会非上市公众公司监督管理部发布(以下简称非公部)，我们将之称为持股平台新规。

> **问：**非上市公众公司是否可以向持股平台、员工持股计划定向发行股份，有何具体要求？
>
> **答：**根据《非上市公众公司监督管理办法》相关规定，为保障股权清晰、防范融资风险，单纯以认购股份为目的而设立的公司法人、合伙企业等持股平台，不具有实际经营业务的，不符合投资者适当性管理要求，不得参与非上市公众公司的股份发行。全国中小企业股份转让系统挂牌公司设立的员工持股计划，认购私募股权基金、资产管理计划等接受证监会监管的金融产品，已经完成核准、备案程序并充分披露信息的，可以参与非上市公众公司定向发行。其中金融企业还应当符合《关于规范金融企业内部职工持股的通知》(财金〔2010〕97号)有关员工持股监管的规定。

这个规定是证监会非公部的文件，之前的有个问答(一)：《非上市公众公司监管问答——定向发行(一)》。

> 申报材料中“申请人最近2年及1期的财务报告及其审计报告”的

具体要求

答：根据《非上市公众公司信息披露内容与格式准则第4号——定向发行申请文件》，申请定向发行行政许可需要提交挂牌公司最近两年及一期财务报告及其审计报告，其中年度财务报告应当经过具有证券期货相关业务资格的会计师事务所审计。财务报告在最近一期截止日后6个月内有效，特殊情况下，可以申请延长，但延长期至多不超过1个月。申请行政许可提交的财务报告应当是公开披露的定期报告。为满足挂牌公司的融资需求，防止年度报告、半年度报告披露前因财务报告有效期问题影响融资安排，鼓励有持续融资安排的挂牌公司自愿披露季度报告。

《非上市公众公司监管问答——定向发行(二)》，这个文件属于证监会部门规章的层次。

新规以一问一答的形式做出说明，问题是："非上市公众公司是否可以向持股平台、员工持股计划定向发行股份，有何具体要求？"这实际上是两个问题：一个是可不可以向持股平台定向发行，另一个是可不可以向员工持股计划定向发行股份。回答的部分只有短短的两段话，看似很简单，但是这个新规的出台可谓是一石激起千层浪，新三板市场很多公司正在进行定向增发的做了一半突然没了方向了，不知下一步该怎么办了。

下面，饶胖与大家一起来解读这个规定，好好地研究和学习一下。

新规里面针对问题的回答有两个段落：第一段是"根据《非上市公众公司监督管理办法》相关规定，为保障股权清晰、防范融资风险，单纯以认购股份为目的而设立的公司法人、合伙企业等持股平台，不具有实际经营业务的，不符合投资者适当性管理要求，不得参与非上市公众公司的股份发行。"我们得出的结论是"持股平台"不允许再实施了，饶胖总结一下大概有这两类主体会受到影响：一类是"民间集成投资平台"，这个名词只是饶胖自己发明的，权当一个代名词用来代表这样一类民间投资机构，不能作为一个正规的法律名词；另一类则是"员工持股平台"。

到底什么叫持股平台呢？其实持股平台这个名词也不是法律上的用语，是业内约定俗成的叫法，到目前为止也没有找到具体的定义，唯一的解释来源或者判断标准就是这个监管问答里面简短的描述：(1)单纯以认购股份为目的而设立；(2)不具有实际经营业务的。饶胖个人看法并结合网上一些文章总结得出，未来在新三板定增业务中判断是否为持股平台可从以下几方面入手：

1. 看认购主体的设立时间,如果是在定增前突击设立的,由于成立时间较短一般也不可能存在实际经营业务,基本可以判定属于持股平台;

2. 看认购主体的经营范围,如果经营范围中多以“投资管理”“投资咨询”之类的业务范围为主,那么需要审慎判断是否属于“单纯以认购股份为目的设立”;

3. 看认购主体的经营记录,可以要求认购主体提交最近一年的审计报告,如果通过认购主体的财务报告看出认购主体基本上不产生经营性的现金流,也可以判断属于“不具有实际经营业务的”持股平台。

这次出台的新规是限制持股平台参与挂牌公司定向增发的,我们先得弄清楚可以参与挂牌公司定向增发的都有哪些主体。饶胖根据几部法规作以下总结:

一是证监会发布的《非上市公众公司监督管理办法》第39条明确规定了以下三类机构或者自然人可以参与定向发行,分别是:(1)挂牌公司股东;(2)公司的董事、监事、高级管理人员、核心员工;(3)符合投资者适当性管理规定的自然人投资者、法人投资者及其他经济组织。同时还规定了上述(2)、(3)中的董事、监事、高级管理人员、核心员工和符合投资者适当性管理要求的自然人、法人及其他经济组织合计不能超过35人。

二是股转公司发布的《全国中小企业股份转让系统业务规则(试行)》第三节关于股票发行的章节里面明确指出:符合全国股份转让系统投资者适当性管理要求的对象可以参与挂牌公司股票发行。

三是《全国中小企业股份转让系统投资者适当性管理细则(试行)》第3条至第5条对可以申请参与挂牌公司股票公开转让的对象作了规定:满足注册资本500万元人民币以上的法人机构、实缴出资总额500万元人民币以上的合伙企业;集合信托计划、证券投资基金、银行理财产品、证券公司资产管理计划,以及由金融机构或者相关监管部门认可的其他机构管理的金融产品或资产;投资者本人名下前一交易日日终证券类资产市值500万元人民币以上且具有两年以上证券投资经验,或具有会计、金融、投资、财经等相关专业背景或培训经历的自然人投资者。第6条指明可以参与挂牌公司股票定向发行的有《非上市公众公司监督管理办法》第39条规定的投资者、符合参与挂牌公司股票公开转让条件的投资者。

新规限制了持股平台参与挂牌公司定向增发,具体受到影响的主体其中有一类是所谓的“民间集成投资机构”。首先,我们要思考一下为什么会有这类“民间集成投资机构”。在饶胖看来主要是有以下两个原因:第一个原因是为符合投资

者适当性管理规定，朋友熟人集资通过代持或者成立一个合伙企业参与投资新三板，代持行为其实是不被允许的，但在民间却经常被运用；第二个原因不排除是为了规避向特定对象发行股票不得超过35人的限制。联想起2015年11月股转业务部对各主办券商发出通知："自2015年11月10日起，报送挂牌公司股票发行备案资料时，请在主办券商合法合规意见和股票发行法律意见书中，就本次股票发行是否存在'股份代持'情况发表明确意见。挂牌公司股票发行审查要点中相应增加该审查要求。"可以看出，监管机构是要堵住规避不符合投资者适当性管理要求的行为。

第二类受影响的主体就是员工持股平台，这个是大家做得比较多的，究其原因其实是跟企业的发展阶段有关系的。新三板的企业大多数是中小型企业，多数处于早期创业期或者成长期的早期，这种企业的特点是员工的队伍稳定性是比较差的，不像上市公司规模比较大也比较稳定，而且上市公司给员工激励的份额都比较小，新三板企业给员工激励的份额相对会比较大，而员工又容易流动的情况下让员工直接持股，如果员工离职需要把激励他的股份转回来而员工又不愿意配合的话，那么企业要解决是很有困难的。再说，如果因为人员流动性太大而频繁变动挂牌公司工商登记的股权结构也不太可取。但是，这些情况如果放在员工持股平台上面是比较好操作的，企业也都比较愿意设立一个持股平台在股东第二层面来实行股权激励。当然，从员工的角度来看，员工则更愿意直接持股。我们不可否认，从企业的角度、从管理的角度，员工持股平台是有一定的优越性的，这也是很多企业搭建持股平台的原因。

对于打击这种规避投资者适当性的集成投资行为，饶胖是赞成的，但这却"误伤"了员工持股平台，以后持股平台还有参与定增的可能吗？或者说持股平台要想参与定增该怎么办？我借鉴网上一篇文章(《持股平台不让新三板定增怎么办？这三招拿走，不谢！》作者：荣正咨询合伙人桂阳，2015年12月2日)来探讨一下，文章里面提到：(1)对于已挂牌公司，新设立的有限公司或合伙企业员工持股平台不能通过认购定向增发的新股获取用于员工激励的挂牌公司股份。(2)文章作者认为新规只适用于挂牌公司定向发行的认购行为(该认购行为需要新三板监管部门审批)，合伙企业/有限公司员工持股平台参与老股的转让暂时不受影响。只要新设的员工持股平台在券商处完成投资者账户合规性审查并成功开户，就可以参与到挂牌企业的二级市场交易中来。(3)对于在企业挂牌之前就已经成立并持股的有限公司/合伙企业员工持股平台，新规同样并不适用。根据《非上市公众公司监督管理办法》第五章第39条的规定，挂牌前成立并持股的员工持股平台作为公司老股东可以认购新股。

对于文章的作者第(2)点和第(3)点提到的办法我不能肯定是否能行,假设,如果员工持股平台的合伙企业/有限公司能在券商处成功开户或许可以,而提到已经成立并持股的员工持股平台可以作为老股东参与认购新股的说法,我是持怀疑态度的。

新规出台不久,2015 年 12 月 17 日,股转又发布了另一个新的规定,是关于《非上市公众公司监管问答——定向发行(二)》适用有关问题的通知,对新规颁布前后发行对象涉及持股平台的处理作出指导:如果在《定向发行(二)》即新规发布之前,已经开过股东大会并已确定发行对象,可继续按原有的发行计划发行,或者重大资产重组已完成首次披露的,可继续按照原有的规定进行重组;在新规发布之前已经存在的持股平台,不得再参与挂牌公司的股票发行;此外,主办券商和律师应当分别在"主办券商关于股票发行合法合规性意见"和"股票发行法律意见书"中就本次发行对象是否存在持股平台发表明确意见。也就明确了,持股平台即使是老股东,也不得再参与公司新的定向增发。

我们刚才分析了新规里面做出回答的第一个段落,下面来看看第二个段落:"全国中小企业股份转让系统挂牌公司设立的员工持股计划,认购私募股权基金、资产管理计划等接受证监会监管的金融产品,已经完成核准、备案程序并充分披露信息的,可以参与非上市公众公司定向发行。"从这段话里面可以得出的结论就是挂牌公司可以实施员工持股计划了。

员工持股计划和股权激励是两个不同的事情,在《国务院关于进一步促进资本市场健康发展的若干意见》(国发〔2014〕17 号)里面提到"允许上市公司按规定通过多种形式开展员工持股计划"。紧接着证监会又发布《关于上市公司实施员工持股计划试点的指导意见》,指出"上市公司可以自行管理本公司的员工持股计划,也可以将本公司员工持股计划委托给下列具有资产管理资质的机构管理:(1)信托公司;(2)保险资产管理公司;(3)证券公司;(4)基金管理公司;(5)其他符合条件的资产管理机构。上市公司委托资产管理机构管理本公司员工持股计划的,应当与资产管理机构签订资产管理协议。员工持股计划管理机构应当以员工持股计划的名义开立证券交易账户。"中国结算配合证监会发布了《上市公司员工持股计划试点登记结算业务指引》,第 6 条规定:"上市公司应以员工持股计划的名义向本公司申请开立员工持股计划证券账户,并可向本公司申请开立员工持股计划资金账户。"第 8 条指出,开立的员工持股计划证券账户或资金账户名称为"上市公司全称——第 × 期员工持股计划"。

饶胖所在的公司是新三板上第一家比照上市公司做成员工持股计划的公司,并已顺利在中登开立账户,开户的名称是"某某软件股份有限公司——第一期员工持股计划”。

我们要明确挂牌公司自行管理本公司的员工持股计划是不允许的，新规里面写的是挂牌公司设立的员工持股计划是认购私募股权基金、资产管理计划等接受证监会监管的金融产品。我与天风证券保荐代表人杨晓一起成功完成了新三板首例员工持股计划，**目前员工持股计划在新三板上可以认购的产品有三种：一种是证券公司的定向资管计划，我们公司就是这么做的，定向资管计划是以委托人的名义来开户的，**我们就是委托天风证券做了一期员工持股计划并开了户，采用证券公司——定向资产管理计划，即以“××××股份有限公司——员工持股计划”名义开立证券账户；**另一种是公募基金的专项资管计划，**但是公募基金对资产规模的要求是委托投资单个资产管理计划初始金额不低于3000万元人民币，如果是多个委托人则每个人的初始金额不低于100万元，员工持股计划是员工集合到一起的，如果金额高于3000万元，那么可以通过基金公司来做；**还有一种是通过私募基金的契约性私募基金来做，**这个产品对总额没有限制，但要求投资于单只私募基金的金额不低于100万元，对参与的个人则要求金融资产不低于300万元或者最近3年个人年均收入不低于30万元，这么看来私募基金对我们用于员工持股计划尤其是基层员工持股计划可能会有些问题。

下面我们就这几种员工持股计划的形式做一下探讨①：

一、员工持股计划管理机构

按照《关于上市公司实施员工持股计划试点的指导意见》相关规定，并参考上市公司和新三板公司实务操作案例，员工持股计划主要管理机构为证券公司—定向资产管理计划、公募基金—专项资产管理计划和私募基金—契约性私募基金等（详见表8－1）。

表8－1 员工持股计划主要管理机构

产品类别	证券公司——定向资管计划	公募基金——专项资管计划	私募基金——契约性私募基金
委托人	股份公司代员工持股计划	股份公司代员工持股计划	股份公司代员工持股计划
管理人	证券公司	基金公司	私募基金

① 政策分析由杨晓先生提供。

续表

产品类别	证券公司——定向资管计划	公募基金——专项资管计划	私募基金——契约性私募基金
管理形式	定向资产管理计划	专项资产管理计划	契约性私募基金
证券账户名称	××××股份有限公司——员工持股计划	专项资产管理计划产品名	契约性私募基金产品名
资产规模要求	无	不低于3000万元	无

(一)证券公司——定向资产管理计划

1.法律依据

《证券公司定向资产管理业务实施细则》(注:以下均为《细则》条文)

第二条　证券公司接受单一客户委托,与客户签订合同,根据合同约定的方式、条件、要求及限制,通过专门账户管理客户委托资产的活动,适用本细则。

第十九条　证券公司从事定向资产管理业务,买卖证券交易所的交易品种,应当使用客户的定向资产管理专用证券账户(以下简称专用证券账户);买卖证券交易所以外的交易品种,应当按照有关规定开立相应账户。专用证券账户和相应账户内的资产归客户所有。

专用证券账户名称为"客户名称"。证券登记结算机构应当对专用证券账户进行标识,表明该账户为客户委托证券公司办理定向资产管理业务的专用证券账户。

第二十条　专用证券账户应当以客户名义开立,客户也可以申请将其普通证券账户转换为专用证券账户。

客户开立专用证券账户,或者将客户普通证券账户转换为专用证券账户的,应当委托证券公司向证券登记结算机构申请办理。证券公司代理客户办理专用证券账户,应当提交资产管理业务许可证明、与客户签订的定向资产管理合同以及证券登记结算机构规定的其他文件。

2.实践

证券公司——定向资产管理计划是目前上市公司员工持股计划最常用的方式,而且也最符合《指导意见》"员工持股计划管理机构应当以员工持股计划的名义开立证券交易账户"等相关规定。

根据《证券公司定向资产管理业务实施细则》规定,定向资产管理计划应当使用客户的定向资产管理专用证券账户,专用证券账户应当以客户名义开立。根据监管层的意见,目前股转公司和中登北京分公司允许以"××××股份有限公司——员工持股计划”名义开立证券账户，以证券公司—定向资产管理计划来实施新三板挂牌公司的员工持股计划的渠道实际上可行。

(二)公募基金子公司——专项资产管理计划

1. 法律依据

《基金管理公司特定客户资产管理业务试点办法》

第二条　基金管理公司向特定客户募集资金或者接受特定客户财产委托担任资产管理人，由商业银行担任资产托管人，为资产委托人的利益，运用委托财产进行证券投资的活动，适用本办法。

第七条　基金管理公司从事特定资产管理业务，可以采取以下形式：

(一)为单一客户办理特定资产管理业务；

(二)为特定的多个客户办理特定资产管理业务。

第九条　为单一客户办理特定资产管理业务的，客户委托的初始资产不得低于3000万元人民币，中国证监会另有规定的除外。

第十条　为多个客户办理特定资产管理业务的，基金管理公司应当向符合条件的特定客户销售特定多个客户资产管理计划(以下简称资产管理计划)。

前款所称符合条件的特定客户，是指委托投资单个资产管理计划初始金额不低于100万元人民币，且能够识别、判断和承担相应投资风险的自然人、法人、依法成立的组织或中国证监会认可的其他特定客户。

第十一条　基金管理公司为多个客户办理特定资产管理业务的，单个资产管理计划的委托人人数不得超过200人，客户委托的初始资产合计不得低于3000万元人民币，中国证监会另有规定的除外。

第三十一条　资产管理人和资产托管人应当按照中国证监会的相关规定，为委托财产开立专门用于投资管理的证券账户、期货账户和资金账户，以办理相关业务的登记、结算事宜。

2. 存在问题

(1)资产规模要求高

根据《基金管理公司特定客户资产管理业务试点办法》相关规定，基金子公司无论是为单一客户办理特定资产管理业务还是为特定的多个客户办理特定资产管理业务，委托的初始资产不得低于3000万元人民币，为特定的多个客户办理特定资产管理业务还要求每个特定客户投资单个资产管理计划初始金额不低于100万元人民币。新三板公司普遍规模较小，无论是员工持股计划作为单一虚拟主体认购，还是经公司董事会、股东会核定的员工个人分别作为特定客户认购，大部分认购能力都有限,很难满足整体3000万元、单一委托人100万元的基金子公司办理特定资产管理业务的要求。

(2)可能存在委托资产权属不清的风险

员工持股计划不是法人或者依法成立的其他组织,如果说上市公司的员工持股计划可以归入“中国证监会认可的其他客户”而新三板挂牌企业的员工持股计划不可以归入“中国证监会认可的其他客户”的话,既无法名正言顺地作为委托人与基金管理公司签署资产管理合同,也无法开立银行账户汇集参与人的认股资金后向基金管理公司的指定账户缴款。前期的几例实务操作中都是挂牌公司代员工持股计划作为委托人与基金管理公司签署资产管理合同,员工持股计划认购资金都由挂牌公司代收代付,无论是资产管理合同的签署人,还是委托资金的缴款人,都不是基金子公司特定资产管理业务的真实委托人,在公募基金子公司资产管理业务监管合规性上存在一定的瑕疵;特殊情况下还可能产生委托资产权属不清所带来的风险。

证券公司——定向资产管理计划的证券账户是以“××××股份有限公司——员工持股计划”开立,能有效区分上市公司与员工持股计划各自所持有的资产,有利于避免潜在的法律纠纷。

(三)私募基金——契约性私募基金

1.法律依据

《私募投资基金监督管理暂行办法》

第二条 本办法所称私募投资基金(以下简称私募基金),是指在中华人民共和国境内,以非公开方式向投资者募集资金设立的投资基金。私募基金财产的投资包括买卖股票、股权、债券、期货、期权、基金份额及投资合同约定的其他投资标的。

第十二条 私募基金的合格投资者是指具备相应风险识别能力和风险承担能力,投资于单只私募基金的金额不低于100万元且符合下列相关标准的单位和个人:

(一)净资产不低于1000万元的单位;

(二)金融资产不低于300万元或者最近三年个人年均收入不低于50万元的个人。

2.存在问题

(1)门槛过高

如认可员工持股计划为单位的话,规模1000万元以上,也许还相对容易实现,但如由员工个人直接作为委托人,则“金融资产不低于300万元或最近三年年均收不低于50万元”的要求对新三板挂牌企业的员工来讲很难达到。

(2)存在潜在的法律纠纷

如把员工持股计划看作委托主体,则同“公募基金——专项资产管理计划”一样,存在签约主体以及缴款主体都要由挂牌公司代理的情况,私募基金监管的合规性上存在瑕疵,特殊情况下还可能产生委托资产权属不清所带来的风险。

新三板员工持股计划案例分析

以下是新三板部分已经实施的员工持股计划的情况(详见表8-2)。

表8-2　新三板部分已经实施的员工持股计划情况

挂牌公司	草案日期	资产管理机构	产品类型	证券账户名称	阶段
凌志软件	2015年4月1日	天风证券（证券公司）	定向资产管理计划	苏州工业园区凌志软件股份有限公司——第一期员工持股计划	实施完毕
东创科技	2015年4月13日	呈瑞投资（私募基金）	契约性私募基金	上海呈瑞投资管理有限公司——银中新三板资产管理专项基金	实施完毕
新产业	2015年6月8日	招商证券（证券公司）	定向资产管理计划	深圳市新产业生物医学工程股份有限公司——第一期员工持股计划	实施完毕
仁会生物	2015年7月20日	高达资产（私募基金）	契约性私募基金	高达资产——仁会生物1号私募投资基金	实施完毕
金宏气体	2015年9月29日	东海瑞京（公募基金）	专项资产管理计划	东海瑞京——瑞享5号员工持股计划专项资产管理计划	实施完毕
苏轴股份	2015年8月3日	东吴证券（证券公司）	定向资产管理计划	东吴—宁波——苏轴员工持股1号定向资产管理计划	实施完毕
华图教育	2015年10月28日	东方证券（证券公司）	定向资产管理计划	东证资管——华图教育定向资产管理计划	实施完毕
中磁视讯	2015年12月11日	九泰基金	专项资产管理计划	九泰基金——中磁视讯1号资产管理计划	实施完毕

综上,如果搞员工持股计划,饶胖建议采用券商资管计划的方式,对规模和持有人资质都没有限制,要留意的有两点:第一,直接持股或者间接持股都是没有期限的,而资管计划是约定存续期的,一般是1+2或者1+3,1年限售,2或者3年是存续期,虽然可以通过全体持有人决议续期但毕竟不是无期限的;第二,券商资

管一般收费千分之二至千分之三,如果规模过小,很难找到愿意做的券商。

我们现在回到前面讨论的打击规避投资者适当性管理规定的行为,这个打击行为我是赞成的,但对于员工持股平台是要区别对待的,实际上监管层要监管的是违反投资者适当性的自然人和组织。**在饶胖看来,目前在新三板实行的是企业注册制,对投资者则设有准入的门槛,而在A股实行的是投资者注册制,直白点来说就是在A股上市的公司是有门槛限制的,对于投资者则没有开户要求。新三板要同时实行两个“注册制”的可能性不大,所以投资者适当性管理要求在新三板上将会是一个长期的政策,打击规避投资者适当性是很有必要的,但反过来说,员工持股平台要区别对待。**其实要区分是否是员工持股平台也很容易,可以从这个平台里面是不是由公司的员工持股计划规定实施的,或者是不是由公司股东大会批准通过的,再或者看看员工持股平台的最终持有人是不是与公司签订了劳动合同的正式员工,这些都很容易进行核查。在打击规避投资者适当性的同时要区别哪些是真正的员工持股平台,我们想说的就是监管层要尽快出台新三板员工的股权激励实施办法和员工持股计划的办法,这样企业做股权激励的过程才有法可依。

第九讲　新三板暂停和恢复转让规则学习

——你会停牌吗？

停牌和复牌是我们董秘的技术活，你要当董秘，这事是你经常会碰到的。为什么要讲这个题目呢？是因为2015年的时候我们都经历了A股千股跌停以后的千股停牌，当时如果都停下去，那就变成了一个大家都没有交易的交易市场。新三板当时也有很多公司停牌，当然市场好转以后大家陆陆续续又复牌了。实际上，什么时候停、什么时候复、怎么停、怎么复，这都是一个技术活儿。

本讲的题目是停复牌，也就是新三板股票暂停和恢复转让，指的是新三板的停牌，不是A股的停牌。A股不仅有停牌，还有熔断，后来熔断把自己也熔断了，有两次熔断。

有一天，饶胖给一个董秘班上课，他们把新三板翻译成了“NEW OTCBB”，我看到后觉得挺有意思，其实新三板有英文名字，叫“NEEQ”。挂牌公司暂停、恢复转让在民间的说法就是停牌和复牌。

停牌和复牌是我们董秘的技术活，你要当董秘，这事是你经常会碰到的。为什么要讲这个题目呢？是因为2015年的时候我们都经历了A股千股跌停以后的千股停牌，当时如果都停下去，那就变成了一个大家都没有交易的交易市场。新三板当时也有很多公司停牌，当然市场好转以后大家陆陆续续又复牌了。实际上，什么时候停、什么时候复、怎么停、怎么复，这都是一个技术活儿。

上次有个朋友问我开股东大会要不要停牌？问得我也一愣，那大家知不知道呢？2015年11月27日股转公司发布了关于修订《全国中小企业股份转让系统挂牌公司暂停与恢复转让业务指南（试行）》的公告，根据两个文件制定本指南，一个是《全国中小企业股份转让系统业务规则（试行）》，这是每个研究新三板的朋友，尤其是新三板的董秘天天要看的东西；另一个是《全国中小企业股份转让系统非上市公众公司重大资产重组业务指引(试行)》。所以，停牌和复牌是跟这两个规则直接相关的。

既然说到法规，饶胖又得唠叨唠叨。我们做董秘这行的，最重要的就是天天看法规。除了看字面内容，还得看法规的结构。我们全国中小企业股份转让系统的法规结构是怎样的呢？从官网上看，它分为：法律法规、部门规章、业务规则、服务指南和技术规范，其中法律法规指的是《公司法》和《证券法》，是法律，由人大制定发布；部门规章指的是证监会的规则；后三个是股转系统自己制定的规则和指南。停复牌指南是服务指南里的内容，因此我们大概也就明白它所在的层级是怎样的了。

现在既然是个修订，那就是说在文之前肯定有相关文件。我们往前翻，发现是《全国中小企业股份转让系统公告》(〔2013〕23号)，2013年7月15日发布。当时是什么情况呢？当时股转系统只是覆盖了4个高新区，还没有扩展到全国，但当时对怎么样停牌和复牌就有了一个规定。我们来看一下规定的大致内容，其实非常简单，不管是停牌还是复牌都是主办券商审查无误后，应于T－3日(T日为暂停或恢复转让生效日)下午3点前，将加盖主办券商公章的《暂停(恢复)转让申请表》和其他材料一起传真或扫描发给股转系统。

《全国中小企业股份转让系统公告》(〔2013〕23号)

一、挂牌公司填写《暂停(恢复)转让申请表》(内容参见附件)并提供相关证明材料送主办券商审查。

二、主办券商审查无误后，应于T－3日(T日为暂停或恢复转让生效日)下午3点前将加盖主办券商公章的《暂停(恢复)转让申请表》和其他证明材料一同传真(传真：010－63889674)至全国中小企业股份转让系统有限责任公司(以下简称“全国股份转让系统公司”)，并将所有材料的电子扫描件发送至全国股份转让系统公司(电邮地址：ywbl@neeq.org.cn)，同时电话确认收悉(电话：010－63889549)。

如挂牌公司或主办券商在发送申请表当日下午4点前发现申请表内容有误，应当立即修改并重新向全国股份转让系统公司发送新的申请材料，同时注明“以此件为准”字样。

如果在T－2日后(含T－2日)发现有误的，主办券商应当及时与全国股份转让系统公司联系，全国股份转让系统公司将视情况确定处理办法。

三、因情况特殊，需要立即暂停股票转让的，挂牌公司须及时通知主办券商，填写《暂停（恢复）转让申请表》并提供相关证明材料送主办券商审查；主办券商审查无误后，向全国股份转让系统公司说明情况，并提交相关传真及电子扫描材料，申请尽快暂停股票转让。

四、挂牌公司或主办券商发布股票暂停（恢复）转让公告的，最迟应于T-1日联系信息公司，进行信息披露。

五、挂牌公司暂停（恢复）转让生效。

其实按照规则就是说你要是停牌或者复牌，前三天就要跟你的券商商量好，你的主办券商要同意，由主办券商把你的材料发到股转系统去申请，非常的简单。

这次修订的主要内容解释我没在股转系统的网站上找到，后来在股转系统的公众号里找到了。看来我们每天不仅要看股转系统的网站，我们还要关注股转系统的公众号，很多问答和解释是在公众号里发布的。

此次修订实际上是给出一个解释，即解释修订了什么内容、是什么意思、为什么修订。

Q:《全国中小企业股份转让系统挂牌公司暂停与恢复转让业务指南（试行）》（以下简称《业务指南》）修订的主要内容有哪些？

A:一是缩短申请时间并改进申请方式。为了防范因申请时间过长而使内幕信息知情人范围扩大，导致内幕交易的风险，新修订的《业务指南》有针对性地对申请时间和申请方式进行了完善。其一是规定挂牌公司根据《全国中小企业股份转让系统业务规则（试行）》（以下简称《业务规则》）第4.4.1条第1、2项规定情形申请暂停转让的，挂牌公司应于T-1日（T日为暂停转让生效日，且为转让日）15点30分至16点30分之间将《暂停（恢复）转让申请表》通过传真（传真:010-63889872）发送至全国股转公司并抄送主办券商，无须报主办券商审查；其二是规定挂牌公司根据《业务规则》第4.4.1条第3项至第7项规定情形申请股票暂停转让的，其申请材料需经主办券商审查。主办券商审查无误后最迟应于T-1日（T日为暂停转让生效日，且为转让日）15点30分前将加盖主办券商公章的《暂停转让申请表》和其他证明材料的电子扫描件通过电子邮件（电邮地址:ywbl@neeq.com.cn）发送至全国股转公司。

二是强化事后监管。一方面将提高信息披露的要求。新修订的《业务指南》规定挂牌公司在其股票暂停转让期间（除因重大资产重组申请股票暂停转让的另有规定外），应当至少每十个转让日披露一次未能复牌的原因和相关事件的进展情况；另一方面将发挥主办券商督导职责，提高复牌申请的要求。新修订的《业务指南》规定挂牌公司根据《全国股份转让系统业务规则(试行)》第4.4.1条第1、2项规定情形申请暂停转让的,在申请恢复转让时还应向主办券商提交相关证明材料,主办券商应对此进行核查并出具意见。

三是增加最晚恢复转让日和申请延期恢复转让的规定。为了解决挂牌公司无合理理由长期停牌的问题,新修订的《业务指南》对最晚恢复转让日做出了规定,即暂停转让时间原则上不应超过3个月。如在最晚恢复转让日前挂牌公司股票仍未满足复牌条件的,应按规定申请延期恢复转让,并提供相关证明材料。主办券商应对申请材料内容的完备性、准确性、真实性和合理性进行核查并出具是否同意延期申请的意见。

四是补充了因重大资产重组申请暂停和恢复转让的规定。新修订的《业务指南》增加了《全国中小企业股份转让系统非上市公众公司重大资产重组业务指引(试行)》(以下简称《重组业务指引》)中关于暂停和恢复转让规定的主要内容。

此外,《业务指南》还增加了紧急申请的情形,同时规定挂牌公司根据《业务规则》第4.4.1条第1、2项规定情形,以及根据《重组业务指引》第6条规定情形申请暂停转让,如不能在《业务指南》规定的正常时间段和规定方式申请暂停转让的,全国股转公司将视情节对其及相关责任人采取自律监管措施。

总结一下修订的主要内容:

第一,缩短申报时间。T-3改为T-1和T-2。T-1是停牌;T-2是复牌(T日为暂停转让生效日,且为转让日)。

第二,主办券商职责发生改变。原来不管是停牌还是复牌,都要通过主办券商审核通过,盖了主办券商的公章,由主办券商来交给股转,我们新三板企业自己是没有申请停复牌的通道,必须通过主办券商。现在发生变化了,停牌时由单一的督导通道改为平行通道。就是说在某些事项要停牌的时候,企业发给股转和发给主办券商的材料是同时发出的,不再需要主办券商的事先审批。什么意思呢?就是为了防止申请时间过长,内幕知情人太多,导致内幕交易的风险。试想,如果我们把材料交给券商去批,许多人都知道了,他是不是内幕知情人呢?会不会走漏消息,对股价产生影响,导致不公平呢?为了防止这些情况的发生,在某种事项上我们就不要提前告诉券商了,企业是告知股转的同时告知券商的。当然,这里说的是某些事项而不是全部事项。

第三，增加紧急申请通道。因为可能会有一些不可预计的事项公司要马上停牌，所以增加了一个紧急停牌的通道，这也是不需要通过券商的。紧急停牌可以参考本讲的案例："宏源药业盘中停牌案例"。

第四，加强停牌后信息披露。我们记得之前的规则里并没有说我们停牌以后还要做什么信息披露，只讲了什么时候停牌、怎么停、什么时候复牌、怎么复，而对于信息披露没有规定。新的规定对此加以强化，要求至少每十个转让日披露一次未能复牌的原因和相关事项的进展情况。也就是两个礼拜要发布一个公告，说一下要么复牌了，事情办完了；要么事情进展地怎么样，现在还不能复牌。

第五，新增明确规范暂停的时间。原来只规定了停牌和复牌的规则，但是对停多长时间没有规定。所以想停 3 个月就停 3 个月，想停半年就停半年。前两天看朋友圈里说最奇葩的事，一个公司停牌好几个月，最后披露出来说重大资产重组，把自己家的房子和车子重组到公司里面来了，这也需要停牌好几个月？这次新规就明确规定，暂停转让时间原则上不应超过 3 个月，其中每 10 个转让日就要公布一次不能恢复转让的原因，最长不能超过 3 个月。这是为了保证股东的交易权，因为新三板是个交易场所。尽管新三板不叫交易所，但却是国务院规定的交易场所。"场所"和"所"是不一样的，既然新三板是交易场所，那就是用来交易的。如果一直停牌不交易，那就是损害了所有参与人的交易权，所以就要明确不能无限制地长期停牌。

说了这么多，**我想问大家：你会停牌了吗？我问你三个问题：增发要不要停牌？股票异动要不要停牌？开股东会要不要停牌？**可能没有实操经验的兄弟们听到这里还是不会停牌。学习法规我们都是顺着学，而碰到问题时我们都是倒着来的。当我们碰到问题要不要停牌时，怎样考虑这个问题就是我们要讨论的重点。

回答要不要停牌，我们要了解背后到底怎么回事，其中最重要一点是要了解为什么要停牌。在你知道了为什么要停牌后，当碰到了可能要停牌的事项时，你就要考虑要不要停牌了。第二点是看法规的要求是什么，回到新三板的最高法规《非上市公众公司监督管理办法》，这是证监会的文件。其第三章"信息披露"里第 20 条规定："公司及其他信息披露义务人应当按照法律、行政法规和中国证监会的规定，真实、准确、完整、及时地披露信息，不得有虚假记载、误导性陈述或者重大遗漏。公司及其他信息披露义务人应当向所有投资者同时公开披露信息。"最后一句什么意思呢？就是说披露给所有投资者的信息应该是同时的，不能有先有后，也不能不公开，要保证所披露的信息是公平的。从这个意义上去理解，证券市场是个交易场所，大家有人买有人卖，是凭什么做出决策的呢？就是根据信息，主要是你这公司的特定的信息。如果出现这样一种情况,即这些信息有人掌握有人未掌握,那么在股价可能变动的情况下就是对投资者的不公平。所以信息披露规则里面就要求公司及其他信息披露义务人应当向所有投资者同时公开披露信息。这就是要求如果有的信息已经被一部分人掌握,或者说如果我们估计有的信息已经被一部分人掌握,而另一部分人没有获得信息的时候,我们就需要停牌,停止交易,让这个信息公平地披露给所有的投资人,当大家都知道这个信息后我们就可以恢复交易,大家就回到了一个信息都公平的起点上。这其实就是停牌最核心的要素,为什么要停牌?它是信息披露的要求。

关于停牌有许多规定,我们要好好地学习。其中,《全国中小企业股份转让系统业务规则(试行)》是最重要的;《非上市公众公司重大资产重组管理办法》是具体怎么做的补充说明;信息披露是我们为什么要停牌的根,所以我们要去看《全国中小企业股份转让系统挂牌公司信息披露细则》;具体的执行法规是《暂停与恢复转让业务指南(试行)》;《全国中小企业股份转让系统非上市公众公司重大资产重组业务指引(试行)》则是与《非上市公众公司重大资产重组管理办法》相配套的规定。

我们现在再来看看要不要停牌。如果你是个董秘,你就要考虑这个问题。比如说事情来了,你首先要看是否构成重大资产重组,这是一个入口。因为重大资产重组是有明确法规规定的,如果构成重大资产重组,那么就要去查《非上市公众公司重大资产重组管理办法》和《暂停与恢复转让业务指南(试行)》中关于重大资产重组停牌和恢复转让的相关规定。《全国中小企业股份转让系统非上市公众公司重大资产重组业务指引(试行)》中的第二章规定了暂停转让与内部知情人报备,《暂停与恢复转让业务指南(试行)》中规定了挂牌公司根据《重组业务指引》第6条规定情形申请股票暂停转让的应该怎么办理。

因此,我们首先要做的就是判断是不是构成重大资产重组,如果构成,我们就要按重大资产重组的办法来停牌和恢复转让;如果不构成,那么《全国中小企业股份转让系统业务规则》和《暂停与恢复转让业务指南(试行)》中规定的7种情形也是需要停牌的。

我们先看重大资产重组。如果构成了重大资产重组,比如我要收购一个企业,一算这个企业的资产总额超过了我上一年年末资产总额的50%,或者这个企业的资产净额超过了我上一年年末资产净额的50%且超过我上一年年末资产总额的30%,就构成重大资产重组,需要停牌,需要看《重组业务指引》的规定。第二章“暂停转让与内部知情人报备”中的第6条规定:公司出现下列情形之一时,应当立即向全国股份转让系统公司申请公司证券暂停转让:

一是交易各方初步达成实质性意向。那么什么叫实质性意向？两个老板握一下手叫不叫实质性意向？这个不算。什么才算？签订协议或者开董事会才算实质性意向。两个老板拉拉手，脑子里想这个事就这样了，但是有没有证据呢？没有。所以这都是不算的。

二是虽未达成实质意向，但在相关董事会决议公告前相关信息已在媒体上传播或者预计该信息难以保密或者公司证券转让价格出现异常波动。两个老板握了手，没签协议也没开董事会，但是这个时候媒体上出现报道了，或者说这事已经泄露了。比如说你的文件丢失了，就像前一阵的报道，一家香港的上市公司一卡车的财务凭证不见了，被人偷走了，这事在咱们这里行得通行不通不知道，但大家可以充分发挥自己的想象力，反正编电影是可以。或者是已经出现了不能保密的情况，或者是已经出现了股价异动。

三是本次重组需要向有关部门进行政策咨询、方案论证。也就是说你要去问领导，我把这事告诉你，你看这样行不行，那别人不就知道了吗？

总之有三种情况：达成实质意向了、保不住密了、要问领导了，在这三种情况下就要停牌。

首先，《暂停与恢复转让业务指南（试行）》对重大资产重组的停牌有非常明确的规定：填写《暂停转让申请表》，加盖公章，在 T－1 日也就是停牌的前一天 15 点 30 分至 16 点 30 分之间，通过指定的传真号发送给股转系统公司并抄送主办券商。T 日是暂停转让生效日，也一定要是转让日。这里可以看出来不是用券商的信息通道了，而是用保密通道直接发给股转系统公司，同时抄送主办券商。

其次，挂牌公司应按照《重组业务指引》第 9 条的规定在 T－1 日 20 点前披露股票暂停转让公告，并在股票暂停转让后至少每月披露一次重大资产重组进展公告，说明重大资产重组的最新进展情况，包括但不限于公司重组事项目前的谈判进展情况，交易双方在定价、标的交割等关键性条款上是否达成一致性意见，其他相关部门审批进展情况（如有），中介机构相关工作进展情况以及其他可能影响重组的不确定因素等。

如果不构成重大资产重组，那么就分七种情形两大类：

1. 预计应披露的重大信息在披露前已难以保密或已经泄露，或公共媒体出现与公司有关传闻，可能或已经对股票转让价格产生较大影响的；

2. 涉及需要向有关部门进行政策咨询、方案论证的无先例或存在重大不确定性的重大事项，或挂牌公司有合理理由需要申请暂停股票转让的其他事项；

3. 向中国证监会申请公开发行股票并在证券交易所上市，或向证券交易所申请股票上市；

4. 向全国股份转让系统公司主动申请终止挂牌;

5. 未在规定期限内披露年度报告或者半年度报告;

6. 主办券商与挂牌公司解除持续督导协议;

7. 出现依《公司法》第 181 条规定解散的情形,或法院依法受理公司重整、和解或者破产清算申请。

挂牌公司未按规定向全国股份转让系统公司申请暂停股票转让的,主办券商应当及时向全国股份转让系统公司报告并提出处理建议。

其中,3 ~7 都叫特殊情形,包括什么呢?

一是向中国证监会申请公开发行股票并在证券交易所上市,或向证券交易所申请股票上市,IPO。你要去 IPO,就要停牌,那什么叫 IPO? 也就是向证监会申请公开发行股票呢? 就是你拿到了证监会的受理函,而不是公司自己开个董事会说我要去 IPO 就自己停牌了,你要拿到证监会受理函。

二是申请摘牌。我不在你这里玩了这可以吧? 申请摘牌有申请摘牌的法律程序。申请挂牌是开过股东大会的,所以申请摘牌也要通过股东大会批准,然后将资料递交到股转系统公司,股转系统公司要是受理了才可以停牌。

三是未按时披露定期报告。你不按规定披露信息那你就停牌吧,到你的信息大家都知道了再说。

四是解除持续督导。什么意思呢? 就是我要换个主办券商。换主办券商比较麻烦,需要同意才行,就跟离婚是一样的,你想离,你的另一半不同意,这事也不行。

五是解散重整破产清算。就是说公司要出事要完蛋,这种情况下也需要停牌。

上述五种特殊情形的停牌怎么操作呢? 先要把文件交给主办券商,主办券商审核通过,盖了章,在 T-1 日 15 点 30 分前由券商向股转发出停牌申请,20 点前披露停牌公告。以后至少每 10 个转让日披露一次未能复牌的原因和相关事件的进展情况。

而在前述七种情形中,第 1 种和第 2 种叫一般情形。

第 1 种中包括了很多信息,你这个要披露应披露未披露的重大信息可能已经泄露了,或者已经有传闻了,或者已经难以保密,可能或者已经对股票的价格产生了较大影响。这里面有很多需要自行判断的内容。

第 2 种中又有许多自行裁量的事项,一是要向有关管理部门去咨询,那么这个事就暴露了;二是比如这件事是否构成重大资产重组还不确定,方案可能会有重大的变化,合同能不能订立也不知道等;三是有合理的理由。

以前用“有重大不确定事项”这条理由去停牌是用得最“爽”的一个理由，我只要说我有重大不确定事项就可以停牌了，回头我说这个重大不确定事项消失了我就可以复牌了。7月的时候有大量的公司停牌，有家公司董秘和我讲，当时也是用重大不确定事项停牌的，而且当时也确实在做一些收购和投资，向股转系统领导申请说也不知道这件事情是不是构成重大资产重组，也不知道是不是会对股价造成较大影响，拿不准，所以申请停牌，股转也同意了，后来这些事项消除了以后就申请了复牌。

但当时有些公司被券商忽悠，结果按重大资产重组去停牌了。但是重大资产重组管理是很严的，你这件事情到底有没有？没有，你编一个，那可是很危险的。

这两种一般情形也是不需要券商同意，而是直接发送给股转系统，抄送券商。在T－1日15点30分前向股转系统发出停牌申请，20点前披露停牌公告。以后至少每10个转让日披露一次未能复牌的原因和相关事件的进展情况。

再回到刚才第1种情形，预计应披露的重大信息在披露前已难以保密或已经泄露，即是不是有应披露未披露的事项，而且这些事项保不住密了。那什么叫作应披露未披露的事项呢？我们需要返回去学习信息披露的规则，其中有规定什么叫作重大信息。

《全国中小企业股份转让系统挂牌公司信息披露细则（试行）》中的第四节“其他重大事件”从第37条一直到第46条一共21种情形是需要披露的信息。我们刚才讲过，如果这个信息你应该披露，但是这个信息你无法保密了或者你无法按时披露，就会导致有的投资者有信息，有的投资者没信息，就违反了公平性。所以我们要先把交易暂停，消除可能由于信息的不对称、不对等的披露，导致投资者的损失。等到这些信息投资者都知道了，我们就可以恢复交易。那么我们来看看什么叫作重大的事件。第2条中有两种情形：一种叫特殊情形，包括IPO、摘牌、解除持续督导等，还有一种是一般情形，是需要自己判断的，这些需要自己判断的就要看什么是重大事件。而刚才提到的21种情形都是要披露的重大事件，要看这些重大事件是不是真的发生了，如果发生了就要考虑是不是要停牌。

第三十七条　挂牌公司对涉案金额占公司最近一期经审计净资产绝对值10%以上的重大诉讼、仲裁事项应当及时披露。未达到前款标准或者没有具体涉案金额的诉讼、仲裁事项，董事会认为可能对公司股票及其他证券品种转让价格产生较大影响的，或者主办券商、全国股份转让系统公司认为有必要的，以及涉及股东大会、董事会决议被申请撤销或者宣告无效的诉讼，公司也应当及时披露。

［**解读**］该条规定就是说如果你的诉讼达到了你最近一期经审计净资产绝对值10%以上你就应当及时披露。所谓及时，就是两个转让日内要披露。如果你不能及时披露，你就要停牌。

第三十八条　挂牌公司应当在董事会审议通过利润分配或资本公积转增股本方案后，及时披露方案具体内容，并于实施方案的股权登记日前披露方案实施公告。

［**解读**］只要董事会通过了方案，就要及时披露。

第三十九条　股票转让被全国股份转让系统公司认定为异常波动的，挂牌公司应当于次一股份转让日披露异常波动公告。如果次一转让日无法披露，公司应当向全国股份转让系统公司申请股票暂停转让直至披露后恢复转让。

［**解读**］这里规定得非常清楚，只要有股票异动达到标准，马上就要发个公告。公告是标准格式的，里面会说明有没有应披露未披露的事项，如果有就说，没有就说没有。这个公告出来不影响交易。如果没有搞清楚，不知道有没有应披露而未披露的事项，那么要暂时停牌，直到异常波动的公告出来，才能够复牌交易。

第四十条　公共媒体传播的消息（以下简称"传闻"）可能或者已经对公司股票转让价格产生较大影响的，挂牌公司应当及时向主办券商提供有助于甄别传闻的相关资料，并决定是否发布澄清公告。

［**解读**］这条规定就是说出现传闻了，可能或者已经对公司股票转让价格产生较大影响，这可能是自己判断的，也可能是已经既成事实的，那么我们是不是要发一个澄清公告？如果在没发澄清公告之前，也可以申请停牌。

第四十一条　实行股权激励计划的挂牌公司，应当严格遵守全国股份转让系统公司的相关规定，并履行披露义务。

［**解读**］如果实施股权激励，那么就要公告要披露。

第四十二条　限售股份在解除转让限制前，挂牌公司应当按照全国股份转让系统公司有关规定披露相关公告或履行相关手续。

［**解读**］我们都知道，限售股到期了我们要披露。如果未能及时履行披露义务，也要停牌。

第四十三条　在挂牌公司中拥有权益的股份达到该公司总股本5%的股东及其实际控制人，其拥有权益的股份变动达到全国股份转让系统公司规定的标准的，应当按照要求及时通知挂牌公司并披露权益变动公告。

[解读]5%以上股本的股东权益发生变化，到每个5%时都要公告，如果不能及时公告，就要停牌。

第四十四条　挂牌公司和相关信息披露义务人披露承诺事项的，应当严格遵守其披露的承诺事项。公司未履行承诺的，应当及时披露原因及相关当事人可能承担的法律责任；相关信息披露义务人未履行承诺的，公司应当主动询问，并及时披露原因，以及董事会拟采取的措施。

[解读]履行了披露承诺事项的，就要遵守承诺。如果没能遵守承诺事项，也要公告。如果不能及时公告，就要停牌。

第四十五条　全国股份转让系统公司对挂牌公司实行风险警示或做出股票终止挂牌决定后，公司应当及时披露。

[解读]即风险警示和终止挂牌的，要在两个转让日之内披露。

第四十六条　挂牌公司出现以下情形之一的，应当自事实发生之日起两个转让日内披露：

(一)控股股东或实际控制人发生变更；

[解读]即如果老板换人了，一定要公告的。

(二)控股股东、实际控制人或者其关联方占用资金；

[解读]这是恶意侵占公司利益，是需要公告的，需要披露的。

(三)法院裁定禁止有控制权的大股东转让其所持公司股份；

[解读]即法院冻结了大股东的股份需要披露。

(四)任一股东所持公司5%以上股份被质押、冻结、司法拍卖、托管、设定信托或者被依法限制表决权；

[解读]即持股5%以上的股东发生该项中的事情，需要公告。

(五)公司董事、监事、高级管理人员发生变动；董事长或者总经理无法履行职责；

[解读]比如说董事长找不着了、生病了、失联了，需要及时公告，如果不能及时公告，那就要停牌。

(六)公司减资、合并、分立、解散及申请破产的决定；或者依法进入破产程序、被责令关闭；

[解读]如果公司已经经入了这些情况的法律程序，都是重大事项，需要进行披露。

(七)董事会就并购重组、股利分派、回购股份、定向发行股票或者其他证券融资方案、股权激励方案形成决议；

（八）变更会计师事务所、会计政策、会计估计；

（九）对外提供担保（挂牌公司对控股子公司担保除外）；

（十）公司及其董事、监事、高级管理人员、公司控股股东、实际控制人在报告期内存在受有权机关调查、司法纪检部门采取强制措施、被移送司法机关或追究刑事责任、中国证监会稽查、中国证监会行政处罚、证券市场禁入、认定为不适当人选，或收到对公司生产经营有重大影响的其他行政管理部门处罚；

（十一）因前期已披露的信息存在差错、未按规定披露或者虚假记载，被有关机构责令改正或者经董事会决定进行更正；

［**解读**］第（七）至（十一）项都说得很清楚了，这都是需要及时披露的。

（十二）主办券商或全国股份转让系统公司认定的其他情形。发生违规对外担保、控股股东或者其关联方占用资金的公司应当至少每月发布一次提示性公告，披露违规对外担保或资金占用的解决进展情况。

主办券商或股转系统认定的其他情形，这是开了个口子，即主办券商或股转系统认为是重大事项的，也要进行披露。我举个简单例子，我们曾经披露过一个公告，公告内容是公司在 IPO 辅导期内的进展一切顺利。这是个什么公告呢？所有发的公告都要有时点或者事件，发生什么事披露什么公告。而公司什么都没有发生，一切安好，为什么要发这个公告呢？这是因为 2015 年年底的时候大量的企业有 IPO 迹象或者申请 IPO 辅导的都发布了 IPO 公告，而我们是在新三板挂牌前进入的 IPO 辅导，所以从挂牌开始一直到现在，公司都在辅导期之内，每个季度都正常去报材料，只是一直都没有什么变化，没有事件发生，但是证监局和股转公司都认为我们还是要定期说一声。那怎么说呢？我们就说以前我们就在 IPO 辅导里面，挂牌后一切都没有变化，每个季度都去报材料，一切都安好。有意思的是，前两天公司的保荐代表人跟我说，我们发了这样的公告以后，很多人都没有看懂，所以在这个市场进行统计的人没有把我们统计在要去 IPO 的公司里。他们会统计已经在辅导备案里面的公司，也就是那些准备去 IPO 的公司他们会统计出一个单子来。但是他们每次统计的单子，不管哪一期都没有我们公司。我觉得可能是由于我们发出的公告名字跟别的公司不一样，别人没看明白。这就是主办券商或股转认定的其他情形。它让你披露一个公告，你要是不披露，那是不是要停牌？

所以这 21 种情形就是《全国中小企业股份转让系统挂牌公司信息披露细则（试行）》中规定的其他重大事件中需要信息披露的重大事项。如果这些事项发生了，你不能够及时披露，那就需要停牌。

那复牌是什么呢？你怎么停住的怎么复，复牌的思路跟停牌是一模一样的。你要想想你是为什么停的，如果是重大资产重组，那什么时候复牌呢？董事会批准重组方案，或者重组取消了。原来想搞重大资产重组，想收购兼并，但是后来弄了半天觉得风险太大，最后方案取消。那么这个时候怎么办呢？要把所有过程中的所有资料交给主办券商审核，主办券商要看看是不是真搞了，不是骗人的，然后主办券商加盖公章，T－2日，上报股转，T－1日公告，T日恢复交易。We are back！就像灰太狼常说的："我会回来的！"

其他事项就是我们刚才说的7种情形两大类，两大类里面的第一种重大事项又分为21种事件，因为这些原因停牌的，什么时候复牌呢？就是这个事件没有了或者是你已经公告了，即这个信息都已经披露了，大家都已经知道了，就可以复牌了。怎么复牌呢？现在是很严的，不像以前想停就停，想复就复。要把停牌时原因的对应材料准备齐全，交给主办券商审核，审核之后由主办券商盖章交给股转公司，T－1日公告，T日恢复交易。

案例1

宏源药业盘中停牌案例

1. 政策出台

2016年9月9日证监会发布《中国证监会关于发挥资本市场作用服务国家脱贫攻坚战略的意见》意见称：对注册地和主要生产经营地均在贫困地区且开展生产，经营满3年、缴纳所得税满3年的企业，或者注册地在贫困地区、最近一年在贫困地区缴纳所得税不低于2000万元且承诺上市后3年内不变更注册地的企业，申请首次公开发行股票并上市的，适用"即报即审、审过即发"政策。

2. 市场激烈反应

一石激起千层浪，整个周末新三板的各路大咖都在研究那些在贫困县注册经营的新三板公司，周一开盘，新三板出现了一个新的版块，叫扶贫概念股。

宏源药业831265，碰巧注册在贫困县，碰巧已经公布了IPO辅导，碰巧业绩还都过得去，一开盘股价就翻了个翻，吓得公司盘中就停了牌。

3. 湖北省宏源药业科技股份有限公司重大事项停牌公告

湖北省宏源药业科技股份有限公司（以下简称公司）因公共媒体所述与公司有关传闻，尚存重大不确定性，需要进一步进行政策咨询和等待细则出台,为了避免公司股价异常波动,维护投资者利益,根据《全国中小企业股份转让系统业务规则(试行)》《全国中小企业股份转让系统挂牌公司暂停与恢复转让业务指南(试行)》等有关规定,经向全国中小企业股份转让系统有限公司申请,本公司股票自2016年9月12日起停牌。本公司暂定恢复转让的最晚时点为2016年12月11日,如到期无法恢复转让,将在取得全国中小企业股份转让系统有限公司的同意后发布关于公司股票延期暂停转让的公告。停牌期间公司将根据重大事项的进展状况,及时履行信息披露的义务。敬请投资者关注,并注意投资风险。

特此公告。

湖北省宏源药业科技股份有限公司

董事会

2016年9月12日

案例2

怕了吧!慌了吧!踩踏了吧!在随视传媒暴跌80%中看到的恐惧。

2016年7月6日晚间,停牌一年的随视传媒(430240)宣布重组失败,并于7日复牌。当日盘中最大跌幅高达82.5%,尾市虽有所反弹,但收盘跌幅仍然高达74%,价格从停牌前的每股20元直接到了5.20元,全天成交1219万元,换手率6.26%,从7月7日盘面来看,呈现出慌不择路的出逃情形,踩踏迹象明显。

饶胖想起贾雷德·戴蒙德在其名作《枪炮、病菌与钢铁——人类社会的命运》一书中讲的一个故事,西班牙殖民者皮萨罗俘虏了印加国王阿塔瓦尔帕的卡哈马卡战役。这是真实的历史事件。

印加帝国(公元1200年至1500年)可以说是南美洲最重要的文明,印加帝国位于比尔卡诺塔流域中上游地区,是起源于大约5000年前的古老文明经过发展逐步累积的成果。普遍认为印加人拥有高水平的政治组织、稳定的财富分配体系以及优秀的建筑和农业发展技术,因而可以说这是一个体系完备的国家。当时的统治者印加帝国皇帝阿塔瓦尔帕统治者数百万臣民,率领着刚刚在与其他印第安人作战中取得胜利数万人组成的军队。

而西班牙入侵者皮萨罗,率领着他那由62名骑兵和106个步兵组成的,连他自己在内一共169人的疲惫不堪的弱小入侵部队。在印加帝国的卡哈马卡,会见了拥有600万人口,当时带领八万名随从的印加帝国皇帝阿塔瓦尔帕。阿塔瓦尔帕对于即将到来的会面毫不担心,因为此前他的一个使者刚刚探访了皮萨罗的营地。使者告诉印加皇帝,皮萨罗和他的随从看上去不像武装人员,而且疲弱不堪,只要给这个使者200名印第安人,他就能把他们全部捆绑起来送交皇帝。但是,当天会面的情形是:皮萨罗率领着他那支小得可怜的部队,一举擒获了印加皇帝阿塔瓦尔帕,在天黑之前杀死了6000~7000名印第安人,其余7万多名印第安人只是因为夜幕降临,西班牙人已经累得无力继续屠杀才告幸免。

后来的故事我们都知道,皮萨罗胁持着阿塔瓦尔帕为人质,不断索求赎金,印加人视国王为神明,又不懂谈判技巧,多少金银都愿奉上,西班牙人取得史上最大额的"赎金":全部黄金足以充塞满一间22呎×17呎×8呎的房间。皮萨罗把部分黄金送回巴拿马基地作为证物,并要求增派援兵。巴拿马司令立即增援,并上报西班牙国王,西班牙亦立即派出更多兵马前往南美洲,最终征服了印加帝国。

169对8万,8万的一方死了7000人,溃不成军,皇帝被俘,169的一方一个人都没死。要知道那时是冷兵器的晚期,并没有什么自动武器,西班牙人仅有射速极慢的2门大炮和13支火绳枪,以及刀剑盔甲和战马。尽管印加帝国的军队还处于铁器时代之前,但是饶胖听到这个故事的时候还是匪夷所思,8万对169,用牙咬都咬碎了,怎么回事啊!

恐惧!当时印第安人被从未见过的刀剑盔甲和战马,以及被枪炮声巨大声响吓坏了,于是他们完全丧失了抵抗意志,任由殖民者屠杀,否则,即使手无寸铁,这些身强力壮的武士也不至于让西班牙人无一伤亡。其实没有卡哈马卡战役,只有卡哈马卡屠杀。

顺道我们也想起了苻坚投鞭断流的淝水之战,8万对80万,打赢不是靠打,而是80万那一方怕了,然后慌了,然后就没有然后了。

那天随视传媒暴跌以后,有个朋友问我,说为何会跌成这样,因为2015年报显示,随视传媒账上有现金1.65亿元,而当天最低价4.5元,折合市值2个亿。为啥会这样,我说可能慌了踩踏中。可是为什么慌了?重组失败、长期停牌、整个市场价值中枢下移的补跌、2015年报亏损和宣布新产品策略失败,除了这些还有吗?

在资本市场,我们也总是会有错觉,就是市场行为诡异出乎我们的信息范围,我们自然而然就会想一定是有什么我不知道的内情。

记得那年,光大乌龙指,我正好在国家会计学院参加一个培训,台上是交易所管交易监察的一个博士,他在讲课自然不知道股市发生了什么,我们在下面玩手机看得目瞪口呆,中午一下课,就有同学拿着手机给他看农行的k线,问他觉着是什么情况,他看了半天,喃喃自语,这是国家出了什么大政策啊。

索罗斯在他的演讲集《超越金融》中就讲了人的两个不确定性,即人的易误论和反射论。易误论就是人对世界的看法永远是局部和曲解的,这个道理很简单,人都不是万能的。我们参与到观察和决策中,从现实到我们的头脑是一个因果关系,又会因为这个关系反过来影响到现实,即我们会根据这个观测来决策和行动,这就是反射性。有了人的参与,这就是一个动态的过程,也许是个正反馈不断加强的过程,金融危机股灾都是只一个自我强化自我实现的过程。

我们看到别人在抛在跑,自然觉得有什么人开了一枪,我不知道,怕了,慌了,也参加进去,其他人一看更慌更怕,崩溃就来临了。

第十讲　从权益分派新规学习利润分配和公积金转增规则

——分钱你会不会？

权益分配就是把属于股东的权益分配给股东的行为，其实就两个：一个是分未分配利润；另一个是分资本公积金。

2016年1月26日，股转系统发布一个新规：《挂牌公司信息披露及会计业务问答（一）——利润分配与公积金转增股本》（以下简称《会计业务问答（一）》）。

问：挂牌公司进行利润分配和资本公积转增股本，请问财务数据应当以什么时间作为基准日？

答：实践中，部分挂牌公司进行利润分配和资本公积转增股本时，以验资报告或除定期报告之外的任意时点的财务数据为依据进行利润分配和资本公积转增股本（以下简称权益分派），这种做法存在超额分配，损害投资者及债权人利益的可能性。

全国股份转让系统是公开转让股份的全国性证券交易场所，而验资报告仅是对股东是否实缴出资到位发表审验意见的书面文件，除定期报告之外的任意时点的财务数据也并不具有公开性，不能全面直观地反映挂牌公司的财务状况和经营成果，因此，不能以验资报告或除定期报告之外的任何时点的财务数据为基准进行权益分派。

为规范挂牌公司的权益分派行为，拟进行权益分派的挂牌公司，权益分派方案中应当以公开披露过的仍在有效期内（报告期末日起6个月内）的最近一期定期报告期末日作为基准日，也就是说挂牌公司进行权益分派，应当以已披露的年度报告、半年度报告或季度报告的财务数据为依据。如未披露季度报告的，可以以年度报告、半年度报告为基础。基准日的财务数据指的是未分配利润和资本公积，实施权益分派的股本基数如无特殊安排,均以股权登记日的股本数为准。权益分派方案经股东大会审议通过后2个月必须实施完毕,如未能实施则须重新履行审议程序。

《会计业务问答(一)》解决什么问题?以前股转系统没有相关方面的规定,自从这个规定出来以后,解决了权益分派(利润分配和资本公积转增股本)的时点问题,挂牌公司进行利润分配和资本公积转增股本,财务数据应当以最近一期已经披露的有效定期报告末日作为基准日。

什么是权益呢?我们来看会计恒等式:资产 = 负债 + 所有者权益。企业的资产负债表,左边是资产右边是负债和所有者权益,即企业投入运营的资产的来源是负债(向别人借的)和所有者自己投入(包括投入的积累),所有者权益包括股本(实收资本),资本公积,盈余公积,未分配利润。

权益分配就是把属于股东的权益分配给股东的行为,其实就两个:一个是分未分配利润,另一个是分资本公积(见图10-1)。

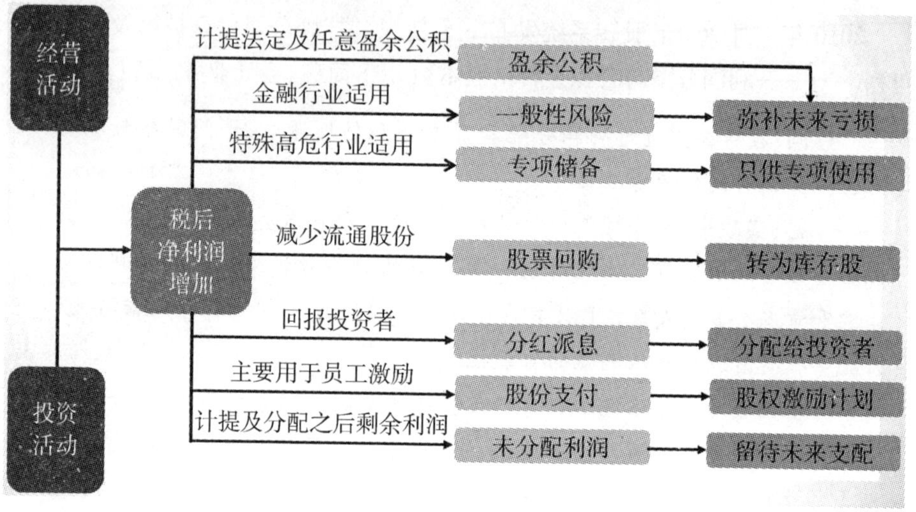

图10-1 未分配利润的来源

资本公积,是企业的"准资本",它的唯一用途是依法转增资本,所以资本公积又叫附属资本,资本公积有四种来源:

1.资本(或股本)溢价。比如2块钱一股进行新增股票发行,一块钱进入总股本,一块钱进入资本公积。

2.接受现金捐赠和拨款转入。拨款转入很好理解,就是国家给的钱。

3.外币资本折算差额。中国执行的是注册资本制再加上外币管制,所以我们在引进外资的时候，会在合同上写一个具体外币折算汇率。可是当钱打进来，我们去外汇管理部门办手续的时候，当天会有一个牌价，合同约定汇率和当天外汇牌价，这两个数会有差别，这个差额会进到资本公积金，可能多也可能少。

4. 其他资本公积。比如权益性投资账面值的波动等。其他资本公积，用得不多，比如可供出售的金融资产的公允价值的变动，比如你买了一个基金，或者投资了个什么东西，公允价格有所变动，那我们就把这个变动计算到资本公积里面。比如说你以权益结算的股份支付，做期权或者期末的波动，这个其实并没有实际实现。

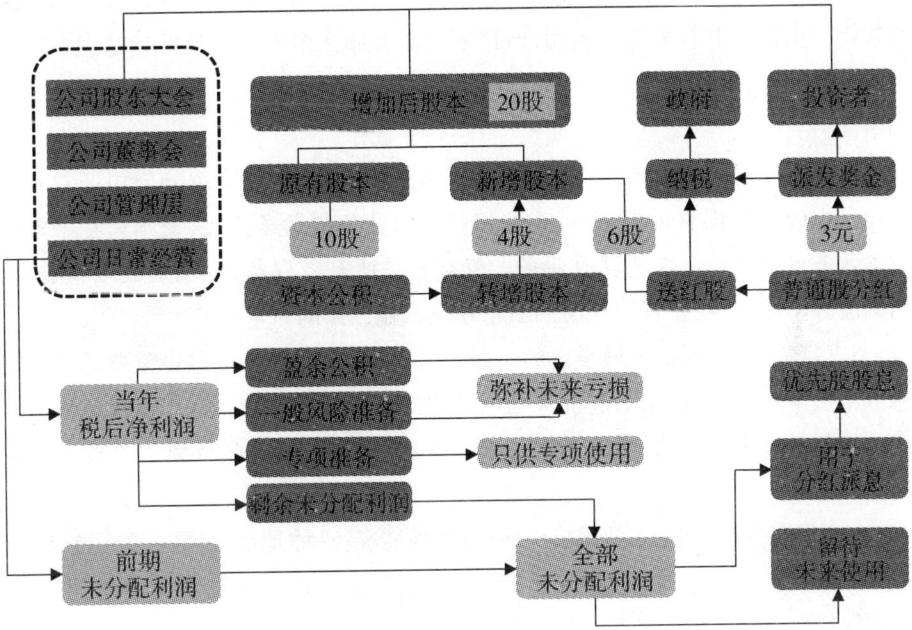

图 10－2　“10 送 6 转 4 派 3 元”分红派息方案

权益分派六要素：何时分、分什么、分多少、分给谁、税多少、谁批准。

1. 何时分？利润分配与资本公积分配的《会计业务问答（一）》其实就解决了这个问题，需要按最近一期的经披露的定期报告为分派依据。定期报告包括年报、半年报、季报，就是一年 4 个时间点才可以进行权益分派，其中年报、半年报是强制披露的，季报是自愿披露的，如果打算按季报进行权益分派，需要披露该季报，半年报、季报不需要审计。

2. 分钱还是分股？资本公积转增，肯定是分股，是增加股份的，股本扩张。但是未分配利润既可以分股(股票股利)也可以分钱(现金分红),还可以同时分股和分钱。分股,就是增加股本,咱们国家股民喜欢高送转,这个前提是我们处在一个高增长的时代里面,如果高成长将来能填权,这个是资本市场喜欢的,但问题是摊薄,如果增长没有话,收益就下降了。分钱,现金流出,虽然股东不摊薄,但是运营现金减少,现金对于公司很重要,可以扩大再生产。我记得那年微软公司开始说要分钱了,股价应声而跌,因为市场觉得微软没什么地方可以投资。

3. 分多少?法定限额里的资本公积金、未分配利润是可以分完的,但是一般没这么做的,因为要考虑实际的问题。盈余公积通常用来弥补亏损,扩大生产,特殊情况下也能分配,但是不多发生。还需要考虑实际情况,你要分钱,就要考虑你有钱吗?虽然账上有未分配利润,但是不一定有那么多现金。另外就是现在和未来的平衡问题,资本市场是一个长跑的市场,总不能今年全分完了,这是个不太好的事儿。

4. 分给谁?中国结算网站里面的一个文件(《中国结算北京分公司证券发行人业务指南》)里面就说了:发行人的权益分派业务包括送红股、资本公积金转增股本业务登记及现金红利发放业务。权益就是所有者权益,也就是股东权益,自然只能分给股东,权益登记在册的股东才是权益分派的对象。

5. 税多少?中国税务最重要的一条,就是税务当局的判定是最重要的。学习税法当然重要,但是都比不过税务当局的决定重要,而且每个地方的税务当局对企业的判断可能会不同,所以提醒大家在办这个事的时候,最要紧的是要和税务当局沟通。

(1)利润分配(股息)交不交税,分成两种情况:一种是企业,另一种是个人。

企业免税,《企业所得税法》第 26 条规定,符合条件的居民企业之间的股息、红利等权益性投资收益免税(今天讲的是内资,外资是另外一回事)。《企业所得税法》第 83 条规定,《企业所得税法》第 26 条第 2 项所称符合条件的居民企业之间的股息、红利等权益性投资收益,是指居民企业直接投资于其他居民企业取得投资收益。

个人要缴税,根据《个人所得税法》,利息、股息税率为 20%,如果是公开市场获得股票产生的股息,税收有优惠,根据《关于上市公司股息红利差别化个人所得税政策有关问题的通知》,个人在公开发行市场或者转让市场,就是 A 股或新三板,获得的上市公司(挂牌公司)的股票超过一年的股息红利暂免税收,持 1 个月到 1 年的减按 50%。同时,全国中小企业股份转让系统挂牌公司股息红利差别化个人所得税政策按照规定执行。现在的实际执行是这样的,含税就分了,分完以后呢,并不是让你交,而是在你卖的时候再去看你到底持有是否过一年,也就是你现在分给个人的都是含税的,等到卖的那一天才由中国结算来判断扣税。

(2)资本公积金转增要不要缴税?

下面讲资本公积金,资本公积金就更复杂了,这里分为两部分。

(1)股票发行溢价形成的资本公积,不管是个人还是企业,都是免税的。有文件为证,对于资本公积金转增,税务总局有个文件,即国税发〔1997〕198 号,第 1 条规定:"股份制企业用资本公积金转增股本不属于股息、红利性质的分配,对个人所得的转增股本数额,不作为个人所得,不征收个人所得税。"国税函〔1998〕289 号文做出了补充规定,即国税发〔1997〕198 号中所表述的"资本公积金"是指股份制企业股票溢价发行收入所形成的资本公积金。资本公积金股本溢价有几个时间点,一个是股份制企业,股份制改造,就是一个有限公司用账上净资产折股转制成为股份有限公司,股改之前(包括股改形成的资本公积),根据国税发〔1997〕198 号文和国税函〔1998〕289 号文,只有股份制企业溢价发行收入所形成的资本公积金才能免税。非股份制企业的资本溢价是不能免除个人所得税的,这里只有股份制公司的股票溢价才能免个人所得税。所以一般账上有的东西,如果是股改之前的(含股改),不管是 PE 进来形成资本公积,还是股改形成的资本公积金,都要交税,而股改后引进投资者产生的资本溢价则不用交税。

资本公积金转增、资本溢价企业要不要交税?根据《国家税务总局关于落实企业所得税法若干问题的通知》(国税函〔2010〕79 号)规定:"被投资企业将股权(票)溢价所形成的资本公积金转为股本的,不作为投资方企业的股息、红利收入,投资方企业也不得增加该项长期投资的计税基础。"**因此,公司是以股权(票)溢价形成的资本公积是不交税的,不管是股票溢价还是股本溢价。**

(2)非股票发行溢价形成的资本公积金。第一,个人交 20%,这要看《财政部、国家税务总局关于国家自主创新示范区有关税收试点政策推广到全国范围实施的通知》(财税〔2015〕116 号),其规定:"个人股东获得转增的股本,应按照'利息、股息、红利所得'项目,适用 20% 税率征收个人所得税。"

非股票发行溢价形成的资本公积金。公开市场获得有优惠,根据《国家税务总局关于股权奖励和转增股本个人所得税征管问题的公告》(国家税务总局公告 2015 年第 80 号)规定,"上市公司或者全国中小企业股份转让系统挂牌的企业转增股本(不含以股票发行溢价形成的资本公积金转增股本),按现行有关股息红利差别化政策执行。"就是说超过 1 年的就不交了,1 个月以上的交 50%,1 个月以内的全额缴纳。

对于股票发行溢价形成的资本公积,企业要不要交税呢?我没有找到权威性的规定，只能从会计政策上进行解释了，我的结论是要交税（你可能要和会计师、税务师、税务当局讨论的）。会计准则的原则是，根据《企业所得税法实施条例》规定，企业的各项资产包括固定资产、生物资产、无形资产、长期贷款费用、长期投资等，以历史成本为计税基础。那么除了国务院，税务主管部门可以确定调整的以外，资本公积里面好多项目是按照公允价值调整账面资产价值的时候形成的，所以都是不符合原则的，不能调整计税基础，所以应该要交税的。因此，记住几种情况，如权益法投资，如果要将其转增资本的话，都是要交税的。

6. 谁批准？

根据《公司法》第38条规定："股东会行使下列职权：……（六）审议批准公司的利润分配方案和弥补亏损方案；（七）对公司增加或者减少注册资本作出决议；……"根据《公司法》第47条规定，董事会要制订利润分配、弥补亏损以及公司增加或者减少注册资本的方案，经股东大会批准，然后向中国结算申请，确定权益登记日，最后公告，实施。

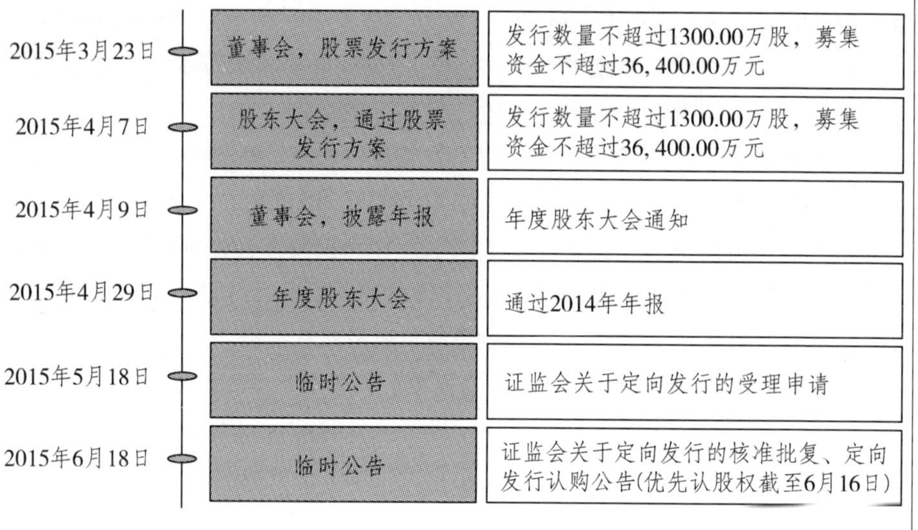

图10－3　案例分析

从上图中可以看出一个问题，首先证监会要受理申请，需要两年一期的审计报告，所以2015年4月9日开完股东大会，2015年4月29日就要赶快批年报，否则年报没有公开，证监会是不会受理申请的。既然4月7日开了股东大会，那么在4月7日之前股东大会登记日就已经知道可能会超过200名股东，所以这个时候要发临时性公告，披露超过200名股东。2015年可能不太规范，因此现在就要做这些事请，让你知道发行没那么快，还要证监会批准。到了6月18日，证监会就核准了。这个公司还有现有股东优先认购权，比较复杂。如果公司有优先股权，那么就要给现有股东优先认购权一定的认购时间。一般可以先通过修改公司章程取消现有股东优先认购权，免得耽误进程（见图10－3）。

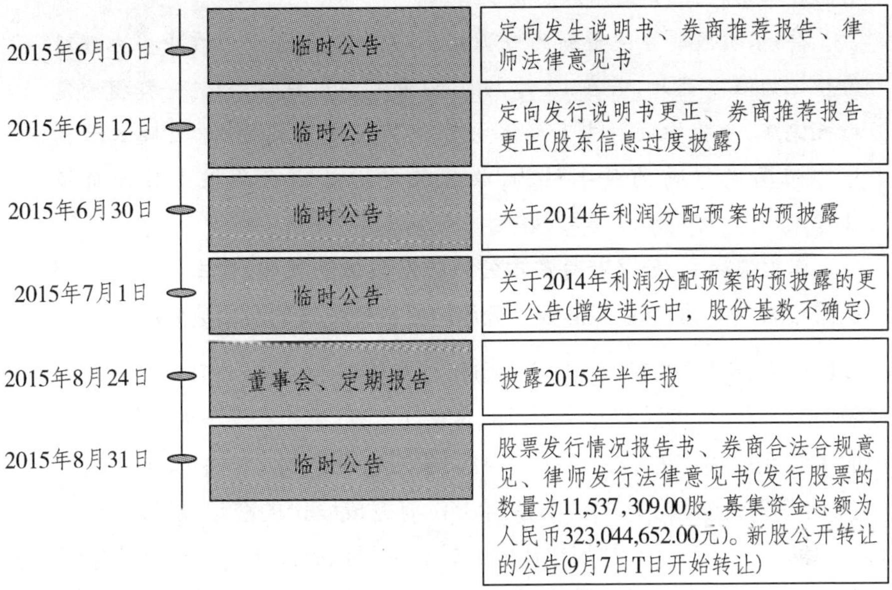

图10－4　案例分析（续）

上图中，公司6月10日公布了定向发行说明书、券商推荐报告、律师法律意见书；6月12日作了一个更正，股东信息过度披露把股东的身份证披露出来了（这个大家要注意，很多信息是不能过度披露的）；6月30日，公司出了一个公告，即关于2014年利润分配预案的预披露，具体内容就是要用那个时点的股份数进行分配，承诺实际控制人对议案投赞成票，承诺董事会成员也会对议案投赞成票，但第二天马上就更正，不能披露这个数，因为增发还在进行中，股份数不确定；8月24日披露了半年报，8月31日批了临时公告，说发行完毕；9月7日，新增股开始转让；9月2日董事会决议要资本公积金转增，10转20股，1∶3的扩张高送转；9月17日就开了股东大会，9月29日进行了权益分派，10月27日完成了工商变更登记。但这里面存在一些问题，如果你没有确定预案，能不能进行预案的披露？结论是不能，因为发行不确定，而到了9月7日才确定，所以这个时候去披露预案是有问题的（见图10－4）。

下面是一个股转系统的通知,叫特例的实践处理。

问:12 月 31 日前进行股票发行的公司,已收到定增款项,办理了验资手续,但尚未取得股转系统同意函或已取得函但尚未办理股份登记,在编制年度财务报表时如何进行账务处理,年报中股本结构是填写定增前的股本结构,还是定增后的股本结构?

答:根据股转系统最新的口头指导,定增是否完成以在中登办理股份登记为准。因此,若在 12 月 31 日前没有完成股份登记,一律视为定增未完成,年报中的股本和资本公积数据以定增前的为准,股本结构也应填写定增前的股本结构,收到的定增款项在年报中作为负债披露。

年报披露后,公司若有资本公积转增股本的意向,资本公积以年报披露数据为准,股本以实施权益分派的股权登记日的股本数为准。

我们再来看之前的案例。这个案例里面很重要的一点,就是这次发行是什么时候做完的。在《中国结算北京公司证券发行指南》里面有一条说"本公司按照公告中的 T 日完成相应的股份登记"。我们看看这个临时公告中的 T 日是什么时候,是 9 月 7 日,就是说 8 月 31 日实际上没有完成股份的登记,所以按照新规来说,他没有完成增发,资本公积也还没形成。幸亏他后面 9 月 7 日做了登记,9 月 15 日开股东大会又是新的一波人了,大家都有份。所以,如果我们现在碰到这样的案例,你什么时候才能做呢? 8 月 31 日公告,9 月 7 日开始转让,那么其实 9 月 7 日才完成登记,所以只有披露 9 月 30 日的季报,以季报这个时间点为基数,才能进行这一次的权益分派。

在资本市场中,分红更多是一种资本市场信号,下面我们来看一个案例。

净资产打三折的亨达股份,你敢买吗?

有次开会,碰到一位新三板董秘大咖,不经意间说起一支三板股票,价格 2.8 元,每股净资产 8 块多,正好是净资产打了个三折。饶胖好奇心起,这是天上掉馅饼吗?

这家净资产打三折的公司叫亨达股份(证券代码:831687)。

股价走势(见图 10-5):

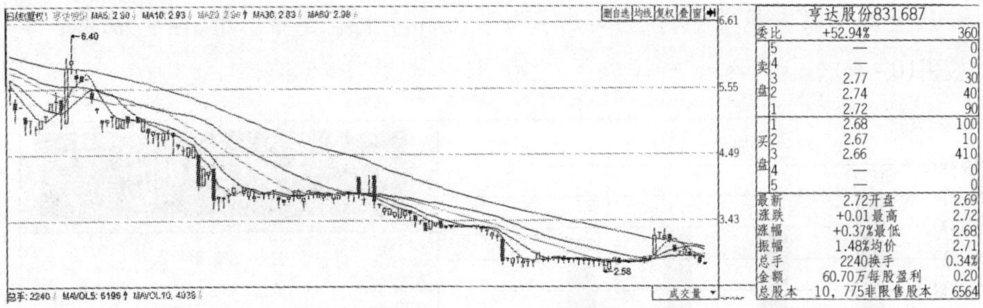

数据来源：同花顺。

图 10－5　亨达股份股价走势

2016 年 11 月 10 日亨达股份收盘价 2.72 元/股，市值。2016 年半年报显示，每股净资产 8.36 元，正好打了个三折。甚至 2016 年 6 月 30 日，现金还有 4.939 亿元，折合每股现金 4.58 元/股。如果按市场价把亨达股份买下来，清算，假设报表是真的，光拿回现金就赚 1.9 个亿。当然，你买不到，也就想象一下。至于报表真假还有监管和督导，对吧。

根据亨达股份 2016 年半年报，亨达股份是公司主营业务为男女皮鞋的研发、设计、生产与销售，采取了内、外销业务并举发展的商业模式。外销业务中，公司以 ODM 方式向国际知名品牌商提供皮鞋产品的设计与生产，公司内销业务目前采用了轻资产运营模式，即将固定资产较大的生产环节主要外包给第三方加工厂商，通过运营品牌、自主研发设计，并以自营店、特许加盟等方式销售自有品牌产品，但亨达股份 2016 年半年报并未分类披露内外销业务的分类营业收入。

我们来看看亨达股份这几年的财务数据（根据亨达股份公告资料整理）。

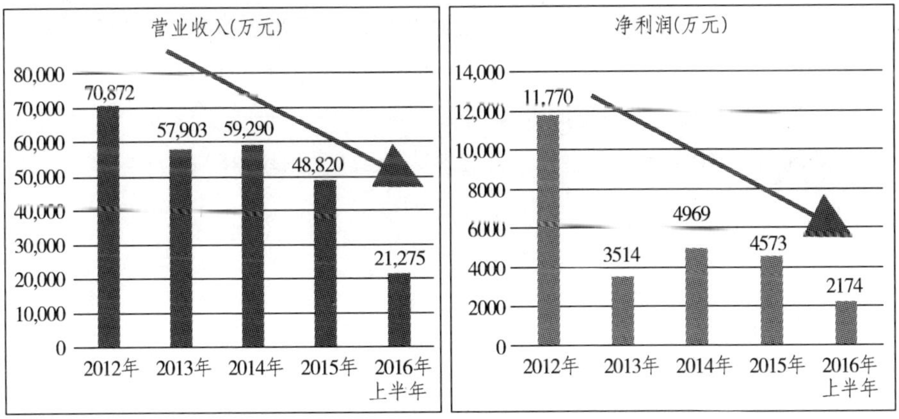

图 10－6　营业收入和净利润情况

从上图可以直观感觉到，公司的业务收入和净利润连年下滑，经营形势不妙（见图10－6）。

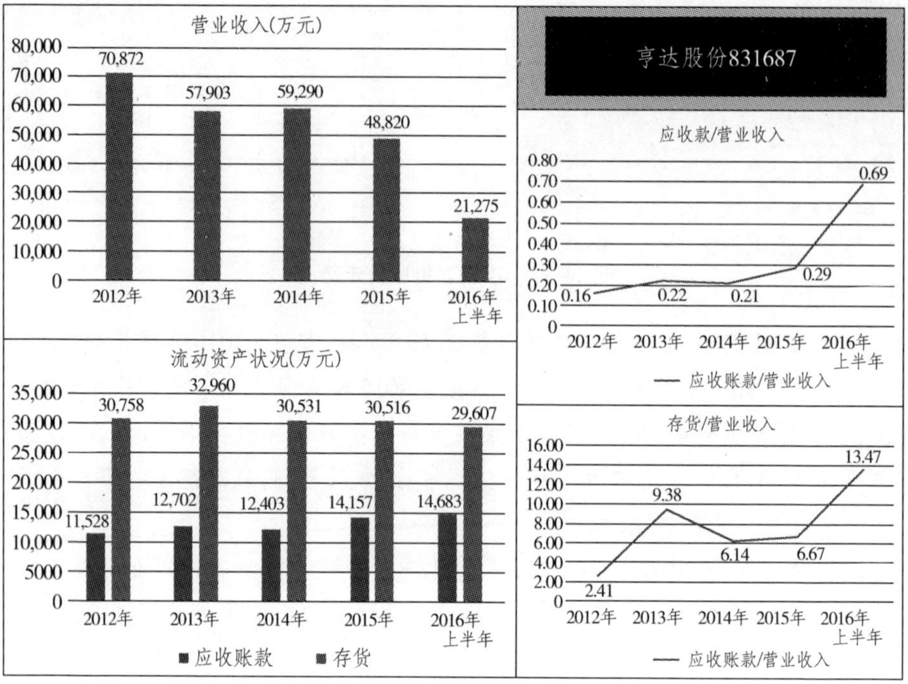

图10－7 应收账款和存货情况

相对于营业收入的两年下滑，应收账款和存货却不降反升，饶胖闻到了危险的气息（见图10－7）。

我和一位新三板资深董秘聊起此事，他说："这么多现金在账上，价格远远低于净资产和现金，符合逻辑的做法是控股股东和实际控制人回购。他们不动作是为何？一定是有我们不知道的事情，小心！"

当然，也有可能是控股股东和实际控制人没钱（见图10－8）：

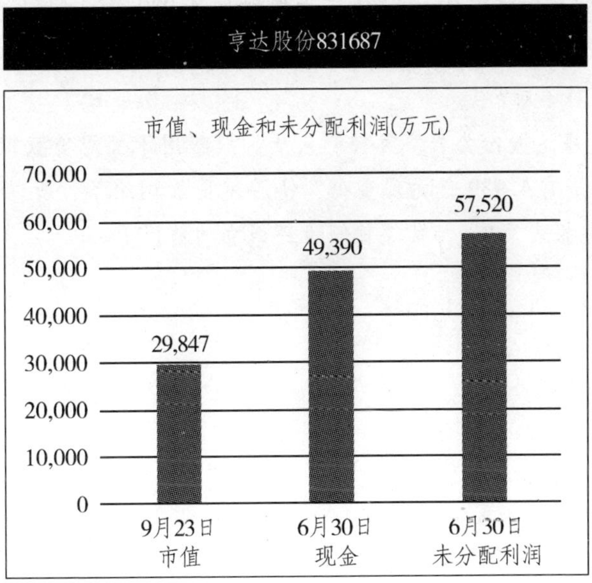

序号	股东名称	期初持股数	持股变动	期末持股数	期末持股比例%	期末持有限售股份数量	期末持有无限售股份数量
1	单玉香	19,541,256	0	19,541,256	18.14%	14,655,941	4,883,314
2	单存礼	19,209,256	0	19,209,256	17.83%	14,406,942	4,802,314
3	上海复星平耀投资管理有限公司	14,853,383	0	14,853,383	13.79%	—	14,853,383
4	王吉万	7,815,789	0	7,815,789	7.25%	5,861,842	1,953,947
5	王国昌	5,916,233	0	5,916,233	5.49%	4,437,175	1,479,058
6	单玉萍	5,196,233	0	5,196,233	4.82%	2,597,745	2,596,488
7	吴秀花	4,116,541	200,000	4,317,541	4.01%	—	4,317,541
8	新时代证券有限责任公司做市专用证券账户	2,983,000	22,000	3,005,000	2.79%	—	3,005,000
9	彭云辉	2,882,463	-3000	2,879,463	2.67%	—	2,879,463
10	上海星杉创富股权投资合伙企业(有限合伙)	1,578,947	0	1,578,947	1.47%	—	1,578,947
合计		84,093,101	220,000	84,313,101	78.25%	41,959,646	42,353,455

图10-8　控股股东和实际控制人情况

6月30日的半年报中显示,账上有大把现金,4.939亿现金,也有5.7亿元的未分配利润。如果控股股东和实际控制人手上没现金,只要半年权益分派分一点现金就好了,对不对?

9月26日,亨达股份公告实际控制人质押股权用于公司贷款担保,贷款1.2亿元,但账上不是有4.939亿元现金吗?饶胖就更加糊涂了。所以要小心,便宜是要建立在财务报表真实、持续经营假设还成立的前提下。

第十一讲　新三板借壳Ⅰ

——常规借壳和重大资产重组法规的学习:借壳正经玩法

企业借壳新三板一般通过以下两种操作方式:第一种是通过收购新三板企业股权的方式取得控制权,再用资产+增发股权买入新资产,反向并购借壳,原有资产在此方案中被置出;第二种是买方通过参与挂牌公司的增发,注入现金,获得公司控股权,然后出售旧资产,购入新资产。

新三板挂牌要求并不算太高,挂牌时间短而快,监管层也一直强调企业挂牌新三板无须借壳。但部分公司由于自身资质、历史沿革、成立时间、挂牌周期较长等因素限制,所以选择借壳。当然,全国股转系统2015年4月已表示过,针对挂牌公司收购或重大资产重组行为,在审查中将保持与挂牌准入环节的一致性,避免出现监管套利。

但是,2016年9月9日,股转系统发布了《全国中小企业股份转让系统挂牌业务问答——关于挂牌条件适用若干问题的解答(二)》:

一、全国股转公司对挂牌准入负面清单管理的具体要求有哪些?

答:全国股转公司根据业务规则及标准指引,结合市场定位、发展现状和国家产业政策要求,对挂牌准入实行负面清单管理,规定存在负面清单情形之一的公司不符合挂牌准入要求。负面清单将根据市场发展情况定期评估修订,具体内容如下:

(一)科技创新类公司最近两年及一期营业收入累计少于1000万元,但因新产品研发或新服务培育原因而营业收入少于1000万元,且最近一期末净资产不少于3000万元的除外;

(二)非科技创新类公司最近两年累计营业收入低于行业同期平均水平;

(三)非科技创新类公司最近两年及一期连续亏损,但最近两年营业收入连续增长，且年均复合增长率不低于50%的除外；

（四）公司最近一年及一期的主营业务中存在国家淘汰落后及过剩产能类产业。

科技创新类公司是指最近两年及一期主营业务均为国家战略性新兴产业的公司，包括节能环保、新一代信息技术、生物产业、高端装备制造、新材料、新能源、新能源汽车。不符合科技创新类要求的公司为非科技创新类。非科技创新类公司营业收入行业平均水平以主办券商专业意见为准。年均复合增长率以最近三年的经审计财务数据为计算依据。

上述规定，提升了挂牌新三板的实质性门槛。紧接着挂牌业务部在2016年10月1日推出了具体执行标准。

《全国中小企业股份转让系统挂牌业务问答——关于挂牌条件适用若干问题的解答（二）》于2016年9月9日发布，并自发布之日起施行。为进一步明确标准，便于主办券商操作执行，挂牌业务部现将负面清单相关事项的审查标准说明如下：

一、自解答（二）发布之日起，主办券商提交申请挂牌文件的，应在《推荐报告》中就申请挂牌公司是否存在负面清单限制情形发表意见。申请挂牌公司属于非科技创新类的，主办券商应说明营业收入是否达到行业平均水平及其简要分析过程。

二、对于解答（二）发布之前的已申报公司，存在负面清单限制情形的，主办券商应补充核查并发表意见。

三、战略新兴产业的具体执行标准为国家发展改革委发布的《战略性新兴产业重点产品和服务指导目录》。

四、科技创新类公司的各期主营业务收入中，属于战略新兴产业的业务收入占比应不低于50%。未达到标准的，应执行非科技创新类公司相关要求。

五、审查员主要关注行业研究和行业平均水平测算过程是否科学、合理和可靠，同一主办券商前后推荐的相同行业公司的研究结论是否存在重大变化，不同主办券商推荐的相同行业公司的研究结论是否存在显著差异。

六、关于测算行业平均营业收入的参考口径。

（一）行业界定。主办券商应根据全国股转系统《挂牌公司管理型行业分类指引》要求，清晰界定申请挂牌公司所属行业，并说明具体依据。

(二)样本选取。行业平均营业收入的测算样本数据来源应公开可靠,可以选取公开市场数据(如上市公司、新三板挂牌公司、区域股权市场挂牌公司等),以及国家统计部门、宏观经济主管部门、财政税务部门数据,行业协会公开数据等进行综合测算分析。申请挂牌公司的技术类别、服务模式、销售区域等主要经营特点,应在样本选取中予以适度考虑,以保证选取样本的可比性。

(三)测算方式。根据样本的营业收入进行算术平均,得到行业平均营业收入。行业平均营业收入以测算样本两个完整会计年度的营业收入之和为基础。因样本公司年报未披露导致行业数据暂不能获取的,可选择前置一年的数据作为参考。

(四)差异说明。同一主办券商前后提交的行业平均值存在重大变化的,主办券商应说明公司的行业界定、样本范围及行业平均测算方法的合理性,解释变化原因。主办券商提交的行业平均值与其他主办券商存在重大差异的,应说明原因。

上述标准还附上了操作案例。

附:参考示例

甲公司于2016年7月申请挂牌,该公司主要业务为“苯类、染料中间体、酸酐等化工产品的研发、生产与销售”。

1. 行业分类

按照国家统计局2011年发布的《国民经济行业分类》,甲公司属于“有机化学原料制造(C2614)”;根据中国证监会2012年发布的《上市公司行业分类指引》,甲公司属于“化学原料和化学制品制造业(C26)”;根据《挂牌公司投资型行业分类指引》,甲公司属于“商品化工(11101010)”;根据《挂牌公司管理型行业分类指引》,甲公司属于“有机化学原料制造(C2614)”。

2. 判断是否属于科技创新类公司

根据国家发改委《战略性新兴产业重点产品和服务指导目录》,甲公司经营业务不属于战略性新兴产业,故甲公司属于非科技创新类公司,应满足报告期两个完整会计年度营业收入不低于同期行业平均水平的要求。

3. 行业平均营业收入水平测算

根据公司所属行业特点,考虑行业可比和数据获取等因素,我们选取公开市场数据、国内宏观数据等作为对标测算基础,测算结果见表11-1。

表11-1 行业平均营业收入水平测算结果

单位:万元、个

行业	数据来源	市场类别	2014年		2015年		两年平均之和
			行业平均营业收入	样本数	行业平均营业收入	样本数	
可比大类行业:化学原料和化学制品制造业(C26)	公开市场数据	上市公司	336,534.6	194	348,008.3	194	684,542.9
		新三板挂牌公司	24,270.7	453	23,341.9	453	47,612.6
		区域股权市场	16,383.0	46	11,104.2	46	27,487.2
		三类市场综合	111,163.0	693	113,417.5	693	24,580.4
	国内宏观数据	工业企业分行业数据	33,757.4		33,603.3		67,360.7
可比细分行业:有机化学原料制造(C2614)	公开市场数据	新三板挂牌公司	49,117.1	29	35,571.6	29	84,688.7

上表从大类行业对上述三类公开市场进行测算,小类细分行业通过新三板挂牌公司测算;主办券商在实际操作时,应尽可能选取最细分行业数据作为对标测算基础。

公开市场数据测算结果和工业企业分行业测算结果分别从公开市场和国内宏观经济两个数据层面反映行业平均水平。申请挂牌公司在实际对标时,应尽可能全面测算可对标的各个维度(包括但不限于本案例示例维度),并选择适当的维度进行对标,对于选择对标的数据维度和认为不适合对标而排除的数据维度,均应充分阐述相关理由。

4. 数据来源说明

上市公司和新三板已挂牌公司数据来源于东方财富Choice数据库,区域股权市场挂牌公司数据、国内宏观经济工业企业分行业数据来源于Wind数据库,数据下载日期均为2016年9月27日。

5. 营业收入对标

(1)甲公司报告期营业收入情况:2014年营业收入186,845.2万元,2015年营业收入139,641.1万元,两年合计326,486.3万元。

(2)甲公司报告期两个完整会计年度(2014年、2015年)营业收入之和,高于公开市场数据的行业平均营业收入水平、工业企业分行业数据的行业平均营业收入水平,也高于细分行业的行业平均营业收入水平,符合“报告期两个完整会计年度营业收入高于同期行业平均水平”的挂牌条件。

我们可以得出这样的印象,即新三板不设财务门槛的挂牌标准的时代,一去不复返了。要么你和新兴产业挂钩(营业收入中新兴产业收入需要超过50%),要么,你得是一个中等规模的企业才能来新三板挂牌。新三板这两年上了大量没有营业规模的传统行业小企业,这样的情形将不会再有。从另一个角度讲,门槛提什么,原来的壳资源就更加有价值。可以预计未来一段时间,新三板借壳将从偏门变成新三板资本运作的显学。

总的来说,企业借壳新三板一般有以下两种操作方式:第一种是通过收购新三板企业股权的方式取得控制权,再用资产+增发股权买入新资产,反向并购借壳,原有资产在此方案中被置出;第二种是买方通过参与挂牌公司的增发,注入现金,获得公司控股权,然后出售旧资产,购入新资产。

一、借壳事件亲历

借壳这件事是很有趣的,现在给大家讲一个饶胖的亲身经历:

2015年夏天,饶胖所在的企业,想参与投资一家发展很不错的、主营信息安全类业务的公司(以下简称项目方),我们觉得这个项目方很有发展前景,能够对我们的股价、估值、流动性和市场影响有好处,一句话,是个资本市场题材。当时该项目方发展得很好,市场上很多机构对该项目方都有投资意向,为了竞争,考虑到该项目方老板想独立发展,我提出一个方案:我们到新三板,专门为项目方买一个壳,然后把项目方公司资产装进去,由我们来控股;我们控股期间支持项目方的发展,两年后项目方老板觉得比较好,我们再让项目方老板买回控制权独立发展,其间,我们用标的公司的概念、业绩,也可以享受资本市场红利。

该项目方老板对上述方案很感兴趣,让我来操作。我听说过借壳,但是没有实际操作过,我就到处去问朋友,开始着手准备找壳资源。我的一个朋友杨总,是南京一个很大的投资公司老总,联系过南京一个壳资源公司,约我到南京那家壳公司去聊方案。结果那段时间我一直忙增发事宜,没有时间,连续约了大概四五个礼拜,杨总也很忙,等我和介绍壳资源的杨总时间都合适后,我们一起去南京那家小的软件公司,发现在我们来之前一个星期,他已经把壳卖掉了。

壳公司老板其貌不扬，个头也不高。他给我们讲了他自己的经历，之前做过很多软件类的工作，也做过软件外包，但是一直做不大，没有赚到多少钱。大概2013年，当地政府和中介机构动员企业上新三板，说中介费由政府补贴，可以覆盖挂牌成本，当时这家公司连一两百万元中介费都拿不出来，但公司老板敏锐地捕捉到新三板的机会，和中介机构约定等政府补贴下来后再支付中介费，就这样未支付中介费就上了新三板，上了新三板后很快就把壳卖掉了，卖了2000万元现金。

我们很遗憾，去沟通方案后，壳公司老板表示，虽然我的方案挣钱多，但不给现金，而他需要现金。最让我们震撼的是，壳公司老板2000万元拿到手，原公司业务全部剥离后自己带走，又买了一家拥有两年历史的高新技术企业和软件资质的公司，然后把剥离的业务装进去，准备再来一次。杨总也是资本市场老将，壳公司老板的讲述，让我和杨总目瞪口呆，一起感叹高手在民间。

二、什么是“借壳”

“借壳”这个词我们经常用，首先一起来学习一下上市公司借壳的相关法规：

《上市公司重大资产重组管理办法》（最近一次修订时间为2016年9月18日，中国证券监督管理委员会令第127号）第13条规定：“上市公司自控制权发生变更之日起60个月内，向收购人及其关联人购买资产，导致上市公司发生以下根本变化情形之一的，构成重大资产重组，应当按照本办法的规定报经中国证监会核准：（一）购买的资产总额占上市公司控制权发生变更的前一个会计年度经审计的合并财务会计报告期末资产总额的比例达到100%以上；（二）购买的资产在最近一个会计年度所产生的营业收入占上市公司控制权发生变更的前一个会计年度经审计的合并财务会计报告营业收入的比例达到100%以上；（三）购买的资产在最近一个会计年度所产生的净利润占上市公司控制权发生变更的前一个会计年度经审计的合并财务会计报告净利润的比例达到100%以上；（四）购买的资产净额占上市公司控制权发生变更的前一个会计年度经审计的合并财务会计报告期末净资产额的比例达到100%以上；（五）为购买资产发行的股份占上市公司首次向收购人及其关联人购买资产的董事会决议前一个交易日的股份的比例达到100%以上；（六）上市公司向收购人及其关联人购买资产虽未达到本款第（一）项至第（五）项标准，但可能导致上市公司主营业务发生根本变化；（七）中国证监会认定的可能导致上市公司发生根本变化的其他情形。”上市公司实施前款规定的重大资产重组，应当符合下列规定：“（一）符合本办法第十一条、第四十三条规定的要求；（二）上市公司购买的资产对应的经营实体应当是股份有限公司或者有限责任公司,且符合《首次公开发行股票并上市管理办法》规定的其他发行条件;(三)上市公司及其最近3年内的控股股东、实际控制人不存在因涉嫌犯罪正被司法机关立案侦查或涉嫌违法违规正被中国证监会立案调查的情形,但是,涉嫌犯罪或违法违规的行为已经终止满3年,交易方案能够消除该行为可能造成的不良后果,且不影响对相关行为人追究责任的除外;(四)上市公司及其控股股东、实际控制人最近12个月内未受到证券交易所公开谴责,不存在其他重大失信行为;(五)本次重大资产重组不存在中国证监会认定的可能损害投资者合法权益,或者违背公开、公平、公正原则的其他情形。上市公司通过发行股份购买资产进行重大资产重组的,适用《证券法》和中国证监会的相关规定。本条第一款所称控制权,按照《上市公司收购管理办法》第八十四条的规定进行认定。上市公司股权分散,董事、高级管理人员可以支配公司重大的财务和经营决策的,视为具有上市公司控制权。创业板上市公司自控制权发生变更之日起,向收购人及其关联人购买资产,不得导致本条第一款规定的任一情形。上市公司自控制权发生变更之日起,向收购人及其关联人购买的资产属于金融、创业投资等特定行业的,由中国证监会另行规定。"

什么是借壳?上市公司"借壳"的认定条件为:第一,上市公司"控制权变更"了,即上市公司股权被收购人收购了;第二,同时还要向取得控制权的人或者其关联方"购资"资产,购买资产的数量还要足够大,达到上市公司控制权发生变更的前一个会计年度经审计的合并财务会计报告期末资产总额比例的100%以上。这两个交易行为同时符合,即被认定为"借壳"。《上市公司重大资产重组管理办法》修改后,将购买收购人资产的判断标准由资产总额1个指标扩展到:资产总额、营业收入、净资产、资产净额、购买股份比例5个指标,同时规定,虽然没达到前述5个指标100%,但"主营业务发生根本变化"也构成。

上述关于"借壳"的法规是有漏洞的,上市公司很多重组案例就是规避上述规定。例如,有上市公司先把壳拿下来,再把第三方资产装进上市公司,因为借壳审批需要很长的时间,而且标的资产需要符合很多要求,这样一步拆成两步后,一个是收购上市公司,另一个是上市公司购买资产,特别是在现金购买的前提下,一般是不需要证监会审核的。还要注意一个问题:创业板上市公司不能实施借壳的交易行为。

除上述法规外,《上市公司重大资产重组管理办法》(中国证券监督管理委员会令第109号)第11条规定:"上市公司实施重大资产重组,应当就本次交易符合下列要求做出充分说明,并予以披露:(一)符合国家产业政策和有关环境保护、土地管理、反垄断等法律和行政法规的规定;(二)不会导致上市公司不符合股票上市条件;(三)重大资产重组所涉及的资产定价公允,不存在损害上市公司和股东合法权益的情形;(四)重大资产重组所涉及的资产权属清晰,资产过户或者转移不存在法律障碍,相关债权债务处理合法;(五)有利于上市公司增强持续经营能力,不存在可能导致上市公司重组后主要资产为现金或者无具体经营业务的情形;(六)有利于上市公司在业务、资产、财务、人员、机构等方面与实际控制人及其关联人保持独立,符合中国证监会关于上市公司独立性的相关规定;(七)有利于上市公司形成或者保持健全有效的法人治理结构。"

第 43 条规定:"上市公司发行股份购买资产,应当符合下列规定:(一)充分说明并披露本次交易有利于提高上市公司资产质量、改善财务状况和增强持续盈利能力,有利于上市公司减少关联交易、避免同业竞争、增强独立性;(二)上市公司最近一年及一期财务会计报告被注册会计师出具无保留意见审计报告;被出具保留意见、否定意见或者无法表示意见的审计报告的,须经注册会计师专项核查确认,该保留意见、否定意见或者无法表示意见所涉及事项的重大影响已经消除或者将通过本次交易予以消除;(三)上市公司及其现任董事、高级管理人员不存在因涉嫌犯罪正被司法机关立案侦查或涉嫌违法违规正被中国证监会立案调查的情形,但是,涉嫌犯罪或违法违规的行为已经终止满 3 年,交易方案有助于消除该行为可能造成的不良后果,且不影响对相关行为人追究责任的除外;(四)充分说明并披露上市公司发行股份所购买的资产为权属清晰的经营性资产,并能在约定期限内办理完毕权属转移手续;(五)中国证监会规定的其他条件。上市公司为促进行业的整合、转型升级,在其控制权不发生变更的情况下,可以向控股股东、实际控制人或者其控制的关联人之外的特定对象发行股份购买资产。所购买资产与现有主营业务没有显著协同效应的,应当充分说明并披露本次交易后的经营发展战略和业务管理模式,以及业务转型升级可能面临的风险和应对措施。"

目前,新三板没有关于借壳明文法规上的规定,但全国股转系统官方微信公众号于 2015 年 8 月 6 日发出一篇文章《新三板挂牌公司并购重组基本不涉及"借壳"行为审查效率持续提升》,我们可以认为是监管声音。该文指出:"截至 2015 年 7 月 31 日,新三板市场共有 68 家公司发生收购事项,159 家公司涉及重大资产重组事项,其中绝大部分属于挂牌公司的产业整合行为,未出现收购(即控制权变更)与重组(即主营业务变更)行为的交叉,仅是单纯的公司控制权变动或资产结构调整。少数挂牌企业出现的收购与重组行为交叉的情形中,重组对手方与收购方无关联关系,或者置入资产体量很小。因此都不涉及所谓的'借壳'操作。"

上文变相解释了在新三板,全国股转系统定义的"借壳"为:第一,出现挂牌公司收购(即控制权变更);第二,发生重组(即主营业务变更),且重组对手方与收购是有关联关系；第三，上述两个交易行为的交叉。全国股转系统官方微信公众号又说：“截至目前，新三板市场仅有2家公司在控制权发生变动的同时或控制权变动后，购买置入了来自于收购方及其关联方的大额资产。对于这两家公司的收购和重组行为，全国股转公司依据企业挂牌准入标准进行了审查。”“全国股转公司支持企业通过并购重组进行正常的行业、业务整合，中国证监会已经制定并发布《非上市公众公司收购管理办法》和《非上市公众公司重大资产重组管理办法》，全国股转公司也制定并发布了相关配套规则。针对可能涉及‘借壳’的并购重组行为，全国股转公司在审查中将保持与挂牌准入环节的一致性，避免出现监管套利；相关规则正在研究制定过程中，将择机发布。”

三、全国股转系统所称的“借壳”案例

虽然股转系统并没有公布这两家公司的信息，但根据彼时市场公开资料分析，满足股转系统对“借壳”行为的认定，即“出现收购（即控制权变更）与重组（即主营业务变更）行为的交叉”的案例，仅有鼎讯互动（后更名为“ST鼎讯”）及道从科技（430181）两家。

2015年10月28日，21世纪经济报道常亮写的一篇文章《ST鼎讯变身欧美城新三板首例成功借壳案出炉》中提到：欧美城借壳鼎讯互动方案是分两步走，第一步实际控制人变更，第二步发行股票购买实际控制人或其关联人的资产，2016年5月17日公告公司改名和证券改为欧美城。

过程如图11－1所示：

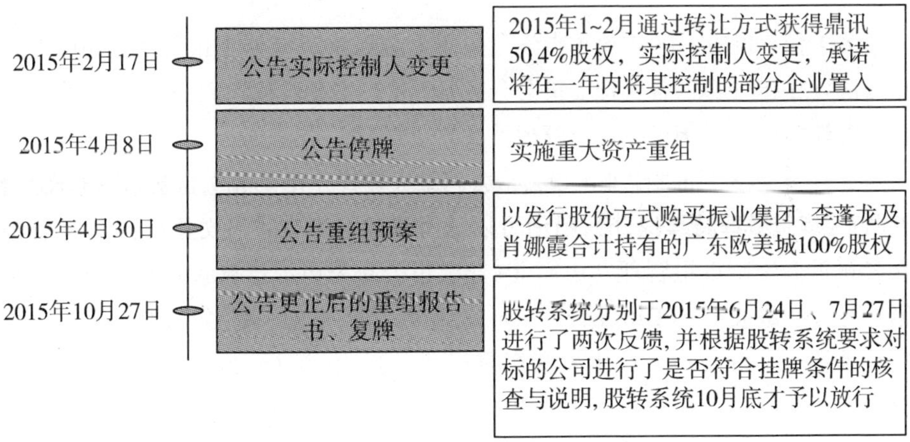

图11－1　欧美城借壳鼎讯互动过程

全国股转系统前后审核了6个月时间，为什么这么长时间呢？翻阅ST鼎讯主办券商中信建投证券出具的更正后的《独立财务顾问报告》，相比2015年4月30日发布的版本，增加了一节“目标公司符合挂牌条件的说明”的内容。符合股转系统此前宣布的“在审查中保持与挂牌准入环节的一致性，避免出现监管套利”的要求，并揭示了日后择机发布的“相关规则”大致轮廓。增加的一节内容包括“目标公司设立已满两年”“公司业务明确，具有持续经营能力”“公司治理机制健全，合法规范经营”“股权明晰，股票发行和转让行为合法合规”“主办券商推荐并持续督导”。

广东欧美城借壳ST鼎讯受到了股转系统的“特别关注”。考虑到这是第一例被成功放行的借壳案例，股转系统9月初安排挂牌业务部和公司业务部两个部门共同负责审核，相当于分别按“挂牌”和“重组”两道流程进行审核，审核时间由此变长，彼时这一操作方式亦通过窗口指导方式下发给券商。

两部门“会审”及在重组方案中加入“目标公司符合挂牌条件”的内容并进行审核，有可能成为未来股转系统处理“借壳”的标准流程，以守住“与挂牌准入环节一致”的底线。

四、新三板“借壳”适用的法规

股转定义的“借壳”：收购（即控制权变更）与重组（即主营业务变更）行为的交叉，且重组对手方与收购是有关联关系。（1）收购（控制权变更）——《非上市公众公司收购管理办法》；（2）重组（主营业务变更）——《非上市公众公司重大资产重组管理办法》。

关于新三板“借壳”需要重点学习的两个法规：一是《非上市公众公司收购管理办法》（中国证券监督管理委员会令第102号）；二是《非上市公众公司重大资产重组管理办法》（中国证券监督管理委员会令第103号）。

本讲先学习一下关于非上市公众公司重大资产重组的相关法规，包括证监会的两个部门规章和股转系统一个指引及三个指南。（1）部门规章：①《非上市公众公司重大资产重组管理办法》；②《非上市公众公司信息披露内容与格式准则第6号——重大资产重组报告书》。（2）股转指引指南：①《全国中小企业股份转让系统非上市公众公司重大资产重组业务指引（试行）》；②《全国中小企业股份转让系统重大资产重组业务指南第1号——非上市公众公司重大资产重组内幕信息知情人报备指南》；③《全国中小企业股份转让系统重大资产重组业务指南第2号——非上市公众公司发行股份购买资产构成重大资产重组文件报送指南》；④《全国中小企业股份转让系统挂牌公司暂停与恢复转让业务指南

（试行）》。

（一）构成重大资产重组的标准

1. 总资产标准：购买、出售的资产总额≥资产总额的50%。

2. 净资产标准：购买、出售的资产净额≥净资产总额的50%&资产总额的30%。

3. 资产计算标准，对于股权类资产，取得控制权，账面值与成交价取高值；丧失控制权，直接取账面值；不涉及控制权，购买看成交价，出售看账面值。对于非股权类资产，买入账面值与成交价取高值，出售看账面值；不涉及负债的，不适用资产净额标准。12个月连续对同一购买或者出售的合并计算。

（二）一般审核要求及强制性中介要求

1. 一般要求

第一，重大资产重组涉及的资产定价应公允，不存在损害公众公司或股东权益的情形。

第二，重大资产重组所涉及的资产权属清晰，资产过户或转移不存在法律障碍，相关债权债务处理合法；所购买的资产，应属于产权清晰的经营性资产。

第三，实现资产重组以后应当有利于实现公众公司提高资产质量及增强可持续性经营能力，不存在公众公司重组以后主要资产为现金及没有主要经营业务的情形。

第四，重大资产重组实现以后有利于实现或者保持公众公司健全有效的法人治理结构。

2. 中介机构

应当聘请独立财务顾问、律师事务所以及具有证券、期货相关业务资格的会计师事务所等证券服务机构出具相关意见。应当聘请为其提供督导服务的主办券商为其独立财务顾问，但存在影响独立性、财务顾问业务受到限制等不宜担任独立财务顾问的情形除外。

（三）关于保密及信息披露的规定

上市公司一有重大资产重组消息，上市公司的股价波动就会较大。新三板公司有个很大特点，即大部分公司股票交易是不活跃或者是没有交易的，但是一旦涉及重大资产重组，一定需要严格地按照保密和内幕知情人方式来操作。

保密。公众公司与交易对方就重大资产重组进行初步磋商时，应当采取保密措施,限定相关敏感信息的知悉范围,并与参与或知悉本次重大资产重组的相关人员签订保密协议。

公众公司控股股东或者实际控制人等相关主体研究、筹划、决策重大资产重组事项,原则上应当在相关股票暂停转让后或者非转让时间进行,并尽量简化决策流程、提高转让效率、缩短决策时限,尽可能所需内幕信息知情人范围。

如需要向相关部门进行政策咨询、方案论证的,应在相关股票暂停转让后进行。

披露文件:(1)重大资产重组报告书;(2)独立财务顾问意见;(3)资产审计评估报告;(4)法律意见书。

(四)重大资产重组——发行股票收购资产流程

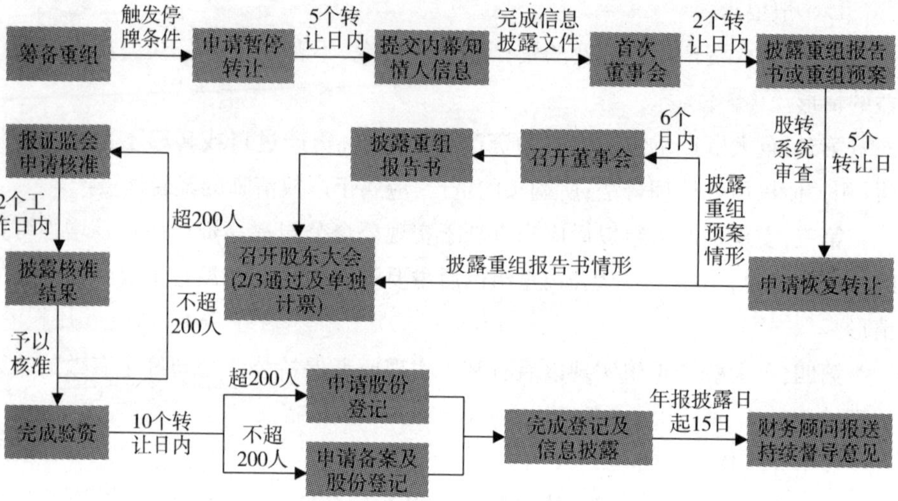

图11-2 重大资产重组——发行股票收购资产流程

(五)支付对价、持续督导及限售的要求

1. 支付对价的形式

公众公司重大资产重组可以使用现金、股份、可转换债券、优先股等支付手段购买资产。

使用股份、可转换债券、优先股等支付手段购买资产的,其支付手段的价格由交易双方自行协商确定,定价可以参考董事会召开前一定期间内公众公司股票的市场价格、同行业可比公司的市盈率或市净率等。董事会应当对定价方法和依据进行充分披露。

2. 持续督导

财务顾问应当持续督导不少于一个完整会计年度。

3. 限售

特定对象以资产认购而取得的公众公司股份，自股份发行结束之日起6个月内不得转让；以下情况，12个月内不得转让：(1)特定对象为公众公司控股股东、实际控制人或者其控制的关联人；(2)特定对象通过认购本次发行的股份取得公众公司的实际控制权；(3)特定对象取得本次发行的股份时，对其用于认购股份的资产持续拥有权益的时间不足12个月。

南孚电池借壳亚锦科技

亚锦科技主营业务为医疗卫生软件的研发、销售及售后服务。2014年6月新三板挂牌，一年来，公司处于亏损状态。亚锦科技发行股份收购南孚电池60%股权，实际控制人变更，主业变更为电池，符合股转关于借壳的两个条件，即购入资产与变更后的实际控制人关联。2015年南孚电池预计实现营业收入21亿元，净利润4.3亿元。

上述案例中我们可以发现一个问题，**即软件公司特别适合做壳公司**，原因在于软件公司是轻资产公司，资产容易剥离，资产负债少。重资产公司有很多土地、房产、存货，不容易剥离，而环保类公司有很多资质，资质不好转移，所以最好的壳是小型软件公司。

借壳过程(见图11－3)：

2015年6月18日，亚锦科技公告因重大资产重组停牌，9月30日董事会决议公告第一次重组报告书，并发出了在10月16日召开股东大会的通知，随即10月13日公告取消了该通知，这是由于股转要对重组报告书审核。10月13日股东会决议将公司注册地址迁到宁波，即南孚电池所在地，借壳都要有个重要问题就是迁址，实际操作相当麻烦。12月30日公告延期复牌，审核还没有完成，2016年1月12日公告经股转审核并根据审核意见修改过的重组报告书。

关于重大资产重组股转的审核政策，股转在2016年9月22日以投资者问答形式予以明确。

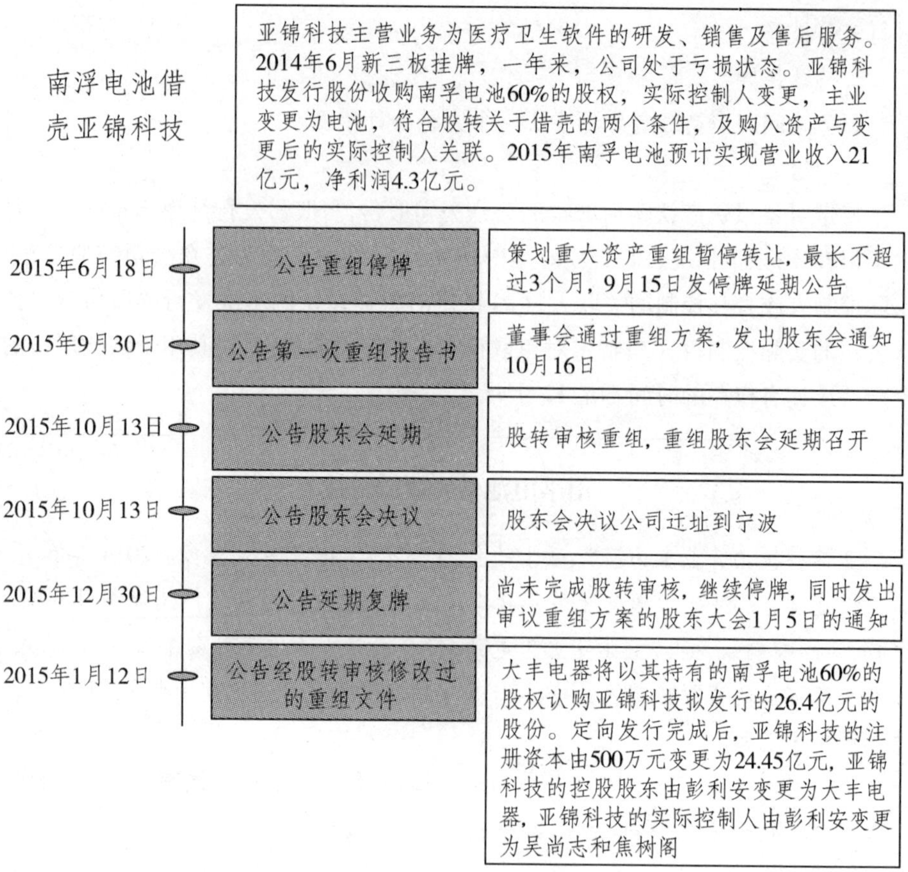

图11－3　南孚电池借壳亚锦科技过程

《关于新三板挂牌公司重大资产重组的投资者问答》

近期，我们收到市场投资者关于新三板挂牌公司重大资产重组的若干问题。现整理答复如下：

1. 全国股转系统在审查挂牌公司重大资产重组申请文件时，关注的重点在哪里？是否仅限于信息披露的格式规范性？发现问题后全国股份转让系统将如何处理？

答：根据《非上市公众公司重大资产重组管理办法》的规定，全国股转系统应当对公众公司重大资产重组信息披露文件的完备性进行审查。全国股转系统对重大资产重组信息披露文件的完备性审查并不仅限于格式规范性，对信息披露的准确性、完整性也将予以关注。特别是对重组事项是否符合《非上市公众公司重大资产重组管理办法》第3条规定的重组条件、重组标的在合规性方面是否存在瑕疵、信息披露义务人对重组定价公允性是否进行了充分解释等问题，予以重点关注。

如果全国股转系统在信息披露审查中发现问题，将向实施重组的挂牌公司及其聘请的独立财务顾问发送反馈意见；涉及问题较为重大的，将对挂牌公司、中介机构等相关主体公开问询。此外，根据《非上市公众公司重大资产重组管理办法》第二十七条第三款的规定，全国股转系统如发现重组信息披露文件中有违反法律、行政法规和中国证监会规定行为的，将向中国证监会报告，并采取相应的自律监管措施；情形严重的，将要求挂牌公司暂停重大资产重组。

2. 挂牌公司在完成重大资产重组首次信息披露后，应当在何时披露股东大会通知？

答：根据《非上市公众公司重大资产重组管理办法》第十四条的规定，挂牌公司应当在披露重组报告书的同时披露股东大会通知。但由于挂牌公司信息披露文件需经过全国股转系统的完备性审查，为充分保证信息披露文件的准确性和股东知情权，全国股转公司已明确规定：挂牌公司重组信息披露文件经全国股转系统审查需要更正的，应当在收到反馈问题清单后披露暂缓召开股东大会的公告。待挂牌公司完成信息披露文件更正并重新披露后，再重新按照《公司法》《全国中小企业股份转让系统挂牌公司信息披露细则(试行)》的规定发布股东大会通知，该通知披露之日与股东大会召开日间的时间间隔不得少于15天。

从上述投资者问答看，对于重大资产重组，股转系统采取事后实质审核的政策，即在董事会发出重大重组方案后，股转系统对重组方案进行事后审核，如果股转系统对于重组方案有疑问，企业需要暂停股东大会召开，待股转系统问询反馈完毕，修改重组方案并重新公告后，再次发出审议重组方案的股东大会通知。

回到南孚电池借壳亚锦科技的案例。从前后两版重组报告来看，延迟主要的原因是9月30日公布第一版重组公告时，大丰电器只是合同受让了南孚电池股权，尚未批准和过户，2015年10月23日，获得商务部门批准，11月12日完成工商变更登记，2015年11月9日股转系统第一次反馈，于2015年12月14日股转系统第二次反馈，2015年12月21日上报反馈资料，2016年1月12日公告经股转系统批准的重组方案。

这一切仅需8个月时间。8个月之前的2015年中报显示,亚锦科技是一家净资产不足500万元、收入不到120万元、亏损30多万元的小公司,市值最低时,这家公司市值仅有1150万元。如今,大名鼎鼎的鼎晖投资将其投资的南孚电池注入其中,这公司的市值已经飙升至111亿元。

2016年1月15日,亚锦科技股东大会批准重组方案,1月20日公告复牌,经过7个月停牌重组,21日起恢复交易,当日收盘价5.34元。2月19日公告重组实施报告,2月4日新增股份26.4亿股上市流通,同日公告股票发行方案发行价2.5元,18亿股,融资不超过45亿元,发行后公司估值111亿元。2月25日公告更换会计事务所、更换董事监事高级管理人员,2016年4月25日,公告2015年年报,由于重组在1月完成,故2015年南孚电池业绩无法并入,亚锦科技连续两年亏损,ST了(见图11-4)。

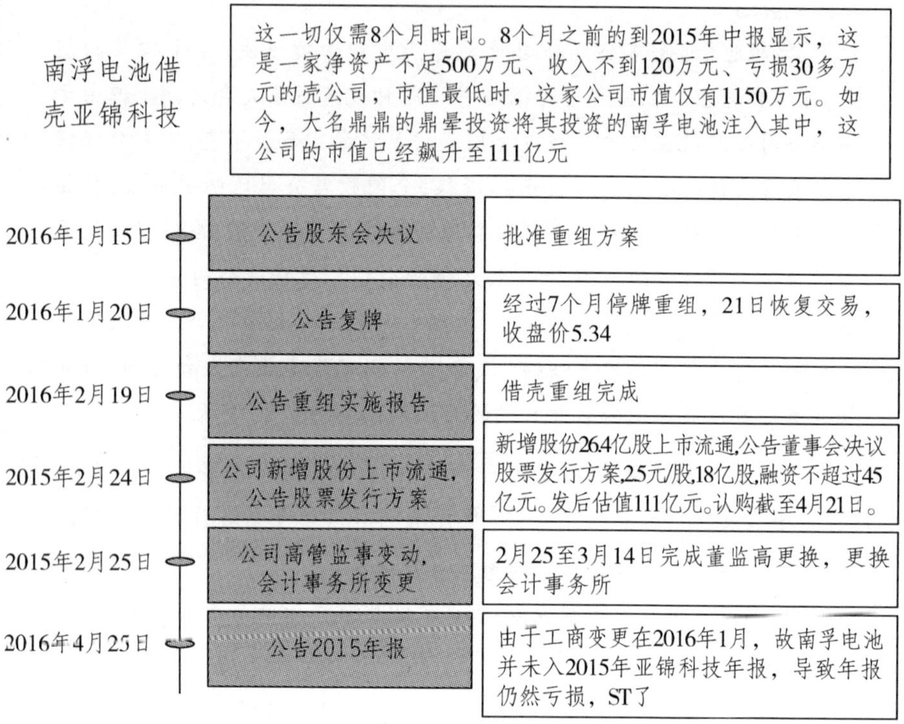

图11-4 南孚电池借壳亚锦科技过程(续)

借壳步骤(见图 11 －5):

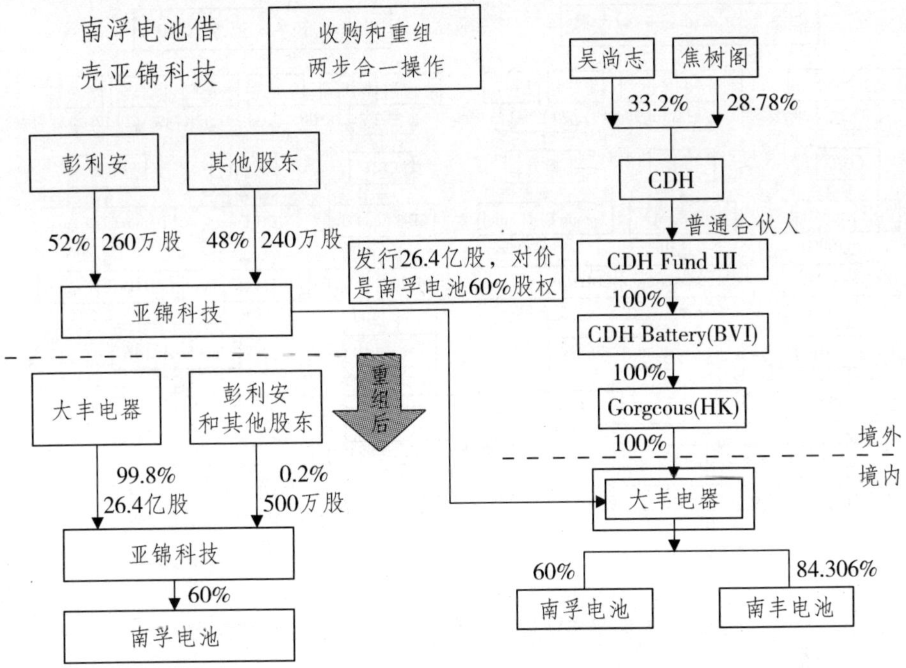

图 11 －5　南孚电池借壳亚锦科技步骤

从上图我们可以看到南孚电池借壳亚锦科技是收购和重组两步并一步操作，即亚锦科技向大丰电器增发 26.4 亿股，亚锦科技原股东持有 0.05 亿股，发行后总股本 26.45 亿股。大丰电器在增发后，成为亚锦科技的实际控制人，这是我们说的借壳第一步，公众公司的控制权发生变更，而大丰电器认购亚锦科技增发的对价是它持有的南孚电池 60% 股权，这一步完成的是公众公司购买收购人关联资产，所以本案例是收购和重组两步合并一步完成。

注意，我们之前谈公众公司借壳涉及两个法规：一个是《非上市公众公司收购管理办法》，另一个是《非上市公众公司重大资产重组管理办法》。如果按本案方式两步并一步，哪个法规优先呢？**实践中是重组办法优先，除了按《非上市公众公司收购管理办法》公告实际控制人变更外，其他依照《非上市公众公司重组管理办法》执行。**

借壳前后股权结构变化(见图11-6):

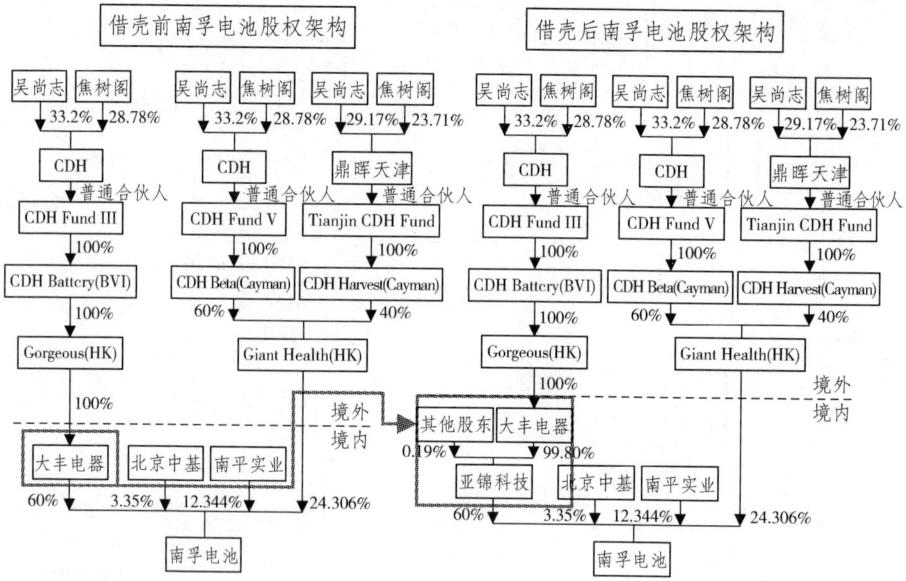

图11-6　南孚电池借壳亚锦科技前后的股权结构变化

南孚电池的股权结构:吴尚志、焦树阁是大名鼎鼎的鼎晖创投的老板,两人都是外籍,两人设立CDH,这是个VC管理公司,CDH作为GP发起成立投资基金CDHfundⅢ,CDHfundⅢ全资设立BVI公司CDH Battery(BVI),BVI即英属维京群岛,那是太平洋上美丽的小岛,传统离岸避税注册地,CDH Battery全资在香港设立Gorgeous(HK),Gorgeous(HK)在国内全资设立外商独资企业大丰电器,大丰电器持有南孚电池60%股权,是南孚电池控股股东,吴尚志、焦树阁是南孚电池实际控制人。南孚电池其他40%股权中的24.306%在吴尚志、焦树阁控制的另一家香港公司手里,另外南平实业持有12.344%,南平实业是南孚电池管理层的持股公司。

从上图我们可以观察借壳前后亚锦科技的股权结构变化,灰色框内是本次借壳的变化,即由大丰电器持有南孚电池60%股权,改为大丰电器99.8%控制亚锦科技,亚锦科技持有60%南孚电池股权,对于实际控制人吴尚志、焦树阁原本控制的南孚电池没有变化,只是在控制链条中加了非上市公众公司亚锦科技,而作为新三板公司的雅锦科技可以通过增发打通融资或变现渠道。

五、探究南孚电池借壳亚锦科技背后的故事

（一）鼎晖接盘宝洁保洁，6亿美元购回南孚电池：15年游子回归

从21世纪经济报道2014年11月29日的文章《鼎晖接盘宝洁6亿美元购南孚电池：15年游子回归》中我们发现，鼎晖在重组借壳亚锦科技前，刚刚把南孚电池从宝洁手里买回来，对价6亿美元左右。

1. 追溯历史：1999年，鼎晖投资就曾联合摩根士丹利等投资者在香港组建中国电池，彼时中国电池共获得南孚电池69%的股份。2003年，鼎晖投资与外资股东一起以1亿美元的价格，将所持的股份卖给了美国吉列。两年后，宝洁收购吉列，成为南孚电池的实际控制人。鼎晖当时的1500万美元投资，就带来5800万美元的净回报。这次鼎晖又把南孚电池买了回来，根据重组报告书里披露的资产评估报告，这次重组亚锦，南孚电池作价44.986亿美元，而一年前买回的价格6亿美元。

2. 标的资产审核：南孚电池借壳亚锦科技《重组报告书》中有一章"目标公司符合挂牌条件的专项说明"，说明股权对于借壳是双重审核，一是审核收购，二是审核并入资产是否符合股权系统挂牌条件。

3. 相关法规：《全国中小企业股份转让系统业务规则（试行）》第二章"股票挂牌"："2.1　股份有限公司申请股票在全国股份转让系统挂牌，不受股东所有制性质的限制，不限于高新技术企业，应当符合下列条件：（一）依法设立且存续满两年。有限责任公司按原账面净资产值折股整体变更为股份有限公司的，存续时间可以从有限责任公司成立之日起计算；（二）业务明确，具有持续经营能力；（三）公司治理机制健全，合法规范经营；（四）股权明晰，股票发行和转让行为合法合规；（五）主办券商推荐并持续督导；（六）全国股份转让系统公司要求的其他条件。"

在《重组报告书》里，逐项对标的资产即南孚电池符合挂牌条件进行了说明。

（二）借壳后续动作——增发融资45亿元

一天都不耽误：2016年2月24日发行股份收购资产的新增股份上市流通，同一天，董事会通过增发方案，增发18亿股，现金认购，2.5元/股，融资不超过45亿元，发后估值111亿元，认购截至4月21日。增发目的是并购、做市和补充流动资金。

资本大戏刚刚开始。我们从南孚电池借壳亚锦科技的公开资料可以看到，亚

锦科技仅持有南孚电池 60% 的股权,南平实业持有南孚电池 12.344%,实际为南孚电池管理层持股平台,鼎晖另外还持有南孚电池 24.306% 的股权,增发并购很可能是把 24.306% 的股权再往亚锦科技这个资本平台里装,完成变相基金退出。

(三)卖壳方得到了什么?

亚锦科技公司股本 500 万股,2015 年 6 月底每股净资产 0.96 元,持续亏损中。重组前财务状况(见表 11 -2):

表 11 -2　亚锦科技公司重组前财务状况

单位:元

项目＼时间	2015 年 6 月 30 日	2014 年 12 月 31 日	2013 年 12 月 31 日
资产总计	8,812,142.11	5,977,110.99	6,643,608.27
负债合计	3,994,016.56	812,013.73	1,259,558.36
股东权益	4,818,125.55	5,165,097.26	5,384,049.91

表 11 -3　亚锦科技公司利润表主要数据

单位:元

项目＼时间	2015 年 1 ~6 月	2014 年度	2013 年度
营业收入	1,186,344.38	3,034,807.38	3,519,133.21
营业利润	-584,754.54	-787,317.66	181,877.97
利润总额	-332,079.96	-330,249.51	181,877.97
净利润	-346,971.71	-218,952.65	132,844.98

亚锦科技原股东获得股票价值 1250 万元(500 万股,2.5 元/股),是否还有另外的补充方案?

(四)新三板借壳审核要多久?

案例欧美城借壳 ST 鼎讯耗时 8 个月,接近股转系统人士向 21 世纪经济报道记者表示,广东欧美城借壳 ST 鼎讯受到了股转系统的“特别关注”。考虑到这是第一例被成功放行的借壳案例,股转系统 9 月初安排挂牌业务部和公司业务部两个部门共同负责审核,相当于分别按“挂牌”和“重组”两道流程进行审核,审核时间变长,这一操作方式亦通过窗口指导方式下发给券商。

案例南孚电池借壳亚锦科技耗时 4 个月,从前后两版重组报告来看,主要延迟的问题是9月30日公告第一版重组方案时,大丰电器只是合同受让了南孚电池股权,尚未批准和过户,2015年10月23日获得商务部门批准,11月12日完成工商变更登记,2015年11月9日股转系统第一次反馈,于2015年12月14日股转系统第二次反馈,2015年12月21日上报反馈资料,2016年1月12日公告经股转系统批准的重组方案,并发出召开股东大会通知。

(五)鼎晖为何让南孚电池借壳新三板?

南孚电池非常优秀的企业,2015年南孚电池预计实现营业收入21亿元,净利润4.3亿元;2016年预计实现21.9亿元,净利润达4.6亿元,根据重组报告书预测,净利润逐年维持在2.5%左右的增长。不管是从公司的规模还是财务状况来看,回归之后的南孚电池要上A股,应该没问题。但出乎意料的是,此次南孚电池登陆资本市场却避开了A股,直接借壳亚锦科技曲线绕道新三板,这是为何?

饶胖认为可能的考虑为:第一,A股上市是要求报告期实际控制人不能变更的,尽管最终穿透后实际控制人没有变更,但是鼎晖刚刚从宝洁买回南孚电池,实际控制人还是发生变更的;第二,实际控制人外籍股权结构复杂,通常证监会审核比较复杂;第三,也许前期收购有成本,A股排队时间长PE投资有变现压力;第四,也许只是第一步,鼎晖在下一盘很大的棋,"一鱼三吃"充分展示了资本的力量。

题外话:挂牌前是否可以借壳?

1. IPO报告期不允许实际控制人变更

如果是IPO,是不允许在申报报告期内实际控制人变更的,根据《首次公开发行股票并上市管理办法》第12条的规定,发行人最近3年实际控制人没有发生变更。

2. 新三板允许挂牌前实际控人变更吗?

《全国中小企业股份转让系统业务规则(试行)》中并未明确规定不得在报告期内发生实际控制人变更。《非上市公众公司信息披露内容与格式准则第1号——公开转让说明书》第10条规定:"申请人应简述公司历史沿革,主要包括:设立方式、发起人及其关联关系、设立以来股本形成及其变化情况、设立以来重大资产重组情况以及最近2年内实际控制人变化情况。"根据上述规定可以推断,允许说明最近2年内实际控制人变化情况,应该允许挂牌前最近2年内实际控制人变更。

2015年9月4日,股转系统在《全国中小企业股份转让系统挂牌业务问答——关于挂牌条件适用若干问题的解答(一)》中明确规定:"……五、报告期内申请挂牌公司发生实际控制人变更或者主要业务转型的是否可申请挂牌?答:申请挂牌公司在报告期内存在实际控制人变更或主要业务转型的,在符合《全国中小企业股份转让系统股票挂牌条件适用基本标准指引(试行)》以及本解答的要求的前提下可以申请挂牌。"

2014年4月2日,《新三板全国第二次培训纪要:申报、审核与督导实务》这篇文章中指出:"实际控制人的变更:可以变更,但要详细说明,最终落实到是否影响到持续经营能力。"

在审核实践中,报告期内发生实际控制人变更的,主要关注以下问题:

(1)实际控制人发生变更的原因,目前公司股权是否明晰,是否存在潜在的股权纠纷,公司股权是否(曾经)存在委托持股情形;

(2)对比公司管理团队的变化,说明实际控制人经营公司的持续性、公司管理团队的稳定性;

(3)对比实际控制人变更前后公司业务的发展方向、业务具体内容的变化;

(4)对比实际控制人变更前后客户的变化情况;

(5)实际控制人变更前后公司收入、利润变化情况。

主办券商就实际控制人变更对公司业务经营、公司治理、董监高变动、持续经营能力等方面是否产生重大影响发表明确意见,公司结合上述内容就实际控制人变更事项做重大事项提示。

实践中有众多案例支持报告期实际控制人变更,从数十个新三板申报前存在实际控制人变更情形的案例来看,如绿泽园林(836357)、信汇金融(834172)、中汇税务(836553)、亿友慧云(836687)、欧晶科技(836724)、瑞欧宝(836549)、大宇纺织(836593)、安怀信(836426)、丽源科技(836620)、博岳股份(836461)、星推网络(836511)、中天园林(836585)、齐思信息(836401)、浮力森林(836436)、新亚股份(836389)、赛尔通信(836345)等。上述案例中大多数是在报告期内变更,但也有极少数(如信汇金融)是在报告期(两年一期)后变更。

第十二讲　新三板借壳Ⅱ

——非常规借壳和收购法规学习：花式借壳大法

所谓“借壳”，本质是一种特殊的并购重组行为。非典型借壳，主要指非上市公众公司控制权收购，但同时不进行主营业务变更，而是逐步增加新业务。

《史上最惨：老板重金买壳3天后不让P2P借壳了》①一文中说：2016年1月16日，P2P公司人人聚财创始人许建文花费1200万元收购天和科技（831410）的控股股权，成为天和科技的控股股东。三天后，2016年1月19日，类金融企业挂牌和融资新三板被紧急叫停。

自2013年6月19日全国中小企业股份转让系统（以下简称新三板）扩大至全国以来，新三板市场发展迅速，截至2016年8月9日，新三板挂牌公司共计8415家。虽然新三板挂牌准入门槛较低，但在所有已挂牌公司中尚未有一家P2P公司，P2P仍需要通过借壳登上新三板。

2016年以来，PPmoney、金蛋理财、安心贷、温商贷等多家P2P平台，通过收购新三板企业或参与挂牌企业定增计划等方式实现了曲线挂牌。

然而，2015年1月19日，全国中小企业股份转让系统有限责任公司（以下简称股转公司）通过窗口指导意见通知：所有类金融企业无论项目处于何种状态，全部暂停办理挂牌手续。

一、什么是类金融企业

类金融企业，又被称为“其他具有金融属性企业”，广义理解是除了银行、保险、券商等传统金融企业以外的投融资企业，包括小贷、典当、担保、PE、P2P等。主要指经营业务具有金融活动属性，但是并未获得金融许可证，非由国家金融监

① 搜狐公众平台作者：《史上最惨：老板重金买壳3天后不让P2P借壳了》，载《中国证券报》2016年2月18日。

管部门直接监管(即非一行三会监管)的企业,主要包括融资租赁、小额贷款、财务公司、担保公司、典当行、PE 和 VC 等股权投资基金或创业投资基金等形式。

二、金融类企业的监管规则

2016 年 5 月 27 日,股转公司下发《关于金融类企业挂牌融资有关事项的通知》(股转系统公告〔2016〕36 号),将前期窗口指导意见以正式文件形式予以确定,具体如下:

(一)挂牌标准

1.“一行三会”监管的企业

对中国人民银行、中国银监会、中国证监会、中国保监会监管并持有相应监管部门颁发的《金融许可证》等证牌的企业(以下简称“一行三会”监管的企业),按现行挂牌条件审核其挂牌申请,对其日常监管将进一步完善差异化的信息披露安排。

2. 私募机构

对于私募基金管理机构(以下简称私募机构)新三板挂牌,股转公司要求私募机构在满足现行挂牌条件的基础之上,还需符合如下八个方面的挂牌条件:

(1)管理费收入与业绩报酬之和须占收入来源的 80% 以上;

(2)私募机构持续运营 5 年以上,且至少存在一支管理基金已实现退出;

(3)私募机构作为基金管理人在其管理基金中的出资额不得高于 20%;

(4)私募机构及其股东、董事、监事、高级管理人员最近三年不存在重大违法违规行为,不属于中国证券基金业协会“黑名单”成员,不存在“诚信类公示”列示情形;

(5)创业投资类私募机构最近 3 年年均实缴资产管理规模在 20 亿元以上,私募股权类私募机构最近 3 年年均实缴资产管理规模在 50 亿元以上;

(6)已在中国证券基金业协会登记为私募基金管理机构,并合规运作、信息填报和更新及时准确;

(7)挂牌之前不存在以基金份额认购私募机构发行的股份或股票的情形;募集资金不存在投资沪深交易所二级市场上市公司股票及相关私募证券类基金的情形,但因投资对象上市被动持有的股票除外;

(8)全国股转公司要求的其他条件。

3. 其他具有金融属性企业

小额贷款公司、融资担保公司、融资租赁公司、商业保理公司、典当公司等其他具有金融属性企业大多处于新兴阶段，所属细分行业发展尚不成熟，监管政策尚待进一步明确与统一，面临的监管形势错综复杂，行业风险突出。在相关监管政策明确前，暂不受理其他具有金融属性企业的挂牌申请。对申请挂牌公司虽不属于其他具有金融属性企业，但其持有其他具有金融属性企业的股权比例20%以上（含20%）或为第一大股东的，也暂不受理，对已受理的，予以终止审查。

（二）新老划断处理

1. 已取得挂牌函的处理

（1）“一行三会”监管的企业

对于已取得挂牌函的“一行三会”监管的企业，按正常程序办理后续挂牌手续。

（2）私募机构

对于已取得挂牌函的私募机构，须按照新增的8项挂牌条件重新审查，如符合新增挂牌条件的，可办理后续挂牌手续；如不符合新增挂牌条件的，应在本通知发布之日起1年内进行整改，整改后符合新增挂牌条件的，可办理后续挂牌手续，否则将撤销已取得的挂牌函。

（3）其他具有金融属性企业

对于已取得挂牌函的其他具有金融属性企业，终止挂牌手续，撤销已取得的挂牌函，待相关监管政策明确后，重新申报。

2. 已挂牌企业的处理——差异化信息披露

（1）“一行三会”监管的企业

对于已挂牌的“一行三会”监管的企业，应按监管规定履行信息披露义务。

2016年9月5日股转发布《全国中小企业股份转让系统公开转让说明书信息披露指引（试行）》1~6号的公告，明确了“一行三会”监管企业差异化信息披露的要求，进一步明确证券公司、私募基金管理机构、期货公司、保险公司及保险中介、商业银行及非银行支付机构《公开转让说明书》信息披露要求。

（2）私募机构

对于已挂牌的私募机构，应当对是否符合新增8项挂牌条件（第2项、第3项和第7项除外）进行自查，并经主办券商核查后，披露自查整改报告和主办券商核查报告。不符合新增挂牌条件的第1项、第4项、第5项、第6项和第8项的，应当在本通知发布之日起1年内进行整改，未按期整改的或整改后仍不符合要求的，将予以摘牌。对已挂牌的私募机构发行股票（包括发行对象以其所持有该挂牌私募机构所管理的私募基金份额认购的情形），发行对象已完成认购的，可以完成股票发行备案并办理新增股份登记手续。

(3)其他具有金融属性企业

对于已挂牌的其他具有金融属性企业不得采用做市转让方式,但自股转系统公告〔2016〕36号通知下发之前已采用做市转让方式的除外。另外,其募集资金不得用于参股或控股其他具有金融属性的企业。

三、类金融企业曲线救国——借壳

新三板中对于借壳虽然暂未有明确的法律法规进行规定,但股转系统公司于2015年8月6日曾在其官方微信上撰文发表观点:**"所谓'借壳',本质是一种特殊的并购重组行为。部分市场主体意图通过'借壳'实现在市场准入上的'弯道超车',是对市场特点了解不足,存在误解。**截至2015年7月31日,新三板市场共有68家公司发生收购事项,159家公司涉及重大资产重组事项,其中绝大部分属于挂牌公司的产业整合行为,未出现收购(即控制权变更)与重组(即主营业务变更)行为的交叉,仅是单纯的公司控制权变动或资产结构调整。少数挂牌企业出现的收购与重组行为交叉的情形中,重组对手方与收购方无关联关系,或者置入资产体量很小。因此都不涉及所谓的'借壳'操作。"

该文同时指出:"截至2015年8月6日,新三板市场仅有2家公司(鼎讯互动与道从科技)在控制权发生变动的同时或控制权变动后,购买置入了来自于收购方及其关联方的大额资产。对于这两家公司的收购和重组行为,全国股转公司依据企业挂牌准入标准进行了审查。"

从股转系统公开发表的文章中可以看出,股转公司对于新三板"借壳"的认定条件为:收购(即控制权变更)与重组(即主营业务变更)行为的交叉,且重组对手方与收购是有关联关系。

按照上述意思,**对于在新三板市场上"借壳"分为典型借壳与非典型借壳。所谓典型借壳,按照股转系统意思主要指控制权变更,同时公众公司向获得控制权的收购人发行股份购买其关联资产**(注:上市公司5条件;新三板大额即可)。

非典型借壳,主要指非上市公众公司控制权收购,但同时不进行主营业务变更,而是逐步增加新业务。现有案例如金宏泰(831649)、麟润文化(831680)、波智高远(430754)、软智科技(832144)等。

四、对《非上市公众公司收购管理办法》(以下简称《办法》)的理解

(一)事前审批问题

当前,股转系统公司对于大部分业务都采取的是一种事后审核的态度,但在

非上市公众公司收购该业务上存在审核的情况，即公布收购报购书以后，是否能顺利召开股东会批准收购报告书，股转会进行事后审核，提出相关问题，收购相关方按股权意见修改收购报告书，方能召开股东大会。

根据《办法》第4条的规定，公众公司的收购及相关股份权益变动活动涉及国家产业政策、行业准入、国有股份转让、外商投资等事项，需要取得国家相关部门批准的，应当在取得批准后进行。

(二)收购形式

根据《办法》第5条之规定，收购人可以通过取得股份的方式成为公众公司的控股股东，可以通过投资关系、协议、其他安排的途径成为公众公司的实际控制人，也可以同时采取上述方式和途径取得公众公司控制权。收购人包括投资者及其一致行动人。

所谓一致行动人，是指投资者通过协议、其他安排，与其他投资者共同扩大其所能够支配的一个上市公司股份表决权数量的行为或者事实。投资者有下列情形之一的，为一致行动人：

1. 投资者之间有股权控制关系；

2. 投资者受同一主体控制；

3. 投资者的董事、监事或者高级管理人员中的主要成员同时在另一个投资者担任董事、监事或者高级管埋人员；

4. 投资者参股另一投资者，可以对参股公司的重大决策产生重大影响；

5. 银行以外的其他法人、其他组织和自然人为投资者取得相关股份提供融资安排；

6. 投资者之间存在合伙、合作、联营等其他经济利益关系；

7. 持有投资者30%以上股份的自然人，与投资者持有同一上市公司股份；

8. 在投资者任职的董事、监事及高级管理人员，与投资者持有同一上市公司股份；

9. 持有投资者30%以上股份的自然人和在投资者任职的董事、监事及高级管理人员，其父母、配偶、子女及其配偶、配偶的父母、兄弟姐妹及其配偶、配偶的兄弟姐妹及其配偶等亲属，与投资者持有同一上市公司股份；

10. 在上市公司任职的董事、监事、高级管理人员及其前项所述亲属同时持有本公司股份的，或者与其自己或者其前项所述亲属直接或者间接控制的企业同时持有本公司股份；

11. 上市公司董事、监事、高级管理人员和员工与其所控制或者委托的法人或者其他组织持有本公司股份；

12. 投资者之间具有其他关联关系。

（三）收购人主体资格

《办法》第6条除规定收购人及其实际控制人要有良好的诚信记录、健全的治理机制外，还规定有下列情形之一的，不得收购公众公司：

1. 收购人负有数额较大债务，到期未清偿，且处于持续状态；

2. 收购人最近2年有重大违法行为或者涉嫌有重大违法行为；

3. 收购人最近2年有严重的证券市场失信行为；

4. 收购人为自然人的，存在《公司法》第146条规定的情形；

5. 法律、行政法规规定以及中国证监会认定的不得收购公众公司的其他情形。

（四）中介机构

根据《办法》第9条之规定，收购人按照《办法》第三章、第四章的规定进行公众公司收购的，应当聘请具有财务顾问业务资格的专业机构担任财务顾问。但通过国有股行政划转或者变更、因继承取得股份、股份在同一实际控制人控制的不同主体之间进行转让、取得公众公司向其发行的新股、司法判决导致收购人成为或拟成为公众公司第一大股东或者实际控制人的情形除外。

（五）权益披露

《办法》关于权益披露主要做出了如下几方面的规定：

1. 披露义务人

（1）投资者及其一致行动人；

（2）投资者不是公众公司股东，通过投资关系、协议、其他安排进行收购导致其间接拥有权益的股份发生变动，适用本规定。

2. 触发条件

（1）采取做市、竞价方式的，拥有权益的股份达到公众公司已发行股份的10%；

（2）采取协议方式的，拥有权益的股份拟达到或超过公众公司已发行股份的10%；

（3）通过行政划转或变更、执行法院裁定、继承、赠予等导致直接拥有权益的股份达到10%。

另,拥有权益的股份达到公众公司已发行股份的10%后,拥有权益的股份占该公众公司已发行股份的比例每增加或者减少5%(即其拥有权益的股份每达到5%的整数倍时),也应进行权益披露。

3. 披露时间

在上述触发条件所列任一事实发生之日起2日内。

4. 披露方式

编制并披露权益变动报告书,报送全国股份转让系统,并通知该公众公司。

5. 披露后果

自上述任一事实发生之日起至披露后2日内,不得再行买卖该公众公司的股票。

(六)控制权变动披露

《办法》关于控制权变动披露主要作出了如下几方面的规定:

1. 披露义务人:投资者及其一致行动人。

2. 触发条件

(1)通过全国股份转让系统的证券转让,投资者及其一致行动人拥有权益的股份变动导致其成为公众公司第一大股东或者实际控制人;

(2)通过投资关系、协议转让、行政划转或者变更、执行法院裁定、继承、赠予、其他安排等方式拥有权益的股份变动导致其成为或拟成为公众公司第一大股东或者实际控制人且拥有权益的股份超过公众公司已发行股份10%的。

3. 披露时间

自上述任一事实发生之日起2日内。

4. 披露方式

编制收购报告书,连同财务顾问专业意见和律师出具的法律意见书一并披露,报送全国股份转让系统,同时通知该公众公司。

(七)要约收购

1. 关于要约收购方式的选择

《办法》规定收购人可自愿选择以要约方式收购公众公司股份,其预定收购的股份比例不得低于该公众公司已发行股份的5%,不同于上市公司设置了30%的强制要约收购红线,在新三板要约收购是收购人自愿的行为,除非被收购方章程中明确规定了要约收购。

2. 关于要约收购的披露

《办法》规定,以要约方式收购公众公司股份的,收购人应当聘请财务顾问,并编制要约收购报告书,连同财务顾问专业意见和律师出具的法律意见书一并披露,报送全国股份转让系统,同时通知该公众公司。

3. 关于要约收购的支付方式

《办法》规定,收购人可以采用现金、证券、现金与证券相结合等合法方式支付收购公众公司的价款。其中证券分为在中国证券登记结算有限责任公司登记的证券和未在中国证券登记结算有限责任公司登记的证券。若是以后者支付收购价款的,收购人必须同时提供现金方式供被收购公司的股东选择,并详细披露相关证券的保管、送达被收购公司股东的方式和程序安排。

4. 关于要约收购的期限

《办法》规定的要约收购的收购期限不得少于 30 日,并不得超过 60 日;但若出现竞争要约,且发出初始要约的收购人变更收购要约距初始要约收购期限届满不足 15 日的,应当延长收购期限(导致收购期限超过 60 日),延长后的要约期应当不少于 15 日,不得超过最后一个竞争要约的期满日。

五、披露报告格式

信息披露义务人应当按照《非上市公众公司信息披露内容与格式准则第 5 号——权益变动报告书、收购报告书和要约收购报告书》(以下简称《准则》)的内容及格式要求进行相关信息披露。

1. 权益变动报告书

(1)信息披露义务人应当按照《办法》及《准则》的规定计算并披露其持有、控制公众公司股份的详细名称、种类、数量、占公众公司已发行股份的比例、所持股份性质及性质变动情况,股东持股变动达到规定比例的日期及权益变动方式;

(2)信息披露义务人为多人的,还应当分别披露各信息披露义务人在公众公司中拥有权益的股份详细名称、种类、数量、占公众公司已发行股份的比例;

(3)若信息披露义务人持有表决权未恢复的优先股的,还应当披露持有数量和比例;

(4)收购人为法人或者其他组织的,还应当披露其做出本次收购决定所履行的相关程序及具体时间;

(5)公众公司控股股东向收购人协议转让其所持有的公司股份,导致其丧失控股股东地位的,应当在其权益变动报告书中披露对收购人的主体资格、诚信情况及收购意图的调查情况;

(6)公众公司的控股股东、实际控制人及其关联方未清偿其对公司的负债，未解除公司为其负债提供的担保，或者存在损害公司利益的其他情形的，公众公司的控股股东、实际控制人应当披露前述情形及消除损害的情况；未能消除损害的，应当披露其出让相关股份所得收入用于消除全部损害的安排。

2. 收购报告书

(1)收购人为法人或者其他组织的，应当披露其控股股东、实际控制人的有关情况，并以方框图或者其他有效方式，全面披露与控股股东、实际控制人之间的股权控制关系，实际控制人原则上应披露到自然人、国有资产管理部门或者股东之间达成某种协议或安排的其他机构；控股股东、实际控制人所控制的核心企业和核心业务情况；收购人最近2年受到行政处罚(与证券市场明显无关的除外)、刑事处罚，或者涉及与经济纠纷有关的重大民事诉讼或者仲裁；收购人董事、监事、高级管理人员(或者主要负责人)的姓名、最近2年受到行政处罚(与证券市场明显无关的除外)、刑事处罚，或者涉及与经济纠纷有关的重大民事诉讼或者仲裁；

(2)收购人是自然人的，应当披露其所控制的核心企业和核心业务、关联企业及主要业务的情况说明；最近2年受到行政处罚(与证券市场明显无关的除外)、刑事处罚，或者涉及与经济纠纷有关的重大民事诉讼或者仲裁；

(3)收购人应披露是否具备收购人资格且不存在《办法》第6条规定的情形，并作出相应的承诺；

(4)收购人应当披露其为持有、控制公众公司股份所支付的资金总额、资金来源及支付方式等情况；

(5)收购人应当披露各成员以及各自的董事、监事、高级管理人员(或者主要负责人)在收购事实发生之日起前6个月内买卖该公众公司股票的情况；

(6)收购人应当披露各成员及其关联方以及各自的董事、监事、高级管理人员(或者主要负责人)在报告日前24个月内，与该公众公司发生的交易；

(7)收购人为法人或者其他组织的，收购人应当披露其最近2年的财务会计报表，注明是否经审计及审计意见的主要内容；其中，最近1个会计年度财务会计报表应经具有证券、期货相关业务资格的会计师事务所审计，并注明审计意见的主要内容；会计师应当说明公司前2年所采用的会计制度及主要会计政策与最近1年是否一致，如不一致，应做出相应的调整。如果该法人或其他组织成立不足1年或者是专为本次公众公司收购而设立的，则应当比照前述规定披露其实际控制人或者控股公司的财务资料。收购人是上市公司或者公众公司的，可以免予披露最近2年的财务会计报表，但应当说明刊登其年度报告的网站地址及时间；

(8)收购人应当披露本次收购的目的、后续计划，包括未来12个月内有无对公众公司主要业务、管理层、组织结构等方面的调整、公司章程修改、资产处置或员工聘用等方面的计划。收购人应充分披露收购完成后对公众公司的影响和风险,并披露收购人及其关联方是否与公众公司从事相同、相似业务的情况。对存在相同、相似业务的,收购人应对是否存在同业竞争做出合理解释。

根据《准则》第27条之规定,收购人聘请的财务顾问就本次收购出具的财务顾问报告,应当对以下事项进行说明和分析,并逐项发表明确意见:

1. 收购人编制的收购报告书所披露的内容是否真实、准确、完整;

2. 本次收购的目的;

3. 收购人是否提供所有必备证明文件,根据核查情况,说明收购人是否具备主体资格,是否具备收购的经济实力,是否具备规范运作公众公司的管理能力,是否需要承担其他附加义务及是否具备履行相关义务的能力,是否存在不良诚信记录;

4. 对收购人进行证券市场规范化运作辅导的情况,其董事、监事和高级管理人员是否已经熟悉有关法律、行政法规和中国证监会的规定,充分了解应承担的义务和责任,督促其依法履行信息披露和其他法定义务的情况;

5. 收购人的股权控制结构及其控股股东、实际控制人支配收购人的方式;

6. 收购人的收购资金来源及其合法性,是否存在利用本次收购的股份向银行等金融机构质押取得融资的情形;

7. 涉及收购人以证券支付收购价款的,应当说明有关该证券发行人的信息披露是否真实、准确、完整以及该证券交易的便捷性等情况;

8. 收购人是否已经履行了必要的授权和批准程序;

9. 是否已对收购过渡期内保持公众公司稳定经营做出安排,该安排是否符合有关规定;

10. 对收购人提出的后续计划进行分析,说明本次收购对公众公司经营和持续发展可能产生的影响;

11. 在收购标的上是否设定其他权利,是否在收购价款之外还做出其他补偿安排;

12. 收购人及其关联方与被收购公司之间是否存在业务往来,收购人与被收购公司的董事、监事、高级管理人员是否就其未来任职安排达成某种协议或者默契;

13. 公众公司原控股股东、实际控制人及其关联方是否存在未清偿对公司的负债、未解除公司为其负债提供的担保或者损害公司利益的其他情形;存在上述情形的,是否已提出切实可行的解决方案。

另，财务顾问及其法定代表人或授权代表人、财务顾问主办人应当在收购报告书上签字、盖章、签注日期，并载明以下声明："本人及本人所代表的机构已履行勤勉尽责义务，对收购报告书的内容进行了核查和验证，未发现虚假记载、误导性陈述或者重大遗漏，并对此承担相应的责任。"

根据《准则》第28条之规定，公众公司聘请的律师应当按照《准则》及有关业务准则的规定出具法律意见书，并对照中国证监会的各项规定，在充分核查验证的基础上，就公众公司收购的法律问题和事项发表明确的结论性意见。

收购人聘请的律师及其所就职的律师事务所应当在收购报告书上签字、盖章、签注日期，并载明以下声明："本人及本人所代表的机构已按照执业规则规定的工作程序履行勤勉尽责义务，对收购报告书的内容进行核查和验证，未发现虚假记载、误导性陈述或者重大遗漏，并对此承担相应的责任。"

根据新闻媒体的报道，2015年，金蛋理财借壳软智科技（832144），成为P2P行业第一股，其具体形成过程如下（见图12－1）：

图12－1　金蛋理财借壳软智科技的过程

软智科技成立于2007年,是一家为银行等金融机构及其他企业提供数据分析和经营管理一体化IT解决方案的IT综合服务提供商。2014年营业收入801.7万元,净利润为133.91万元,2014年年底,软智科技的董事长胡昌书持有62%的股权,是公司第一大股东、实际控制人,公司总股本500万元。

2015年2月27日,软智科技公告挂牌函和相关文件,正式挂牌新三板,代码(832144);2015年6月3日,公告董事会决议和股票发行方案,决议增发2000万股,每股1元,给邓巍、肖宪、杜云,增发后总股本2500万股,同时发出召开股东大会通知,原董事、高管辞职;2015年7月14日,公告股票发行报告书,发行完毕,新增股份7月17日上市流通;2015年7月20日,公告权益变动,17~24日,肖宪、杜云协议转让所持股份;2015年7月31日,公告股权质押公告,原股东将所持500万股质押给邓巍,用于担保已支付的股权转让款。8月4日又公告了股权质押的补充说明。

21世纪经济报道文章《软智科技急删转型公告》称,软智科技完成实际控制人变更,并在8月3日公告主营业务变更,但该公告在8月6日晚间记者再次去股转系统查阅时,发现该主营业务变更公告已不翼而飞,疑为软智科技方面撤回。

2015年8月5日,软智科技停牌;8月7日,发布第一次澄清公告,澄清声明不存在撤回公告事项;2015年8月11日,发布第二次澄清公告,公告称北京钱得乐科技有限公司(以下简称钱得乐)系南京软智科技股份有限公司实际控制人邓巍100%持股的一家企业,其主要互联网金融产品“金蛋理财”。2015年8月4日,南京软智科技股份有限公司与邓巍正式签订了附有附加条件的股权转让协议,软智科技拟受让邓巍持有的钱得乐100%股权,该交易是关联交易但不构成重大资产重组。

同时,澄清公告称,钱得乐考虑依托收购人在信息技术与金融服务领域的深厚基础,并结合自己在互联网金融业务的优势,拓展公司互联网金融新业务领域,因此其实际控制人邓巍与软智科技签订了钱得乐股权转让协议,以实现两家公司之间的资源互补,拓展公司业务链条,开拓公司新的利润增长点。据此,该公告称:软智科技主营业务未发生变更。

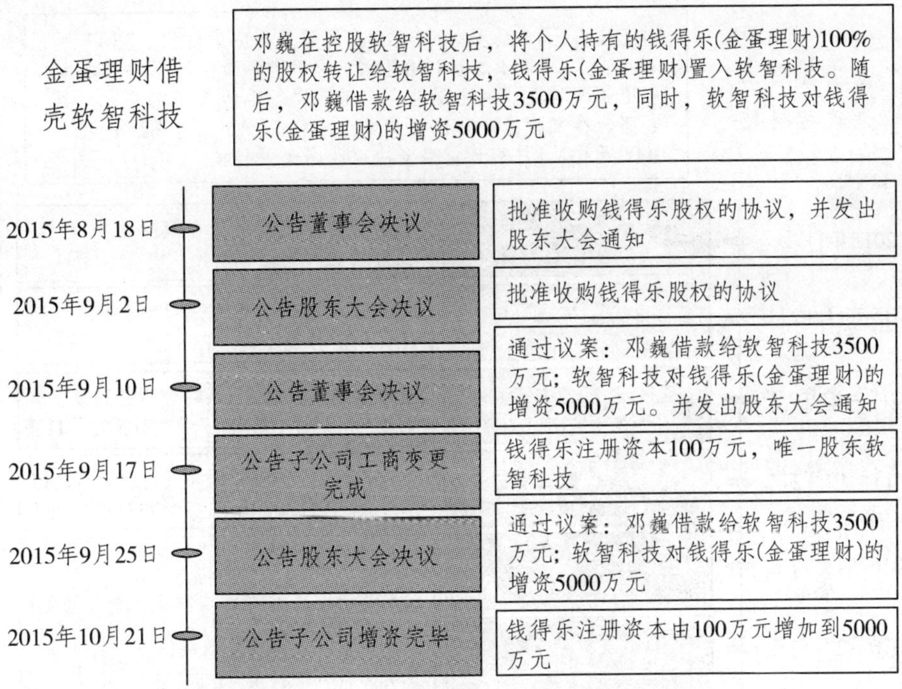

图 12－2 金蛋理财借壳软智科技的过程(续)

2015 年 8 月 18 日，软智科技公告董事会决议，批准收购钱得乐股权的协议，并发出股东大会通知；2015 年 9 月 2 日，公告股东大会决议，批准收购钱得乐股权的协议；2015 年 9 月 10 日，公告董事会决议，通过议案：邓巍借款给软智科技 3500 万元，软智科技对钱得乐(金蛋理财)的增资 5000 万元。同时发出股东大会通知(注：该处之所以先由邓巍借款给软智科技增资，而不是先增资后再收购，主要就是为了规避股转公司对于“借壳”的认定，避免形成“向收购人购买大额资产”)。2015 年 9 月 17 日，公告子公司工商变更完成，钱得乐注册资本 100 万元，唯一股东为软智科技；2015 年 9 月 25 日，公告股东大会决议，通过议案：邓巍借款给软智科技 3500 万元，软智科技对钱得乐(金蛋理财)的增资 5000 万元；2015 年 10 月 21 日，公告子公司增资完毕，钱得乐注册资本由 100 万元增加到 5000 万元。

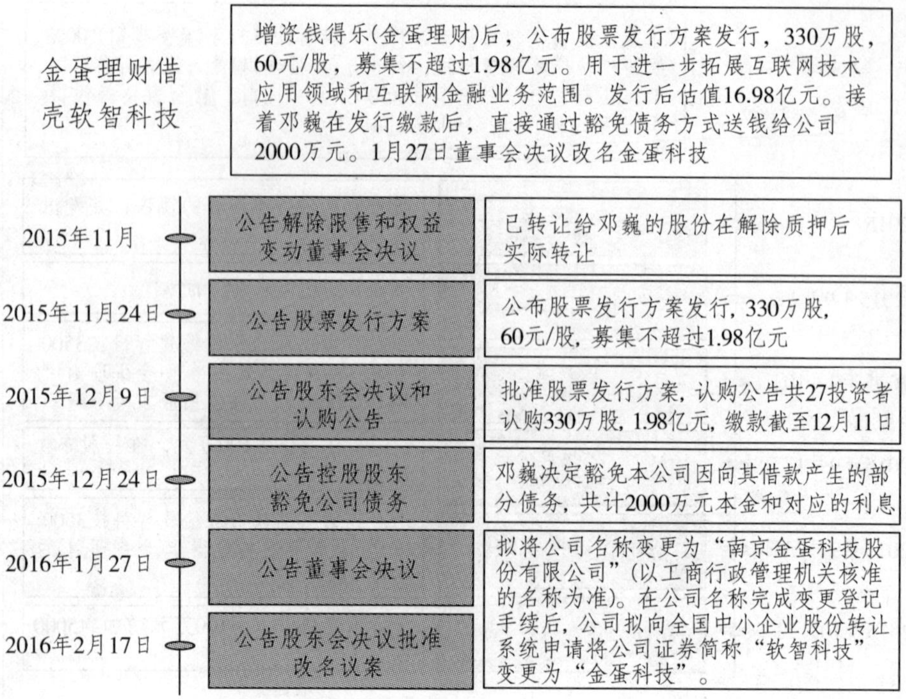

图12-3　金蛋理财借壳软智科技的过程(续)

2015年11月，公告解除限售和权益变动董事会决议，已转让给邓巍的股份在解除质押后实际转让；2015年11月24日，公告股票发行方案，公布股票发行方案发行，330万股，60元/股，募集不超过1.98亿元；2015年12月9日，公告股东会决议和认购公告，批准股票发行方案，认购公告共27投资者认购330万股，1.98亿元，缴款截至12月11日；2015年12月24日，公告控股股东豁免公司债务，邓巍决定豁免本公司因向其借款产生的部分债务，共计2000万元本金和对应的利息；2016年1月27日至2月17日，公告董事会决议、股东大会决议批准改名议案，拟将公司名称变更为“南京金蛋科技股份有限公司”(以工商行政管理机关核准的名称为准)。在公司名称完成变更登记手续后，公司拟向全国中小企业股份转让系统申请将公司证券简称“软智科技”变更为“金蛋科技”。

软智科技主营业务变更了吗？

8月11日第二次澄清公告称：“钱得乐考虑依托收购人在信息技术与金融服务领域的深厚基础，并结合自己在互联网金融业务的优势，拓展公司互联网金融新业务领域，因此其实际控制人邓巍与软智科技签订了钱得乐股权转让协议，以实现两家公司之间的资源互补，拓展公司业务链条，开拓公司新的利润增长点。据此，软智科技主营业务未发生变更。”

11月24日股票发行方案称：“公司通过收购钱得乐，将自身业务在互联网金融理财领域进行了拓展，其旗下互联网金融平台‘金蛋理财’致力于向百姓提供放心的理财平台。公司本次发行股票募集资金，将用于继续拓展互联网金融业务，给予互联网金融平台‘金蛋理财’的发展更长足的动力。同时公司也将继续在互联网金融领域寻找优质标的，进行参股或收购，使公司成为互联网金融领域的行业龙头。”

对于软智科技收购金蛋理财，金蛋理财是否构成借壳，市场上观点不一。

软智科技公司自身认为其不构成借壳。2016年4月12日，其官方回应：“收购北京钱得乐科技有限公司100%股权，将公司产业链延伸至互联网金融技术服务领域。该收购行为未构成重大资产重组，不符合监管办法对借壳行为的界定。综述，本次收购行为符合相关法律法规及监管要求并严格履行了相关信息披露义务，并未构成‘借壳上市’的行为。”

金蛋理财母公司于2015年12月按照《全国中小企业股份转让系统股票发行业务细则》及《全国中小企业股份转让系统挂牌公司定向发行备案业务指南》的相关规定进行了定向增发，并已被21名合格投资者及相关知名投资机构全额认购，本次增发募集资金已全额到账，目前正在履行正常的发行备案程序。

饶胖说：虽然金蛋理财嘴硬，说“正在履行正常的发行备案程序”，2016年9月20日，软智科技公告《关于募集资金存放和实际使用情况的专项报告》，报告称：“……（二）2015年第二次股票发行经公司第一届董事会第九次会议决议、2015年第六次临时股东大会决议审议通过，公司非公开发行人民币普通股股票330万股，每股价格60元，募集资金总额19,800万元。该次股票发行认购情况由大信会计师事务所（特殊普通合伙）进行了审验，并出具了大信验字（2015）第11－00026号《验资报告》。公司已向全国中小企业股份转让系统有限责任公司递交发行备案材料，股票发行的相关事后备案程序暂未履行完毕，该笔资金目前尚未使用，当前余额为19,800万元。”

截至2016年9月30日，缴款结束10个月过去了，还没完成备案登记，有钱不能用，只能放在应付账款项下，我们是不是想明白了什么？

软智科技2016年半年报显示，其他应付款199,584,025.85元，2015年12月9日，公司2015年第六次临时股东大会审议通过了《关于〈南京软智科技股份有限公司股票发行方案〉的议案》，发行数量3,300,000股，增发价格为60元/股，公司收到增发款198,000,000.00元,因暂未办妥股权登记事宜,暂列负债。

我们记得,2016年1月,软智科技就通过改名为金蛋科技的董事会、股东会,到了9月20日,还是软智科技,我们是不是又想明白了什么?

2016年9月20日,软智科技公告《关于募集资金存放和实际使用情况的专项报告》,**我们看到公司名称是"南京金蛋科技股份有限公司",证券简称仍然是"软智科技",看来工商登记把公司名字改了,可是证券简称始终没改过来。**

第十三讲　新三板借壳Ⅲ

——新三板借壳实践的问答和案例

借壳是两个条件的叠加。第一，控制权要变更，就是要换主人。原来是张三，现在是李四了，或者变成隔壁老王了。第二，要向这个新主人老王收购资产，资产要占到上市公司上一年度经审计总资产的100%以上。

饶胖：我非常有幸请到了胡总（以前是天和科技的CFO），他是少数在三板市场经历过借壳的当事人。因为三板很年轻啊，借壳案例也没几个，能找到真正经历过的人出来给我们献个宝也是不容易。

胡总：很高兴有机会跟各位同仁来交流新三板借壳的一些心得和体会。

饶胖：谢谢胡总！今天我们先把前面讲的东西复习一下，再把许建文和天和科技的背景讲一下。然后我代表大家向胡总来发问，胡总根据他的亲身经历来解答。最后我会跟大家分享一个我自己经历的一个不成功的借壳重组案例。

饶胖：我们还是从一篇报道说起。这篇报道题名是《史上最惨的老板重金买壳三天后P2P就不让借壳了》（中国证券报2016年2月18日），2016年1月16日，P2P公司人人聚创始人徐建文花费了1200万元收购天和科技（831410）的控股股权，成为天和科技的控股股东。三天以后，也就是1月19日，类金融企业挂牌和融资新三板被紧急叫停。

我们简单回顾一下这件事，实际上就是全国股转系统把类金融公司在新三板上的活动给叫停了。什么是类金融公司？它包括以下三类公司：第一类公司是一行三会（即中央银行、银监会、证监会、保监会）监管的有金融许可证的企业；第二类公司是PE公司，包括证券投资基金和私募投资基金；第三类公司是其他金融机构，是指融租赁、典当、小贷、P2P等各式各样的机构。

今年（2016年）5月27日，股转系统正式发布了《关于金融类企业挂牌融资有关事项的通知》，把挂牌的金融类企业分为三类：第一，“一行三会”监管的企业，有金融许可证的都是可以在新三板上玩的。第二，私募机构，这是归证监会管的，不管是证券私募机构还是私募股权投资机构，只要按照 8 项条件整改好就可以了。第三，其他具有金融属性企业，如小额贷款公司、融资担保公司、融资租赁公司、商业保理公司、典当公司等具有金融属性的企业(20%参股)申请挂牌的，股转系统公司暂时不受理，对已受理的予以终止审查，已挂牌的私募机构按 8 项条件整改，1 年为限，否则摘牌，而其他具有金融属性企业则不得做市，其募集资金不得用于参股或控股其他具有金融属性的企业。

那么我们大家可以看到什么问题？金融租赁公司或者小贷公司的处境是非常艰难的。它们没进新三板还好，但是来了的更惨！这是为啥？如果一个企业是没有未来的，那你想，股票的价值是反映未来价值在目前的折现，所以当它未来没有价值的时候，它的价值就降了很多。

当然了，我们也看到一个特殊的情况，即九鼎。九鼎原来说，他们是创新层企业，是金融控股集团，所以没问题，后来又发公告自愿退出创新层。大家注意，在《关于金融类企业挂牌融资有关事项的通知》里面，把金融类企业分成三类，九鼎的自查报告说他们是金融控股集团，这说明他们啥也不是，是第四类企业，不受限制，所以进去了。但是又不想玩了，就又出来了。九鼎很厉害啊，进进出出，但是其他企业就没有那么幸运了。

那么什么是借壳？第一，控制权要变更，就是要换主人，原来是张三，现在是李四了，或者变成隔壁老王了；第二，要向这个新主人老王收购资产，资产要占到上市公司上一年度经审计总资产的 100%以上，创业板上市公司不得实施上述行为。

2016 年 9 月 8 日，证监会以中国证券监督管理委员会令第 127 号《关于修改〈上市公司重大资产重组管理办法〉的决定》，对《上市公司重大资产重组管理办法》进行了修订。我们下面看一下关于重大资产重组规定的修改，修改的内容比较多，我最主要看这一条，即增加了指标，就是我们刚刚说的，除了控制权变更为隔壁老王以外，还要求从隔壁老王手中收购的资产要占到去年经审计总资产的 100%以上。这次修订，增加了另外四个指标，任一指标超过 100%，都可能构成借壳。第一个是营业收入，第二个是净利润，第三个是净资产，第四个是对价股份占总的股份数，比如说我原来有 1 亿股，我再发 1 亿股给老王，那也是构成借壳；同时，即使没有超过 100%，但是导致了主营业务发生了变更也构成借壳，比如原来这家企业是做 IT 信息的，现在变成文化产业了。这就比以前严格很多了。

现在有个新词叫“养壳”，就是你收购了一个上市公司，先养 5 年(60 个月)，5 年以后再装入新的资产，证监会就不会管了，就不构成借壳。所以现在你买下一个壳想去做的话，要做好思想准备，你要买下这个上市公司，要让它养五年，你看着啥也不能干，然后再把资产装进去，这个就是允许的。

关于新三板借壳有什么规定？首先记住第一条，新三板借壳没有法规的规定，到目前为止新三板仍然没有出台任何关于借壳的法规，但是新三板在它的微信公众号里发过一篇文章，变相地说明新三板借壳的认定条件为收购（即控制权变更）与重组（即主营业务变更）行为的交叉。**还是两个条件，跟上市公司一样：第一是收购，即控制权要变更；第二是主营业务要变更，而且收购的关联资产要有一定的数量（重大）**。这是新三板上有关于借壳的官方声音。

这篇文章里面还说，新三板市场仅有两家公司在控制权发生变动的同时，购买了来自于收购方及关联方的大额资产，这两个案例我们都讲过了：一个是南孚电池借壳亚锦科技亚锦科技，另一个是欧美城借壳 ST 鼎讯。

我们回顾一下这两个案例。ST 鼎讯变身欧美城，它分两步走：第一步实际控制人变更，第二步发行股票购买实际控制人资产，收购欧美城，最终通过上市部门和挂牌部门两个部门的审核，变身欧美城。南孚借壳亚锦科技是一步完成的，它是通过发行股票收购大丰电器持有的 60% 的南孚电池的股权，收购重组两步并一步操作。

股转系统定义的“借壳”为：收购（即控制权变更）与重组（即主营业务变更）行为的交叉，且重组对手方与收购是有关联关系。就是说买的资产也要是收购方的，涉及的法规我们前面也都讲过了。第一个是《非上市公众公司收购管理办法》，就是说要收购一个新三板公司，法律依据就是这个办法。如果是重组，即你要发行股票收购资产的这个重组业务，那么依据什么法律法规呢？《非上市公众公司重大资产重组管理办法》。什么是非典型借壳？21 世纪经济报道记者常亮在其文章里面说了，非典型借壳就是为了绕过这个法规，第一步我先收购下来，第二步我以不变更主营业务的方式逐步增加新业务。这个方法，我们上一次讲过了软智科技和金蛋理财的案例。

先讲一下天和科技案例的背景。天和科技是一家从事环保过程分析设备和水气治理工程的公司，2014 年销售收入 1032 万元，净利润亏损 114 万元，股本 700 万元，3 个股东，2 个自然人实际控制 80%。大家可以看出来这是一家小型的环保公司，收入规模偏小，只有 1000 万元，净利润亏损，股本也不大只有 700 万元，只有 3 个股东，股份结构相对简单（见图 13 – 1）。

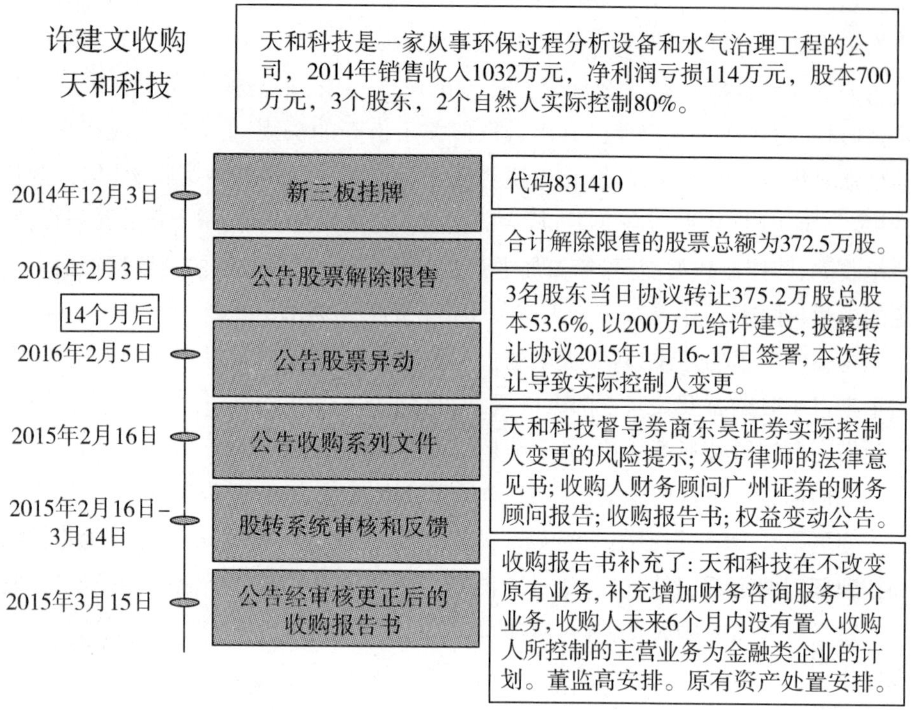

图 13－1　许建文收购天和科技的过程

2014 年 12 月 3 日,天和科技在新三板挂牌,挂牌代码是 831410;2016 年 2 月 3 日,股票解除限售,总计 372.5 万股。大家记得前面总股本才 700 万元。2016 年 2 月 5 日,正好挂牌 14 个月,公告股票异动,天和科技 3 名股东当日协议转让 375.2 万股,占总股本 53.6%,以 1200 万元卖给许建文,公告披露转让协议是在 2015 年 1 月 16～17 日签署,本次转让导致实际控制人变更。2 月 16 日就公告了收购系列文件,包括收购报告书,双方律师的法律意见,以及收购人的财务报告和权益变动书。2 月 16 日至 3 月 14 日股转开始审核和反馈这次收购。我们对照前后报告书的修改,就可以知道股转问了哪些问题。3 月 15 日,公告了经审核后的收购报告书。收购报告书补充了:天和科技在不改变原有业务,补充增加财务咨询服务中介业务,收购人未来 6 个月内没有置入收购人所控制的主营业务为金融类企业的计划。董事、监事、高级管理人员的安排。原有资产处置安排。

许建文是谁？许建文是个“80 后”,是深圳的人人聚财金融信息服务有限公司的董事长。人人聚网站上说,人人聚入选 2016 年胡润新金融 50 强,许建文荣获“2016 年中国新金融行业风云人物”。

我们一开始看到有报道称：许建文花了1200万元，三天以后P2P就不让借壳了。对此，人人聚在回复中国经营报的采访时说："此次许建文收购天和科技是其个人的资本运作规划，2月6日才正式完成股权交割，类金融挂牌暂停并未对这一规划产生影响。许建文是希望通过资本运作，成立新的业务实体，为融资端客户提供一站式的金融、财务咨询服务，并非将P2P的类金融业务实体注入天和科技。"

这个话讲的是不是有点像我们上一期讲的金蛋理财的CEO对记者的澄清公告里的话？很像啊，大家可以对照一下。

股转系统在审核这个收购报告书的前后，公司公告了两版的收购报告书，发生了一些变化。据此我们就可以看出，股转系统审核的是哪些内容。第一个，保证业务不变。我们回忆一下，借壳的定义是什么。第一，我要收购新三板挂牌公司的控制权；第二，我要置入收购人相关资产，就是变更主营业务。修改过的收购报告书怎么说的？"本次收购完成后，天和科技在不改变原有智能水质分析仪、数字传感器、超声波系列仪表等环境监测专用仪器仪表业务的同时，增加财务咨询服务中介业务。"也就是说，我没有改变原来的业务，只是增加了一些新业务。"收购人未来6个月内没有置入收购人所控制的主营业务为金融类企业的计划，亦不存在将主营业务变更为互联网金融、私募股权基金管理、担保、融资租赁、资产管理等金融类业务。"我估计这段话肯定是股转系统让他加上的，他自己不愿意说，但是不加上股转系统就不让你过。我们可以问问胡总是不是这样。

另外还有两件事情：第一，天和科技现任董事中除董事长钟旭东继续留任董事外，其董事监事高管全部离职。第二，现有资产处理说清楚，"拟处理一个非核心资产的亏损子公司，此外没有现有资产处置计划"。为什么呢？他说了还要保持原来的业务不变呢！对不对？如果我把资产都卖了，我如何维持原来的业务呢？所以我要保证我只处理一个非核心资产。

我已经把许建文收购天和科技，大致的背景做了铺垫，我们现在请教胡总。原股东为什么要卖？这件事情我觉得是这样，我们观察一个借壳案例，好像这个问题一般不去提及，似乎借壳主角都是借壳方在折腾，被借壳的人就消失不见了，对不对？其实我们做企业的，我们要想为什么要卖？

胡总：其实关于为什么要卖的问题，首先，新三板挂牌也好，主板创业板上市也好，**其实大家都知道走上公众公司是一把双刃剑，会带来很多好处，也有很多不利的一面。**其实我们很多公司，特别是新三板企业在挂牌，说实话有一些企业可能是"被挂牌"，就是中介机构或者地方政府鼓励他们去挂牌，但是企业家不一定对挂牌有深刻的认识。但是上去之后发现了双刃剑的另外一面，即公司的规范化运作非常严厉,从而影响公司原来的经营模式。所以说,有的公司上了新三板确实有不利的一面,所以有些企业选择退出,卖壳是退出的方式。第二个大家都知道,壳是一种资源,是投资的平台。从资本市场上来讲,壳是一个新三板的代码,是一种资源,因而可以买卖。第三个,有利有弊,能上新三板也不容易,对于99%的企业是利大于弊,毕竟上去以后可以做很多事情,定向增发、并购重组、股份转让,上去以后带来的资本运作机会多。但是有些时候可能企业太乐观,想做更大的,但是也有可能失去适合企业的其他机会,其他的机会都失去以后,如果公司资金比较紧张的话,只能把壳当成一种资源来推向资本市场。

饶胖:胡总不愧是江湖老人,太极拳打得溜溜的。第二个问题,我们看这个壳费,就是许建文花了1200万元,这个就只是壳费吗?如果我们买一个壳,决定壳价格的要素有哪些?

胡总:**第一是壳作为一种资源的价格**。因为我经历的时间比较长,我谈一下新三板壳的趋势。新三板壳价格行情最好时候是2015年4月第二季度,圈内最高达到3500万元,但是现在时点价格下降很多大概1600万~2200万元左右,大家听到的是交易价格,但是其实我们还要考虑交易成本。**交易成本除了公开的以外,其实还有一个是推荐费用**。因为壳的买卖需要第三方来对接,其中的中介费大概是200万元,律师大概是40万元。另外买方出具的财务顾问报告,这个费用也要20万~40万元左右,还有收购前的尽职调查也需要20万元左右。这是整个壳的大概的行情和变化。通过行情来看,大家所看到的公开的信息,其实1200万元跟这个不是很一致。**决定壳价格的一个是外部因素,就是资本市场的政策因素**。这个当然饶胖在前面也讲到了,对于新三板的借壳,监管方在不断地推出一些政策,其实这些政策对壳资本运作越来越严格,还有对一些行业准入的限制,这些因素都会影响壳价格。在2015年年底的时候,对类金融的限制,就是这些企业挂牌新三板受到限制了,所以这些企业都在变戏法,要去借壳上新三板。所以这个时候,有这些限制性政策出台,壳的价格肯定会往上走。我们也不知道监管机构将会限制哪些行业,大家做投资时候要有预判,即预判哪些行业可能受到限制,壳的价格就会往上走。

第二是资本市场的大势,像股转系统的影响,包括英国退欧的影响,对于整个大的金融环境产生变化的时候,对壳价格也会影响,毕竟壳是一种资本运作的工具。

第三是公司自身的一些因素,比如解限售的比例,资产结构,附属资产整合的价格,也会影响价格。解限售比例与壳价是正相关的,因为解限售比例越高,实际控制人拿到的比例越高,越容易掌控公司,这个价格肯定越高。还有资产结构,从借壳买方角度讲,他是希望收购一个单一的壳,但是监管的政策是希望监管之后主营业务不能变化。所以有一些公司,他原来的实际控制人的业务可以不剥离的时候,或者可以慢慢剥离的话,有利于借壳后平稳的资本运作,所以这种公司的价格也是比较高。

第四,借壳有些时候是同行业间的借壳,比如说我们以前谈的过程中,遇到一些环保产业链上企业,如果谈成价格肯定比跨行业的要高。

第五,借壳还跟季节有关。大家都知道新三板的企业不是特别规范的,所以每年到年底时候一部分公司资金紧张,需要把资源套现。另外一些公司后续年报数据比较担心,所以在年底时候有些公司希望出手。所以这个季节的壳资源就比较多,这个时候价格比较合适。

饶胖:我们观察到,在天和科技股权出售的时候,三个股东有两个价格,不知道为什么?这是第一个问题。第二个问题,原有股东如何去平衡?比如说有的股东想卖,有的不想卖,如何去解决?

胡总:首先这个价格方面,我们不便于去说具体的计算,这个涉及债务方面的事情。第一,借壳肯定是100%股份收购,股东需要一致同意,本质上价格是一样的。因为全体都需要同意,本质上都是想转让的,都不想持有壳这个平台,这一点是一致的。第二,有一部分同意卖壳,有一部分想退出新三板平台,有一部分不想退,但是收购方想要对方全部退出。这就存在一个利益平衡问题,想买壳的人就要补偿那些继续想留在新三板平台的人,做一些利益上的补偿以达到让对方答应退出的价位。当然,在这个协商过程中,如何满足不想退的胃口,都有一个心理价位。可能需要玩一些沟通上的技巧。有一点是可以确认的,就是如果企业运作特别好的时候,一般不会选择去卖壳。企业做成什么样,实际是什么样,需要信息披露以和那些想要留下的股东进行沟通,进行价格博弈。想退出的不会亏,同时补偿想继续留下的股东的底线。

饶胖:原来的资产负债如何剥离?这是很实在的操作问题,我们请教下胡总。

胡总:收购方是最担心负债的剥离的,也就是收购款项不能超出整个公司的负债。这是进行壳买卖的一个底线,因为大家都知道经营不善的企业账面资产多少钱大家都有数。账面资产不代表能通过转让变现的价值,所以壳买卖中的焦点问题就是负债的剥离。负债的剥离从税务筹划角度讲,一般是把收购款项直接支付给债权人来处理。资产的剥离,监管方对借壳有限制,主营业务不能变更就意味着公司持有开展主营业务的资产不能变更。在这种情况下,买卖双方都有默契,就是资产不能做激进的处理。甚至有些资产就是名义上虚资产留给新组建的企业,对原来的股东也没有损害。**如果有意去借壳,我们要考虑原来的公司原来**

的资产真的没必要变更,表面上看起来有用,同时原股东不急着处理出去。这是我们需要关注的。

饶胖:胡总您认为负债的支付由收购方来支付,比如他欠了银行许多钱,我们的钱实际上是支付给股东的,我们如何归还这个负债?

胡总:签订收购协议后,收购方会接管财务管理,保证资金是安全的来剥离负债。

饶胖:实际上我把这个钱先支付给股东,把公司控制以后我就拿着钱,先把银行借款给还了,剩余的钱才留给原来的股东。新资产如何装,监管才能同意?其实刚刚我们也谈到这个问题了,就是说这个两步并一步就是借壳嘛,那现在分成两步走,就是我收购一家企业,同时不变更主营业务。说实在的,如果这个主营业务不变更,我收购它干嘛呢?一般来说都有这个问题,但是我们如何装新资产呢?

胡总:首先如何装资产,其实我们小时候都做个实验,就是把一滴墨水滴到一大碗水里,这个变化是就比较小。就如前面讲的,我的资产不剥离,主营业务不变更,我先把新的业务引进来,这是一种比较稳妥的方式。所以这个变,最极端的情况,就是原来的业务注销,重新再变成新的业务,这是比较激进的。**所以比较稳妥的办法就是我原来大部分的主营业务,甚至所有的主营业务都不变化,我只是在工商变更的时候增加一小部分主营业务,**而且在增加主营业务时候,我们的资本运作方就会体会到中国文字游戏的精妙之处。你可以用很多名词替代,可以让投资人看出新业务体现出来了,但是监管方定义的词语又规避掉了。资产如何装?新的业务如何流进来?会计上的利益、收入如何流进来?有很多办法,例如通过收取各种费用,分子公司一些经营上的商业模式的一些环节剥离来体现到母公司,在每个行业都可以想到切入点的。

饶胖:就是我们第一得有个好文案,第二得是个会计专家,才能把业务装好。我们都知道企业在运行的过程中会有许多隐性负债,没有反映在表上的这些负债,我们如何处理呢?首先这些东西我们怎么去发现?第二我们怎么去处理?

胡总:确实这个隐性债务在收购协商过程中是一个最焦点的问题。也有可能是最容易导致收购成本增加的部分。因为隐性债务可能是无限大的,有风险的事情,既然做资本运作,我们不能回避,我们要尽可能去降低。**第一个,收购过程中的尽职调查非常重要。**我们在签订了意向性的收购协定后,我们的收购方会委托会计师事务所,律师事务所进驻企业进行尽职调查。尽职调查的时间通常不会太充裕,因此我们尽职调查的经验和能力就很重要,要在短的时间内对收购标的公司负债有个大致范围。前面也说过了,总的负债的金额不能超过收购款项。如果这一项超过了,后续的一些费用加起来肯定超过收购方可以承受的成本。第一步就是委托有经验和能力的会计师事务所和律师事务所进行尽职调查，这非常重要。**第二个，第三方机构的尽职调查不可能发现所有的问题，我们要有兜底措施，就是签订担保协议，原来的股东和公司要提供资产担保。**若没有资产担保，就是一纸空文。另外我们做尽职调查时候，有几个方面确确实实是隐性的。第一个，涉及劳动关系，我们都知道离职补偿成本是很高的，就要求原股东把这个协商好，处理不好会影响公司声誉。第二个就是有产品销售的，会涉及售后服务一些政治安全的连带责任，这一块有很大的不确定性。例如销售煤气罐企业，如果公司产品有隐患，发生爆炸的话，产生的赔偿是很大的。类似于这种标的最好是能规避就规避掉。不能规避的，归结到第二个方面，对于这些负债要有担保的措施。第三个就是考验我们尽职调查机构的水平了，很多时候会所对隐性负债的确定是通过看银行流水最原始的记录，印鉴使用登记册，对外签署的合同，如果从企业的细节入手会拨到许多隐性的甚至是原股东想隐藏的隐性债务。

饶胖：胡总教了我们很多招啊，看银行流水，看印鉴使用登记册，很多事情要盖章，如果有的话就是很重要的一个线索。什么壳是好壳？

胡总：第一个，流通股的比率很重要，因为要做实际控制和后续资本运作。一个比例即控股比例，收购方能拿到的股份的比例，一般第一次就是希望拿到50%以上比例。第二个比例就是2/3决策的比例。流通股的比例高的话，壳肯定是好壳，能够低价拿到控制权或者绝对控制权。

第二个，就是隐性负债或者实际负债，负债少，主营业务暂时不动，账面资产可暂时不剥离。

第三个是同业收购，主营业务重合度高，甚至原来资质可以继续使用，在后续运作可以体现出好处。

第四个就是管理的规范。资本运作的话，公司信誉很重要，历来没有收到处罚，公众形象好的公司，会计核算规范，没有一些困难的事情，没有隐性的一些事情，也是好壳。

第五个，大家做资本运作通常不会太注意的，但是实际操作会遇到，就是注册地，因为壳的买卖涉及跟注册地有关的是两个方面，一个是工商变更，有一些税务的处理跟政府有关。如果这个地方比较廉洁，政府不会吃拿卡要，办事效率高，像江浙等经济发达地区比较好些。同时有一个借壳会涉及迁址，有一些地方政府给的补贴比较多，迁址会把补贴要回来，但是苏州这些发达地区应该不会遇到的。**基本上就是这五个地方做得好的话就是比较好的壳了。**

饶胖：如果我们想买壳或者卖壳如何跟对方接洽？想请胡总给我们传授下秘诀。

胡总：做资本运作也好，经营发展也好，现代社会很流行一个词就是圈子，特别是资本运作。很多交易是打擦边球,公开去做会招监管方质询,记者举报。内部圈子交往的频繁可提高办事效率,而且这个圈子传递资本的信息更符合于中国资本运作打擦边球的这个特点。**所以找壳找买家圈子很重要,我们互动交流也是圈子**。我们如果做一个小范围的互动交流,我想会产生很多的亮点和机会。现在来讲就是说,圈子是一种途径,信息传播的一种方式。我们还是通过专业的信息查询渠道去核实,圈子内的确认打听也同时进行,例如我去打听新三板的年报,哪些企业业绩不佳,资金链断了,如果这些企业没有其他资本运作方式,只能通过壳资源来打牌。第二个就是一些企业做定向增发的时候因为某些因素失败了,资产重组计划失败了,原来计划的资金未到位,想卖壳的机会也比较大。

另外一个角度就是买家,如果我是想卖,我可以通过券商渠道,有一些公司在挂牌或者上主板过程中夭折了,这些企业还是想成为公众公司,不惜这个两三千万元成本借壳。再有就是行业受限制,那企业就变戏法,找一些合理的途径,去套装受限制的业务。第三种企业就是想历史问题洗白,把优质资产剥离出来上市,中国比较典型的是建筑施工类企业,虽然可以规范运作,因为这类企业受前几年的野蛮增长,业务的发展,有许多遗留问题无法剥离,那我就把这些业务抽出来,实现优质业务的组织运作。

饶胖:今天我们问了胡总好多问题,辛苦胡总。后面还有点时间我讲一下我自己的亲身案例,我们从另一个角度看借壳成功和失败的特点。

当时有一个壳公司,小型软件公司,做市商两家。股本1600万股,做市商库存股价5元/股,管理团队90%股份。2014年收入1100万元利润200万元,2015年经营形势堪忧预计亏损,收入800万元,现金流紧张,需要资金500万元。

有个项目方,是一家数字营销公司,这个行业很热门,是一家移动互联网企业级粉丝经济数字营销公司,拥有一定的行业知名度,2015年预计收入2000万元,净利润600万元,后三年预计,营业收入持续高速增长,成立不到两年,需要资本平台留住人才,需要资金1500万元。

我就把这两家搞到一起,我们准备搞一个借壳加资金的方案。这个方案是这样的,原来的这家公司的管理团队持股90%,就是1440万股。其他股东占了10%,就是160万股。那么我先让他们管理团队,先签署一个一致性行动人协议,管理团队就绑在了一起,然后向这个互联网公司CEO和团队持股平台增发1200万股,5元一股,获得对价互联网公司51%的股权。

同时向资金方增发400万股,还是5元/股,获得2000万元现金(见图13-2)。

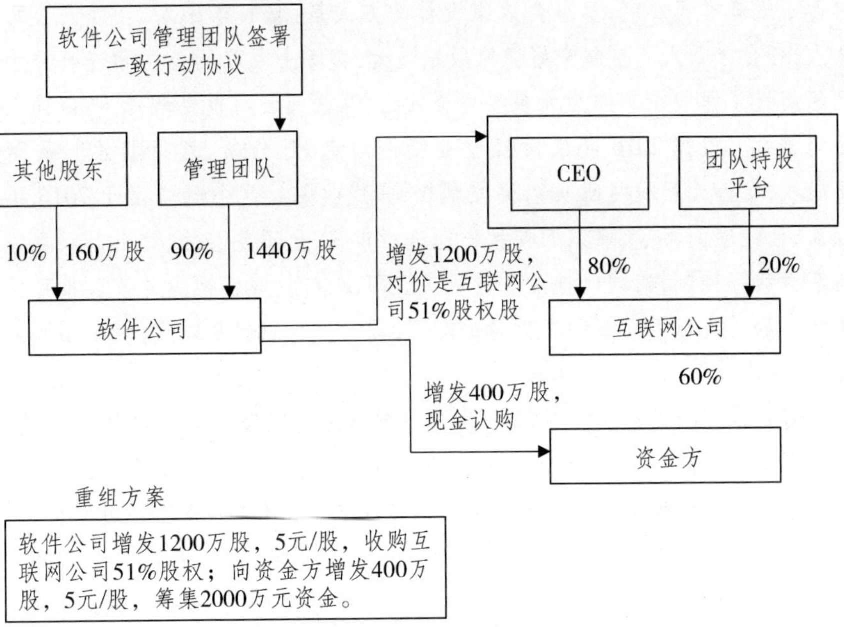

图 13－2　借壳加资金的方案

这个方案，第一个，装入了互联网资产，同时配套融资了。因为两家都需要钱，再融资 2000 万元。这一系列操作结束以后，就变成这样一个结构：原有的小股东持有 160 万股，只占有 5% 了，原有的管理团队签署了一致行动人协议，占了 45% 的股份，1400 万股，仍然是第一大股东和实际控制人，资金方占 13%，400 万股，新管理团队占 38%，1200 万股。这样看控制权没有变更，控制权仍然是原股东的，是原管理团队的。现在这家公司持有互联网公司 51% 的股权，这样就变成了又有钱又有业务的公司，可以大搞一场了（见图 13－3）。

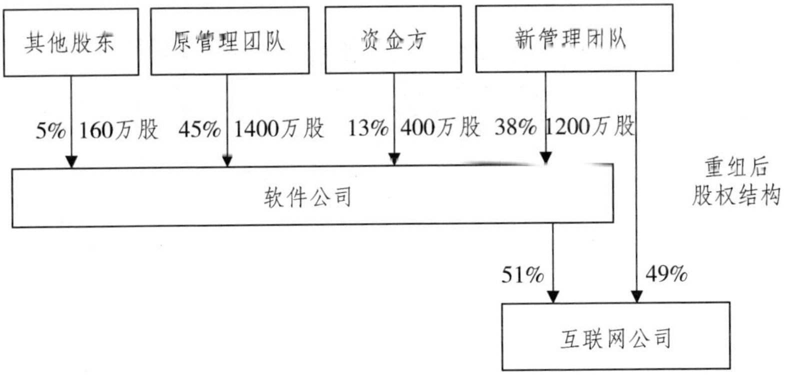

图 13－3　其他借壳方案的实践

为了规避借壳规定,董事会改组设计的方式是:原股东3人,互联网公司团队2人,资金方2人。看起来好像原股东最大,实际上互联网公司和资金方加起来已经超过了原股东。因为如果要增资的话,互联网公司也要增资,所以向互联网公司借款。根据2016年实际经营业绩按约定PE作价,发行股票收购剩余49%股权,发行后互联网团队取得控制权,完成收购。这个时候由于2016年完成以后,已经够两年了,所以即使按借壳进行审核,也不要紧的,这个时候互联网公司获得实际控制权,同时把业务装进去。即使借壳,我们两步并一步也可以通过审核。那么这个里面节约了大量的时间,同时平台用起来以后,满足了两家公司资金的需求。

听起来是不是很完美?饶胖设计的方案一定是很完美的。但是出岔子了,岔子在哪里呢?就是说我开始以为,主要是说服互联网公司不要要价太高,就可以规避借壳。然后我也说服了原来公司的董事长,装进这个业务公司就会发财,原来5元每股也就8000万元,现在装进了互联网公司,虽然未来可能变成小股东,但是这个小股东可能有几个亿的资产,我算账给他听,他也很满意。然后,两边管理层见面,让互联网公司老板讲讲互联网公司业务怎么样,一听,他们就后悔了,为什么?因为互联网公司一共才运营一年多时间,我们已经做了十多年了,这就回到了一个情感的要素,这是个非理性的因素。就是说,你到底是要利益还是要情怀,对不对?如果要了利益就不能要情怀,如果两头都要就很难调和了,项目也就告吹了。

结果是怎样?我们知道这家公司,当时股价是5元,这件事情是2015年下半年谈的,从去年到今年118个转让日,有成交的只有34天,71%的日子里是没有成交的。刚说了他做市商进来是5元,我们给的重组也是5元,然而在这段时间他最高的成交价格是2.2元,最低是1.52元,一共在这段时间成交了62万元,33.2万股。我们可以算出这家公司现在按1600万股的就值3000万元。

第十四讲　新三板首次分层面面观

——一个伟大的时代开始了！

分层以后新三板的情况是道阻且长，唯一的策略是行则将至。

分层落地后投资者新三板赚什么钱？风险偏好主导的市场周期已逐渐落幕，赚企业成长的钱才是正途。

2016年6月27日，注定成为中国资本市场一个值得纪念的日子，这一天，全国股份转让系统（以下简称新三板）首次分层实施了。

这一天距新三板正式开张的2013年12月13日，即《国务院关于全国中小企业股份转让系统有关问题的决定》发布、新三板正式成为中国多层次资本市场的重要组成部分已经过去2年零6个月。在这两年多时间里，新三板破茧重生，截至2016年6月30日，已拥有7692家挂牌企业，总股本4642亿股，成为中国多层次资本市场重要的后腰和中小企业资本市场的希望（见图14－1）。

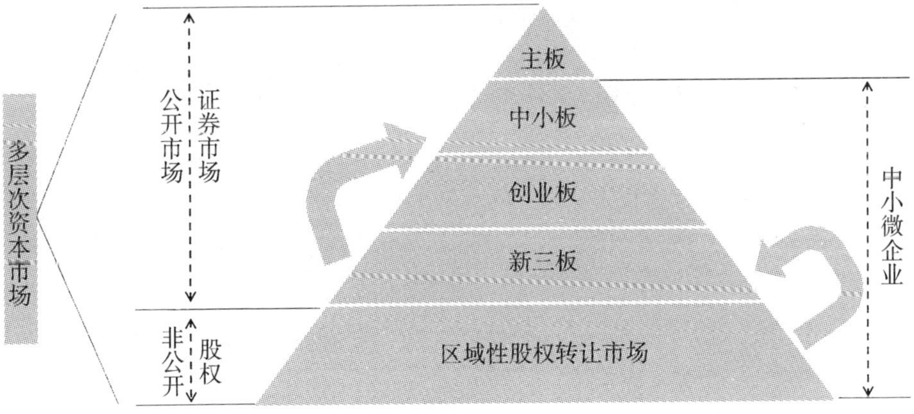

广证恒生研究报告

图14－1　中国多层次资本市场的结构

一、新三板的前世今生

新三板是全国中小企业转让系统公司的民间俗称,谓之“新”,自然是之前有“老”,即还存在一个老三板,当时主要是承载原STAQ、NET系统挂牌公司和退市企业的公司股权转让。为了拯救老三板里交易十分冷淡的局面,证监会就决定拉进一些高科技的企业,恰好与国家大力扶持高新技术企业的战略不谋而合,于是在2006年,有关方面便在北京中关村科技园区建立了新的股份转让系统,也就是“新三板”的前身——中关村股份转让系统。为了让新三板真正成为主板市场的重要补充,2012年,国家决定做大新三板市场,把原来中关村这一个试点,扩展到北京、上海、天津、武汉四个高科技园区,这就是“新三板第一次扩容”。

2012年10月11日,中国证监会发布《非上市公众公司监督管理办法》,对新三板挂牌公司的类型制定了规范法规,从此我国资本市场有了一类新的公司形式“非上市公众公司”。我们知道,《公司法》规定的公司有这么几类:有限责任公司,股东人数在2~50人,股份有限公司,发起股东人数在200人以下,上市公司股东人数没有上限,另外还有国有独资公司和一人有限公司。非上市公众公司是股份公司形式但非上市公司,股东人数经证监会批准可以超过200人。

我国资本市场在改革开放以来有长足的发展,建立上海证券交易所和深圳证券交易所,形成了主板(上交所主板,深交所主板中小板),创业板(二板)(深交所)和地方股权交易场所为代表的私募股权市场(四板)。由于历史原因,主板、创业板门槛较高,至今只有3000家上市公司,**数以万计的中小企业无法利用资本市场优化配置资源**(见图14-2)。

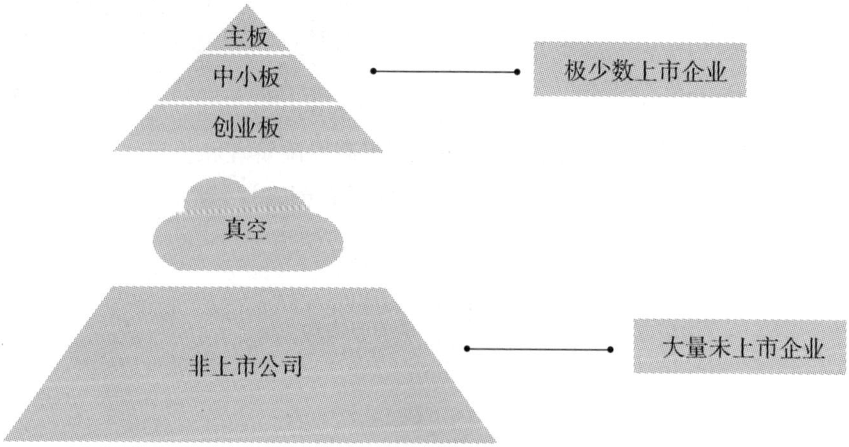

广证恒生研究报告

图14-2　我国资本市场现状

2012年12月8日，中国资本市场迎来了重要的日子，党的十八大，中共中央总书记胡锦涛做了题为《坚定不移沿着中国特色社会主义道路前进——为全面建成小康社会而奋斗》的报告，报告明确提出："健全促进宏观经济稳定、支持实体经济发展的现代金融体系，加快发展多层次资本市场。"至此，发展多层次资本市场成为既定国策。

2013年1月16日，承载着中小企业进入资本市场的梦想的《全国中小企业股份转让系统》在北京揭牌成立，我国建立多层次资本市场的重要一环"新三板"正式成立。2013年2月4日，中国证监会公布《全国中小企业股份转让系统有限责任公司管理暂行办法》，确立全国中小企业股份转让系统及挂牌公司的法律地位、股转系统的职能和监管框架。2013年6月20日，国务院确定将中小企业股份转让系统试点扩大至全国。

2013年12月14日，国务院发布了《国务院关于全国中小企业股份转让系统有关问题的决定》，明确了全国股份转让系统是经国务院批准，依据证券法设立的全国性证券交易场所，主要为创新型、创业型、成长型中小微企业发展服务。证监会在答记者问中指出："股转系统是继上海证券交易所、深圳证券交易所之后第三家全国性证券交易场所。在场所性质和法律定位上，全国股份转让系统与证券交易所是相同的，都是多层次资本市场体系的重要组成部分。"证监会和股转系统随即公布了一系列部门规章和规则指南，新三板规则框架建立了起来。**2013年12月31日起，股转系统正式接收全国企业的挂牌申请。新三板来了！**

二、新三板分层时间节点

2015年11月20日，在新三板正式运作后接近2年时，证监会发布了《中国监证会关于进一步推行全国中小企业股份转让系统发展的若干意见》，这是证监会对于股转发展的又一重要文件。其中明确提出要进行市场分层："对挂牌公司差异化特征和多元化需求，实施市场内部分层，提高风险管理和差异化服务能力，降低投资人信息收集成本。现阶段先分为基础层和创新层，逐步完善市场层次结构。"随即，11月24日，《全国股转系统挂牌公司分层方案（征求意见稿）》公布，新三板分层大幕徐徐拉开。

但是，这一征求意见一拖了将近半年，直到2016年5月27日股转系统才发布了《全国中小企业股份转让系统挂牌公司分层管理办法（试行）》，经过名单初选和异议，2016年6月24日，最终确定的935家创新层公司名单出炉，**2016年6月27日新三板正式进入了分层时代。**

三、新三板为什么要分层?

挂牌公司数量够了,截至2015年11月23日,挂牌公司数量已达4662家,且继续呈高速增长的态势。要知道在我们国家A股市场,发展了20多年也就不到3000家上市公司,短短不到两年,已经有4千多家中小企业在新三板登录了资本市场。这么多公司,对于投资者筛选投资标的带来了极大的信息收集成本。

挂牌公司素质差距较大,由于股转系统不设财务门槛,因而在挂牌的数千家企业中,有收入几十亿元、利润数亿元的大公司,也有收入为零的公司,有的股本只有几百万元的小舢板,有的是数十亿元股本的航空母舰,不同的企业质地和发展阶段,对于服务和监管都要有差异化的需求。

四、就分为两层吗?

首次分层分为创新层和基础层,实际就是按标准选拔一批好的入创新层,其余不变叫基础层。**根据证监会和股转系统的文件,挂牌公司分层的总体思路为"多层次,分步走"**。未来全国股转系统将由多个层级的市场组成,每一层级市场分别对应不同类型的公司。起步阶段将挂牌公司划分为创新层和基础层,随着市场的不断发展和成熟,再对相关层级进行优化和调整。这次分层只是未来可能多次分层的第一次,待时间成熟或许会继续分,所以这次是新三板的首次分层。

首次分层标准是白马黑马一个都不能少。在征求意见稿和最终定稿的分层标准中,除了合规、公司治理以及融资和流动性等共同标准外,入选创新层有三套标准,适合不同类型和发展阶段的企业。第一是净利润(扣非后)2年大于2000万元,这是个成熟企业标准,即白马股;第二是营业收入连续50%以上增长且收入大于4000万元,这是个成长型企业的标准,即黑马股;第三是市值大于6亿元且有6个以上做市商,这个属于市场选择标准,前两个是财务标准,第三个实际是市场"选美"标准,即投资者用他们手里的钱"投票"选出的好企业,又称"选美股"。有一家叫"仁会生物"的公司,由于新药研发的特点,没有销售收入但市场仍然给他数十亿元的估值,就是"选美股"很好的代表。符合上述一个标准就可以入围创新层,如果同时符合三个,我们戏称为"三好学生"。

五、学习纳斯达克好榜样

新三板的体系和制度与既有主板市场非常不同，这是一个真实的注册制市场，也是一个买者自负的市场，绝大部分时候，股转系统都是扮演服务者和事后监管者的角色，那么这套制度是从天上掉下来的吗？坊间有个笑话，新三板定增有个人数的限制，即一次增发除现有股东外的新增发行对象总数不超过 35 人，有人就问专家为啥是 35 人，不是 25 人，不是 55 人，问急了，这位专家就说我也不知道为啥是 35 人，纳斯达克就是 35 人！虽然是段子，但是我们可以管窥一二。在股转系统的分层征求意见稿中提到“参考境外成熟市场分层的指标和经验，全面分析全国股转系统挂牌公司的财务状况……”要了解新三板分层的制度设计，免不了参考纳斯达克的历史和经验。纳斯达克市场经过数十年的制度演变，才变成今天与纽交所比肩的全球性股票交易所，方正证券研究员于建科在其研究报告中，描述了纳斯达克数十年的分层演化历史（见图 14－3）：

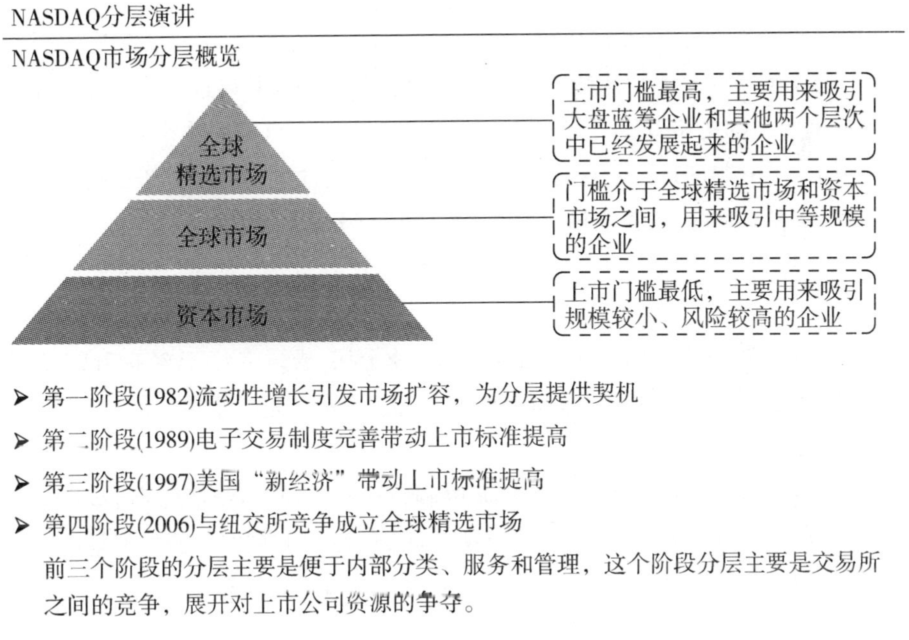

图 14－3　纳斯达克的分层演化历史

与新三板对比(见图14-4):

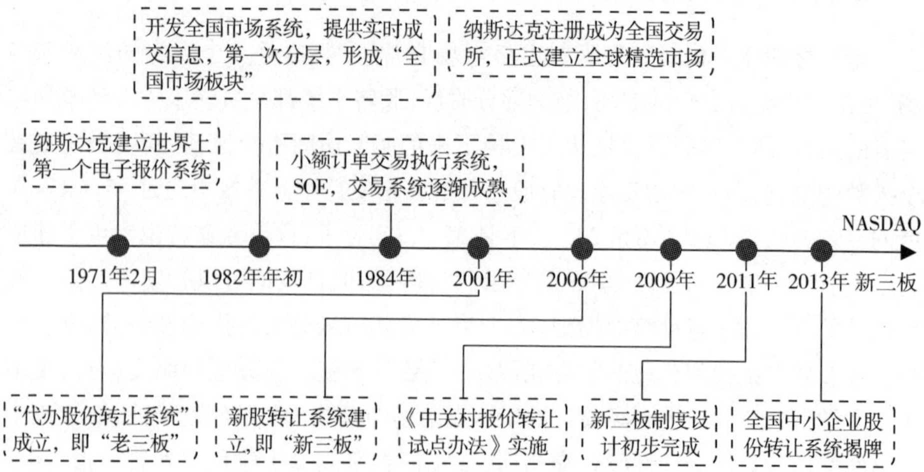

图14-4　纳斯达克与新三板历史演变对比

纳斯达克第一次分层,是在纳斯达克成立这个市场的第11年,第二次分层,出现了现在95%交易的全球精选市场,那些巨无霸像微软苹果这些公司都在那儿了,95%的交易都集中在全球精选市场,那是在纳斯达克第一次分层之后第24年。纳斯达克的制度是根据发展逐步演化出来了。**从这个角度讲,新三板是参考了纳斯达克的成熟经验,采用顶层设计的方法设计分层制度的。**

六、流动性陷阱

新三板从2013年12月13日启动至第一次分层,成绩巨大,已经有7692企业挂牌,累积融资1998.85亿元,成为中小企业直接融资的重要手段。但是,新三板流动性每况愈下。

饶胖有个习惯,每天收市,都会打开电脑,点一下股转系统的做市版块,按照交易金额额从大到小看一下,一般就看第一页28家公司,列在上面的都是新三板上有流动性的好企业,协议转让偶然性因素较大没有参考价值,就看作市交易方式就可以管窥市场冷热。

华泰证券新三板首席分析师邬煜在其分析报告《分层名单落地,新三板进入价值重塑新常态》中谈到了这个问题,新三板至今经历了三大阶段,新三板真正进入主流投资视角的周期并不长。从2014年制度推动下的扩容和做市到2015年投资机构的入场至今,经历了市场培育、非理性繁荣、流动性陷阱三个阶段。

市场培育阶段:新三板大扩容的元年,主要是扩容和做市,投资者尚未大规模入场,时间集中在 2014 年。非理性繁荣阶段:经过了整个 2014 年的酝酿,进入 2015 年后,良好的投资预期吸引了大批的新三板机构入场,短期内的项目和资金供需不均衡直接带来了一波流动性行情,投资行为主要以抢筹为主,风险偏好很高。流动性陷阱:经历了短暂的非理性繁荣,预期中政策层面推动的流动性红利并没有到来,此时馅饼逐渐转成了陷阱,而对冲高估值的企业成长性也无法短期内兑现,使得新三板过早进入了阶段性的泡沫化,市场从高点逐渐开始大幅度地回撤,整体的风险偏好开始快速下移,市场行为也逐渐降至冰点。邬煜认为如果新三板市场能走出流动性陷阱将步入价值重塑新常态。

《莫待发行融资额触底才想起宝贵的流动性》[①]一文中写道:**流动性是任何市场的生命线**。沪深 A 股市场投资者在去年夏天才领会到这句话的真正含义:当似乎永远不会衰竭的对手盘顷刻间消失不见,财富在恐慌中化为乌有,流动性的重要性才头一次被投资者和监管层所领悟。而新三板市场所经历的流动性问题,无形中似有一把钝刀切削,日削月割,终至割无可割,众多投资者的预期几经破灭重生,最终还是落脚在"股权投资"。长期来看,股权投资堪称稳健,但市场存量资金的预期似乎并非仅仅如此。因为对政策预期和退出途径的乐观判断,存量资金的预判是最基本的流动性应当存在。二级市场交易的持续低迷疲软,新三板市场定价功能已经遭到严重削弱。常亮认为,流动性的低迷最终会带来融资功能的丧失。

2016 年 6 月 26 日,广证恒生发布的研究报告《5 月份新三板市场融资金额近一年最低,破解融资僵局需多管齐下》,报告称:2016 年 5 月,新三板市场融资为 74 亿元,创 2015 年 5 月以来最低值,继流动性困局后,新三板市场融资困局悄然出现。

当然,也有人认为流动性不是最重要的问题,"啃哥"张驰在其 6 月 16 日《新三板流动性到底有多么重要》一文中就认为新三板的主要矛盾不是流动性问题,而是分层后一系列待完善的细节的逐渐落实,以及公募基金,保险资金,社保资金,企业年金等长期资金入市的问题。这些问题解决了,自然流动性就解决了。

七、道阻且长

2016 年 5 月 28 日,中信证券新三板研究团队发出了《道阻且长,行则将至》的研究报告,分析了新三板分层落地后的投资策略。新三板有诸多的不足,其中之

① 常亮:《莫待发行融资额触底才想起宝贵的流动性》,载《21 世纪经济报道》2016 年 5 月 19 日,第 05 版。

一就是分析师缺位,没有形成 A 股市场那样的卖方研究员(券商研究所)研究股票和市场,公募基金购买研究结果的产业链模式,新三板研究始终未能找到合适的商业模式,自然没有形成像样的研究团队和研究成果,中信新三板研究团队是新三板少有的券商研究所成建制的研究团队,由中信证券前家电首席分析师胡雅丽带队,这篇《道阻且长,行则将至》的研究报告饶胖认为是关于分层的非常重要文献之一。如题所示,**分层以后新三板的情况是"道阻且长",唯一的策略是行则将至。**

八、最终名单的悲与喜

分层的过程中还是出现了一些有趣的事情。从 6 月 18 日的第一次 920 家名单,到 6 月 24 日最终 935 家正式名单,真可谓是几家欢乐几家愁。

第一件事,分层名单出来以后出现了大量的异议,很多人觉得我原来预期要上的结果没分上,这多失落啊。很多公司连夜赶赴北京,跑股转系统去沟通。主要是关于挂牌即定增是否符合创新层通用标准融资 1000 万元这个标准,有一部分企业是挂牌同时定增,这次定增能不能算?股转和公司之间有了异议,最后股转出了文件,规定在挂牌函日期在增发备案函日期之前的可以算,好多家企业又进去了。

第二件事,"九鼎事件"让我们都大跌眼镜。刚开始九鼎分在创新层,大家都在鼓掌,很多自媒体写文章说"九鼎就是对监管政策理解得很清楚",刚掌声未落地,人家发一个声明说咱不进,所有人的嘴巴还没有合拢就掉地上了。

第三件事,还有几家公司是由于其他的原因没有进去,比如说中搜股份,股转系统的名单上是这么说的:由于公司客户和投资者举报,反映其公司存在治理不健全、内控不合规等问题,所以让他调整出创新层。分层第一天中搜股份就跌了 25%,市场反应强烈。还有联讯证券和开源证券因为受到当地证件局处罚而没能进入创新层。

常亮在"董秘来了"热点话题中提到,"6·18"名单这天我印象特别深,因为我当时在一家三板公司,在和公司里面的人吃饭。那天正好是中午这个名单出来了,我就看到董秘在手机屏幕上划啊划,因为名单很长,他们挂牌的时间比较靠后,他的代码是 834 以后的,他最后突然停住了,因为他划到了屏幕的最底端还是没有看到自己的名字。那种愕然的表情我可能很久都不会忘记。

真可谓是有人漏夜赶考场,有人星夜归故里。

九、分层后投资端的策略选择

华泰证券新三板首席分析师郇煜在其分析报告《分层名单落地,新三板进入价值重塑新常态》中谈道:在市场处于流动性陷阱之中,逐渐降至冰点的过程中,风险偏好也同时快速下降,所谓风险偏好型投资者就是,就是来新三板追逐短期制度红利的投机者。投资者结构基本固化,截至分层,新三板市场其实体现了一个完整的风险偏好周期,而经历了前一段周期的洗礼,再加上投资者结构的固化,目前市场风险偏好已很难在有大幅的波动。

目前的新三板市场正处于价值重塑这个阶段,这个阶段成为新三板的新常态,在这个新常态下,结构性分化将是贯穿这个阶段的主旋律,而分层落地也将是制度性分化的起点。

企业价值是针对不同风格投资人而言的,所以我们看到三大标准也基本从大类上囊括了价值型投资者(标准一:白马股)、成长型投资者(标准二:黑马股)和交易型投资者(标准三:选美股),这个划分非常有助于投资人寻找到适合自身投资风格的企业,更好的匹配了投资者和企业。

创新层和基础层实行适度差异化的制度安排,这将是新三板制度性分化的起点,这个制度性分化对于企业来讲将产生中长期的实质影响。由于新三板的包容性,在总量上一定是供过于求的,而不同阶段和类型的企业对于资本的需求也不完全相同,因此分化就成为必然趋势;在这个趋势下,分层将是制度性分化的起点,同时也是价值重塑的重要环节,其核心特点是强者恒强,资源会更加向少数明星企业聚集,形成流动性。而对于大多数基础层企业将会更难获得关注。

分层落地后投资者新三板赚什么钱?风险偏好主导的市场周期已逐渐落幕,赚企业成长的钱才是正途。

短期:规避主题交易机会。从短期来看,邬煜认为分层不能够为新三板企业带来多大幅度的交易主题机会,通过博弈去博取交易性主题收益已经很难成为此类投资者对于新三板的投资策略。

中长期:分层是制度性分化的起点,持续关注结构性机会。从中长期来看,分层推出的最大意义在于加速了新三板的制度性分化,分层的正式实施是新三板制度性分化的起点。未来在创新层可能会继续细化,而更高层的企业将会享受到更多的资本红利,更多的资本红利也将推动企业实现更快的成长,产业—资本迭代产生的反身性将率先在更高层实现,这其实是分层对于企业的实质性影响,也应该是投资者需要重点关注的。

成长利剑——PE 维度:寻找行业景气度和企业基本面共振向上的企业。从企业市值提升角度看,利润和估值是核心,利润很好理解,影响估值的要素为风险偏好以及行业景气度,在风险偏好基本固化或者难以概率性判断的情况下,判断行业景气度就非常重要。

逆向思维——投行维度:寻找具备跨板潜力的优质企业。从单一层次市场考虑,新三板的风险偏好驱动周期已经逐渐落幕;但是如果站在多层次资本市场角度考虑,从单一市场拓展至多层次市场,风险偏好在不同市场中仍存在较大差异,因此跨市场的风险偏好驱动逻辑仍然成立。这一投资策略落地的方向即通过并购、Pre - IPO 和借壳等投行运作实现跨板套利,交易结构的设计和创新在其中占据着重要作用,专业度较强、投资周期不确定性高,并不适合部分财务投资者,较为适合产业投资基金以及并购基金等。

小结一下,分层以后,追逐成长和跨层跨版套利是新三板投资的主线。

十、分层后企业端的策略选择

分层后,努力进入创新层一定是新三板企业努力的方向,当然,只能是少数是佼佼者,这才符合基本的统计规律。第一次进入创新层的 935 家,只占目前全部的 12%,剩下 88% 的企业是不是就没有希望了呢?其实我认为这是一个伪命题。为什么这么说呢?之前饶胖从事了多年拟 IPO 的准备工作,面对了大量的中小企业,他们有资本的梦想,想借助资本的工具推动自己业务的发展,或者实现自己的创业梦想。但是绝大部分公司,甚至是 99% 的中小企业是没有这个机会的,得到这个机会的就是少数的佼佼者。现在新三板给了企业家这个机会,它是一个中小企业通向资本市场的必由之路。饶胖认为不管是从国家经济角度,还是从企业的角度来看,这都是一件好事。因为任何一个企业的发展要借助资本市场这个工具,都要经历这些阶段,这些企业可能会成长起来,也可能会永远默默无闻。但是随着一些企业的消失,总会有企业冒出尖来,长成大个子,最后长成“巨无霸”,成为“明星”企业。我们有这样的市场,就可以为企业提供一个成为“明星”企业的机会。而不应该说,因为机会是少数人的,我就不来这个市场,那么你永远没有这个机会。

从另外一个角度讲,做企业最重要的还是把企业业务搞好,服务好客户,激励好员工,承担好社会责任。资本市场仅仅是企业发展的工具之一,这当然是个很重要的工具,但绝不是企业发展的目的,如果想明白这一点,你分在那个层也就不那么重要,关键是不管在哪里,都要利用好资本市场这个工具。**我们刚才谈了投资端的策略,那就是抓成长,基础层应该是成长空间最大的板块,只要企业自己做好,自然有投资者来关注你。另外就是要关注跨板、跨层的资本市场机会。**

十一、创新层企业的 IPO 的选择

尽管首次市场分层给市场带来新的期望,但一批新三板公司并未搁置 IPO 计

划。2016年5月27日至6月8日，短短12天时间，新三板进入IPO辅导阶段企业剧增37家，至182家。

根据5月27日公布的分层管理办法，"某某软件"符合标准一和标准三，确定进入创新层，"某某软件"6月29日公告向证监会申请首次发行股票并已受理，7月1日起暂交易。这样一家在新三板要知名度有知名度，要流动性有流动性，相对而言股价还不错的好公司为何选择了漫长的IPO道路？

> 日前，上海电视台记者专访"某某软件"董秘时，问到这个问题："之前您讲了这么多，认为三板市场很好，某某软件在新三板上收获也很多，而且某某软件也即将被分层到创新层，但是贵司还是考虑在主板上市，那这个原因是什么呢？"其回答：对于企业来说，任何时候资本市场都是企业的工具，而不是目的。当然这是我个人的观点，可能会有人不同意，我认为一个企业要好，首先自己的业务要做好，企业发展本身就要好，资本市场是帮助企业做好它该做的事情，比如说来到资本市场，企业有了透明化的优势，可以给员工做激励，有了知名度可以带来更多的业务，公司治理水平的提高会让企业基础更加强大。
>
> "某某软件"也很感谢三板市场，我们在三板市场上也做了融资了股权激励、做了流动，甚至兄弟们减持了一些股票改善了生活。然而，每个市场都有它的局限性。
>
> 新三板市场很大一部分特点是为了高风险企业准备的，它是一个理性市场，那么对于像"某某软件"这样的成熟大型企业来讲，它的优势就不如主板市场明确，特别是有板差，就是估值水平新三板与主板差距较大，按照公司现在的水平，如果到了主板市场，这个估值可能会有比较大的提升空间。既然"某某软件"具备这样的能力，对于我们来说，就多了一个资本市场的选择。
>
> 我们当然非常看好新三板的未来，但是就目前情况，如果"某某软件"有了更好的选择，公司肯定会顺应这个选择，这也是对股东负责。我们一直在跟公司的大中小股东频繁地沟通这类事情，特别是每次公布公司想要进行IPO的事情时，都跟中小股东有沟通，市场的反应也很积极，这就说明我们的中小股东和市场对"某某软件"这样的成熟性企业想要进行IPO的想法是很支持的。
>
> 反过来讲，我们觉得"某某软件"能在三板市场上得到的东西也都已经得到了，如果有了IPO的机会我们一定不会放弃。但是我们从来不否

认,如果在进行IPO的漫长的过程中,新三板的制度创新以及发展超乎了我们的想象,那我们也随时可能回来,比如有可能在我们于三板市场停牌,进行IPO申报、排队的两三年中,三板市场发展的就像纳斯达克一样,可能会有一个板块是专门为成熟企业安排的,有了好的流动性、估值等,那我们也可能选择回归三板市场。

资本市场一切都有可能发生,为了企业的发展,我们做好了充分的准备。这些选择都只是为了企业发展,而不是说不喜欢这个市场。

十二、一个伟大时代的开始

分层到底是一个什么样的事件或者是什么样的寓意。饶胖脑子里浮现的是“9·11”。那是2001年,那时候饶胖在一个外资的VC里面上班,我们那个外资的VC是办公室在松江,有自己的公寓,生活设施,我们不是每天都回家,有的时候周一到周五住在公寓里。那天我记得我没有回家,在公寓里面看书,好像是晚上。突然我同事给我打电话说“你赶快看电视”。打开凤凰卫视一看,那个双子塔一个已经在冒烟了,马上第二架飞机又撞上去,目瞪口呆。

看见这样的新闻以后我们几个下楼聊了一下,我们都没有意识到这个事情跟我们的生活有什么关联。那是遥远的大洋彼岸,骄傲的“美帝”受到了打击,还有很多人开心呢。我们也没有觉得这事好像跟我们自己的生活有什么影响。

但是很快,大洋彼岸的蝴蝶颤动。由于“9·11”是那一场IT危机最后的一根稻草,所以IT整个市场崩盘了,对于我们的电子集团是灾难。我们的基金很快解散了,我们几个就失业了。我们几个同事各奔生路,有人去创业,有人干别的去了。老板问我愿不愿意干财务?我说我没有干过财务,老板说你不是注册会计师吗?一定会干的!于是我就稀里糊涂干上了财务,人生从此走上了分叉化路。

我觉得新三板这个分层,可能若干年回头来看,一定是一个伟大时代的开始。我们很熟悉奥地利著名的作家茨威格写的《人类的群星闪耀时》,描绘列宁在1917年4月,坐着一列封闭的列车,转道芬兰回到彼得格勒时,他这样写道:“**这趟风驰电掣的封闭列车犹如一发炮弹,乘坐在里面的人物犹如威力强大的弹药,这一炮摧毁了一个帝国,一个旧世界。**”我们希望分层这一天是我们新三板伟大的开始,我们真心地希望是这样。

第十五讲　资本市场案例之银橙传媒收购案

——好主意如何功败垂成？

银橙传媒案例特别的一点是：重组失败以后，大家不仅会对他的企业、对后续的一些资源的支持会产生怀疑；另外，它从某种程度上是撼动了这个市场投资退出重要途径和重要逻辑。这个撼动的逻辑就是：从二级市场买入的这些投资者，可能在上市公司并购的时候，得不到什么好处。

2016 年 6 月发生的银橙传媒收购案是新三板重要的资本市场案例，学习银橙传媒收购案，对于理解新三板市场和新三板规则，都有很大帮助，另外一个很重要的目的，就是当我们看到任何一个企业发生什么事情的时候，我们要学会看公开资料，要知道从哪里去发现蛛丝马迹，这都是有规则可循的，今天我们就来分析一下银橙传媒收购案。

一、收购方案和交易结构

2016 年 6 月 2 日，新三板挂牌公司，银橙传媒（证券代码：830999），公告了一个收购报告书，上市公司金力泰（证券代码：300225）以发行股票的方式收购哈本信息等 7 家公司 100% 股权，这 7 家公司合计持有银橙传媒(830999)63.57% 的股权，金力泰 9.9 亿元间接成为银橙传媒控股股东。哈本信息等 7 家公司合计持有银橙传媒(8309996)63.57% 的股权，收购对价是 9.9 亿元人民币，银橙传媒总的估值是 9.9 亿元除以 63.57%，大概是 15.58 亿元。

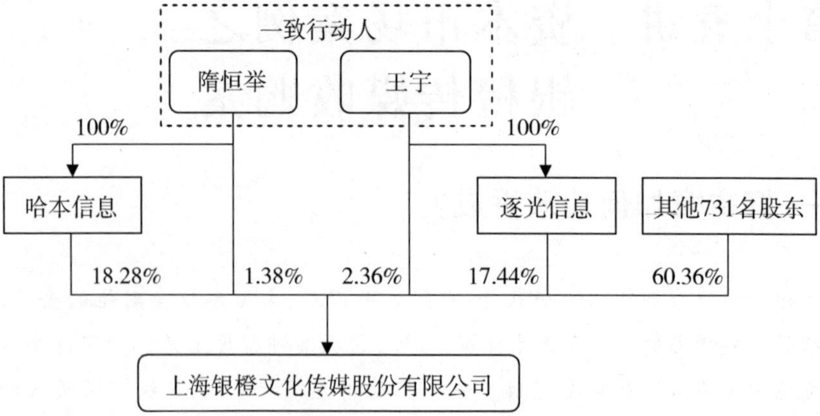

图 15 -1　收购前银橙传媒(830999)股权结构

收购前,银橙传媒的股权结构如上图,是从重组报告书里面截出来的银橙传媒的股权结构,银橙传媒的实际控制人是一致行动人隋恒举和王宇,隋恒举直接持有银橙传媒 1.38% ,王宇直接持有银橙传媒 2.36% ,另外,隋恒通过 100% 持有哈本信息,哈本信息持有 18.28% 的银橙传媒,另外一实际控制人王宇 100% 持有逐光信息,逐光信息持有银橙传媒 17.44% 的股份,隋恒举和王宇两个实际控制人加起来是 39.46% ,其他 731 名股东持有 60.54% 的股份。银橙传媒是一家在新三板上比较活跃的公司,在 3 月份就已经因为重大事项停牌,公司股东也较多,停牌时共同股东 735 人(见图 15 -1)。

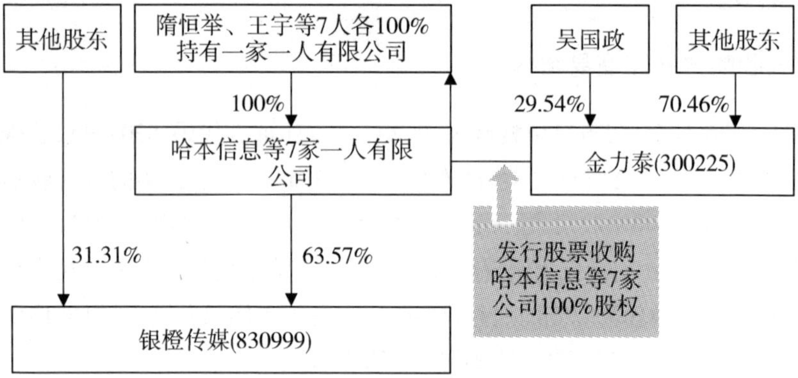

图 15 -2　银橙传媒收购案细节

从上述图中我们可以看出银橙传媒收购案的交易结构,方案是这样,金力泰是一家创业板上市公司,股票代码为 300225,它的实际控制人吴国政直接持有金力泰29.54%的股份,其他股东持有70.46%的股份。上市公司的实际控制人因为经过多轮稀释以后,它的控股权一般都比较少,基本都在20%～30%左右。金力泰并不是直接购买银橙传媒的股份,而是购买隋恒举、王宇等7人各自100%持有一家一人有限公司的股份,来完成对银橙传媒的收购。大家都知道《公司法》里,一人制有限公司实际上要承担无限责任(见图15－2)。

8月25日,经济学家郎咸平教授因为追讨小三房产诉讼的新闻在朋友圈盛传,这篇文章其中有一个问题,就是涉及一人制有限公司的法律责任。根据公司法律承担责任追索起来,要一人制公司的一人股东承担无限法律及经济责任。

本次银橙传媒收购方案,金力泰向王宇和隋恒举发行股票收购他们持有的哈本信息等7家一人制有限公司的股权,那么收购后就变成什么样呢?我们再看下图(见图15－3)。

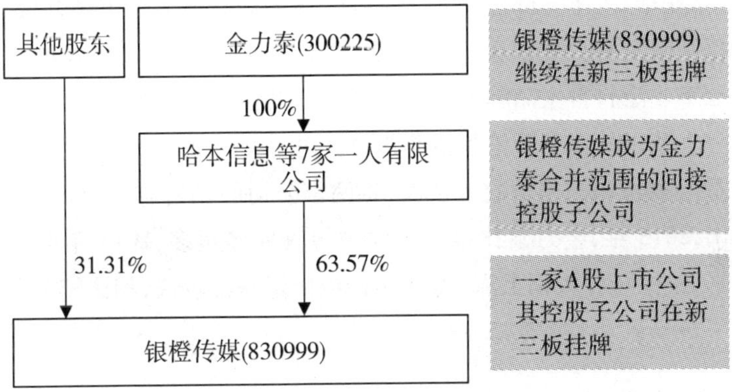

图15－3　银橙传媒收购案细节

收购后就变成这样了,金力泰(300225)100%持有哈本信息等7家一人制公司,这7家一人制公司持有银橙传媒63.57%的股份,其他股东持有36.43%的股份。

按照收购方案,第一,银橙传媒(830899)继续在新三板挂牌的;第二,银橙传媒成为金力泰合并范围的间接控股子公司,金力泰变成银橙传媒的控股母公司,是间接控股,金力泰是通过哈本信息等7家公司来间接控股的,**就形成了一家A股上市公司其控股的子公司在新三板挂牌交易,这么一种新颖的技术格局,**在这以前没有过,新三板市场头一回,以前有上市公司分拆子公司去新三板挂牌的案例,而通过收购形成这种格局还是第一次。

二、两家公司的基本情况

金力泰公告的重组报告书草案就是这么说的:银橙传媒是中国具有较强影响力的互联网广告精准投放服务提供商,核心竞争力突出,拥有业界较强的 Ycloud 大数据分析平台和 ADPush 精准营销系统平台。自 2010 年成立以来,银橙传媒业务发展迅速,营业收入快速增长,近三年复合增长率达 273.96% 。

金力泰是做什么的呢? 金力泰是一个做涂料的公司,实际上是做汽车摩托车的电泳底漆和面漆,主要以底漆为主。因为大家知道这个汽车面那层光亮的东西是面漆,面漆是不防腐的,主要防腐是靠车架上电泳上去的底漆。类似于一种涂料,跟我们平时理解的油漆还是有点差别的。金力泰自成立以来一直从事涂料的研发、生产和销售,主要产品为阴极电泳涂料和面漆,广泛应用于汽车、农业机械、工程机械、摩托车、汽车零部件、轻工零部件、建筑幕墙等多个市场领域。多年来,公司通过持续研发和自主创新,不断提升工业涂料技术水平,已发展成为国内领先的中高端工业涂料自主品牌供应商。那么可以看得出金力是个传统的公司,银橙传媒是一个新兴的数字营销和精准营销公司。

我们看两家公司的销售收入情况,将两家公司的销售收入对比。从图 15 - 4 中可以看出,2013 年,金力泰比银橙传媒销售收入多很多,2014 年金力泰销售收入涨幅平平,银橙传媒大幅上涨,2015 年银橙传媒涨幅较快,相比较金力泰的销售收入达到了 50% 左右(见图 15 - 4)。

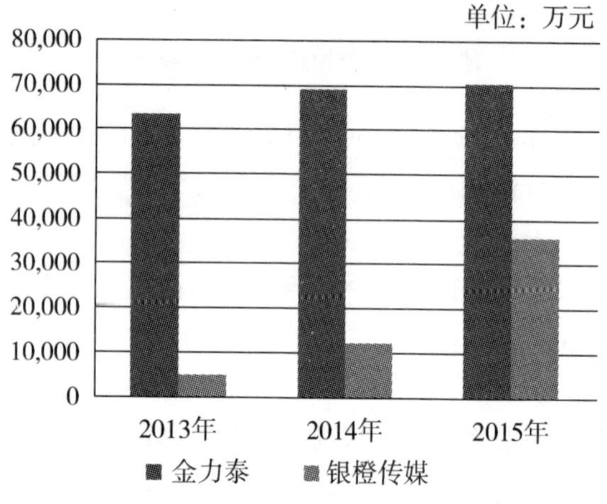

图 15 - 4 销售收入

从净利润这一指标来看,2013 年、2014 年、2015 年金力泰的净利润保持在高位 7500 万元、8700 万元、6900 万元,虽然 2015 年有所下降,但是还是看出来是个比较有实力的传统公司,银橙传媒的净利润 2013 年是 1000 万元,2014 年净利润增长了 3 倍为 3800 万元,然后 2015 年又增长了 38%,净利润为 5600 万元(具体参见图 15－5)。

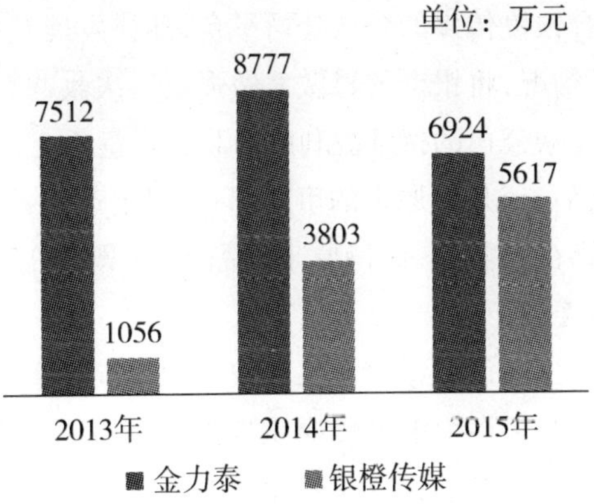

图 15－5　净利润

金力泰收购的目的,我们不揣测,我们只是看银橙传媒公告的收购报告书里面怎么写,收购报告书说:金力泰将公司业务将切入互联网广告精准投放及代理业务,行业发展前景广阔,有利于提升公司整体业务规模和盈利能力,提高公司整体价值,实现跨越式发展。并紧抓互联网广告行业发展机遇,增强抵御外部风险的能力,收购人将快速进入互联网广告行业,丰富收购人经营业态,分享未来良好的发展机遇,整合资源,加速收购人向互联网领域的产业升级,形成传统制造业与新兴互联网行业不同商业模式的优势互补、合作共赢的融合发展格局。实现优势互补,提高可持续发展能力。

大家知道,创业板公司上市的时候都是单主业公司,如果后来收购了一个其他行业的公司就变成了一个双主业公司。

三、收购以后银橙传媒的安排

银橙传媒收购后的安排是怎样?收购报告书称:

本次收购完成后,收购人将对银橙传媒实现间接控股。为实现银橙传媒既定的经营目标,保持管理和业务的连贯性,使其在技术创新、产品开发、运营管理等方面延续自主独立性,收购人将保持公众公司现有管理团队和业务团队的稳定。同时,未来 12 个月内,收购人如确需根据实际情况对银橙传媒的主要业务、管理层、组织结构、公司章程、公众公司资产、员工聘用等进行调整时,将会严格按照相关法律法规的要求,履行相应的程序和信息披露义务。

从收购报告书来看,这次收购未来是按银橙传媒既定的经营目标,保持管理和业务的连续性,连贯性。这次收购完成后,收购人拟利用收购人的上市平台有效整合资源,同时结合银橙传媒的公众公司平台,加快发展互联网广告投放业务,改善银橙传媒的经营情况,将银橙传媒做大做强。这次收购有利于改善公众公司未来经营状况,提高公众公司的持续盈利能力和综合竞争能力。

银橙传媒在收购后,还是做原来的事情,只不过上市公司变成了是大老板了、实际控制人,银橙传媒在收购后,保持原来产品,原来既定的目标继续经营,并保持它的管理和业务的连续稳定。

同时,收购报告书里面说了银橙传媒的技术创新、产品开发管理、运营管理等方面延续独立自主,金力泰将给银橙传媒重要的支持,就是说银橙传媒有了上市公司金力泰这棵大树,将来做事都有了资金和技术支持。**其实说穿了就一句话,"背靠大树好乘凉",依靠上市公司的背景资源更多,融资更方便。**

(一)收购定价

在这次收购方案中,双方是怎么定价的呢?关于新三板公司定价的问题,可以参考本讲附件《凯立德委身兴民智通胎死腹中,新三板企业怎样定价?》,大家有兴趣可以去看一看。银橙传媒是用评估法参考定价,由东洲资产评估公司出具资产评估报告,东洲是国内资本市场上最大的资产评估公司之一。

在收购报告书里披露的资产评估情况,采用市场比较法和收益法,并最终采用收益法的评估值作为最终评估结论,确定最终银橙传媒100%的股权价值15.58亿元。金力泰拟收购63.57%股份的市值9.9亿元。金力泰收购银橙传媒股份不是支付的现金,而是拟向隋恒举、王宇等7名股东发行股票。这次交易上市公司向交易对方发行股份购买资产的定价基准日为金力泰公司第六届董事会第二十次会议决议公告日,即2016年6月2日,发行价格不低于定价基准日前20个交易日公司股票交易均价的90%。经交易各方友好协商确定本次发行价格为5.94元/股,之前,金力泰2015年利润分配方案已于2016年5月10日实施完毕。上市公司发行股票定价是由董事会开会决定,一般是之前一段时间的交易平均价格再打一个小小的折扣——九折。

(二)业绩承诺和补偿

上市公司收购非上市公司,一般情况下,收购标的都要有业绩承诺,特别是按收益法来定价的,因为收益法就是根据未来盈利预测做的资产评估,盈利预测就是作价的基础,当然需要被收购方对盈利预测做出承诺。

银橙传媒在业绩承诺期内各会计年度的承诺净利润分别不低于7000万元(2016年度)、11,000万元(2017年度)、15,600万元(2018年度)。若银橙传媒在业绩承诺期内各会计年度实际净利润未达到承诺净利润,业绩承诺人(隋恒举、王宇)需对金力泰进行补偿。

这里有一个细节问题,大家需关注一下,银橙传媒承诺的是净利润,不是扣非后的净利润。大部分上市公司收购的重组报告书里面,用的业绩承诺指标都是扣非后的净利润,因为证监会关注的指标就是这个,扣除非经常性损益后的净利润,比如说一些非经营性的收入利润如收购兼并收益、投资收益、政府补助等,这些东西都是不进入扣非后的净利润的,如果有,就需要根据证监会的规定,进行调整。但是金力泰这个方案里面就很奇特的,它是承诺的净利润。我们讲到后面大家就明白怎么回事,现在先把这个伏笔先放下了,它是用的净利润,而不是用的扣非后的净利润。

继续履职的承诺,隋恒举和王宇,也就是银橙传媒实际控制人,承诺资产过户5年内继续履职。孙峻峰、张建平、许敏、彭文元承诺自标的资产过户完成日起3年内,继续于银橙传媒任职并履行其应尽的勤勉尽责义务。这4个人,是在银橙传媒担任职务的,所以他们承诺继续履职3年。对另外一个股东是没有任何要求的,给了他股票,他随时就可以走,但作为所持股份对价交换金力泰的股票有12个月的限售期,是在取得金力泰股票12个月后限售12个月,隋恒举、王宇是在36个月完成业绩补偿后解除限售,其他人12个月以后就可以解除限售期。

四、银橙传媒停牌前交易情况

银橙传媒停牌之前的交易情况是这样的,银橙传媒停牌前总股本1.35亿元,2016年3月21日停牌的时候,价格是18.05元/股,市场价值是24亿元,2015年的静态市盈率是43倍,金力泰对银橙传媒的收购对价是15.58个亿,相当于打了一个六五折。

方案一出市场一片哗然

这个收购方案出来后,市场和媒体一片哗然。这个哗然的问题主要在哪里?

最典型的说法就是说飞行员跳伞了,我们还在机舱。意思是什么?金力泰只收购了实际控制人以及一些高管持有的股份,那么小股东呢,就留在了新三板进行交易,留下的小股东觉得不公平,这是市场的一种反应。

另外一种声音是说这打破了新三板跨板投资的逻辑,什么意思?大家都知道,**A 股和新三板股票存在较大的估值差异,在新三板有一种投资逻辑,就是投资那些可能被 A 股收购的公司,把新三板股票换成 A 股股票,赚取板差套利,**银橙传媒收购方案是实际控制人换成了 A 股股票,而小股东继续留在新三板,如果这种方案可行,必然导致之前的投资逻辑失效。

五、银橙传媒的分析

(一)银橙传媒公司情况

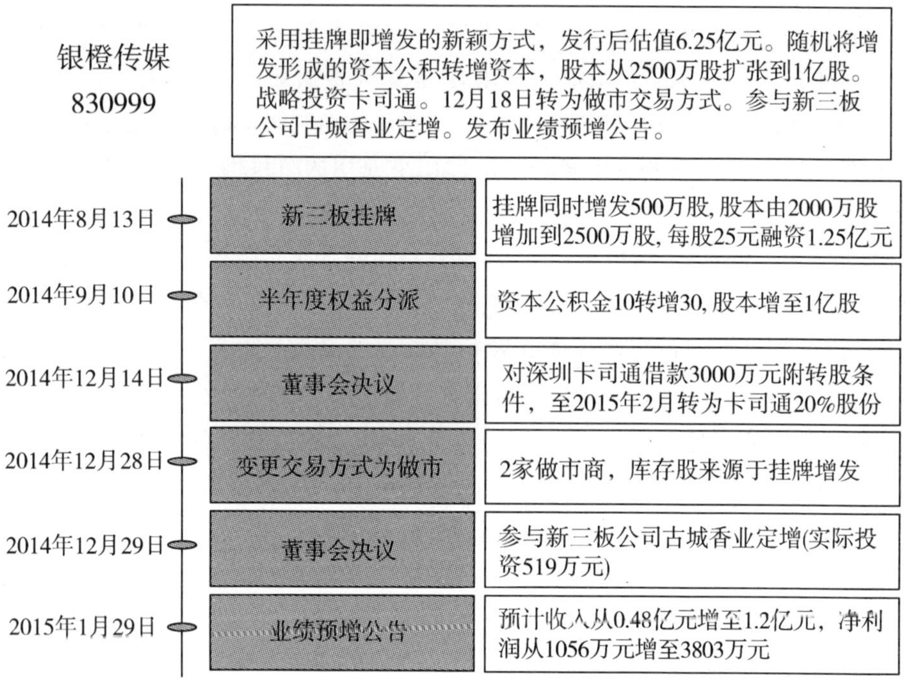

图 15 -6　银橙传媒重大事件发展线路图(2014 年 8 月 13 日至 2015 年 1 月 29 日)

首先我们看看银橙传媒的历史,2014 年 8 月 13 日在新三板挂牌,挂牌同时定增 500 万股,股本由 2000 万元增长为 2500 万元。在 2014 年 8 月,那时很少有人关注新三板,银橙传媒很新颖的挂牌同时定增,定增是每股价 25 元,融资 1. 25 个亿。定增做完了以后,随即在 9 月 10 日就做半年度权益分配,资本公积金 10 转增

30股本,股本增至1亿股。资本动作非常的密集。

2014年12月14日,银橙传媒通过了一个股东会的决议,对深圳卡司通(同为新三板挂牌公司)借款3000万元同时该借款合同附转股条件,至2015年2月该笔借款就转为卡司通20%股份。这也是一个非常新颖的资本工具,可以看得出来银橙传媒这个团队对资本市场很熟悉,玩得很娴熟。

我们要投资一家公司,最担心的是投了之后,当初承诺的那些业绩都做不到,这样的话我们就被套在里面了。我在2000年开始做VC的时候,我们那个时候做的投资并购条款大部分都是可转债条款,就是我先给你发一个债,因为国外发债,它没有那么多限制,像国内要发债的话审批手续及流程比较麻烦。在国外就是发个债券,双方同意就可以了。一般发一个可转债,就是说我先给你这个债权,我现在给你钱有利息的,有还款期限,同时约定到一段时间里,你承诺我的那些事情都兑现了,那我就把它转成股份,这种融资条款叫可转债。我们国家要发债券,就不是那么简单的事情,所以,可以用借款合同附转股条件的借款来做这个事情。比如说,我们说好了,我准备3000万元占20%的股份,但是,我其实对你今年的业绩还不太放心,那么我就要求,我先给你3000万元借款,比如约定利息8%,到了明年审计,指定的审计师年报审计出来,达到预先承诺的利润水平,就把借款按照我们约定方式和条件转成的股份,这样投资风险就下降了,也是规避投资风险一种措施。

2014年12月18日,银橙传媒转变为做市交易方式,两家做市商。这个库存股的来源就是挂牌的时候增发的,就说明在8月份的时候,银橙传媒已经做好年底做市的规划,所以说这是个很会玩资本的团队。

2014年12月29日,银橙传媒参与新三板公司古城香业定增(实际投资519万元)。我觉得这个是先知先觉,已经察觉到了新三板要起来,所以他就专门拿钱出来去参加新三板企业(古城香业)的定增,那时确实能赚到钱。

2015年1月29日,银橙传媒发布业绩预增公告,但凡在1月份发业绩预增公告的,通常情况下都是报喜。大家明白报喜要趁早,就是你放个好的消息,最好早说,迟迟不说的往往是坏消息,坏消息要压到最后一刻,能明天报的不要今天报,好消息能今天报的不要拖到明天。

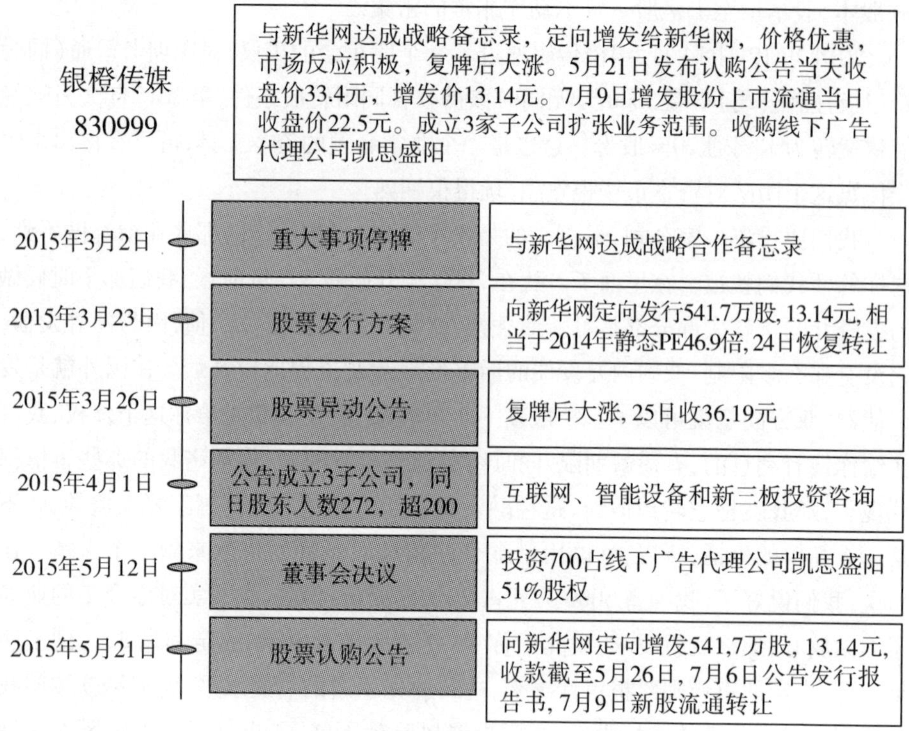

图 15－7　银橙传媒重大事件发展路线图(2015 年 3 月 2 日至 5 月 21 日)

2015 年 3 月 2 日,重大事项停牌,与新华网达成战略合作备忘录,新华网是国有背景的网络大玩家。3 月 23 日,公布了发行方案,向新华网定向发行 541.7 万股,每股 13.14 元,相当于 2014 年静态 PE46.9 倍,24 日恢复转让。然后就股票大涨,大涨到 36 元,价格从拟增发前的 13 元大涨到 36 元,新华网那个时候肯定笑死了。

2015 年 3 月 6 日,公告成立 3 家子公司,同日股东人数 272,超 200,三家子公司为分别为互联网、智能设备和新三板投资咨询。投资新三板咨询,就是专门投资新三板的投资,很会玩,是不是。5 月 12 日,投资 700 万元,占线下广告代理公司凯思盛阳 51% 股权。5 月 26 日,向新华网定向增发 541,7 万股,13.14 元,收款截至 5 月 26 日,7 月 6 日公告发行报告书,7 月 9 日新股流通转让。

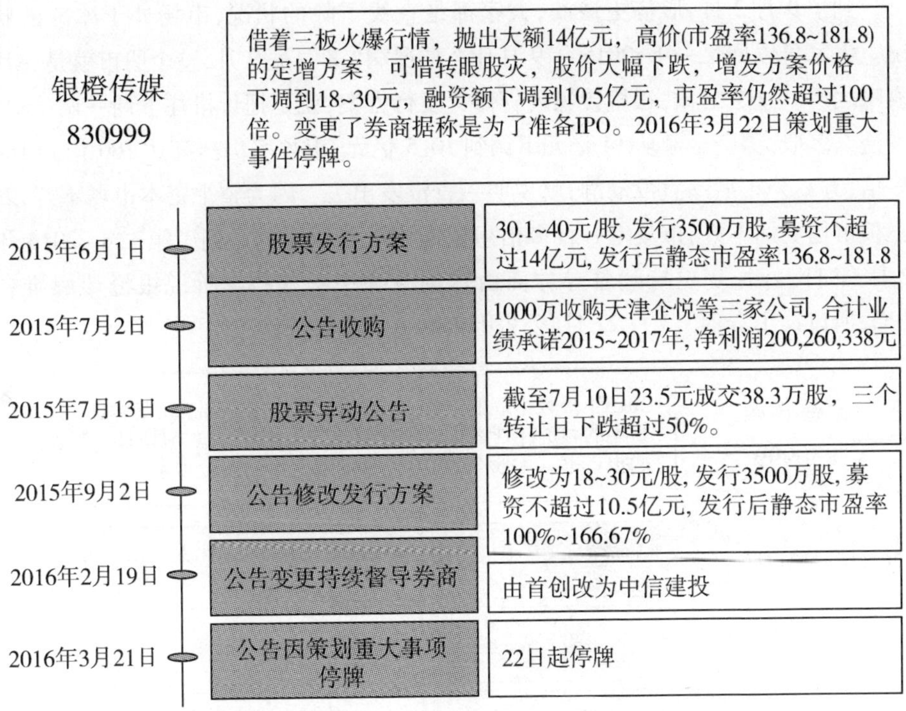

图 15－8　银橙传媒重大事件发展路线图(2015 年 6 月 1 日至 2016 年 3 月 21 日)

新华网增发一完成,2015 年 6 月 1 日,新的股票发行方案就出来了,30 ~ 40 元/股,发行 3500 万股,募资不超过 14 亿元,发行后静态市盈率 136. 8 ~ 181. 8。这么小的公司,一次要募集 14 个亿,静态市盈率 136 倍到 181 倍。

银橙传媒这个顺序很对的,如果你有一个重要的合作竞争,这个战略合作伙伴具有较强大的背景,显然会对银橙传媒有很大帮助,这个背景足够强大。你现在的股价没有体现到这个合作伙伴给你带来的价值,对不对? 那么你做完这个战略合作伙伴以后马上再做新的定增,增发价格自然就上去了。这个时候,价格里面已经含有了战略合作在那里面的信息的价值。所以说,在顺序方面,你就千万别反过来做,你反过来做就错了,你先做融资的定增价格不含这个重要合作伙伴的信息的时候,价格肯定在低处,这个合作伙伴定增的价格在高处的话,肯定合作伙伴也不干,要让合作伙伴得到好处。

很遗憾,股灾马上就来了。我记得很清楚,6 月 18 日那天我在做路演,那天下午没开手机。到了 7 月份更是一塌糊涂,7 月 13 日,银橙传媒股票异动,那个时候基本是怎么涨上去再怎么跌回来,又跌回到 20 多块了。之前,股票从 20 多块钱涨到 30 多块钱,现在又从 30 块钱又跌回到 20 块钱。

到了9月2日,形势更惨淡,大家都是直线下降的状况,市场处于冰冻的状况。大家可以回忆一下,2015年9月什么情况啊?8月底9月,整个股市就是一片哀嚎之声。这个时候,银橙传媒公告修订发行方案,就是把价格往下调一调,还是发这么多股,募资金额从14亿元下调到10.5亿元,市盈率仍然高达100倍到160多倍,方案公布后一直没动静,就说明一直没发出去。因为整个资本市场不好,新三板市场更加不好,市盈率一百多倍想定向增发是很难的。到了第二年,2016年2月19日,公告变更持续督导券商由首创改为中信建投。听说银橙传媒准备IPO,所以换了券商。3月22日,公告因策划重大事项停牌了。

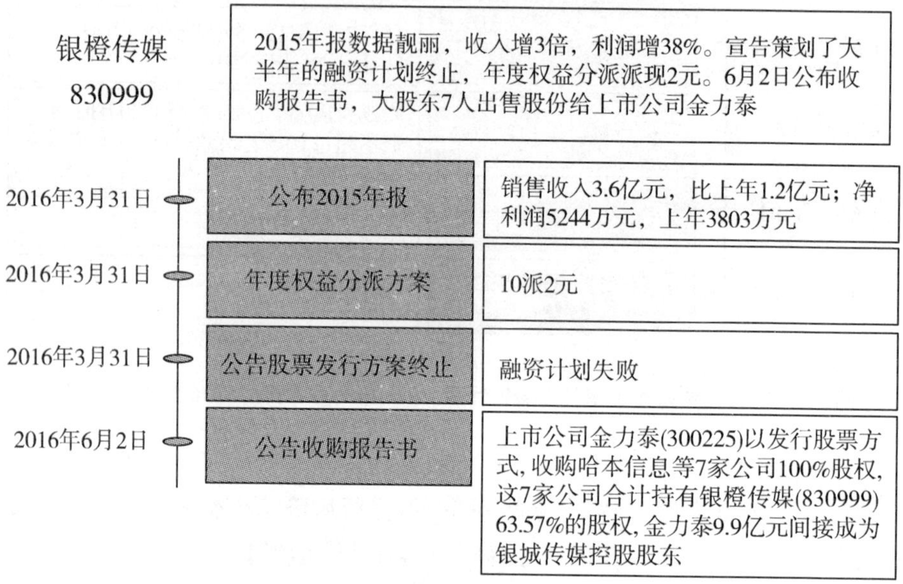

图15-9 银橙传媒重大事件发展路线图(2016年3月31日至6月2日)

2016年3月31日公布了2015年的年报,销售收入3.6亿元,比上年增长1.2亿元;净利润5244万元,上年3803万元。这些数字,我们对比上年数据看下,银橙传媒上年销售收入才1.2个亿,销售比上年增长三倍,净利润的5240万元比上年的3803万元多了1400万元。

同日还公布了年度权益分派方案,年度权益分派10派2元。看来扩张股本扩张不动了,因为没有资本公积,资本公积用完了。同日又公告,股票发行方案终止,就是那个14个亿,后来改到10.5亿元的发行方案,宣告失败了。

2016年6月2日,抱上了金力泰的大腿。上市公司金力泰(300225)以发行股票方式,收购哈本信息等7家公司100%股权,这7家公司合计持有银橙传媒(830999)63.57%的股权,金力泰9.9亿元间接成为银城传媒控股股东。

大家也可以想象，这中间发生了什么事情，**银橙传媒做了一系列的动作来大笔融钱，结果运气这么不好，就差2个月时间，没有融到钱，融资失败了，导致银城传媒整个的战略计划出现问题，不得已抱上上市公司的大腿。**

（二）颠覆新三板的投资逻辑

金力泰收购银橙传媒有一篇报道很重要，这篇报道是21世纪经济报道谷枫2016年6月7日的《金力泰收购银橙传媒高管股权　PE称或颠覆新三板投资逻辑》。报道中说，金力泰收购银橙传媒高管的股份可能会颠覆新三板的投资逻辑，新三板，有一个投资逻辑叫IPO的投资逻辑，就是说现在投资新三板一些比较好的企业，如果我跟他一起上了IPO，那么我就可以实现跨板套利，这是一个非常确定的投资逻辑。银橙传媒那7个股东换成上市公司股票，而那些小股东还在新三板，你的这个投资逻辑不就没了吗？

我们看银橙传媒为什么这么做？举个例子，利欧股份（002131）传统水泵制造企业通过连续收购数字营销公司转型互联网数字营销，成为中国目前最大的互联网数字营销公司。在经历2015～2016年的股灾3.0以后，市值仍有255亿元，按2015年净利润2.25亿元，静态市盈率仍然有113倍。大家明白了，做水泵的变成了互联网数字营销后，市值大幅上涨，很划算。我们反过来看金力泰的收购报告书，因为上市公司收购一个公众公司，我们就可以两头看资料：一个是金力泰的重组报告书很详细的，因为要给证监会提供的；另一个是银橙传媒公告的收购报告书。

重组报告书中选取了这个数字营销行业的同比上市公司的平均市盈率是166.86倍，银橙传媒是30倍。2015年的估值在15.58亿元，然后除上2015年的净利润5244万元，那么算出来不到30倍。我们知道上市公司收购一个非上市公司，为什么股价增长的一个原因，除了行业的原因外，还有什么原因呢？就是上市公司市盈率是高倍数，而你是市盈率低倍数，上市公司把你并购了以后都变成了高倍数的话，那是不是股价应该涨呢？第一个是非常简单的逻辑。第二个就是如果我改变你的行业属性，那么你市盈率是不是应该涨了？原来金力泰传统行业市盈率60倍，那我现在并购的这个传媒数字营销行业平均160多倍，并购了后不要说160倍，我要改成120倍，我也翻一番了。利润翻一番涨一倍，市盈率行业转换再翻一倍，两倍乘以4对吧？大家这个账算过来没有？

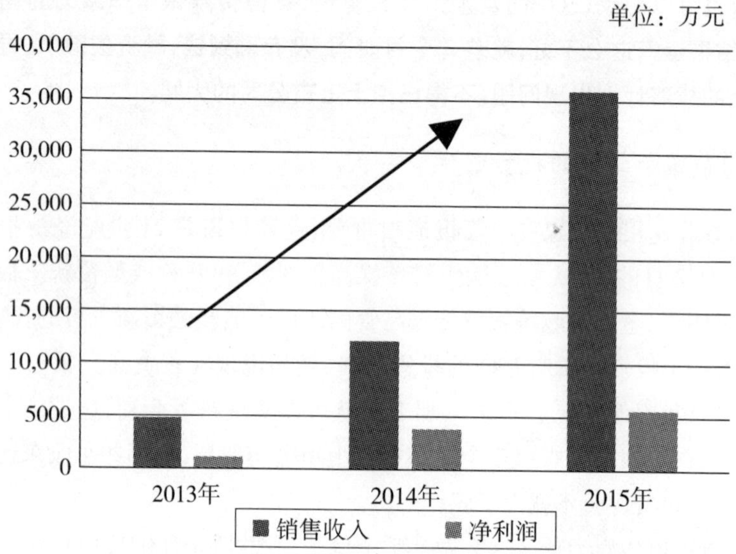

图 15－10　银橙传媒 2013～2015 年销售收入和净利润

我们再看银橙传媒为什么要卖？上表是银橙传媒2013 年到2015 年销售收入和净利润,这个销售收入是成倍的增长,利润大幅的增长,是不是你看得也很动心？是不是要买他的股票？且慢,跟饶胖一起来分析,当然你们也要学会自己分析(见图 15－10)。

公司分析,其实,我们只需要把它的公开资料认真地看一遍。新三板公司的第一份公开资料是公开转让说明书(见图 15－11),关于销售收入的披露分成两栏,按展现次数取得的收入,2013 年是 1400 万元,2012 年是 800 万元,按照执行效果取得收入,2013 年是 3300 万元,2012 年是 550 万元,增长了 6 倍。销售收入分为展示次数的和按执行效果的两种业务模式,按执行效果的模式,公司是这么说的:“随着我们公司大数据精准营销技术不断成熟,按执行效果取得收入大幅上升。”换句话说,银橙传媒收入变动的原因是什么呢？过去是展示次数的商业模式,现在按执行效果,是大数据精准模式,这个业务模式成长很快,技术很强,从这个意思上讲,是大数据营销公司对不对(见表 15－1)？

2. 公司收入按业务类型划分如下表所示：

表 15－1　银橙传媒公开转让说明书

单位：元

项目	2013 年度		2012 年度	
	营业收入	比例	营业收入	比例
按展现次数取得的收入	14,637,621.56	30.53%	8,094,722.10	49.87%
按执行效果取得的收入	33,308,720.09	69.47%	5,590,470.95	34.44%
渠道使用收入②	—	—	2,547,169.74	15.69%
合计	47,946,341.65	100.00%	16,232,362.79	100.00%

报告期内，公司的收入主要由按展现次数取得的收入和按执行效果取得的收入组成。按展现次数取得的收入是指公司与广告主要按照广告在目标受众展现的次数来进行结算而取得收入，包括 CPM、CPV 等结算方式；按执行效果取得的收入是指公司与广告主按照注册数量、终端用户购买数量等方式来进行结算而取得的收入，包括 CPC、CPA、CPL、GPS、ROI 等结算方式；目前随着公司大数据分析和精准投放技术的不断成熟，按广告效果结算确认的业务收入也在逐步增加，由 2012 年度的 34.44% 增加到 2013 年度的 69.47%。

银橙传媒为何把销售收入展示次数的和按执行效果的两种业务模式进行分类？大家要明白，在公开转让说明书里面收入按业务类型分类，是你自主披露的，就是你怎么分是你自己定的，这是个信息传达的问题。银橙传媒在刚挂牌的时候，通过业务分类。我们看到了一个大数据，营销公司精准营销技术不断成熟，按执行效果取得收入的因素大幅上升，这是一个非常好的故事。

我们再来看看银橙传媒 2014 年的年报，按展现次数取得收入 6576 万元，相比 2013 年按展现次数取得的收入 1450 万元增长了 4 倍，可是按执行效果取得的收入 5500 万元比 2013 年按执行效果取得的收入 3331 万元只增长了 60% 多，仅仅增长了 1000 多万元，这是怎么回事？这个依靠大数据精准营销的公司，2013 年年报刚披露了按执行效果取得收入大幅增长，2014 年的年报披露出现了相反的现象，这是为什么呢？银橙传媒的解释是这样的：由于公司对 AD-Push 精准投放平台进行了升级，对网络游戏机部分大电商平台的客户，仍维持原有效果类的收入结算方式，如 CPA、CPL 等，对中小客户以及新增大客户，结算方式转变为展示类的收入结算方式，如 CPM、CPC 等，由于此计费方式的转变,造成展示类收入占比提高,效果类收入占比下降。如果你仔细看过这份年报,你心里是不是就开始打鼓了?原来你相信的那些东西是不是都发生了变化,对不对(见表15-2)?

(2)收入构成分析

表15-2 银橙传媒2014年报

项目/类别	本期收入金额	占营业收入比例%	上期收入金额	占营业收入比例%
按展现次数取得的收入	65,765,910.43	54.45%	14,637,621.56	30.53%
按执行效果取得的收入	55,006,424.34	45.55%	33,308,720.09	69.47%
合计	120,772,334.77	100.00%	47,946,341.65	100.00%

收入构成变动的原因:

报告期内,公司对ADPush精准投放平台进行了升级,对网络游戏及部分大电商平台的客户,仍维持原有效果类的收入结算方式,如CPA、CPL等,对中小客户以及新增大客户,结算方式转变为展示类的收入结算方式,如CPM、CPC等,由于此计费标准的改变,造成展示类收入占比提高,效果类收入占比下降。

带着疑问,继续看银橙传媒2015年的年报。我们学会了,**2015年的年报,我们首先要看它的收入构成,收入由主营业务收入和其他业务收入构成**,其他业务收入1281万元,而其他业务成本只有64万元,就是说他一年光其他业务收入就增加1216万的净利润,怎么回事(见表15-3)?

(2)收入构成

表 15－3　银橙传媒 2015 年报

单位:元

项目	本期收入金额	本期成本金额	上期收入金额	上期成本金额
主营业务收入	347,044,355.34	278,205,116.69	120,772,334.77	51.297,976.45
其他业务收入	12,809,001.49	646,696.76	—	—
合计	359,853,356.83	278,851,813.45	120,772,334.77	51,297,976.45

按产品或区域分类分析:　　单位:元

项目／类别	本期收入金额	占营业收入比例	上期收入金额	占营业收入比例
线上广告媒体业务	—	—	—	—
按展现次数取得的收入	135,429,915.53	39.02%	65.765.910.43	54.45%
按执行效果取得的收入	19,173,208.65	5.52%	55,006,424.34	45.55%
广告代理收入	149,210,689.27	42.99%	—	—
线下广告媒体业务	—	—	—	—
广告代理收入	33,876,377.22	9.76%	—	—
广告营销策划	9,354,164.67	2.70%	—	—
合计	347,044,355.34	100%	120,772,334.77	100%

收入构成原因:

按展现次数取得的收入大幅增长,按执行效果取得的收入大幅降低的原因:随着公司平台的品牌及知名度提升,销售的售卖方式逐渐以效果类合作方式转变为展示类合作方式。以展示类合作方式计费,以效果优化为核心。且随着公司在移动端业务的大幅增长,公司与广告主在移动端投放的结算方式均为展示类合作方式。

本年新增的广告代理收入:其中 1.49 亿元为线上(移动端 + PC 端)充值消耗型代理业务收入,3387.63 万元为控股子公司凯思盛阳承接的线下广告代理业务收入。

本期主营业务收入 34,704 万元,比去年 12,077 万元好像增长了将近 3 倍。再看其收入构成分类,这个按展现次数取得收入居然从 6577 万元涨到了 1.35 亿元增长到一倍,但是按执行效果取得的收入只有 1917 万元,也就是我们原来说的那些大数据,精准营销这块的收入大幅下降。

又多了一项广告代理收入 1.49 个亿元,还有线下广告代理收入 4300 多万元。银橙传媒 2015 年年报数据显示这家公司发展前景良好,销售从 1.2 亿元增长到 3.47 亿元,增长了 3 倍。我们一看收入细分,就发现线上广告代理 1.49 亿元,线下广告代理 4300 多万元,仅广告代理收入就将近 2 个亿,但原来银橙传媒做的那些数字营销业务增长已经很慢了。大家知道，传统广告行业水很深，流水冲来冲去是行业经常情况，银橙传媒这个号称大数据精准营销实务互联网广告公司，掉回头又来搞传统广告代理业务。这个信号很不好，是不是？

我们再来看净利润，2013 年到 2014 年到 2015 年，呈现高速增长，形势喜人，2015 年净利润 5617 万元，较 2014 年的 3803 万元增长 1814 万元，一看就觉着是个好公司，对不对（见图 15－11）？

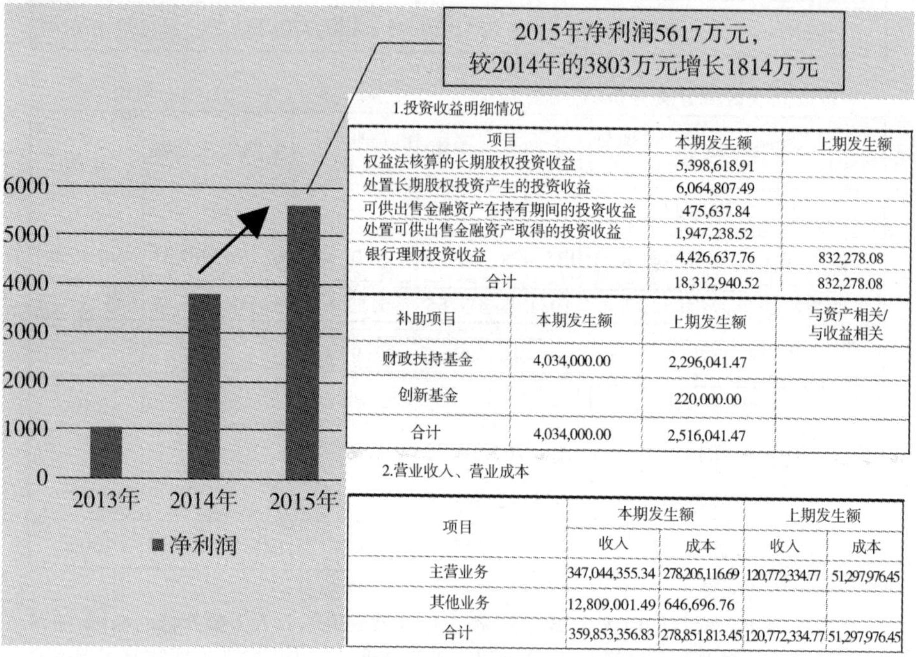

1.投资收益明细情况

项目	本期发生额	上期发生额
权益法核算的长期股权投资收益	5,398,618.91	
处置长期股权投资产生的投资收益	6,064,807.49	
可供出售金融资产在持有期间的投资收益	475,637.84	
处置可供出售金融资产取得的投资收益	1,947,238.52	
银行理财投资收益	4,426,637.76	832,278.08
合计	18,312,940.52	832,278.08

补助项目	本期发生额	上期发生额	与资产相关/与收益相关
财政扶持基金	4,034,000.00	2,296,041.47	
创新基金		220,000.00	
合计	4,034,000.00	2,516,041.47	

2.营业收入、营业成本

项目	本期发生额		上期发生额	
	收入	成本	收入	成本
主营业务	347,044,355.34	278,205,116.69	120,772,334.77	51,297,976.45
其他业务	12,809,001.49	646,696.76		
合计	359,853,356.83	278,851,813.45	120,772,334.77	51,297,976.45

图 15－11　银橙传媒净利润（2013～2015 年）

2015 年净利润 5600 万元，比 2014 年增长 1814 万元，我们回忆一下，刚才我们讲了银橙传媒其他业务收入 1281 万元而其他业务成本只有 64 万元，就是说 2015 年，其他业务收入就增加 1216 万元的净利润。

我们再看银橙传媒的投资收益 1831 万元，确实投资新三板公司是赚了不少，眼光不错，赞一个！上一年度投资收益 83.3 万元，这一项比上年净增 1748 万元。

再继续看，2015 年净利润 5617 万元，较 2014 年的 3803 万元增长 1814 万元，其中：其他业务收入增加 1216 万元的净利润，投资收益增加 1748 万元，政府补贴比上年又多了 152 万元，这三项和主营业务无关的净利润增加项合计 4332 万元。2015 年净利润 5617 万元，扣除这三项和主营业务无关的净利润增加项 4332 万元后，只剩下 1285 万元。**这么一分析，银橙传媒的经营利润是负增长的。**大家就明白了，销售增长3倍，净利润增长了38%，经不经得起扒开来看？

我们再看现金流量表里的经营性现金流，2013年为1532万元，2014年3124万元，2015年呈现一个－3525万元。会计专家怎么说？现金流如果是真实的，利润是可以调整的。记得有个会计教授说："利润啊，在家里关起门咬咬牙就可以作出来，但是现金流不行，需要外面要有兄弟接应你，这个很难弄的。"真实的利润代表企业的发展趋势，现金流则代表企业当下运营的能力，没有现金流谈利润没有意义。现金流的问题导致企业立即死亡，利润问题如长期无改善，将导致企业慢慢死亡。现金流当然比利润重要。当你看到任何一个公司，它的现金流和他的净利润是反方向的，就要警惕了，也许在扩张期，也许是短期现象，也有可能是造出来，现金流没有企业会马上死掉，我们可以看出，银橙传媒2013年、2014年报表数据看起来是很健康的，到了2015年突然就变成不健康了，净利润5600万元，但是现金流又变成－3500多万元，危险的信号（见图15－12）？

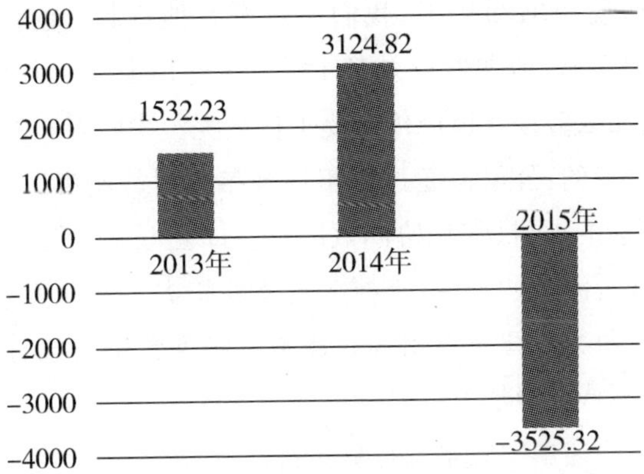

图15－12　经营现金流

图15－13是2013年、2014年、2015年实际的净利润，2016年、2017、2018年是承诺的净利润。通过上面的分析，你们觉得如果你是监管机构或者去投资者，你怎么看他2016～2018年的净利润实现的可能性？如人饮水冷暖自知，对吧（见图15－13）？

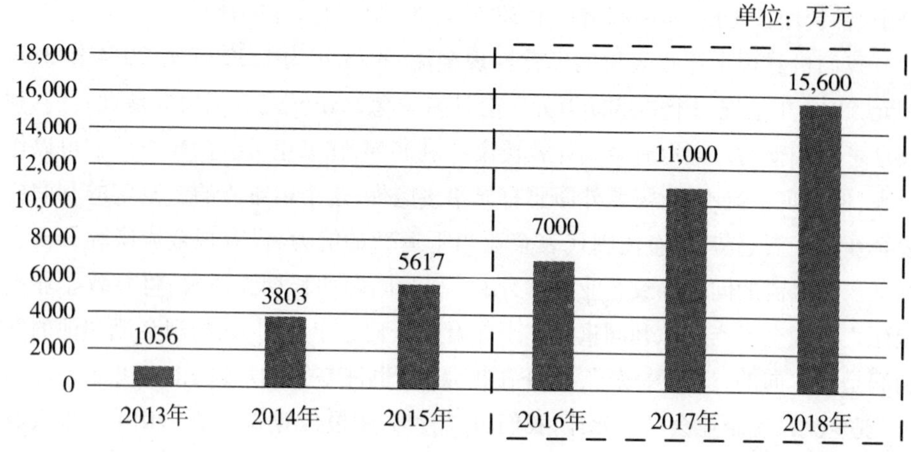

图 15－13　净利润(2013～2015 年实际数,2016～2017 年业绩承诺)

看完公开转让说明书和年报,我们再看看其他资料。前面讲过,银橙传媒 2015 年有一个发行失败,股票发行方案计划要募集 14 亿元,后来改成 10.5 亿元,最后取消了,募集那么多钱?银橙传媒要干什么呢?我们看它的发行方案里面关于发行目的是怎么说的:公司拟通过募集资金参与智慧城市运营、并购互联网媒体、互联网应用等标的项目,强化协同效应,进行“互联网＋”产业布局;同时公司将加大互联网媒体资源采购力度,支撑公司不断扩大主营业务规模,提升公司的盈利规模及市场竞争力。智慧城市运营跟数字精准营销投放有关系吗?我们不是这个行业的,也不特别清楚。

股票发行方案描述本次股票发行募集:

> 资金用途本次股票发行募集资金用途如下:1.基于大数据的物联网化城市用户入口项目对国内一二线城市现有书报亭进行物联网化、互联网化升级改造,将城市书报亭升级改造成为基于大数据的物联网化智慧城市用户入口,形成智慧城市运营(防灾、政府与市民沟通、便民、城市主题、安全等)、媒体内容发布、互联网 O2O、无线 WiFi 等“互联网＋”综合业务形态,预计投入金额 8 亿元……

这段话很长,念起来很饶舌。其实很简单,前两年我们都有一个 OTO 的思路,很时髦很热,就是我们把线上和线下要对接起来形成闭环,线下怎么导流到线上?例如,新三板公司四维传媒,它搞的策略是社区网络入口,在社区里面搞一个互联网入口,一个小房间里放个电脑终端机,那些家里没有电脑的老太太,老大爷就可以在上边买理财产品,也可以收发快递,就是互联网在小区落地。银橙传媒的想法是什么呢？就是想将书报亭变成街上的互联网入口。大家要明白，原来银橙传媒是做什么的呢？银橙传媒是做以大数据为基础的数字精准营销业务，是一个轻资产公司。现在要去改造一二线城市现有书报亭，把这些书报亭进行互联网化改造，这个似乎就变成了重资产运营模式，因为改造就需要花钱，现在资产的投入可能会导致未来10年可能赚到钱，但是现在就需要大笔资金投入，股票发行方案预计投8个亿。中国的老板一般都比较性急，通常情况下两种，即某个信息传递出来，说要干什么事情的时候，往往两种情况：第一种，他要干，他说准备要干，实际已经干了；第二种，是他不打算干，就是想说说、忽悠下你，一般就是这两种。

(三)间接持股的问题

间接持股的问题。银橙传媒公开转让说明书(见图15－14)，隋恒举王宇等7人是通过七个一人制公司间接持有这个公司的股份，这是个奇特的结构。我们要明白，在中国的资本市场上，个人直接持股税率是最低的，通过一个机构来持股税率都会上升。资本利得，就是你把股票股权买了怎么交税，有限合伙是按个体工商户生产经营所得按5%～35%累计速率征收，个人20%的个人所得税，如果是有限责任公司，先按25%的企业所得税再加20%个人所得税，加起来综合40.5%的税率(见图15－14)。

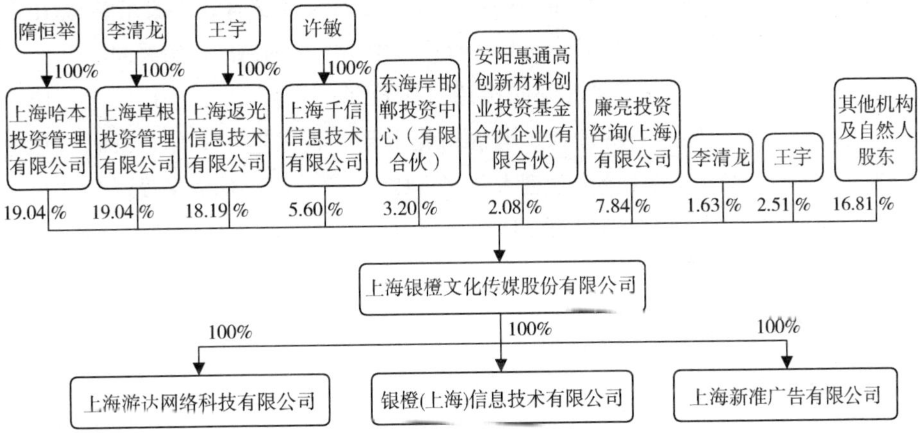

图15－14　公开转让说明书

一人制的公司还有一个缺点，就是一人制公司唯一股东是要承担无限责任的。我刚才说了，有一个关于郎教授打房产官司的帖子可以去看一看。郎教授后来是怎么把钱要回来的，那就是因为那个一人公司股东承担无限责任，所以最终通过法院判决，由作为一人制公司的法人和唯一股东承担责任。我们刚才看了金力泰收购银橙传媒的交易结构，金力泰并没有直接去跟银橙传媒发生关系，而是跟隋恒举王宇他们持有的7家公司发生关系。**因此，这个方案不需要银橙传媒股东会表决，这是有比较大问题的，最大的问题就是剥夺了小股东的权利。**银橙传媒小股东有什么权利？小股东最大的权利就是来参加股东大会并参与表决。

有董秘问我："小股东都有啥权利？"我说他啥权利都没有，他可以来参加股东会对吧，表决这是他的权利，你不能剥夺，但是公司门他是不是可以进来？他没有权利进公司的门。比如说我再问大家一个问题，小股东能不能看财务账？我问过很多财务总监都答不出来，《公司法》规定小股东有权利参加股东会并表决，查看复制股东会记录、董事会记录，查看复制公司财务报表。这些内容，新三板公司都是公开的，股转网站上都有，顶多给你纸质的盖上公司的公章而已。小股东能不能看账册？《公司法》第34条规定，股东有权查阅、复制公司章程、股东会会议记录、董事会会议决议、监事会会议决议和财务会计报告。股东可以要求查阅公司会计账簿。股东要求查阅公司会计账簿的，应当向公司提出书面请求，说明目的。公司有合理根据认为股东查阅会计账簿有不正当目的，可能损害公司合法利益的，可以拒绝提供查阅，并应当自股东提出书面请求之日起十五日内书面答复股东并说明理由。公司拒绝提供查阅的，股东可以请求人民法院要求公司提供查阅。就是说，不给看，要看账册你去找法院起诉，如果法院认为你有正当合理的理由可以判决给小股东看，但是不能复制。**银橙传媒收购案的交易设计没有让小股东参与，小股东缺乏参与感，也不符合我国资本市场一贯保护中小股东利益的政策导向。**

一般来说，间接持股都是海外间接持股比较多，因为海外的法律跟中国法律不一样。比如说我们之前讲过南孚电池借壳上新三板的这个案例，吴尚志、焦树阁先成立一个CDH，CDH这个管理人公司再成立一个基金，基金又投资BVI公司或者开曼公司，BVI再投资香港公司，香港公司再在内地设立外商独资企业，通过这一串，在海外上市的那个是BVI公司或者开曼公司，这么设计主要是考虑海外避税的问题。

（四）要约收购的问题

要约收购的问题，我们国内的上市公司采用的是强制要约收购制度，如果你收购一家上市公司的股份超过30%，必须发出全面要约或者部分要约，这是《上市公司收购管理办法》里面的强制规定。通常情况下，我们收购一个上市公司，我们还需要它上市。你把股份全部收购了，这个公司股权分布就不符合上市条件了，公司就要被强制退市了。**一般情况下，收购上市公司都会向证监会申请要约豁免，关于要约豁免有明确的规定。**

根据《上市公司收购管理办法》第 61 条、第 62 条、第 63 条的规定，本次股份转让是在同一实际控制人控制的不同主体之间；上市公司面临严重财务困难，收购人提出的挽救公司的重组方案取得该公司股东大会批准，且收购人承诺 3 年内不转让其在该公司中所拥有的权益；批准进行国有资产无偿划转、变更、合并；经上市公司股东大会非关联股东批准，投资者取得上市公司向其发行的新股，导致其在该公司拥有权益的股份超过该公司已发行股份的 30%，投资者承诺 3 年内不转让本次向其发行的新股，且公司股东大会同意投资者免于发出要约。

就是说给小股东一个权利。比如说收购的股份比例涉及大股东，还剩下几个小股东怎么办？小股东就分类表决，表决我要不要求你发出要约，如果要发要约你就把我们股份一起拿走，然后大家一起走对吧？要不然呢，我就继续流通，对吧？那么一般来说，因为上市公司被要约收购后也没有上市公司资格了，所以像这种情况下，小股东一般会同意这个要约豁免。

新三板呢？新三板采用的是自愿要约制度而非强制要约制度。自愿选择以要约方式收购公众公司股份的，可以向被收购公司所有股东发出收购其所持有的全部股份的要约，也可以向被收购公司所有股东发出收购其所持有的部分股份的要约。但是，这个首先要在你的章程里作出规定，按公司章程来看，才能做成这个事情。在银橙传媒收购案里，小股东最不满意的，就是大股东都跑了却把他们留下。

（五）神州数码收购华苏科技的小股东权益处理

为什么之前神州数码（000555）收购华苏科技（831180）的时候，也有小股东，小股东为什么就没有意见呢？当时的收购方案是神州数码采取股票加现金支付的方式超过 96.03%，还有剩下 3.97% 的股份。

这一小部分股权是怎么处理呢？在神州数码收购配套募集资金里面有 4000 万元是收购程艳云于华苏科技摘牌后受让的华苏科技股权，留了笔钱准备从实际控制人那里去收购这个实际控制人从小股东那里收来的股权。

程艳云是华苏科技的实际控制人，她在这个摘牌的公告里面就说了：（1）本人有意向于摘牌后通过现金方式收购公司做市商，以及公司挂牌后通过协议转让或做市转让方式取得公司股份的投资者所持有的华苏科技股份，收购价格为不低于 2016 年 2 月 15 日收盘价格 10.55 元/股且不高于公司最近 6 个月内最高收盘价格 11.70 元/股（已经除权除息计算）。（2）如本人于华苏科技摘牌后现金收购投资者所持华苏科技股份的每股价格低于本人后续将所持华苏科技股份转让 A 股上市公司时的每股价格的，本人将以现金向投资者补齐相应的差额；如本人后续将所持华苏科技股份转让 A 股上市公司时的每股价格低于收购投资者所持华苏科技股份的每股价格的,本人承诺不需要投资者向本人补齐差额。(3)如违反上述承诺,本人将承担相应的法律责任。

就是说剩下3.97%的股权,华苏科技的实际控制人愿意以约定的价格来收购。收购完了以后,配套募集资金里面是有留的钱,在她手上再买过去。对小股东是有一个安排的,因此,小股东没有什么意见。

(六)共同出售问题

这次银橙传媒收购案,小股东有一种声音,就是说金力泰收购实际控制人等7人的股权,其手上的股权跟实际控制人一块卖给金力泰,行不行?

这就是共同出售的问题,共同出售权是什么意思呢?通常情况下,在风险投资阶段用得比较多,这时投资人比较弱势,公司管理及运营都是实际控制人在做,**如果实际控制人将公司卖给了一个其他的人,而风险投资只相信原实际控制人的能力,你走了我也不想留,那我就跟你一起卖了,这就是共同出售。**在公众公司或者上市公司是没有这个事情的。

(七)信息披露问题

在银橙传媒收购案过程中,我们发现有银橙传媒投资者维权的微信群在活动,我们企业经常碰到这种情况,就是要不要建一个投资者群。银橙传媒这件事,给我们上了生动的一课,**那就是不要建立这种组织。**

其实,如果没有银橙传媒投资者维权的微信群这个事情,银橙传媒的收购也不一定能成,对不对?但是,有这个维权的微信群,就推波助澜,结果给证监会写了举报信,收购更做不成了。

21世纪经济报道常亮记者说:"这次是胳膊扭得过大腿,而且把大腿扭折了,血流一地。"大家都知道,小股东聚在一起容易产生非理性的判断和行为,把自己的利益忘掉,就是想出口气,变成了感情冲动。最后又变成这个样子,我想他们心里也很后悔。

我们是董秘,要不要建个投资者群?千万别干。之前有一个朋友来问我,他说有一个股东总是来指导他,这个企业管理应该怎么做,然后给所有的股东都打电话,搞得他很不爽,可是有股东群在那里,清也清不掉。

另外,关于信息披露的违规性问题。因为在这种群里面,你总要去回答问题,你为了说服他们,不可避免地会违规,毕竟你很难掌握这个尺度嘛。根据《非上市公众公司管理监管办法》第29条的规定,披露任何信息不得早于在中国证监会指定的信息披露平台披露的时间。你必须在法定平台披露,但是在这种场合你很难控制，所以为了避免这个问题，就不要建投资者交流群。

2016年6月13日深交所就向金利泰发出问询函，提出了以下十一个问题：

1. 7人是否构成一致行动人？

2. 说明后续收购计划。

3. 毛利率2015年为27.99%，较2014年的57.53%大幅下降的原因。

4. 承诺利润实现的可行性。

5. 投资活动支付现金的明细。

6. 7家持股公司其他应付款的内容。

7. 预付账款增加的原因和预付5年的理由。

8. 2015年扣非后的净利润计算，对应交易市盈率为39.35倍的合理性。

9. 仅隋恒举、王宇两人承诺了业绩补偿，存在补偿承诺保障不足的合理性。

10. 继续履职违约金（24个月－12个月）工资是否偏低。

11. 补充银橙传媒的行业资质。

我们刚才没有谈一个问题，这和银橙传媒完全没有关系，而是跟金利泰有关系，即创业板是不允许借壳的，如果这7个银橙传媒股东是一致行动人的话，加起来持有的金力泰股份比例已经超过了金力泰实际控制人，会造成实际控制人变更，那么实际控制人变更又收购关联人资产，就变成借壳了，那这个事情就比较麻烦了，我估计就这一条，这个事情就基本报销了。

第二个问题是要求说明后续收购计划，即小股东怎么办？第三个问题是毛利率为什么大幅下降？第四个问题是关于承诺业绩的可行性，我们前面分析银橙传媒资料的时候，是不是也有同感？

（八）关于要约收购的后续市场反应

2016年6月15日，新三板公司分豆教育（831850），公告了一个章程修正案，加上要约收购。公告称，董事会决议提交章程修正案交股东大会表决，修正案增加要约收购条款，规定：在收购人持有分豆股权20%后继续增持或取得实际控制权后应当发出全面要约，不得低于要约收购报告书披露日前6个月内取得该种股票所支付的最高价格。

我想这就是大家在看到银橙传媒收购案没有考虑要约收购，发现市场反应激烈，可能导致收购失败时，马上采取的措施。

（九）收购案宣告失败

2016年7月7日，金利泰公告放弃重组银橙传媒，深交所的11问经过一次延期后,仍然还是答不出来,于是终止重组。公告称:由于证券市场环境、政策等客观情况发生了较大变化,本次重大资产重组交易各方拟对本次重大资产重组方案进行调整,公司与交易对方最终未能对本次重大资产重组方案的调整安排达成一致。为保护上市公司和广大投资者利益,经过公司与交易对方友好协商,各方决定终止本次重大资产重组,并签署协议终止相关各方就本次重大资产重组事宜签订的有关合同。2016 年 7 月 7 日,公司第六届董事会第二十一次会议已审议通过《关于终止重大资产重组事项的议案》等相关议案,独立董事已对此发表独立意见。7 月 8 日复牌交易。

银橙传媒 7 月 7 日公告称:"由于证券市场环境、政策等客观情况发生了较大变化,本次重大事项的交易各方拟对本次重大资产重组方案进行调整,交易各方最终未能对本次重大资产重组方案的调整安排达成一致。经交易各方慎重考虑和友好协商,各方决定终止本次重大事项,并签署协议终止相关各方就本次重大事项签订的有关合同。近日将向股转系统提交恢复转让的申请。根据全国中小企业股份转让系统的相关规定,经公司向全国中小企业股份转让系统申请,公司股票自 2016 年 7 月 18 日恢复转让。"

六、"同事不同命":涨停 VS 暴跌为哪般

两家公司复牌以后是这样的:金力泰复牌当天涨停成交了 1.63 亿元,银橙传媒一直到 7 月 19 日终于复牌了,当天大跌 45%,成交了 4067 万元,成交量很大,说明这个价格是有市场支持的,收于 9.92 元,说明当时上市公司对他的估价是不错的,很合算的,接着,第二天又跌了 8%。

为什么两家公司要重组,一家主板公司、一家新三板公司,一家终止重组以后涨停,另外一家公司跌将近了 60%,到底是怎么回事?为什么同事不同命?饶胖在《进门财经》董秘来了热点话题栏目的讨论中请了华泰证券新三板首席分析师邬煜、21 世纪经济报道资深记者常亮,一起探讨,文字实录如下:

邬煜:首先非常感谢饶总的邀请,又跟大家见面了,我来谈一下重组失败后,新三板和 A 股的"同事不同命"。

大家可以这么看这个问题,**一个是从总量市场的区别去看。**首先是他们停牌的时点,A 股这些公司你看他们停牌的时点基本都是去年,近一点的也是在今年市场波动较大的时候,总之都是在市场情况非常不好的时候停的牌,而且个股基本也都集中在三四十亿市值的时候,这个时候市场认知更多就是一个壳的价值,很多在重组前并没有反映多少预

期。而最近整个A股的股市确实已经有回暖的迹象，所以，虽然在A股的重组失败了，但是整个市场已经较之前回暖很多了，加上停牌前并没有反映多少预期，所以本身是有一个补涨需求的，因此我们看到A股复牌之后并没有大跌、有些反而还涨得比较多。

另一个是A股风险偏好的变化，停牌前后市场的风险偏好并不高，但是目前市场可以看到结构性的风险偏好程度相对之前高不少。所以大家可以看到，目前A股的结构化行情其实还在继续，如果公司重组失败了，市场对企业的投资预期跟三板是完全不一样的。这个时候市场上的投资人可能会预期，比如说你这次重组失败了，但是你已经表达了你要转型的方向，你后面可能还是会往这个方向去寻求并购重，相当于反而给市场这么一个正面的预期，甚至极端点还会预期未来重组的潜在标的质地可能会更好，而A股的投资永远是预期先行的，所以这类股票就在一个相对之前没有预期的小市值基础上继续往上涨。

但是在新三板上可以看到，很多选择停牌的企业，有些就是为了避股灾，而市场从他们停牌至今其实一直是向下走的，因此这些企业其实本身停在了一个相对市场高位的水平。所以在复牌之后，而且重组并没有成功，那么本身相对大盘会有一个补跌的需求。

另外，他为什么会跌这么多？我觉得可能是由两个因素决定的：

第一，基本面的因素。在长期停牌之后，本身补跌的需求加上缺乏流动性的资金踩踏，很容易出现大跌的情况，买盘缺乏、而卖盘的争先恐后决定了大跌成了常态。但是我们要考虑的是跌倒什么程度？这里就涉及买盘在什么情况下会去买，这就决定了跌的底，而什么情况下会去买，这是个企业基本面有关系的。比如我观察了几个大跌的股票，发现很多都是在2015年20倍PE的时候有资金进来了，那么2015年20倍就可以理解为投资者在这个市场环境中认可的企业基本面价值。从这个基本面价值看，在大跌之前，基本对应的都是2015年四五十倍，其实本身在这个市场里估值都不是很便宜了，所以基本面导致的估值回归也是大跌的原因，当然也会有很多超跌的，那就是市场情绪的反映了。

第二，从交易层面来讲。因为新三板的流动性问题，现在投资人在三板有一个很大的诉求就是退出，包括之前参与的一些机构，有一些产品的到期，其实都有退出的需求的。在这么一个潜在退出的压制下，如果公司出现不好的信息，是很容易造成踩踏的。这个踩踏其实还是一个低流动性的环境造成的，这个踩踏非常可怕。而且之前相对有一些比较低位的筹码,在这个情况下,首先有一个套现的诉求,因为毕竟是落袋为王,然后低位的筹码往下抛,自然导致了整个的股价往下走。

往下走到什么深度,也就是企业的底,这个就是由基本面决定了。市场情绪超跌的情况肯定会有,但中长期一定会回归到价值中枢的,最害怕的就是一类没有底的企业,这样的话往下跌是没有资金敢去接的,风险非常大。

因为我看话题里面也有一个,就是落下的飞刀敢不敢接。首先,这些都是带血的筹码,落下的飞刀有风险也有机遇,风险的话可能跌了以后还会继续跌,机遇就是超跌以后是否会有反弹。再谈这个问题,从机遇角度出发,我们参考一些产业资本是否愿意在这个底去配置,来指导我们自身的投资。

这个底怎么寻呢?我觉得可以参考一级或者是并购市场的估值。并购市场的估值可能是当年的10~20倍,一般的企业是10~15倍的区间,稍微好一点的企业是15~20倍。如果跌到了当年这个位置的时候,我觉得这个企业是可以好好研究的。本身质地不错,成长性、盈利性还是可以的话,是有可能被错杀的。但是一定不能盲目,一定要慎重去看这种机会。所以落下的飞刀可以接,但是必须有工夫,没有工夫去接的话很可能会造成问题。**所以希望大家擦亮眼睛,结合自身的企业研究力和判断力,去寻到属于自己的一个机会。**

饶胖:非常感谢邬兄,我们请常亮给我们讲几句,关于"同事不同命",然后怎么接"下跌飞刀"的问题。

常亮:谢谢饶总,来进门财经分享蛮好玩的,这几家公司在他们复牌之后我基本都接触过。刚刚邬兄从一个二级市场、以一个A股研究员的观点已经有非常详细的描述了,我就补充几点大逻辑。

我认为这体现出一个什么问题?这首先体现出A股的定价功能是完全变态的。虽然没有重组成功,至少还有壳价值。大家会想:"虽然失败了,但又有了一次抽奖的机会。"这样的话,市场的思维会非常积极,会有大量的散户进去参与。但是如果三板公司重组失败的话,大家可能就会想,这个公司是不是后续的一些资源整合能力会有大问题,毕竟新三板公司实力是比较弱的,一次风吹草动可能就会伤筋动骨。

此外,银橙传媒这个事件,实际上是对新三板的投资退出逻辑有所撼动,我不能说打破,而是有所撼动。这个撼动的逻辑就是:从二级市场买入的这些投资者,可能在上市公司并购的时候,得不到什么好处。但是我们也看到，银橙传媒重组失败之后，其实对所有人都是不利的，在这件事上最后没有任何赢家。

所以我是觉得银橙传媒案例特别的一点是：**重组失败以后，大家不仅会对他的企业、对后续的一些资源的支持会产生怀疑，另外，它从某种程度上是撼动了这个市场投资退出重要途径和重要逻辑**，所以它现在才有这样的表现。再考虑到沪深A股相对变态的一个定价机制，出现“同事不同命”的市场表现，是完全可以预期的。

还有一点，这几家公司其实都是数字营销行业，数字营销行业2015年三板上还是一个非常热门的板块，因为要营业收入有营业收入，要利润有利润，这是成长性非常好的一个板块。大家如果把报表拉出来，整个板块的企业其实估值都是相对比较高的。现在新三板做市指数马上要跌破去年股灾期间的最低点了，其实现在就是一个杀估值的过程，所以稍稍有风吹草动发生暴跌并不奇怪。

第三点，从交易的角度来讲，最近一个三板公司同样也是暴跌的，也跌出名了，但并非这三家公司。我跟这家企业也有一些交流，暴跌还有一个比较大的交易制度问题。场外大宗交易这个一直没有推出来，所以导致一些停牌比较长的的企业，个别的股东想在复牌之后希望能够赶紧退出，导致无法按正常价格退出，对二级市场造成很大影响这种现象我想会发生得越来越多，因为没有场外大宗交易的制度，导致这些股东必须从二级市场通过做市商来退出，后果是盘面上一个非常可怕的直线下跌。大家可以想象一下，假如你是一个重仓的机构，应该不会用这种方式从市场退出的。

所以说这种现象决定了很多企业，即便他要回购也必须通过做市的方式，而且往往会踩到一些比较灰色或者可能违规的地方（通过做市商私下转手），否则就会造成盘面上的暴跌。这样一个交易制度上的缺失，也给这些暴跌添上了一个注脚。

凯立德委身兴民智通胎死腹中，新三板企业怎样定价？

傍晚，在新三板董秘群里，中视文化李晶总，如常发布本日新三板交易情况“今日盘面一如既往，盘中创出新低……其他无甚可观，再次度过了下跌的一天。大家周末愉快。"突然有人贴出消息，兴民智通终止收购凯立德，一时默默潜水的秘友纷纷浮出水面。

1. 凯立德16亿委身兴民智通

凯立德(430618)是新三板知名企业。凯立德作为导航领域的老牌企业，小米也是它的战略投资者。2016年7月13日，凯立德公告因重大事项于14日开始停牌，7月25日在《重大事项停牌进展情况的公告》中，披露公司控股股东蔡友良、张文星、彭晓红与兴民钢圈(后改名为兴民智通)达成《主要交易条款备忘录》，兴民钢圈对凯立德整体收购，对价为16亿元人民币，支付方式为60%股票、40%现金。备忘录约定本备忘录可由各方协商一致以书面方式变更终止。同日，兴民智通发布《关于重大资产重组交易条款备忘录主要内容的公告》，宣布收购3家公司增资一家公司，都是车联网产业链上企业总对价28亿元人民币。

2. 亏损的凯立德16亿元用什么方式作价

上述消息一出来就引起饶胖极大兴趣，在凯立德的条款中没有业绩承诺，直接定了个收购价。我们知道，目前上市公司收购新三板企业仍然主要是按收购非公众公司的办法，即需要资产评估作为定价基础，而现行资产评估方法基本是资产基础法(成本法)、收益法和市场法，主流是用收益法，即根据收购标的未来的收入成本利润预测，预测现金流，确定合理折现率计算未来现金流的现值，评估确定标的价值，而收入成本利润预测，往往源于标的公司的业绩承诺。在我们统计的2013年到2015年上半年，上市公司收购新三板公司的16个案例中，资产评估最终采用的评估方法，收益法为13个，市场法有2个，资产基础法有1个，可以看出收益法是主流评估方式。

让饶胖好奇的主要在于，凯立德2015年报显示归属于挂牌公司股东的净利润从2014年的5001万元，突变为2015年亏损1564万元，经营活动产生的现金流量净额从2014年3976万元，下降为2015年的-3097万元，显示公司经营状况突然严重恶化。这是否是主要条款中没有业绩承诺的主要原因？即使做出了后面几年的业绩承诺，为了能评估出16亿元的价值，必须是个较大的正的净利润。

我们知道预测的基础之一就是历史数据，历史数据对未来的推演可以推演出趋势，但很难预测拐点，黑天鹅事件就是对拐点事件的描述①，而历史推演是推演不出黑天鹅事件，所以历史数据难以支撑未来预测时，很难经得住

① [美]塔勒布：《黑天鹅：如何应对不可知的未来》，万丹、刘宁译，中信出版社2011年版。

监管机构的问询。

德鲁克在《卓有成效的管理者》中写道："**对于外部的情况，真正重要的不是趋势，而是趋势的转变。趋势的转变才是决定一个机构以及其努力的成败关键。对于这种转变必须有所察觉**，转变是无法计量，无法界定，无法分类的……人的逻辑性虽然不是特别强，**但是人能察觉，这正是人的优点所在。**"这个趋势的转变怎样获得，德鲁克说："人的察觉。"即人的洞察力，但是你的洞察很难获得监管官员的共鸣，这确实是个难题。

3. 新三板的交易价格能否作为定价的基础

我们统计凯立德停牌前的30日、60日、90日和120日的平均交易市值与收购对价的对比（见表15－4）：

表15－4　凯立德平均交易市值与收购对价

证券名称	市值	30日市值/亿元	60日市值/亿元	90日市值/亿元	120日市值/亿元	收购交易对价
凯立德	总市值	11.48	13.63	15.37	16.43	16.00
换手率		0.36	0.23	0.18	0.17	

我们可以看到，凯立德的16亿元作价与90～120日市场市值接近。我们是否可以推测，收购双方是按市场价作为交易价格的基础？

我们一直有这样一个困惑，即新三板交易不活跃，那么其市场价是否有参考意义，当然我们先排除协议转让的情况，因为里面有拉手交易的情况无法剔除。而做市转让情况下，交易报价是连续的，如果再有一定成交量是否可以作为新三板公司定价的基础？为此饶胖咨询了两位评估界的大咖，一位是仲量联行中国评估业务负责人熊总，主要是中国公司在海外资本市场的评语。一位是中联资产评估的合伙人余总，主要是国内资本市场的评估。

饶胖：余总你认为目前新三板做市股票有连续报价但成交量不是很大的情况下，其交易价格可以作为被收购企业的交易定价基础吗？是否需要一定换手率例如1%才能支持这个价格的公允性？

中联资产评估余总：我认为可以。对比新三板公司控股权，少数股权（股票）在控制权上有折价的需要，但对比控股权，其具有一定较好流动性，又有更好流动性溢价。两个因素可以部分对冲。关键是折价幅度和溢价幅度是否相当，对冲得差不多。因此更大量交易，流动性更好，能更多对冲少数股权折价。以股票连续的交易价格为基础，再结合其他因素调整就更具弹性些。市场接受、认可最重要。评估会考虑长期活跃的交易市价，但一般不会以某一时点价格作为市场价值。A股市场换手率为1%的均价也很有参考意义。如果符合活跃市场特征当然没有问题。问题是某些个股有活跃交易,但新三板(或同行业)市场不活跃。所以评估实务中要求有3只(3宗)以上可比参照物,才可以做市场法参照物。

饶胖:熊总你认为目前新三板做市股票有连续报价但成交量不是很大的情况下,其交易价格可以作为被收购企业的交易定价基础吗?是否需要一定换手率例如1%才能支持这个价格的公允性?

仲量联行熊总:我认为可以。真没有硬性标准什么是活跃市场,只要有交易价格就要参考,当然如果用交易量权重平滑下更好,中国A股市场换手率太高,不能用这个标准来看,美国OTC市场换手率有几个可以到每天1%?从理论上讲,只要不关联交易,就不能否定市场价。**但是,现实中,到目前为止,似乎没有新三板公司在被收购定价时参照市场价。对比上市公司,基本是以董事会前一段时间的平均交易价辅助以少量折扣来定价,我们可以理解为交易均价即是公司公允价值。**

4. 新三板市场到底是股权市场还是股票市场

饶胖好友21世纪经济报道常大记者经常会说到这个话题:新三板市场到底是股权市场还是股票市场?这个问题反映在新三板企业估值上就是个原则问题,如果是股权市场,那么上市公司收购一家新三板公司就和收购一家私人公司没有差别,交易定价需要以资产评估作为基础;如果是股票市场,特别是对于有连续报价的做市股票和经过指标遴选的创新层股票,是否就应该以市场价为定价基础?

中科沃土基金朱为绎在其《绎眼看新三板从一些案例来看新三板市场面临的困惑》一文中谈道:“另一个被A股公司收购的案例,监管部门的窗口指导很明确地说:‘新三板的估值体系不能对标A股(不管该新三板公司是否有做市商、股东人数以及换手率),应该参照未挂牌公司进行资产评估。’”

在网传2016年8月3日股转系统内核指引培训的会议纪要中,股转领导明确指出:“这个市场到底向公开市场靠,还是向PE市场走,目前全世界都没有一个很好的案例,我认为还是要与交易所和PE市场相区别。”

去年有一次复旦管院的新三板论坛,请了纳斯达克中国首席代表来演讲,他明确认为,纳斯达克的上面全球精选市场等三层结构对应的是,上交所、深交所,是交易所,而下面的OTC市场对应的是新三板。

看来,市场定位的问题将是一个长期的、有争议的问题,既不可能是一个纯粹的公开市场,也不可能是一个纯粹的股权市场,**也许经过不断的发展,这**

个混合市场逐步分层，最终长出像纳斯达克那样的顶层结构，那是交易所，是公开市场，而不活跃的基础层慢慢演变为股权市场。

要约，阿拉丁为什么不用

银橙传媒案落幕后，2015年10月，新三板公司阿拉丁又发出类似方案，详见下文。

总有人问饶胖："你怎么看新三板？"饶胖总是说："这是中国资本市场的希望，充满了生机，你就看新三板公司的名字，就知道了。"有一家公司叫身临其境，我是在一次会议上看见这个名字，一下子就记住了，后来微信上加了这家公司的董秘，一问，还真是干VR的。饶胖认为，就这个名字就值一个亿，小目标立即就实现了。

上周，有家叫阿拉丁的公司抢了镜。2016年10月14日，微信公众号"读懂新三板"发文《蓝瘦，香菇！价格谈不拢，飞行员把97位小股东留机舱》，文章称：10月13日，阿拉丁(830793. OC)发布公告，西陇科学将以股份加现金的方式收购公司64%的股份，收购对象为公司实际控制人徐久振和招立萍、上海晶真投资管理中心（有限合伙）、上海仕创投资有限公司。其中，晶真投资是阿拉丁的员工持股平台，仕创投资是徐久振和招立萍控制的公司。也就是说，被收购的都是大股东和核心员工的股份。

2016年10月18日，微信公众号发文《又一新三板大股东"跑路"事件！新三板投资沦为接盘游戏?》，文章称：虽然与之前金利泰收购银橙传媒大股东股份不同，此次西陇科学将直接收购公司股份，但实质上两者都是大股东股份套现退出，或者获得更强的流动性，而余下的中小股东只能继续接盘。前后两例收购案，在当前估值水平低、流动性不足的新三板市场，似乎成为很多大股东紧盯的对象，此后会不会形成示范效应，未来新三板投资逻辑能否矫正，成为考验监管层、考验新三板这个新兴市场亟须解决的问题。

所谓"飞行员跳伞"，是指上市公司收购新三板公司实际控制人股权，实现控股新三板公司，而新三板公司继续留在新三板交易，而新三板公司的控股股东成为上市公司股东，新三板公司的中小股东留在新三板，被坊间称为"飞行员跳伞"。

之前有沸沸扬扬的金力泰拟收购银橙传媒的案子，银橙传媒的案子后来因为深交所的11问,无疾而终了。在这个案子里最受关注的就是银橙传媒剩下的中小股东的权利问题,由于该收购方案不需银橙传媒股东会表决,也未安排要约收购,实际上中小股东只能被动接受方案结果,这也是银橙传媒方案设计里最受市场诟病的地方。

随后,我们看到新三板公司分豆教育(831850)通过修改了公司章程的议案,公告称:董事会决议提交章程修正案交股东大会表决,修正案增加要约收购条款,规定:在收购人持有分豆股权20%后继续增持或取得实际控制权后应当发出全面要约,不得低于要约收购报告书披露日前6个月内取得该种股票所支付的最高价格。

分豆教育修改公司章程,向市场发出明确信号,如果要收购分豆教育,需要采用要约的方式,把中小股东一起带走,至少给中小股东一个选择权。

虽然,前有银橙传媒的折戟沉沙,阿拉丁仍然我行我素,推出了和银橙传媒类似的方案,这才有新三板智库文章标题:又一新三板股东跑路事件。

阿拉丁的收购方案结构见图15-18,当然目前只是框架协议阶段,这个阶段双方都可以随时结束或者修改方案不负任何法律责任。(见图15-15)

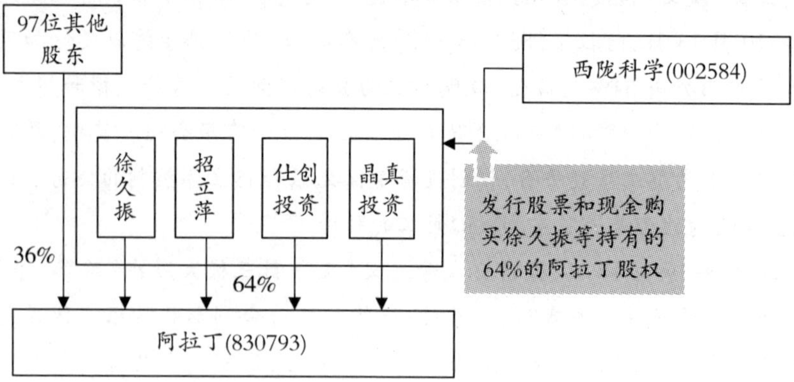

图15-15　阿拉丁收购结构

新三板的阿拉丁,准备把自己变成上市公司股东,问题是,忘了还有97个小股东留在了新三板,你一定会争辩,法律上没问题。问题是,法律上没问题,你就可以杜顾中小股东利益吗?资本市场监管层最重视的目标之一就是维护市场公平,保护中小股东利益,如果违背了这一条,这样的方案的现实可能性,饶胖觉得难。

在这种收购方案里,上市公司是怎样保护中小股东利益的?《上市公司收购管理办法》有规定,上市公司是实行的强制要约收购制度,如果超过

30%,超过30%的部分必须发出要约收购,给中小股东选择权。同时规定了如果申请豁免要约收购的条件。《上市公司收购管理办法》第61条规定了四种可以申请要约豁免的情形:(1)本次股份转让是在同一实际控制人控制的不同主体之间;(2)上市公司面临严重财务困难,收购人提出的挽救公司的重组方案取得该公司股东大会批准,且收购人承诺3年内不转让其在该公司中所拥有的权益;(3)批准进行国有资产无偿划转、变更、合并。回购股份而减少股本;(4)经上市公司股东大会非关联股东批准,投资者取得上市公司向其发行的新股,导致其在该公司拥有权益的股份超过该公司已发行股份的30%,投资者承诺3年内不转让本次向其发行的新股,且公司股东大会同意投资者免予发出要约。

在上述四种可以申请要约豁免的情形中,我们要注意这一条:"经上市公司股东大会非关联股东批准,投资者取得上市公司向其发行的新股,导致其在该公司拥有权益的股份超过该公司已发行股份的30%,投资者承诺3年内不转让本次向其发行的新股,且公司股东大会同意投资者免于发出要约。"就是说,这个要约豁免,需要经中小股东分类投票表决,给中小股东决定的权利。**饶胖揣测,所谓保护中小股东的权利,主要还是中小股东的选择权。**

我们再看看新三板关于要约的规定。

非上市公众公司收购管理办法

第二十一条　投资者自愿选择以要约方式收购公众公司股份的,可以向被收购公司所有股东发出收购其所持有的全部股份的要约(以下简称全面要约),也可以向被收购公司所有股东发出收购其所持有的部分股份的要约(以下简称部分要约)。

第二十二条　收购人自愿以要约方式收购公众公司股份的,其预定收购的股份比例不得低于该公众公司已发行股份的5%。

第二十三条　公众公司应当在公司章程中约定在公司被收购时收购人是否需要向公司全体股东发出全面要约收购,并明确全面要约收购的触发条件以及相应制度安排。

收购人根据被收购公司章程规定需要向公司全体股东发出全面要约收购的,对同一种类股票的要约价格,不得低于要约收购报告书披露日前6个月内取得该种股票所支付的最高价格。

第二十四条　以要约方式进行公众公司收购的,收购人应当公平对待被收购公司的所有股东。

新三板实行的是自愿要约制度,如果要实施要约,第一步就是修改公司章程,如分豆教育那样做。既然,前有银橙传媒不成功的前例,为何阿拉丁不采取要约收购的方式呢?为此,饶胖咨询了一个业内人士。

饶胖:既然小股东意见那么大!可能会重蹈银橙传媒的覆辙,为何不采取要约收购的方式?

业内人士:要约价格是6个月内的最高价,上市公司不干啊!6个月内的最高价将近30元,现在只有停牌收在24元。

饶胖去查了一下,确实阿拉丁过去6个月的最高接近30元,而停牌收到24元。这个自然产生障碍,上市公司,收购方恐怕很难认可30元左右的收购价,因为现价已经掉在24元左右,而去年参与定增和市场购入的中小投资者,恐怕很难接受24元以下或者附近的收购价。我们在前面提到的报道中看到:在被收购前,阿拉丁开过一个股东沟通会。根据媒体报道知情人士透露,阿拉丁曾希望以21.5元/股的价格回购小股东的股份,但小股东不同意,阿拉丁一度将回购股价提高到接近市场价,不过最后还是没有谈拢。

上面专业人士的表述,是认为如果要实施要约,要约价格是6个月内的最高价,上市公司不干啊,6个月内的最高价将近30元。这个似乎和法规是一致的,《非上市公众公司收购管理办法》第23条规定:公众公司应当在公司章程中约定在公司被收购时收购人是否需要向公司全体股东发出全面要约收购,并明确全面要约收购的触发条件以及相应制度安排。收购人根据被收购公司章程规定需要向公司全体股东发出全面要约收购的,对同一种类股票的要约价格,不得低于要约收购报告书披露日前6个月内取得该种股票所支付的最高价格。

但是,饶胖继续研究了一下上市公司和新三板法规的差别。《上市公司收购管理办法》第35条规定:收购人按照本办法规定进行要约收购的,对同一种类股票的要约价格,不得低于要约收购提示性公告日前6个月内收购人取得该种股票所支付的最高价格。要约价格低于提示性公告日前30个交易日该种股票的每日加权平均价格的算术平均值的,收购人聘请的财务顾问应当就该种股票前6个月的交易情况进行分析,说明是否存在股价被操纵、收购人是否有未披露的一致行动人、收购人前6个月取得公司股份是否存在其他支付安排、要约价格的合理性等。

《上市公司收购管理办法》中规定的是不得低于要约收购提示性公告日前6个月内收购人取得该种股票所支付的最高价格。就是说这个不是指交易价格而是收购人曾经买过该股票的历史价格，如果没有买过自然没有这个价格。

《非上市公众公司收购管理办法》规定的是收购人根据被收购公司章程规定需要向公司全体股东发出全面要约收购的，对同一种类股票的要约价格，不得低于要约收购报告书披露日前6个月内取得该种股票所支付的最高价格。

新三板的法规与上市公司法规对比，仅仅是在“取得该种股票所支付的最高价格”前面没有主语“收购人”。可是这一整段是有个“收购人”主语在最前面。是否也是收购人6个月内取得该种股票所支付的最高价格，而非公众公司6个月内的最高交易价格？

为此，饶胖咨询了一个资深保代和一个资深大律师，他们的看法都和饶胖一致，应该理解为(收购人)6个月内取得该种股票所支付的最高价格。

那么，那位专业人士假设的不采取要约收购的顾虑只是对规则的误解而已。当然，即使按24元或者更低的价格发出了要约，中小投资者因为成本，可能也不会接受该要约。但是要约的安排解决了中小股东的权利选择问题，实际控制人可能愿意低价卖给上市公司，中小股东你也可以选择一起卖，也可以选择不卖，继续留在新三板，是不是已经实施了保护中小股东权利重要程序？

第十六讲　资本市场案例之安达科技三问

——新三板“牛股”是怎样炼成的？

涨得好的股票，就是好股票。在新三板中我们还得加个限定，就是还要有交易量和流动性。

一、安达科技股价为什么牛

8个月安达科技涨了154%，与A股共振或是主因？

（一）安达科技股价

都说新三板市场低迷，让我们看看安达科技，你就会有不同的感觉。

公告显示，安达科技股票于2016年1月11日起由协议转让方式变更为做市转让方式。以做市起始日7.89元的开盘价与9月23日20.06元的收盘价计算，8个月时间安达科技股价涨幅高达154%。我们发现，近几个月来安达科技频频登录新三板做市公司成交额排行榜，就如同校园十佳歌手般受人热捧。在刚刚过去的9月23日，安达科技再次上镜，当日成交额为1583.36万元，成交额在所有做市公司中位列第4位（具体参见表16－1）。

表16－1　安达科技上周交易情况

交易日期	成交额排名	成交额（万元）	换手率（%）
2016－09－19	1	3718.55	1.75
2016－09－20	6	947.77	0.44
2016－09－21	4	907.93	0.43
2016－09－22	3	843.65	0.40
2016－09－23	4	1583.36	0.74

资料来源：Wind。

我们一直以来都对新三板做市行情很感兴趣，尤其对换手率和成交额两个指标颇为留意。相较于新三板市场普遍低迷的成交行情，安达科技的相对较高成交额和换手率犹如炎炎夏日里的清凉饮料，沁人心脾。观察安达科技今年以来的股票行情，我们发现，安达科技自2016年2月以来股价便开启“飞行模式”，一路飙升，颇感意外。那么究竟是什么原因呢？

我们先来分析一下安达科技的股价（见图16－1）。

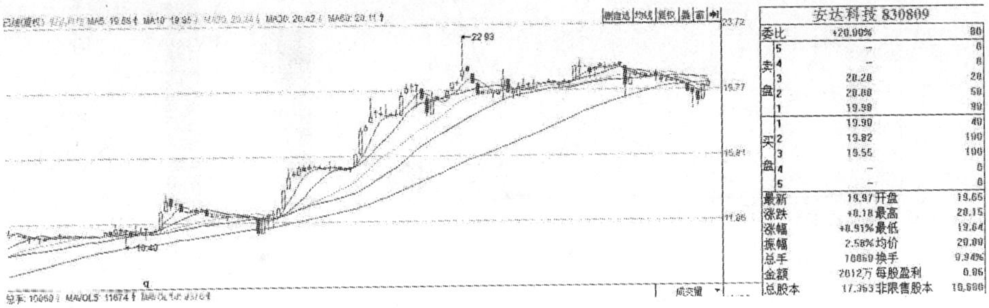

资料来源：同花顺。

图16－1　安达科技股价走势

（二）安达科技是干什么的

安达科技是一家生产锂电池正极材料磷酸铁锂和正极材料前驱体磷酸铁的供应商。磷酸铁锂主要是用作新能源纯电动汽车的锂电池正极材料。新能源汽车主要指纯电动汽车、燃料电池汽车和混合动力汽车，三者构成新能源汽车“三驾马车”。

1. 站在行业的风口上

随着《中国制造2025》和《中国汽车产业中长期发展规划》等一系列发展新能源汽车扶持政策的出台，以及汽车油耗和排放标准的日趋严格，国家对新能源汽车发展日益重视，新能源汽车近年来得到大力发展。汽车工业协会数据显示，2016年上半年我国新能源汽车生产17.7万辆，销售17.0万辆，比上年同期分别增长125.0%和126.9%。其中纯电动汽车产销分别完成13.4万辆和12.6万辆，比上年同期分别增长160.8%和161.6%；插电式混合动力汽车产销分别完成4.3万辆和4.4万辆，比上年同期分别增长57.1%和64.2%，2016年全年新能源汽车销量有望突破70万辆。

2. 新能源汽车持续放量

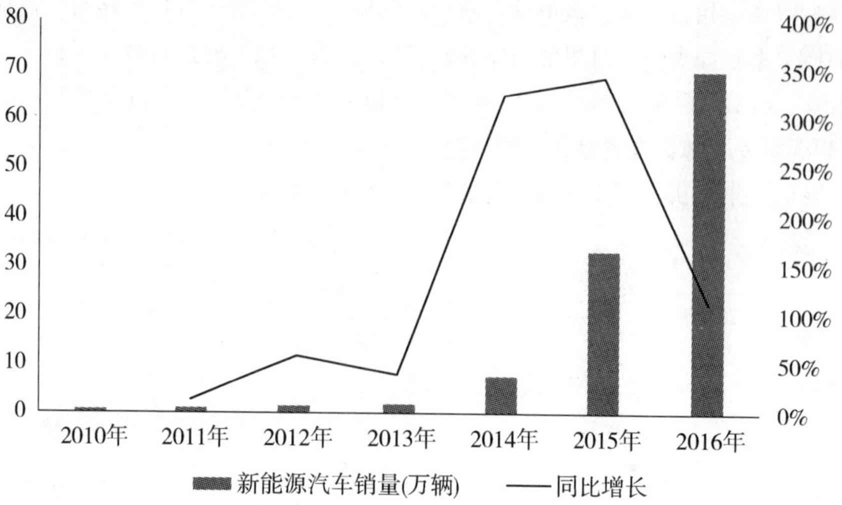

资料来源:中国汽车工业协会。

图 16－2　新能源汽车销量情况

3. 别人的砒霜,安达科技的甘露

目前市场上纯电动汽车使用的锂电池正极材料主要以磷酸铁锂为主(还有一类是三元正极材料)。受纯电动汽车销量的持续增长的利好,同时三元正极材料由于安全性问题在年初已被工信部叫停(有兴趣的朋友可以网上检索相关报道),安达科技作为磷酸铁锂正极材料供应商有望持续受益。安达科技近期发布的半年报显示:上半年公司实现营收 4.97 亿元,同比增长 743.79%,实现净利润 1.5 亿元,同比增长 1077.54%。**安达科技 10 倍的净利润增速便是对新能源汽车市场火爆的最佳诠释。**

4. 安达科技的客户是谁

进一步地说,我们希望通过分析安达科技的下游客户情况来进一步分析安达科技股价情况。我们发现,安达科技的下游客户有比亚迪、国轩高科(全资子公司合肥国轩)、中航锂电、贵州振华新材料等公司;此外,公司积极开拓新客户,2016 年下半年还将向江苏中兴派能电池、宁德时代新能源科技两家公司供货,客户多元化趋势明朗。根据上半年动力电池厂商出货量数据看,比亚迪、宁德时代和国轩高科三大锂电巨头位列前三,出货量为 3.72Gwh,占据 55.8% 的市场份额。其中,比亚迪基本全部采用磷酸铁锂电池,产能为 1.62Gwh,约占全国总产能一半。公开资料显示,比亚迪 60% 的磷酸铁锂电池原料均由安达科技提供。

同时安达科技公告显示，比亚迪的销售营收占公司2015年总销售金额的96.14%（见表16－2）。

表16－2　安达科技营业收入前五名

报告期	单位名称	销售金额（元）	销售占比（%）
2015年年报	比亚迪	199,246,982.91	96.14
2015年年报	合肥国轩电池材料有限公司	3,416,666.67	1.65
2015年年报	中航锂电（洛阳）有限公司	2,681,897.44	1.29
2015年年报	万向A一二三系统有限公司	1,292,096.58	0.62
2015年年报	贵州振华新材料有限公司	422,649.57	0.20

资料来源：Wind。

5.跟上行业大发展

下游产业链公司销售业绩向好，往往会促使公司加大对产品的投资需求，从而增加对上游原材料的需求，进而促进上游公司的经营业绩增长。而比亚迪和国轩高科作为新能源汽车产业链中下游厂商，在2016年以来均对新能源汽车锂电池汽车进行了大手笔的投资，这势必会加大对上游供货商安达科技产品（即锂电池正极材料与正极材料前驱体）的需求。根据比亚迪2015年年报显示，公司全年实现净利润为28.23亿元，同比增长551.28%，同时近日发布的2016年中报显示，公司上半年实现净利润22.60亿元，同比增长384.23%；国轩高科2015年全年实现净利润5.85亿元，同比增长133.30%，同时近期发布的2016年中报显示，公司上半年实现净利润5.34亿元，同比增长141.32%。因此2015年两家公司净利润均实现大幅度提升，同时2016年上半年继续保持了高速增长的发展态势；这也很好地解释了两家公司迫切的投资扩张需求（见表16－3）。

表16－3　比亚迪和国轩高科部分重大事项

发布日期	上市公司	项目金额（亿元）	项目概述
2016－08－17	国轩高科	30	投建动力电池基地
2016－07－29	比亚迪	60	铁动力锂离子电池扩产项目
2016－05－30	比亚迪	35	在宁波奉化投资新能源汽车项目
2016－03－30	比亚迪	40	在太原投资建纯电动汽车工厂
2016－03－14	国轩高科	20	签订两份总额超过20亿元销售订单

资料来源：公开资料。

6. 与 A 股公司股价共振

对比安达科技和比亚迪、国轩高科的股价走势,我们发现很有意思的一点,就是新三板公司股价与下游 A 股上市公司股价似乎存在联动效应。基本上比亚迪和国轩高科两者中的一方或是两者同时出现上涨趋势,那么在对应日期区间安达科技也会出现上涨(见图 16 -3)。

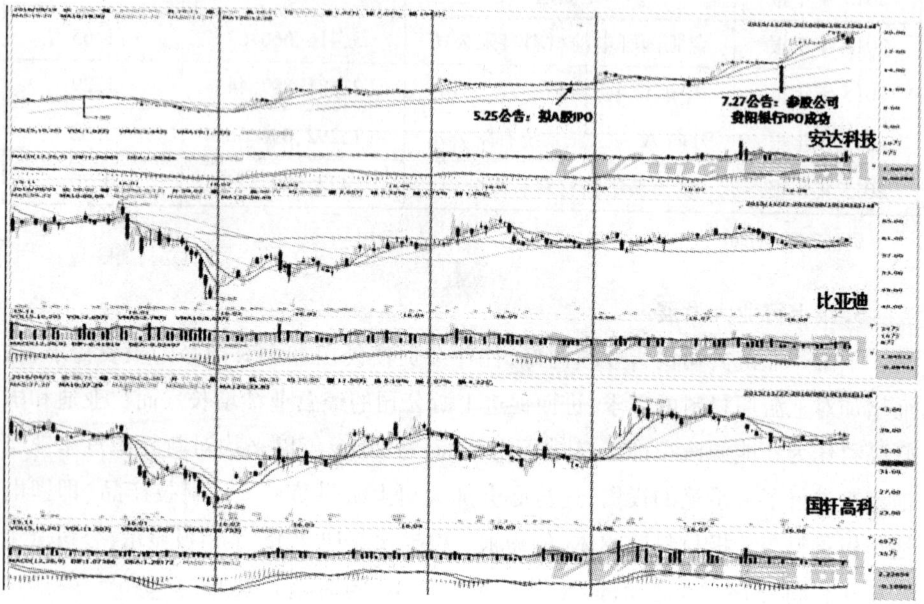

资料来源:Wind。

图 16 -3　安达科技、比亚迪、国轩高科股价对比

按照股价联动的逻辑,如果比亚迪和国轩高科的股价同时下跌,是不是就意味着安达科技的股价也会下跌?并且新三板是没有涨跌幅限制的,这意味着在受到比亚迪与国轩高科股价下跌的双重作用下,安达科技的跌幅可能会更大。然而事实似乎并非如此,比较有代表性的是 2016 年 7 月底的股票行情。2016 年 7 月 26 日深交所发布《落实全面监管,着力提升监管效能——深交所贯彻依法从严全面监管之三》,对“虚拟现实”“石墨烯”“人工智能”等 5 大热点题材提出警示,遏制市场对概念股的炒作;同时加上 7 月 27 日媒体报道银监会新的《商业银行理财业务监督管理办法(征求意见稿)》对股市的利空效应,2016 年 7 月 27 日 A 股大跌,创业板更是暴跌 6% 。比亚迪和国轩高科股价也分别有不同程度下挫,当日跌幅分别为 -2.93% 和 -4.14% 。而作为新三板成交活跃的安达科技跌幅仅为 0.34% ,并在其后几日连续上涨。这或许得益于安达科技 2016 年 7 月 26 日公告的其参股的贵阳银行首发核准的利好有关。更深层次的角度,或许是因为新三板投资门槛较高,投资人一般为专业机构投资人或是大户,如同PE类股权投资,投资者更注重价值投资,从长远角度看好公司前景,如2016年5月25日公司发布拟IPO的利好公告,同时加上券商作为做市商的报价把关效应,因而股价呈现出较为稳定的态势;相对而言,A股市场门槛要低,投资人数量庞大,在游资引领下,投资者跟风炒作风气较为浓厚,股价波动也更为剧烈。

7. 安达科技股价与A股锂电池指数共振

进一步观察会发现,安达科技的下游客户比亚迪或国轩高科有涨有落,起伏不定。而安达科技股价从2016年2月份开始,似乎每涨一些就横盘一段时间,接着继续上涨(由于2月份之前股票市场发生了"惊天地泣鬼神"的股灾,便不予分析)。我们将安达科技在2016年2月至9月的股价走势与A股锂电池指数(884039)对比发现,两者走势都呈上升态势,基本一致。安达科技这种跟锂电指数走势一致的特性,我们认为是因为其下游客户的多元性造成的。因为股价指数是选取一定数量有代表性的上市公司,采取一定的计算方法,由多家公司股价进行统计平均计算出来的,其反映了多家公司股票综合性的表现,而每家公司的股价都受到其自身的正负面消息的影响而波动。也就是在同一个行业的产业链上,一家上游公司同时是下游多家上市公司的供货商,那么它的股价就会受到下游多家公司经营方面正负面消息的叠加产生的综合性影响,进而产生股价联动效应,某种程度上,可以把这家上游公司股价看作是下游公司所形成的成分股股指。而安达科技的下游客户涵盖了比亚迪、国轩高科、中航锂电、宁德时代等诸多锂电巨头,排除因安达科技自身正负面消息(如拟IPO、参股贵阳银行首发核准等利好消息)对股价的影响,我们大胆猜测,在理想状态下安达科技的股价变化在某种程度上反映的就是锂电池指数走势;也就是只要锂电池行业或纯电动汽车行业的景气度好,那么锂电池指数与安达科技股价就将继续上涨,并且走势基本保持一致(见图16-4)。

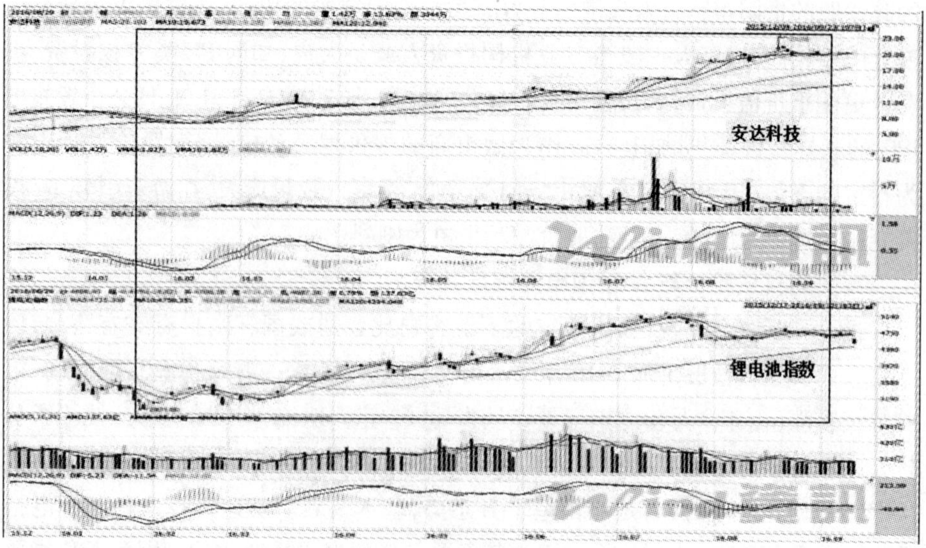

资料来源：Wind。

图 16－4　安达科技股价与锂电池指数对比

当然一家公司的股价会受到宏观因素、产业和区域因素、公司因素、市场因素等多种因素的共同影响。

特别提醒，本书中为安达科技的分析系个人研究心得，不构成任何投资建议。

二、安达科技有什么资本故事——城会玩！安达科技的“化功大法”和资本故事

上一部分我们分析了安达科技股价那么牛的一些外部原因。但是这么牛的公司，一定有啥故事。这一部分，我们来聊聊，安达科技的资本故事和“化功大法”。

（一）怎样傍上比亚迪

根据安达科技 2015 年年报，安达科技最大客户是比亚迪，占 2015 年安达科技当年销售额的 96.14%。

打开安达科技公开转让说明书，我们发现安达科技住所在贵州省贵阳市开阳县城关镇城西村坪上，我们记得安达科技的主要客户是比亚迪。比亚迪要是没记错应该在深圳，远在贵州某城西村坪上的安达科技如何与比亚迪建立起这么紧密的联系？

安达科技公开转让说明书中关于研发的描述：“……（2）研发优势公司组建了

一支20人的技术研发团队，核心技术人员具有较高的知识理水平，拥有5年以上锂离子电池及其材料的技术研发和项目管理经历，曾在国内相关技术的领先企业负责过相关项目的研发、生产建设和管理工作，具备技术成果转化和项目运营管理经验。总工程师先雪峰毕业于清华大学，至今一直从事锂离子电池及其材料的研发工作，曾供职于比亚迪并担任比亚迪课研组长、技术部经理、品质部经理、生产部经理、研究部经理、副厂长等职位，负责过锂离子电池电解液、碳酸亚乙烯酯、苯基环己烷、钴酸锂、磷酸铁锂、石墨、锂离子电池等项目的研发和生产建设工作包括技术积累丰厚。因此公司具备较强研发能力，产品具备技术优势，且公司为进一步开发磷酸盐材料包括磷酸锰锂等新材料方面做了一定的技术储备。”

安达科技公开转让说明书称他的总工程师先雪峰就是比亚迪锂电方面的专家，我们也发现2015年7月24日，老板按0.88元转了340万股给先雪峰，按9月23日收盘价20.06元，市值6820万元。

21世纪什么最重要？黎叔都知道，那是人才。安达科技老板，这个胸怀够大的，不知道是天生的还是撑大的。

另外，安达科技公开转让说明书披露的公司现有核心技术人员8名，其中4名来自比亚迪。为何比亚迪？我们似乎明白了点什么。

（二）大宗低价转让为哪般

安达科技挂牌新三板时的股权（见图16－5）。

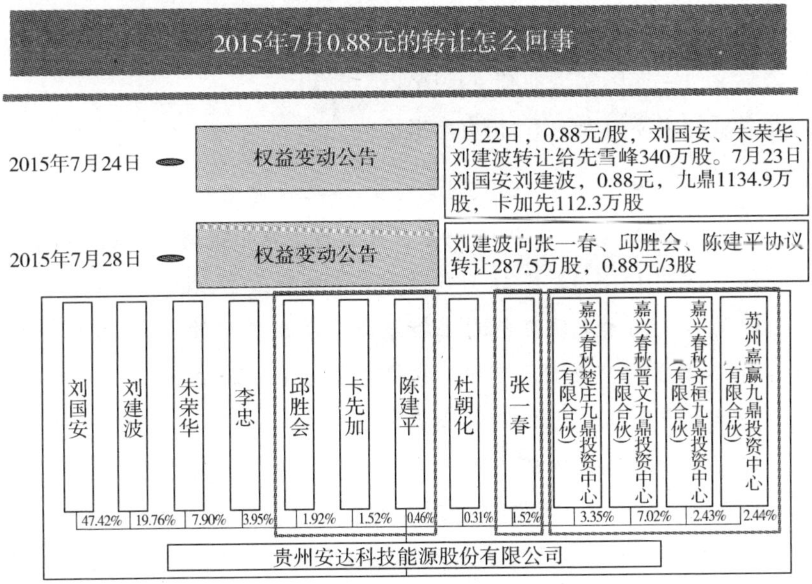

图16－5　安达科技挂牌新三板时的股权情况

公司控股股东、实际控制人为刘建波家族(包括刘国安、刘建波、朱荣华、李忠四人,其中刘国安为刘建波之父,朱荣华为刘建波之母,李忠为刘建波之妻),合计持有公司股份7999.6298万股,持股比例79.03%。另外邱胜会、卡加先、陈建平、张一春、杜朝华5个外部自然人股东,另外就是PE九鼎的4个基金。

我们在安达科技的公告里发现,2015年7月,实际控制人向他人低价(0.88元)转让大量股份,7月22日,0.88元/股,刘国安、朱荣华、刘建波转让给先雪峰340万股。7月23日刘国安、刘建波,0.88元/股,九鼎1134.9万股,卡加先112.3万股,随后,刘建波向张一春、邱胜会、陈建平协议转让287.5万股,0.88元/股,除了刚才我们讲的比亚迪来的总工程先雪峰以外。这些是什么人?为何要低价转让这么多股份?

首先看股权图我们发现,这些人都是现有自然人和机构股东,再查看安达科技公开转让说明书,这些股东都是外部投资者,当初约定了业绩承诺。

2012年4月第三次增资,增资方邱胜会、卡先加、陈建平和杜朝化(甲方);2012年4月第三次增资,增资方晋文九鼎、楚庄九鼎、嘉赢九鼎和齐桓九鼎公司(甲方);2012年9月第四次增资,增资方张一春(甲方)。与公司(乙方)主要股东及实际控制人刘国安、刘建波、朱荣华、李忠(丙方)签订了增资扩股协议的补充协议,约定了对赌条款。

对赌条款约定,公司2011年、2012年、2013年、2014年的净利润分别不得低于800万元、2000万元、3000万元、4000万元。若在2011年至2014年中任何一年度业绩未能达标,则要求公司或丙方予以现金补偿。各年度的现金补偿金额=甲方的投资款×(1-实际实现业绩÷承诺业绩指标)。

对赌条款的主要内容如下,很有参考价值:

①除非甲方另以书面形式同意延长,本次投资完成后,如果:

A.乙方2015年6月30日前未提交发行上市申报材料并获受理;

B.乙方2015年12月31日前没有完成挂牌上市;或者

C.乙方或丙方出现任何对上市造成实质性障碍的变化,致使2015年6月30日前提交发行上市申报材料并获受理或2015年12月31日前完成挂牌上市的目的无法实现;或者

D.乙方产品磷酸铁锂在2012年度未能实现150吨的产销量;或者

E.乙方之刘建波未能促使开阳县龙水磷矿在2012年6月30日前归还乙方借款人民币3000万元,或在2012年9月30日前归还乙方人民币1500万元,或在2012年12月31日前归还乙方人民币1500万元;

F. 甲方必须遵守的强制性法律法规的要求转让股权的。

甲方有权选择在上述任一情况出现后要求乙方及/或丙方以约定价款回购或购买甲方持有的全部或部分乙方股权。乙方及丙方承诺以约定价格受让;受让价款 = 甲方投资款 × (1 + 8%) n − 甲方入股期间从乙方获得的现金股利。

②如果出现以下任何一种情况:

A. 乙方任意一年的实际净利润低于保证利润的 70% 以上;或者

B. 乙方董事会决议乙方在境外上市而甲方就此决议持反对意见的。则甲方有权选择在上述任何一种情况出现后要求乙方及/或丙方受让甲方持有的全部或部分乙方股权,受让价格应保证甲方本次投资的年复合投资收益率不低于 20%,具体价款按如下确定:

受让价款 = 甲方投资款 × (1 + 20%) n − 甲方届时因已转让部分乙方股权所取得的收入

③如果出现以下任何一种情况:

A. 乙方在经营过程中严重违反乙方章程、增资协议违规经营致使甲方受到严重损失的;或者

B. 乙方被托管或进入清算或进入破产程序;或者

C. 乙方三分之二以上人员离职或无法继续履行职务,或因乙方的经营状况或资产构成等发生重大不利变化,或因乙方被依法处罚而导致无法经营;或者

D. 乙方或其控股股东、实际控制人、乙方的董事、监事、和高级管理人员存在违反《首次公开发行股票并上市管理办法》和《首次公开发行股票并在创业板上市管理暂行办法》等与上市相关的法律法规规定的行为或情况的,给上市造成实质性障碍;或者

E. 乙方或丙方违反协议项下之义务、陈述、保证或承诺,且甲方认为重大者,甲方有权选择在上述任何一种情况出现后要求乙方及/或丙方受让甲方持有的全部或部分乙方股权,受让价格应保证甲方本次投资的年复合投资收益率不低于 30%,具体价款按如下确定:

受让价款 = 甲方投资款 × (1 + 30%) n − 甲方届时因已转让部分乙方股权所取得的收入

④其他:

A. 如果乙方及/或丙方不能按照前述要求受让甲方所持股权,乙方、丙方应当在回购期满之日起三十日内将乙方全部可分配利润一次性全

部分配给全体股东，丙方应当将得到的全部利润支付给甲方。

B. 如果乙方、丙方不能按照前述要求受让甲方所持股权，甲方还可以选择向第三方转让股权，甲方按照本款约定向第三方转让股权实际所得少于根据前述约定甲方应得款项的差额，由乙方和丙方予以补足。

(3)清算财产分配

乙方如果实施清算，则在分别支付清算费用、职工的工资、社会保险费用和法定补偿金，缴纳所欠税款，清偿公司债务后，对乙方的剩余财产进行分配时，方和丙方保证甲方获得其对乙方的全部实际投资加上在乙方已公布分配方案但还未执行的红利中甲方应享有的部分，如乙方分配给甲方的剩余资产不足上述金额，差额部分由丙方以获得的清算资产为限对甲方进行补偿。

虽然在挂牌时以补充协议形式(挂牌前增资补充协议二)解除了挂牌公司责任，但是实际控制人责任继续承担。甲方放弃要求公司支付相关业绩补偿金、承担相关的连带责任，放弃要求公司和公司实际控制人回购或受让其所持有的申请人股份。但是，增资方仍可要求公司实际控制人刘建波、刘国安、朱荣华和李忠承担支付相关业绩补偿金和清算差额补偿金义务。

约定业绩承诺净利润2014年4000万元，实际只完成1638万元，所以，我们猜测大额转股可能是按业绩承诺补偿投资者的行为。要知道，仅仅向九鼎转的就达1134.9万股，按9月23日收盘价，就值2.28亿！当然，愿赌服输，言而有信，才是资本市场规则，多少老板对赌失败就撒泼耍赖，这家可圈可点，大气有担当。

(三)股改前的化功大法——分立重组

在安达科技公开转让说明书开篇的风险提示中，我们看到(见图16－6)：

由于实施存续分立带来的或有负债的风险安达科技存在由于实施存续分立而为上达化工带来的68,751,552.08元债务承担连带清偿的风险。截至2014年3月31日，上达化工上述负债金额减少至57,405,699.81元，已经偿付11,345,852.27元。自分立以来，上达化工按时偿付借款利息及其他日常经营性债务，预收货款大幅增加，生产经营正常，有足够的偿债能力。截至2014年3月31日，上达化工全部资产为156,936,035.50元，全部负债为84,645,552.19元，股东权益为72,290,483.31元。因此，上达化工不存在资不抵债的风险。

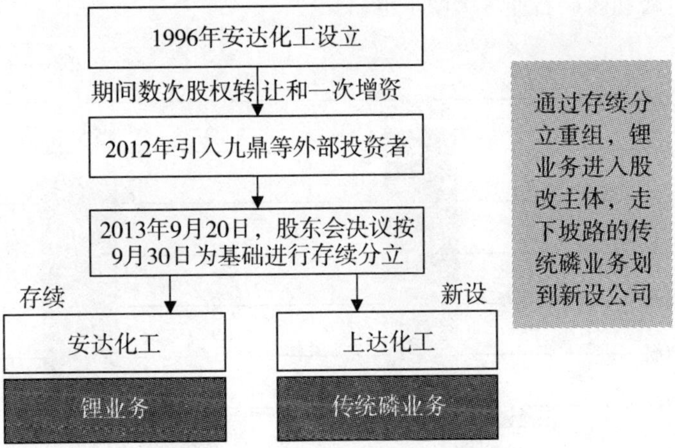

图 16－6　安达科技公开转让说明书

原来，安达科技之前是从事磷化工业务，主要是黄磷和磷矿石，锂电材料是磷化工延伸出的新产品，动力锂电池正极材料磷酸铁锂，以及磷酸铁锂的原料前驱体磷酸铁，不料，近年磷市场出现衰退，价格大幅下滑，原来的主业成了包袱。

安达科技公开转让说明书显示，2012～2013 年的销售收入和毛利率见图 16－7 与图 16－8。

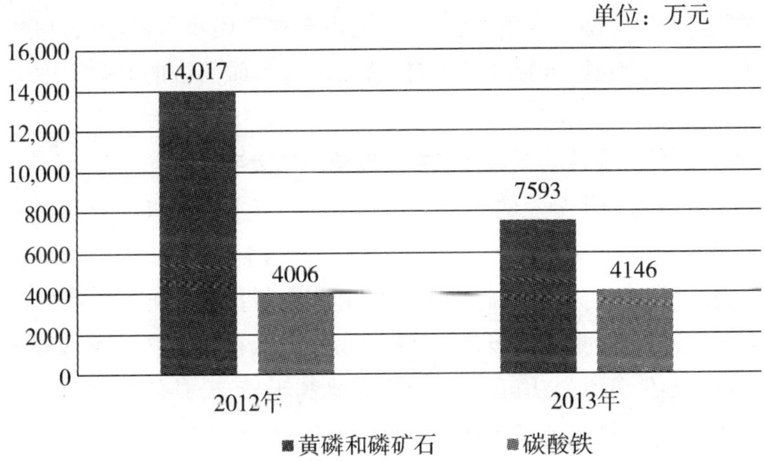

图 16－7　销售收入

传统黄磷和磷矿石业务大幅下滑。

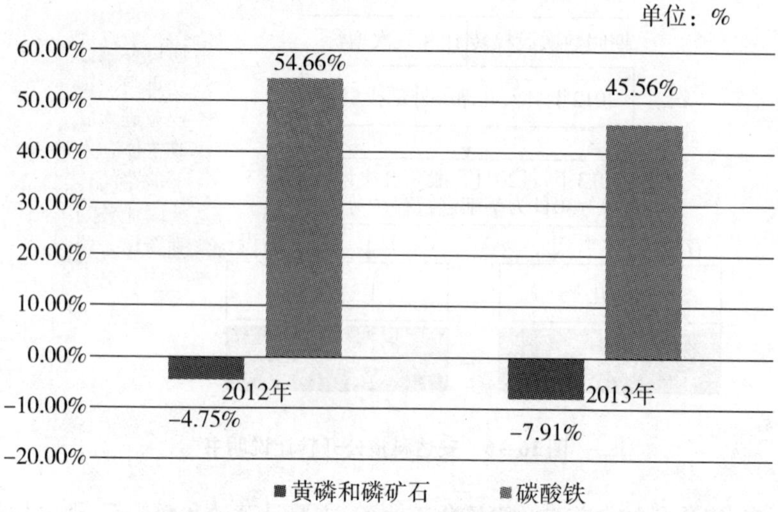

图 16-8 毛利率

2012～2013 年,传统黄磷和磷矿石业务毛利为负。

安达科技公开转让说明书称,报告期内黄磷毛利率为负的主要原因:一是黄磷产能严重过剩;二是公司黄磷生产成本上升。

虽然我们看到磷酸铁业务毛利较高,但由于规模尚小,根本无力扭转传统黄磷和磷矿石业务的亏损,导致业绩下滑,这才出现了前面讲的对赌失败大笔转股补偿情形。

面对这种局面,安达科技选择了在股改前动了大手术。

2013 年 9 月召开了分立的股东大会,赚钱的、资本市场喜欢的锂电业务留在安达科技,传统黄磷和磷矿石业务分拆到新设立的上达化工。分拆完毕后,2013 年 12 月,安达科技进行了股份制改造,随后在新三板挂牌。

大家要知道,分立重组相当复杂,现实困难很多,例如业务切割,资产切割,负债切割方案需要债务方的认可等等,非有资本高手操盘,一般难以成行。不过借此化功大法,安达科技甩掉了传统亏损的磷业务,专注锂电材料,这把豪赌看起来赌对了。

打个不恰当的比方,芙蓉姐姐去了韩国,苍老师和凤姐回来了,苍老师光鲜亮丽地站到了前台,凤姐不合时宜地退隐了幕后。只能说,你太会玩了。

三、安达科技的流动性哪里来——谁说新三板没交易？安达科技为何流动性那么好

前两部分讲了安达科技股价为什么8个月涨了154%，有个投资者和饶胖讲，他投资安达科技赚了7倍。第二部分我们讲了安达科技的化功大法和资本故事，不得不承认，你们城里人真会玩。这一部分，我们聊聊安达科技的流动性。

（一）新三板流动性的现状

新三板经常被人诟病的就是没有流动性，百度上输入新三板+僵尸，居然有124万个搜索结果，不是说新三板公司都是拍僵尸电影的，而是说新三板有大量没有交易的公司。

但是，有一家公司自从开始做市交易，就不缺流动性，那就是我们的神股。

（二）安达科技的流动性数据

2016年1月11日开始做市交易，到2016年9月23日，合计172个交易日，从7.89元涨到20.06元，涨了154%，日均成交1426万元，日均换手率0.95%，日均成交1426万元！你没有看错，日均换手率0.95%。有专家认为，日均换手率接近1%，基本可以认定为活跃市场，其市场价可以代表公司价值。

饶胖统计了安达科技自2016年1月11日开始做市交易到9月23日的日均交易额数据（见图16－9）和日均换手率数据（见图16－10）。

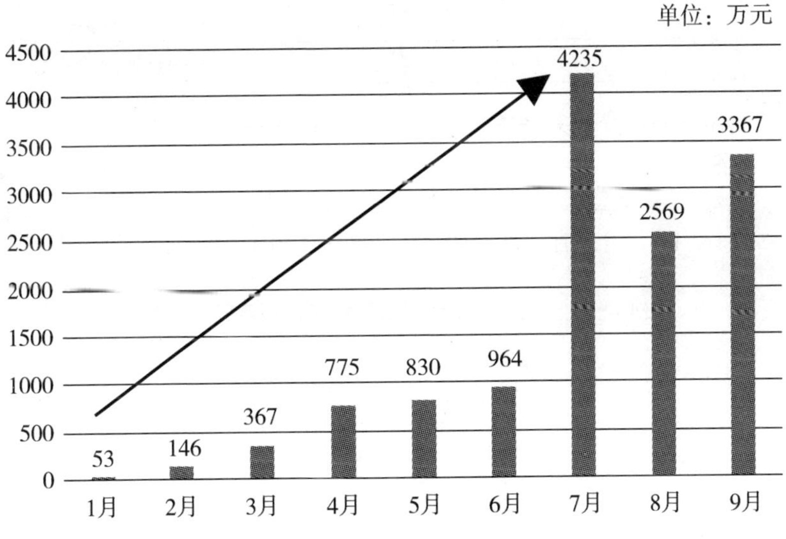

图16－9 2016年安达科技日均交易额

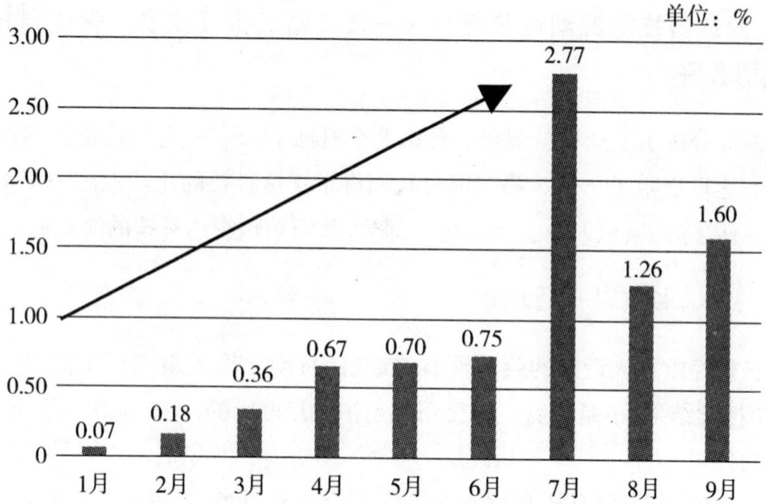

图 16－10　2016 年安达科技日均换手率

2016 年 1 月到 9 月,安达科技流动性呈现一个逐步上升,天天向上,月月向上,健康成长,交易量与股价配合得也不错(见图 16－11 与图 16－12)。

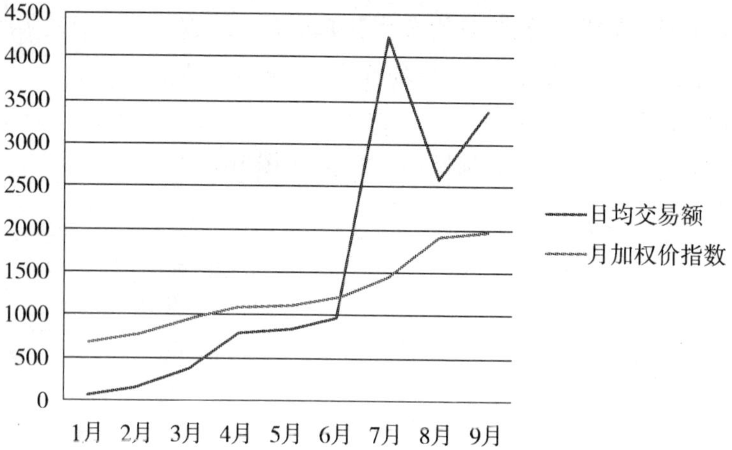

图 16－11　2016 年安达科技日均交易额与股价走势图

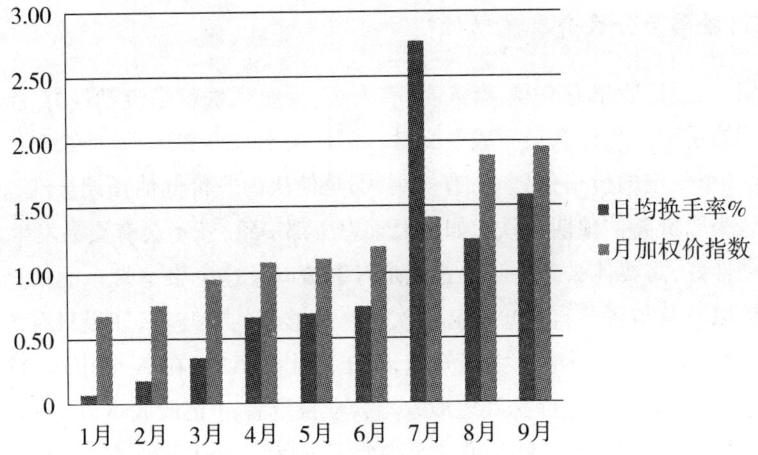

图 16－12　2016 年安达科技日均换手率与股价走势图

量价配合得堪称完美！饶胖好几次问别人：你觉着什么股票是好股票？我觉着最经典的回答是：**“涨得好的股票，就是好股票。”在新三板我们还得加个限定，就是还要有交易量、有流动性。**不然，每天几万元成交，K 线完美得一塌糊涂，有朋友拿着这个 K 线问我这个公司是干嘛的，我说是专业画图的，专门画 K 线的。

2016 年上半年，做市企业交易额前 10 名，饶胖做了个统计，见表 16－4。

表 16－4　2016 年做市企业交易额前 10 名

序号	证券代码	证券名称	交易总额（万元）	日均交易额（万元）
1	830899. OC	联讯证券	502,277	4186
2	832043. OC	卫东环保	400,539	3338
3	831963. OC	明利股份	315,259	2627
4	832950. OC	益盟股份	76,335	636
5	830881. OC	圣泉集团	73,898	616
6	430609. OC	中磁视讯	65,862	549
7	830866. OC	凌志软件	65,309	544
8	430515. OC	麟龙股份	64,664	539
9	830809. OC	安达科技	63,506	552
10	430140. OC	新眼光	54,020	450

联讯证券、卫东环保、明利股份是第一阵营，交易额在几十亿元，安达科技上半年总成交额排在第 9 位，上半年成交 6.35 亿元，日均成交 552 万元，对比 1～9 月数据，安达科技在 8～9 月交易量更大。

（三）股票为什么会有流动性？

流动性，就是股票有交易，有人卖，有人买，买卖频繁就是流动性好，指标就是交易额和换手率。为什么会有股票交易？那是买卖双方看法不一致，对于同一个股票，在一个既定的价格位置上，有人买，那是他认为股价低估预期会涨，有人卖，那是他认为股价高估预期会跌。如果大家想法都一致，就不会有交易发生。

流动性好，需要什么条件吗？首先是有事情以及这个事情带来的信息传播的不对称性以及参与者各自的想法。其次是有足够多的参与者，如果只有 5 个人关心，频繁的交易就不会发生。大家知道，IPO 是什么意思，在 A 股市场，首次公开发行股票，一般的规则是新发 25% 股票给公众投资者，4 亿股股本以上的发 10%，以前有个规矩叫千人千股，就是说你至少要有 1000 个公众股东参与新股认购，因为，老股东按照证券法是要锁定至少 1 年，那么认购没有足够的新股东，公司上市后，就没法产生足够的交易和流动性，现在虽然没有千人千股的说法，但是在认购新股时，每人认购的上限是 1‰，也是这个意思。我们可以理解为，**如果有 1000 个股东，参与该股票的交易，人数足够多，想法自然不会一致，有人要买，有人要卖，股票活跃，自然吸引市场注意，这个临界点一旦突破，交易就活跃起来，而且会越来越活跃，有个正反馈的效应在里面。**

安达科技那么活跃，有多少股东（见表 16 – 5）？

表 16 – 5　2016 年做市企业股东数

序号	证券代码	证券名称	交易总额（万元）	日均交易额（万元）	2015 年 12 月 31 日股东户数	2016 年 6 月 30 日股东户数	平均股东数
1	830899. OC	联讯证券	502,277	4186	4214	4285	4250
2	832043. OC	卫东环保	400,539	3338	395	454	425
3	831963. OC	明利股份	315,259	2627	388	459	424
4	832950. OC	益盟股份	76,335	636	498	741	620
5	830881. OC	圣泉集团	73,898	616	3716	3698	3707
6	430609. OC	中磁视讯	65,862	549	541	420	481
7	830866. OC	凌志软件	65,309	544	582	1016	799
8	430515. OC	麟龙股份	64,664	539	610	952	781
9	830809. OC	安达科技	63,506	552	125	235	180
10	430140. OC	新眼光	54,020	450	710	932	821
11	831850. OC	分豆教育	51,102	426	446	556	501

你没有看错！安达科技 2015 年 12 月 31 日，股东数 125 人，半年后 2016 年 6 月 30 日，股东数 235 人，期间平均股东数 180 人，与周围这些流动性一样好的新三板公司的股东数都不在一个数量级上。

饶胖揣测，有可能投资安达科技的“韭菜”们和市场上一般的“韭菜”不是一个品种，就是喜欢卖了买，买了卖，要不怎么解释呢？

（本文数据由王亚文同学整理）

第十七讲　董秘的职责和角色

——董秘到底是个啥玩意?

如果你打算从事这个行业,考试不是目的,通过考试,学习证监会的规则、资本市场的规则。既然投身到这个资本市场来,总是要了解资本市场的规则。时刻牢记:你是老板的参谋,而不是老板!

饶胖干董秘这个行当有10年了,觉得做董秘这个工作是很偶然的,不是设计出来的,绝大部分的职业生涯都不是设计出来的。我本科是学技术经济的,毕业了以后就在一个央企设计院的技术经济研究所工作,这个设计院是做汽车工厂生产设计的,我在这个技术经济研究所主要干两大块业务,一块做工程概预算,还有一块做可行性研究报告的财务分析和市场分析,我主要是做后面这一块。

要做财务分析,要做市场分析,不可避免要学财务,要懂会计。其实我也没学过,后来没办法,工作需要做财务分析,总要懂财务吧,我说:“领导,你让我干财务分析,我不会财务,不懂会计怎么办?”领导说:“听说有一个注册会计师考试,你去参加吧,学学你就会了。”1997年通过了注册会计师的考试,成了“本本会计”,一干就是10年。从设计院出来干风险投资,2000年的时候风险投资很时髦,令人很向往,所以选择干风险投资。我去的这个风险投资是一家香港的产业集团底下的产业基金,做风险投资,很不幸,2001年整个IT世界崩溃了,那一次崩溃不知道大家有没有概念,那一次崩溃是很惨的,整个电子制造业都处于崩溃的状态。当时基金就解散了,老板就给我一个机会,问我愿不愿意到企业做财务,到一家很大的制造企业做财务经理。其实我不会做财务,我虽然考过注册会计师,有证,其实没见过会计账是什么样的。所以有机会做财务,从制造企业的财务经理做起,前前后后5年的时间。

从外企出来以后做到现在,第四家民营企业,都是IPO、并购重组,并购重组前的引入风险投资或者PE,上市准备,上不了市就并购,都是干资本相关的工作。

我记得,我接触到董秘这个工作是从外企出来到一个很大的民营企业造船企业里面,做 CFO,有一天我们引入的风险投资委派的外部董事跟我说:“你们老板要提拔你,准备让你做董秘。”从此名片上多了个头衔董事会秘书,那时饶胖还是“蒙圈”的,不知道董秘是个啥玩意。其实做了以后才发现,跟我原来干的事没有区别,只是多了个头衔,因为本来就负责资本运作。整个资本运作都归你管,本来就是归你管,多了一个头衔而已,列席了董事会而已。

我做了董秘以后,一直是财务负责人兼董秘。董秘这个事,朋友里面做董秘的或者是对这个行业有过比较的都知道,社会上不一定了解。经常名片递出去,有些人看着我这个董事会秘书的 Title 不知道该怎么称呼我,聪明的人不管什么都叫“总”,不管你是什么“总”,叫“总”一般没错。反应慢的,看着不知道怎么称呼,有叫饶董的,有叫饶秘书的。到底怎么称呼呢? 很多人很困惑。其实这是个情商的表现,如低级别的行政官员都叫“老师”没错,高级别的行政官员叫“领导”没错,看见企业来的不管大小都叫“总”,都没错,这就是情商的表现,是你理不理解人际关系的表现。还有一种,见了男的都叫“兄”,有的朋友不理解,我叫他王兄、李兄,他说你老哥比我大。其实那就是个尊称,也就和称呼李总、王总、领导、老师没有什么差别,就是一个尊称。

董秘这个行当,现在突然爆发起来了,我相信在 3 年前董秘这个行当太小,没人太注意,只有拟 IPO 的企业或者上市公司才有董秘这个职位,太小众了,上市公司一共不到 3000 家。2013 年年底来了新三板,新三板发展两年居然发展出来 9000 家挂牌企业,还有几千家企业在准备挂牌,多出了 1 万多家企业,每一家企业不管是不是有董秘,总得找个信息披露人,没有董秘也得有信息披露人,得有人代表企业办这些事情,什么都没有的,老板自己兼,一下子多出来了一两万人,这个小行业一下变成了一个热闹的行业。董秘一夜之间好像就变成了一说大家都知道的一个行业,但是很多人还是搞不太清楚,董秘到底是董事会秘书,还是董事长秘书。

有一次饶胖去做网上视频路演,就是对着摄像头介绍公司情况。在一个会议室,对面是摄像机,主持人和我并排坐,主持人自然是颜值高美女担当,流程是主持人先简单介绍我们公司和我,然后交给我开始路演。主持人美女介绍说:“这是某某软件的董事长秘书饶钢。”我接过来说:“我是某某软件的董事会秘书饶钢,不是董事长秘书,董事长秘书一般都长主持人这样,我这样的只能做董事会秘书。”当然颜值也很重要,饶胖这种秃头大叔形象肯定成为不了卖点。

但这也不能怪这位主持人,因为董秘这个小众的职业,也是最近几年随着新三板的火热似乎才普及起来,由于一下子多了 9000 个董秘,人多,董秘市场一下子就繁荣起来。我印象中在有新三板之前,董秘局限于上市公司和拟上市公司,而且这两批人有时还是两拨人,上市公司的董秘往往是执行法定职责,而拟上市公司董秘往往是上市准备工作的组织者和操办者。

现时,新三板有一个投资逻辑就是投资可能去 IPO 的新三板公司,上市公司和三板公司的估值体系存在差异,就存在跨板套利的空间,有一次和一个 PE 大佬聊天,他就专门成立了一个基金投资新三板拟 IPO 的企业,他说他的团队研究新三板这些发了 IPO 辅导公告的公司,发现有一半其实只是做做市值管理而已,并没有真打算去 IPO。判断一家公司会不会真的去 IPO 还是只是说说,创造个题材,其中一个方法就是看公司章程里有没有关于董秘的规定,因为要 IPO,章程都是按《上市公司章程指引》要求,由律师撰写,在《上市公司章程指引》第六章"经理及其他高级管理人员"的第 124 条规定:公司设经理 1 名,由董事会聘任或解聘,公司设副经理【人数】名,由董事会聘任或解聘。公司经理、副经理、财务负责人、董事会秘书和【职务】为公司高级管理人员。律师都是照抄章程指引,如果设董事会秘书且为公司高级管理人员,我们可以认为确实做了 IPO 准备。另一个从章程里可以从看出来的是独立董事,这也是上市公司的要求,拟上市公司会照此办理,一般独立董事还有津贴,是要花钱的,如果有独立董事,那么是真的在做 IPO 准备,不是忽悠人。

下面讲三个小段,第一个是董秘的法定角色,第二是董秘的实务角色,第三是董秘的知识结构和职业素养。

一、董秘的法定角色

董秘的角色有两个:一个是实务的角色,另一个是法定的角色。实务的角色频谱很宽了,可能就是一个信息披露义务人,这是最低的角色,可能是你们企业的资本运作的全面负责人,这是最高的角色,这是频谱的两头,绝大部分都在中间。我们一般描述是一个频谱的两头:一头最基本的叫信息义务披露人,就管信息披露、三会组织以及可能还有一点法律职责;另一头,资本事务全管,资本沾边的事情全是你管的,这是一个全能型董秘的或者战略型的董秘。

(一)董秘的渊源

什么叫做法定角色? 这是有渊源的。董秘是哪里来的? 首先需要明确,我们什么都学美国,其实我们是非常喜欢美国的,但是在董秘这件事情上我们不学美国,美国没有董秘这个职业,在美国,跟投资者做关系,跟监管机构做沟通的是 CFO(首席财务官)。CFO 一般是不管会计的,一般情况下 Financial Controller 是管会计的,有这个分别。实际上就是财务总监对应的 Financial Controller 而不是

CFO。首席财务官CFO往往更多的是资本功能，相当于董秘的职责。

我国为什么有了董事会秘书呢？**我国董事会秘书制度起源于1993年内地企业拟赴港上市融资，由于香港当时的《公司条例》规定"每间公司均须有秘书一名"，因此，内地企业也开始使用董事会秘书这一称谓来定义香港法规当中公司秘书的职能人员。**随后在内地的证券市场也引入这一制度，到今天已经20年了。具体可以参见《国务院关于股份有限公司境外募集股份及上市的特别规定》(1994)、《到境外上市公司章程必备条款》(1994年)。

(二)董秘的法定职责

《公司法》规定，上市公司需要董事会秘书负责公司的股东大会和董事会的筹备文件的保管和公司股东资料的保管和信息披露，同时规定董事会秘书是高级管理人员。上市公司的高级管理人员包括公司的经理、副经理、财务负责人、上市公司的董事会秘书和公司规定的其他人员。

《公司法》第123条规定，上市公司设董事会秘书，负责公司股东大会和董事会会议的筹备、文件保管以及公司股东资料的管理，办理信息披露事务等事宜。

第216条第1项规定，本法下列用语的含义：

(一)高级管理人员，是指公司的经理、副经理、财务负责人，上市公司董事会秘书和公司章程规定的其他人员。

上市公司的章程指引里面也做了规定，首先规定董事会秘书是高级管理人员，同时上市公司要设董事会秘书，负责股东会、董事会的筹办，文件的保管、股东资料的保管、信息披露等规定。

《上市公司章程指引》第124条规定，公司设经理1名，由董事会聘任或解聘。公司设副经理【人数】名，由董事会聘任或解聘。公司经理、副经理、财务负责人，董事会秘书和【职务】为公司高级管理人员。

第133条规定，上市公司设董事会秘书，负责公司股东大会和董事会会议的筹备、文件保管以及公司股东资料管理，办理信息披露事务等事宜。

董事会秘书应遵守法律、行政法规、部门规章及本章程的有关规定。

我们看深交所上市规则，证券交易所的规则里面最主要看上市规则，上市规则很厚，方方面面都规定到了。

深交所上市规则里面专门有一章，组织机构里面有一节谈到董事会秘书，对董事会秘书的职责作了以下规定：**第一是负责信息披露；第二是负责投资者关系，包括投资者关系以及监管的关系，媒体间信息沟通；第三是负责筹备股东大会。**实际上我们运行之中监事会也是董秘来筹办的，因为中小公司的监事在公司里面基本不监事的,什么都是董秘替他准备好,他签字就完事了。负责信息披露的同时还要负责保密,如果媒体有报道你要求证,其次要督促协助董事、监事、高级管理人员进行证券的学习证券法律,督促董监高遵守法律法规,提醒公司和董监高如果违反了法律法规及时改正,并如实向交易所报告。也就是说,你在交易所在公司里面的卧底,你有义务向交易所、证监会汇报你们公司的违法行为。

《深圳证券交易所股票上市规则》第3.2.1条规定,上市公司应当设立董事会秘书,作为公司与本所之间的指定联络人。

公司应当设立由董事会秘书负责管理的信息披露事务部门。

第3.2.2条规定,董事会秘书对上市公司和董事会负责,履行如下职责:(1)负责公司信息披露事务,协调公司信息披露工作,组织制订公司信息披露事务管理制度,督促公司及相关信息披露义务人遵守信息披露相关规定;(2)负责公司投资者关系管理和股东资料管理工作,协调公司与证券监管机构、股东及实际控制人、保荐人、证券服务机构、媒体等之间的信息沟通;(3)组织筹备董事会会议和股东大会,参加股东大会、董事会会议、监事会会议及高级管理人员相关会议,负责董事会会议记录工作并签字;(4)负责公司信息披露的保密工作,在未公开重大信息出现泄露时,及时向本所报告并公告;(5)关注媒体报道并主动求证真实情况,督促董事会及时回复本所所有问询;(6)组织董事、监事和高级管理人员进行证券法律法规、本规则及相关规定的培训,协助前述人员了解各自在信息披露中的权利和义务;(7)督促董事、监事和高级管理人员遵守法律、法规、规章、规范性文件、本规则、本所其他相关规定及公司章程,切实履行其所做出的承诺;在知悉公司做出或者可能做出违反有关规定的决议时,应当予以提醒并立即如实地向本所报告;(8)《公司法》《证券法》、中国证监会和本所要求履行的其他职责。

我们主要是讲新三板,股转系统在不久前出台了新三板董事会秘书的管理办法《全国中小企业股份转让系统挂牌公司董事会秘书任职及资格管理办法(试行)》,以前股转系统并没有规定挂牌企业需要强制设董事会秘书,如果挂牌企业设董事会秘书,由董事会秘书办理信息披露,如果挂牌企业没有董事会秘书就须指定一个信息披露人,现在规定了由董事会秘书履行法定职责,创新层企业必须设董事会秘书,而且这个董事会秘书需要拿股转系统颁发的证书,持证上岗,不管你以前有什么证,现在统统都要重新参加股转系统的考试,不管你之前有什么证,现在重新来过,重新考证。

股转系统的文件里面是怎么规定董事会秘书的法定职责呢?第一,负责信息披露,同时负责信息保密,负责股东大会和董事会的组织筹备,参加会议并在会议记录上签字。董事会秘书是会议组织者和记录人。第二,负责投资者关系管理、股东资料保管，协调挂牌公司与监管机构、股东、实际控制人、监管机构、媒体之间的信息沟通，董事会秘书是一个挂牌企业对外的发言人，挂牌企业对外传递消息通过你。第三，负责督促董事会回复主办券商的问询和全国股转的问询，新三板的公司和上市公司不一样，上市公司只有一个婆婆叫交易所，新三板的公司还有一个婆婆叫督导券商，他问你，你也要负责回答。第四，组织董事、监事、高级管理人员学习证券法规，督促董监高遵守法律法规，同时如果公司或者董监高或者实际控制人做出了违反法律法规的事情，你要提醒董事会，并及时向主办券商和全国股转系统公司报告，就是你也是一个卧底。你如果发现你公司有违法的行为，你要提醒他们，如果他们不听你的，你要及时去报告，如果你不报告的话，那你就吃不了兜着走。

以下是《全国中小企业股份转让系统挂牌公司董事会秘书任职及资格管理办法（试行）》中规定的董秘职责：

(1)负责挂牌公司信息披露事务，协调挂牌公司信息披露工作，组织制定挂牌公司信息披露事务管理制度，督促挂牌公司及相关信息披露义务人遵守信息披露相关规定；

负责挂牌公司信息披露的保密工作，组织制定保密制度工作和内幕信息知情人报备工作，在发生内幕信息泄露时，及时向主办券商和全国股转系统公司报告并公告；

(2)负责挂牌公司股东大会和董事会会议的组织筹备工作，参加股东大会、董事会、监事会会议及高级管理人员相关会议，负责董事会会议记录工作并签字确认；

(3)负责挂牌公司投资者关系管理和股东资料管理工作，协调挂牌公司与证券监管机构、股东及实际控制人、证券服务机构、媒体等之间的信息沟通；

(4)负责督促董事会及时回复主办券商督导问询以及全国股转系统公司监管问询；

(5)负责组织董事、监事和高级管理人员进行证券法律法规、部门规章和全国股转系统业务规则的培训；督促董事、监事和高级管理人员遵守证券法律法规、部门规章、全国股转系统业务规则以及公司章程，切实履行其所做出的承诺；

在知悉挂牌公司做出或者可能做出违反有关规定的决议时，应当及时提醒董事会，并及时向主办券商或者全国股转公司报告；

(6)《公司法》《证券法》、中国证监会和全国股转系统公司要求履行的其他职责。

(三)董秘的法定任职资格

什么样的人可以做董秘?深交所、上交所、全国股转系统都有明确的规定,深交所和上交所差不多,我们就以深交所为例。《深交所证券交易所股票上市规则》规定,董事会秘书应当具备履行职责所必需的财务管理、法律专业知识,具有良好的职业道德和个人品德,并且取得本所颁发的董事会秘书资格证书。并规定了不得担任董事会秘书的几种情形。

也就是说,董事会秘书任职资格分以下几个层面:第一,要有专业知识,是专业人员,要懂财务、法律和管理。第二,要有职业道德和个人品德。第三,要取得交易所的证书,要持证上岗。第四,不能有禁止性事项。

什么样的人不能担任上市公司的董事会秘书?第一,《公司法》第146条规定了不能担任公司董事、监事、高级管理人员的情况,因此不能有不准担任公司董事、监事、高级管理人员的禁止性事项。第二,受到证监会处罚未满3年,受到证券交易所公开谴责或者批评3次,批评3次相当于公开谴责。第三,现任的监事不能做董事会秘书。

《深圳证券交易所股票上市规则》第3.2.4条规定,董事会秘书应当具备履行职责所必需的财务、管理、法律专业知识,具有良好的职业道德和个人品德,并取得本所颁发的董事会秘书资格证书。有下列情形之一的人士不得担任上市公司董事会秘书:(1)有《公司法》第146条规定情形之一的;(2)受到中国证监会一次行政处罚未满3年的;(3)受到证券交易所公开谴责或者3次以上通报批评的;(4)本公司现任监事;(5)本所认定不适合担任董事会秘书的其他情形。

《公司法》第146条规定,有下列情形之一的,不得担任公司的董事、监事、高级管理人员:(1)无民事行为能力或者限制民事行为能力;(2)因贪污、贿赂、侵占财产、挪用财产或者破坏社会主义市场经济秩序,被判处刑罚,执行期满未逾5年,或者因犯罪被剥夺政治权利,执行期满未逾5年;(3)担任破产清算的公司、企业的董事或者厂长、经理,对该公司、企业的破产负有个人责任的,自该公司、企业破产清算完结之日起未逾3年;(4)担任因违法被吊销营业执照、责令关闭的公司、企业的法定代表人,并负有个人责任的,自该公司、企业被吊销营业执照之日起未逾3年;(5)个人所负数额较大的债务到期未清偿。公司违反前款规定选举、委派董事、监事或者聘任高级管理人员的,该选举、委派或者聘任无效。

董事、监事、高级管理人员在任职期间出现本条第 1 款所列情形的，公司应当解除其职务。

公司任命董事的时候都要去工商去备案的，工商局有一个系统，经查，如果在黑名单里面，系统会自动跳出来，就不能任命他当董事。如这几天又有一个公司跳出来，步银橙传媒收购案后尘，一家新三板公司，阿拉丁。在银橙传媒收购案那一讲，我们特别讲过，银橙传媒收购案重大特点是上市公司收购了实际控制人的部分股权，而把小股东留在新三板继续流通，后来这个方案 Over 了，无疾而终，死掉了。

现在一家公司“阿拉丁”又来了，上市公司叫西陇科学，拟收购阿拉丁，只是签了一个框架协议没有法律效力，随时可以变的。框架协议规定他们收购实际控制人再加员工持股公司的股权，剩下的那些原来的股东就留在新三板，这个基本上方案跟银橙传媒很类似。

为什么在这个时候我会想起来阿拉丁这家公司？因为我在看他们资料的时候，发现他们的老板只是公司的技术总监，既不是董事也不是董事长更不是总经理，什么道理呢？在他的风险提示里面能够看到，他曾经开过有几家公司被吊销了营业执照，现在还没搞定。说明什么呢？他成立阿拉丁公司他要当董事，那个工商变更登记是进不去的，所以他当不了董事，所以他只能当技术总监，做不了高管。这个大家要注意了，但凡是董监高，特别是挂牌的时候，董事、监事、高级管理人员需要查你之前有没有违反《公司法》第 146 条的规定。董事会秘书也是一样，**因为董事会秘书是高级管理人员，高级管理人员就是要符合《公司法》的要求，即董事、监事、高级管理人员不得有那些禁止性的情形。**

股转系统还有其他规定，有下列情况的不得担任创新层的董事会秘书：第一，没取得证书，或者这个证书被吊销以后 12 个月内未重新取得；第二，最近 12 个月存在《全国中小企业股份转让系统挂牌公司分层管理办法（试行）》第 12 条第 3 项所列情形的（现任董监高受到刑事处罚或司法机关立案侦查尚无结论）；第二，全国股转系统公司认定不适合担任创新层挂牌公司董事会秘书的其他情形。以上三条一是没有取得股转系统的董秘证书，二是如果你受了刑事处罚或者是立案尚未得出结论，三是股转系统认定你没有这个资格。

（四）董秘资格的取得

董秘资格证考试深交所、上交所已经搞了好多年了，我相信好多朋友都有深交所或者上交所的董事会秘书资格证。股转系统这个资格是刚刚出来的，怎么考试？大纲、考试办法还没有公布，但是我打听到的消息是这样的：第一，闭卷基考；

第二,不组织考前培训。

交易所董秘证需要吗?很多朋友问我:“我现在是一个新三板的董秘,我没打算去 IPO 或者去深交所、上交所,我要不要考一个深交所或者是上交所的董秘证?”我的建议是非常必要,我是这样认为的,新三板、全国股转系统是中国多层次资本市场的重要组成部分,是证监会管的。证监会管三个地方:证券交易所或者是证券交易场所,两个证券交易所深圳和上海,一个证券交易场所全国中小企业股份转让系统,都是在一套体系里面的。股转系统到目前为止还没满 3 年,到 2016 年 12 月才是正式新的新三板启动满 3 年。所以很多地方股转系统法规不是那么健全,例如,到现在都没有股权激励的指南或者细则,另外,这也和股转系统指导思想有关,市场化为主,行政干预为辅。市场化,所以很多规则不那么完整。

既然规则不那么完整,在新三板做事情,是否没有规则就可以胡来?对不起,我们回到前面那个话题,股转系统是中国多层次资本市场的有机组成部分,如果股转系统没有规定,你得参考证监会、交易所关于上市公司的法规和规则,如果你对这些规则都不了解,在新三板做事情也会很麻烦。因为你不知道里面的脉络是什么样,如果你研究过上市公司的法规,证监会那些规定以后,你就知道红线在哪里不能碰,比照上市公司的管理办法来搞就不会犯大错误。所以深交所、上交所的董秘证建议去考一个,**如果你打算从事这个行业,考试不是目的,通过考试,学习证监会的规则、资本市场的规则,既然投身到这个资本市场来,总是要了解资本市场的规则。**

二、董秘的实务角色

前面讲完了法定角色,我们讲讲实务中董秘的角色。我将其分成两个阶段:一个阶段是申报阶段,另一个阶段是交易阶段。在这两个阶段,董秘的角色和职责相当不一样。

什么是申报阶段?申报阶段就是公司去挂牌,准备挂牌的阶段,或者公司去 IPO 准备上市的阶段。这个阶段,董秘就相当于一个项目经理,这个项目的目标就是公司挂牌成功或者上市成功,董秘是项目经理。

在申报阶段,我们董秘的工作就是这样,要去挂牌,挂牌成功就是目标。董秘要组织企业内部人员,包括企业的老板,高级管理人员,财务、法律、人事都要参与,外部人员,会计师、律师、券商也都要参与,还要跟政府的协调,和监管机构协调。董秘组成一个团队去完成挂牌的工作。申报阶段是以目标为导向的,以协调为核心的工作类型,类似项目经理。

在交易阶段。挂完牌或者 IPO 之后董秘的核心工作是什么,主要是法定职责,是以信息披露为核心,公司治理和投资者关系和公众关系以及监管关系为基础的一个持续性的工作。刚才我们讲的是法定的职责,**如果董秘还肩负资本运作的工作,如增发、做股权激励、投资兼并,比如说我们要干点其他跟资本有关的事情,如做做宣传,做市值管理,公司价值管理等。**

在董秘的生涯里面,见仁见智,每个人有每个人的诠释,我讲讲我的体会。

(一)董秘是一个翻译

我们做一个资本运作,不管你是挂牌还是挂牌以后的资本运作,如收购兼并,我们周围的人是不同的利益相关者。比如说老板,老板是实际控制人;公司的高管,你不要想着公司的高管会跟老板是完全一致的,那是不太可能的;公司的员工,高级员工、中层员工、低层员工诉求都不一样;股东,外部股东和内部股东不一样;董事里面还有内部董事、外部董事和独立董事,这是内部的一群人。外部有中介机构,券商、律师、会计师,还有监管机构。挂牌是股转系统,还有证监会,有地方的证监局,他们的立场也跟其他人不一样。媒体的立场又跟我们不一样。投资者、潜在的投资者以及公众也跟我们的立场不一样。

董秘要在其中担任什么样的位置呢?首先,董秘要做好内部人和外部人的翻译工作,也就是说我们在挂牌、上市或者资本运作的时候,有大量的技术性工作,证券技术性工作,比如说我们有很多规范性的要求、法规的要求,这些要求对中介来说是理所当然,要去资本市场必然要做这个事情,必须要规范,该交的税要交了,该交的社保要交了。可是,对于老板来说,上市和挂牌或者资本运作只是他做这个生意中间的一个目标,不是全部目标,你要充分理解这一点,他不是全身心全副身价做这一个事情,老板还要做生意的,还要维持这个生意活下去,正常运转才是最高目标,能不能上市、挂牌或者资本运作这件事情只是众多目标中的一个。

中介和老板在看待同样一个问题时,他们的立场也会不同。中介机构有什么特点,中介机构同时做多个的项目,做你这一个项目就挣一次钱,中介机构不可能把他的职业生涯的全部押在你这一家企业上面,所以中介机构的最高目标首先是保证自己的安全,其次才是赚钱。对于老板来说,有这个必要搞得百分之百干净吗?肯定是不需要的。我们做董秘的作为这么一个联络人或者是翻译,就要把两边的诉求翻译给对方听,然后在两个极端之间找到一个平衡点,只有大家都满意,这个项目才能推得下去,要不然这个项目怎么推?就会僵死在那里,就推不下去了。这是第一个,翻译和桥梁。

(二)董秘是老板的参谋,而不是老板

这个非常重要,我们做董秘的要时刻记得我们是一个参谋,你只是一个参谋,不是决策者。所以我们要把自己的位置摆正,我们是一个参谋,最终的决策权在老板那里。

怎么办呢?我的原则是把这件事情决策的后果,以专业的方式、以专业的角度,以老板听得懂的方式,解读给他听,让他明白,这么决策、这么做了以后会有什么结果?好处在哪里?坏处在哪里?至于决策您自个儿来,因为决策的后果是老板自己承担,不是我来承担,大不了我不干了,大不了我走了,大不了我去股转汇报打小报告去了,我还是卧底呢,对吧?这是开玩笑,但是决策后果由老板承担这件事要牢记。

决策最终是老板做的,所以我们要做的事情就是把我们从专业观点了解的问题,可能带来的后果解释给老板听,由老板自己作出判断。而不说你替他来做判断,这个做不得。第一你不是老板,第二你也就是一个参谋。在这时候我们要做好参谋的角色。

(三)董秘是不是一个人的战斗

在申报阶段,特别是IPO的申报阶段,我经历过几次了,如果一个公司请我去做董秘,不仅仅只是谈我的薪酬、股票什么条件。因为老板都是很精明的,他之所以做老板,你打工,就是因为他比你精明。老板都会计算的,做这件事情多少成本,请你来多大成本?但是你要告诉他,你不是一个人,你还要请几个人,你们是一个团队。所以这个成本要一起算,不能只算我一个人。在申报的阶段,如果是IPO通常情况下需要什么?如果我去做,我一般董秘和财务总监都要兼的,你知道为什么董秘财务总监要一个人做?道理在哪里呢?如果你不是学财务没有办法,天生有缺陷。最好董秘财务总监你一肩挑,因为我们做的都是中小民营企业,中小民营企业最大的特点就是老板一言堂,老板说了算,这个财务不是老板娘管就是老板的亲信管,你一个空降兵来了以后谁睬你?所以你对财务的事情可能是一无所知,哪里是坑你都不知道,你又有法定职责,这个就比较麻烦了。

做资本运作的时候如果不控制财务就完蛋了,一是自己可能掉坑里,二是你自己可能搞不定,摆不平。财务经理不会听你的,“我跟老板干了几十年了,你在哪里呢?”所以不会听你的,但是你做了他的领导,最起码他理论上要尊重你的,你可以了解真实的情况。

有一次有一个企业叫我去做董秘,我去了一聊发现他那个财务经理跟老板关

系不一般。聊完之后我说了，除了公司薪酬和股份这些条件之外，我就一个条件，我说财务经理的去留由我决定，如果我明天叫他走你必须同意。老板犹豫了很长时间，同意了，“OK，由你定，你让他走，随时走。”就是因为他这个态度我跟财务经理的关系非常融洽，成为非常好的朋友，互相配合、互相支持。如果没有他这个态度就完蛋了，你怎么开展工作啊？没有办法开展工作。

所以说我要兼财务，兼了财务之后，另外我需要一个懂证券的财务副经理，因为财务经理、财务部长通常情况下都是公司的老人或者亲戚，这个没有问题，继续做好了，怎么花钱、怎么用钱继续搞好了，我们不管。我们要管什么？管合规。管合规往往要跟证券机构、包括会计师、包括券商打交道，他们说的话你听不听得懂是很大的问题，很多中小企业财务经理，连会计师以及券商说的话都听不懂，没法交流，工作效率就会很低。如果我们请一个财务副经理，会计师事务所出身，做过审计，他只要负责对接会计师这个事情就 OK 了，我的工作也轻松，财务经理也轻松，老板其实也轻松。

另外就是需要一个懂法律的人，对接律师和法律方面的人。第三个就是需要一个搞内审的人，把内审的系统重新建立起来。我最起码需要三个这样的角色，加我四个人，一桌麻将，凑齐可以开始打了。

在交易阶段呢？我经常碰到这样的事情，有认识的老板来问我：“饶总，你帮我介绍一个董秘。”我开始挺起劲的，帮他到处打广告找人，后来发现根本找不到，特别是新三板公司，公司规模比较小，高人不愿意来，低的老板又看不上。后来我发现有一个重大的错位，就是实际上在新三板大部分的企业都是中小型企业，中小型企业实际上并不需要或者请不了一个全能型的董秘（就像饶胖这样的董秘），这样的企业没有这个舞台、没有这个平台，也出不起这个价钱。

怎么办呢？实际上他是需要一个信息披露义务人，加一个懂一点资本市场财务，老板自己亲自负责资本运作。所以这个中小企业的董秘是个什么团队？老板挂帅，有一个证代加上一个懂证券的财务，三个就是董秘团队，所以我们说，老板你自己就是一个董秘，不要再去找了。

我给老板们一个建议：一个是你自己培养，但是慢，董秘我们刚刚讲了既要懂财务，又要懂管理，还要懂法律，培养起来比较慢，你现在着急，你挂牌的过程中总是有券商、律师会计师过来做工作，有团队过来的，老板要放下身段，多跟中介团队打交道，观察观察中介团队里面的小朋友，哪个小朋友不错，有培养的价值，不管券商的、律师的、会计师的，工作一两年做过项目的，你把他挖过来做一个证代、做一个董秘，培养起来就好了。如果你老是高高在上，老是跟那些中介机构领导打交道，不知道小朋友哪个好，那你也搞不清楚。

（四）董秘工作的武器

在申报阶段，董秘是一个项目经理，有两个重要的武器，一个是中介协调会，另一个是项目跟踪表。饶胖用了10年屡试不爽。我们知道，在挂牌或者IPO的过程中，我们是一个多方利益交集的共同工作团队，企业人、券商、律师、会计师，内部人和外部人一起去工作。你想想，每个人的立场是不一样的，券商的话会计师不一定听，会计师的话律师不一定同意，他们都同意了老板不一定同意，他们都同意了高管不一定同意，各个方面的问题。

怎么办呢？你不要一个个去沟通，开中介协调会，养成定期开中介协调会的习惯，把大家都叫起来，一个问题一个问题大家当面说清楚。当面说清楚了以后形成会议纪要，会议纪要由董秘自己来写，这时候秘书的作用就出现了，叫秘书专政。什么叫秘书专政，就是你们开会吵了几个小时，由我最后总结十句话，这十句话我写的，你们看上去似是而非，其实都是我的意思，多数时候大家吵了几个小时以后糊里糊涂了，最终看你的东西似是而非了，最后他们也就签字了，签字完了以后就执行了，这就叫“秘书专政”。如果说你把这个工作交给别人去做你就惨了，所以这个时候我们一定要做好秘书工作，即“秘书专政”。

第二个是项目跟踪表，做一个项目就是排除问题的过程，一开始的时候可能会千头万绪，问题几百个，我最多的一个项目问题表列出来Excel表有400多项问题，几个月以后只剩下几十项了。再过几个月只剩下一两项了，问题就解决了。问题解决了，就可以报材料了。

每个礼拜看跟踪表，跟踪表上每个项目由谁负责的，每个礼拜都要去找他，次数多了他自己都不好意思，一看饶总这个事情我马上给你办，这就有效果了。公司很多的事情董秘都没有决定权的，很多东西需要业务、人事，可能财务归你管好一点，方方面面跟你配合，里面很多都是老板的亲信，打江山的诸侯，谁买你的账啊？你一个空降兵来了没几天。怎么办呢？跟踪表。跟踪表写在上面，你不要小看它，非常管用，虽然不一定给钱，但是非常管用。解决问题，先易后难，好搞的小问题先扫除，难的问题，留在跟踪表上，不断推进，很多问题其实是需要决策者的消化时间的，经过了长时间的不断推进，最后一拍大腿一咬牙就干了，这需要前面推进的过程做消化，做好心理上的准备，不是一上来就可以咬牙的。

三、董秘的知识结构和职业素养

下面讲一讲董秘知识结构和职业素养以及自我发展，这都是假大空的题目，但是假大空的题目也得讲。

(一)董秘的知识结构

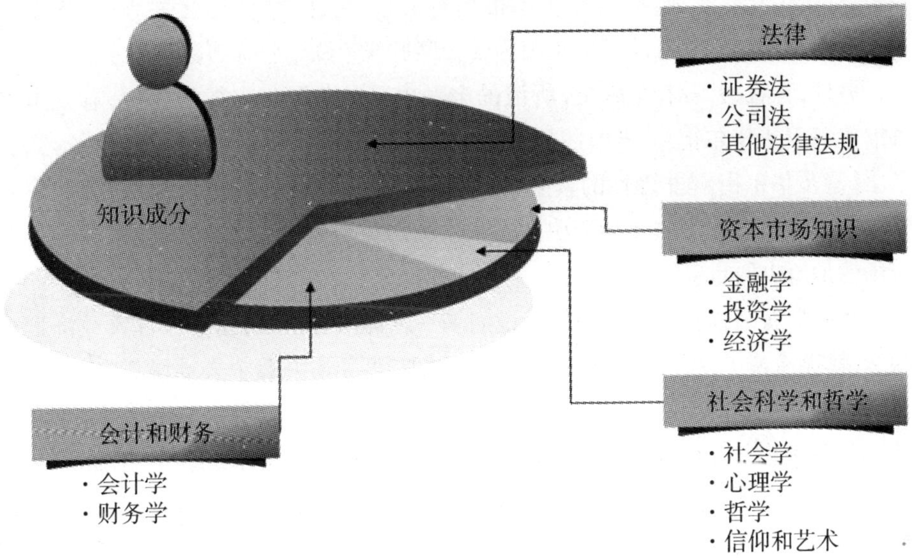

图 17－1　董秘的知识结构

董秘要会什么？第一，你要会**法律**，做董秘，你就是做法律工作的，所以你必须会法律法规。法律法规在哪里？法律就在股转、交易所和证监会的网站上，都在那里。所以说经常去看股转的网站，把法律法规好好看看，不要老去问“砖家”，“砖家”经常会记错的，**所以最重要的事情是要先去看法律法规，非常重要。**

第二，**财务会计**。我们刚刚讲了，你要做好董秘，如果不懂财务会计，你就等着跳坑吧。你一定要懂会计，你能跟会计师交流，你会看报表，能分析会计处理。很多朋友问我：“我不是学会计的，我看什么书呢？”经常有人问我这个问题。如果是法律法规，我一概回答法律法规问题看网站，不要看书，书有时间性的，可能会过期，新的法规没有更新，但是网站上都是最新的，看官方网站上的法规。如果是会计怎么办？我想来想去只能从我自己的经历上想办法，我当时学会计，是参加注册会计师考试，我考过注册会计师，注册会计师考试很难，不一定要去考，但是注册会计师考试的教材里面有一本教材《会计》，你把这本书买回来看一看，学一学基本就 OK 了，浅显易懂。

第三，我们的法规上说董秘应该懂管理，管理我没有感觉，但是**资本市场**要懂，来资本市场玩，结果不懂资本市场，这个就有大问题。我上课时经常会问：“同学们你们有谁买 A 股？”买 A 股的一般不超过一半，他们可能不好意思举手。但是如果你不买A股,你怎么对中国资本市场有感觉呢?所以我强烈地建议你,**如果你做这一行,特别在中国资本市场做,你一定要跟中国资本市场有关系**,A股开一个户,少买几万元钱,你就跟资本市场有关系了,涨、跌你都会关心,为什么涨了?是因为不加息股市涨了?是因为什么问题股市跌了?你自然就会关心了。

另外,看看书,看看金融史,所谓的金融史也是美国华尔街的历史,有几本书可推荐:《漫步华尔街》《非理性的繁荣》《伟大的博弈》随便哪一本,看一本就够了。《漫步华尔街》《非理性的繁荣》非常好,这是比较早的,《伟大的博弈》比较近一点,都不错,看看华尔街的历史。看华尔街的历史的时候,就会发现中国的资本市场就是历史的重复。

经济学怎么办?经济学一般来说如果一点都没有基础,你要从古典经济学开始看,就很痛苦了,可以从曼昆的《经济学原理》开始看。我个人觉得意义不大,因为从2002年开始发生了一个重大的事件,卡尼曼获得了诺贝尔经济学奖,卡尼曼是一个心理学家,他不是经济学家,但是卡尼曼获得是诺贝尔经济学奖,标志着一个时代的开始,就是行为经济学或者行为金融学,从之前大家认为的“巫术”变成了科学,变成了显学。

我们以前所谓的经济学基础是什么?理性人的假设。可是我们知道,经过那么多年从古典到新古典,所谓的这一切,最后发现这个假设有问题,人不是理性的,人非常不理性。

强烈推荐看汪丁丁的《行为经济学讲义》,汪丁丁是一个伟大的当代经济学家,是真正做研究的人。《行为经济学讲义》这本书是他在北大研究生课程上的讲课的录音整理。**但凡高深的理论,经过口述以后,都会浅显易懂。**

(二)关于董秘修养和自身发展

关于董秘修养和自身发展,我也说不好,只能讲讲我的亲身经历,供大家参考。大概在2004年、2005年的时候,我觉得我自己的知识结构和我的事业达到了一个天花板,因为我主要做“人”的工作,主要是说服别人,不管投资也好、融资也好,或者做可研报告或者市场分析,总要推销出去,所以本质是做“人”的工作,于是我想学点什么能够使我“吹牛”的功夫更上一层楼。有云:“牛在天上飞,全靠人来吹。”吹牛的本事怎么上升,我们没有一个好老爹,也实现不了1个亿的小目标,没有办法,只好去读书。

我当时选了两个东西:一个中医,一个哲学。如果你们想学中医我非常赞成,人际关系什么最重要?健康。每个人都有问题,他没有健康问题,他爸也许有健康问题,他妈也许有健康问题,他孩子也许有健康问题……所以总是管用的,一见面“王总,我最近看你脸色不太好,我给你号号脉。”马上人际关系就好起来了,多么好的人际关系学啊。

另外一个是哲学,因为哲学是研究“人”的科学,是关于人的内心的科学。我们所有的经济、所有的金融最终是什么？人。经济活动背后的人,才是最后的关键。包括人的信仰,这都是最最关键的。当然社会学心理学都很重要,但是最上面的东西是什么？哲学。如果你有兴趣可以学学哲学,你要跟人打交道,没有办法。

(三)董秘日常工作三板斧

第一,要会查法规,你别老问我这个是什么,你去股转网站上面查,都有的。**第二,学案例,**别人怎么做的,主要是寻找线索,因为中国的案例,有的时候不具备完全效仿的可行,因为政策经常会变,你也不知道这个案子是谁,他能做不代表你能做,所以学案例是获得思路和线索。**第三,问专家,**就是比如问问饶胖,我不是全能的,很多东西我也不懂,有时候你问我我也会问别人,当然你问我,我也是一个学习的过程。在我眼里谁是专家？只要这个问题,他操作过,就是专家,就是某一件事情的专家,这件事情他办过。有人问权益分派的具体细则,我说:“对不起我不知道,因为我们公司的权益分派都是我的证代去做的,如果你需要我帮你问他。”那他就是这方面的专家。所以只要做过的人都是专家,他只要实际操作,他经历过这件事情,他就是这件事情的专家。

两句话作为本讲的结尾:

第一,没有一个学位叫董事会秘书。大家理解了,**这是一个交叉的职业,**没有一个学校能够学,**同时,这也是一个实践的职业,**不用事先准备,跳进去边干边学,就像游泳,你在岸上练得再好,一下水也蒙圈了,得下水去实际操练。

第二,**深刻认识企业、老板和董秘目标之间的关系,**企业的目标未必是老板的目标,也未必是董秘的目标,要深刻理解三者之间的关系。另外,既然做董秘这一行,**认识和理解资本市场是一个非常持续的过程,**不要以为你都懂了,否则就是最大的一个危险,保持一个学习的态度,不断学习,不断交流。

年报为何需要股东大会批准？

饶胖在新三板圈里有点小名气,不时有朋友来和我探讨问题,这天,微信一响,问题来了,这位老兄问:“年报为何需要股东大会批准？这个的法律依据是哪一条?”

开始,我也没当回事,觉着这个是实务操作里面的惯例,年度股东大会一定有个审议年报的议案。可是饶胖确也想不起来到底哪里的规定。

既然是股东大会批准事项,属于股东大会的权限,我们自然从公司法开始。《公司法》第37条规定,股东会行使下列职权:(1)决定公司的经营方针和投资计划;(2)选举和更换非由职工代表担任的董事、监事,决定有关董事、监事的报酬事项;(3)审议批准董事会的报告;(4)审议批准监事会或者监事的报告;(5)审议批准公司的年度财务预算方案、决算方案;(6)审议批准公司的利润分配方案和弥补亏损方案;(7)对公司增加或者减少注册资本作出决议;(8)对发行公司债券作出决议;(9)对公司合并、分立、解散、清算或者变更公司形式作出决议;(10)修改公司章程;(11)公司章程规定的其他职权。

在《公司法》股东大会权限里,我没有找到关于年报的规定,年度股东大会审议事项包括第(3)~(6)项。但是《公司法》关于股东会权限的规定的最后一条留了个口子“公司章程规定的其他职权”。

那么,我们再来看《上市公司章程指引》第40条的规定,股东大会是公司的权力机构,依法行使下列职权:(1)决定公司的经营方针和投资计划;(2)选举和更换非由职工代表担任的董事、监事,决定有关董事、监事的报酬事项;(3)审议批准董事会的报告;(4)审议批准监事会报告;(5)审议批准公司的年度财务预算方案、决算方案;(6)审议批准公司的利润分配方案和弥补亏损方案;(7)对公司增加或者减少注册资本作出决议;(8)对发行公司债券作出决议;(9)对公司合并、分立、解散、清算或者变更公司形式作出决议;(10)修改本章程;(11)对公司聘用、解聘会计师事务所作出决议;(12)审议批准第41条规定的担保事项;(13)审议公司在一年内购买、出售重大资产超过公司最近一期经审计总资产30%的事项;(14)审议批准变更募集资金用途事项;(15)审议股权激励计划;(16)审议法律、行政法规、部门规章或本章程规定应当由股东大会决定的其他事项。

注释:上述股东大会的职权不得通过授权的形式由董事会或其他机构和个人代为行使。

在《上市公司章程指引》股东大会权限里,也没有找到关于年报的规定。看来从股东大会权限里找不到,既然是定期报告,我们再从信息披露的规则里找找看。

《深圳股票交易所上市规则》第6.4条规定,上市公司董事会应当确保公司定期报告的按时披露,因故无法形成有关定期报告的董事会决议的,应当以董事会公告的方式对外披露相关事项，说明无法形成董事会决议的具体原因和存在的风险。公司不得披露未经董事会审议通过的定期报告。

交易所的上市规则规定了定期报告需要董事会审议，这和我们日常操作时一致，决定召开年度股东大会的董事会，审议通过年度报告，并在该董事会召开后2日内公告。我们也记得年度审计报告是需要董事会批准的。

新三板的《信息披露细则》除了第14条第2款“公司不得披露未经董事会审议通过的定期报告”以外，也没有规定年报需要股东大会审议。

为此，饶胖咨询了一位资深律师，她也查阅了相关法律法规，确实没有明文规定年报需要股东大会批准。但是实务里，年度股东大会把年报作为议案进行审议是切切实实在做的惯例。律师分析原因，可能的一种理解是，章程指引里明确规定需要股东大会审议的年度决算方案里有很多年报财务数据，利润分配方里也有年度利润数据。**所以需要股东大会过一下年报，包括里面的完整财务报告。**

第十八讲　投资并购

——资本运作的必修课

我们是在资本市场上玩这些事情，有两个极端：一个极端是纯做业务不管市场，另一个极端就是纯做资本市场，光演戏给别人看，忽悠你。这是两个极端，大部分在中间，既要做业务又要资本市场反应好。资本市场的看法哪里来，很简单，我们做董秘的或者做投资的，你总是有些做投资人的朋友，你说我想这么干，听听别人怎么看。别人觉得投个这样的项目你加分，你这个投的项目我不看好，这就是资本市场的意见，资本市场背后也是人。

投资并购很好玩，趣味比较多，但是如果系统地讲，其实是有一点点枯燥。如果是从案例角度来讲，比如像我们以前讲银橙传媒收购方案，大家听得很过瘾，讲得热闹，从案例学习符合人的记忆理解方式，但是需要有一点点悟性。所以，我还是讲一个框架性的内容，试图让你们能够理解这个框架。

关于投资并购，**我们这里先做一个定义，这里的投资并购，是指对外的投资。**我不知道你们各位的背景怎么样，如果有学过财务学或者学过金融学的，所有关于公司钱的运用其实都是投资。比如说你去买材料，生产产品要买材料是投资存货，也是投资。投资新产品也是投资，是投资研发。对内的投资，不在这里讨论，这里讨论的投资并购是指拿钱投到企业的外面去，不是投在企业里面，对外投资。

另外还有一个定义，投资和并购这两件事情，我很少看人合在一起讲，但我是把二者合在一起讲，因为我觉得它们没什么特别大的差别。并购一般是控股的投资，例如收购，是投资的一种特殊形态，所以我把投资并购合在一起讲，并购是某一种特殊类型的投资，总体来说也是对外投资的范围。我先把我讲的投资并购做一个限定，首先是对外的投资，其次，投资并购如果是控股型就是并购（收购、兼并），如果不控股就是投资。

我大概会讲以下几个内容：(1)关于投资并购的资本策略；(2)交易工具的准备；(3)股权结构准备；(4)标的选择和来源；(5)尽职调查；(6)交易方案的设计；

(7)交易决策;(8)交易实施;(9)投后管理和融合是投资并购,但这是另外一个很大的题目,所以在这里就不讲了,我们主要集中在前八个。

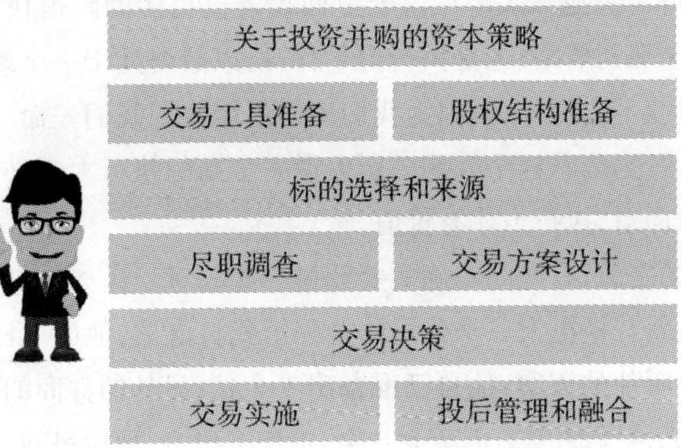

图 18-1　投资和并购基本要素

一、投资并购的资本策略

我们在搞投资并购之前,要先思考一些问题。大家要明白,我们做事最好有一个指导原则。我给大家讲一个笑话,家里要有家规、要有原则,比如说夫妻之间总会有矛盾、意见不一致,比如我们家就定这样一个原则:第一条,如果老婆对听老婆的;第二条,如果老婆错了怎么办?参照第一条。如果家里有一个策略,或者叫战略,就不容易出矛盾,碰见具体事情的时候就可以用一个策略或战略的方式来解决这个问题。比如给你老婆买一个包包,因为是“包治百病”,有了包包这个问题就好解决,你不要跟她讲道理,跟女人讲道理通常情况下是自己要“吃药”的。

企业做投资并购也要有策略,这个策略未必是写下来的,很多东西我们并不需要非得制定一个什么东西,**而是说在你做这些事情之前有一些大的原则要经过思考,未必形成什么样正式的文件,但是要经过思考,这些问题都思考过了,再做具体细节决策的时候就不会犯方向性的错误。**

执行力越强,但如果方向错了,是不是会错得更厉害?我大概 2000 年的时候在一家大的外企做 VC 投资经理,我们是产业基金,投一些产业上下游的项目,其中我一个项目是往芯片行业延伸,做封装基板,芯片要把它封装起来封个壳子管脚引出来,在芯片的下面有一个小的电路板,实际上就是芯片级的线路板,更高级的线路板。当时投了一个项目,几千万美元投入了这个项目,投了以后,我们也做一点投后管理,但是我们就觉得这个项目,之前调研、决策都很迅速,但是到实施的时候执行力很差,动作很缓慢。我曾经就跟我们的董事长抱怨说我们的执行力太差了,大概一年之后,那一轮的 IT 的泡沫破裂了,整个 IT 世界处于崩溃的状态,那个时候谁死得最快呢?就是在这个上面投资投得多的跑得快的人死掉了。我们始终是慢慢在那儿磨蹭,老是执行力不行,所以始终处于一个缓慢进展的状态,也没有完工,也谈不上投产,就因为我们动作迟缓救了我们一命,所以说未必快就是好的,你要从长远来看这个问题。所以说一个高的执行力未必就能带来一个好的结果,只有方向对,执行力才有价值。

在我们启动之前,有些问题确实要经过一些思考。比如说有一次我接到一个朋友的电话,是新三板挺大一个公司的董秘给我打电话,他说他比照我们,搞个并购基金,让我听听他的方案,他自己准备出 1 个亿,另外的券商的直投和一些社会投资者出 3 个亿、4 个亿搞一个产业基金,他们去投资,然后里面怎么分配,怎么回购。因为那些 LP 是要有保底收入要回购,说了半个小时,一大堆方案细节内容。

最后问我觉得他这个方案怎么样?兄弟们,你说我该怎么回答他这个方案好不好?计算有没有问题?我没法回答他,我只能问他:“兄弟,你们老板要搞这个基金目的是干啥?”一下子把他问到了。这个事情这样的结构设计好不好不知道,取决于你的目的,你想达到什么样的目的,才需要什么样的结构来匹配。如果你没有一个目的,我来判断你这个结构好不好肯定是说不出来的。

我们大体要考虑这些问题,我列在图 18 - 2,我们一个个来看。

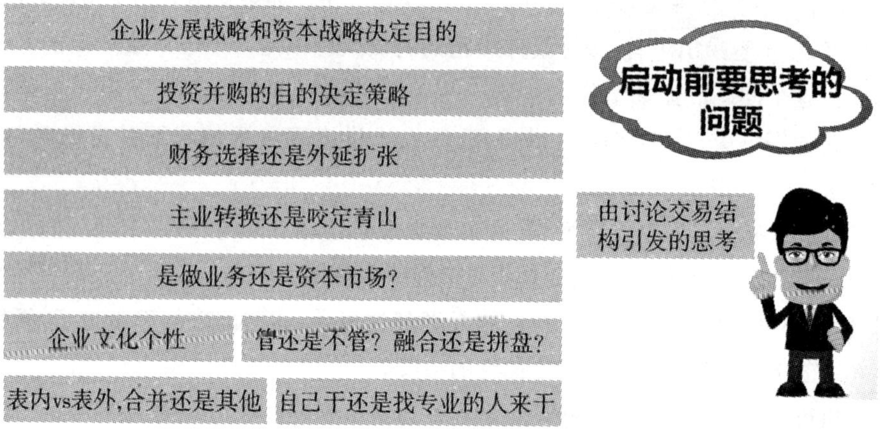

图 18 - 2　关于投资并购的资本策略

1. 企业发展战略和资本战略决定目的

我们刚才说了做投资并购总有一个目的,投资并购是干啥的,不是把钱花掉,肯定有目的,即我要干点啥。这个目的很重要,不是光有一个目的就行了,这个目的是企业发展战略和企业资本战略。企业资本战略就是为了实现企业的目标，资本工具的组合。**要实现企业的目标，比如要成为这个行业的翘楚，或者要成为世界上这个行业的“领头羊”，或者是怎么样，都是老板的一个宏伟愿望，围绕这个目标，人、财、物怎么弄，然后资本市场怎么配合，那些资本工具的组合就是你的资本战略，非常关键。你的发展战略是什么，你的资本战略又是什么，这些决定了投资并购的目的，投资并购的目的也就决定了到底该怎么做。**

2. 投资并购的目的决定策略

我国的中小企业，大部分的新三板企业，也都属于中小型企业，很多中小企业有个特点，是狩猎型的企业，不是农耕民族的，是游牧民族的，意思就是说，今天拎着枪进了树林子，我看到什么我打什么，看到兔子打兔子，看见野鸡打野鸡。**什么叫战略呢？就是我在进树林之前先想好，我只打兔子，我看见野鸡我不打，只打兔子，那叫战略。本来我之前想好只打兔子，结果看到野鸡就抓野鸡去了，这是中国中小企业决策的现状。**也没办法，因为我们中国大部分的中小企业都是机会型的，之所以能做起来，就是当时抓住了机会和机遇，我抓住了，慢慢做起来了，到后面就成习惯了，对不对？**但是，你来到了资本市场，尤其是做投资并购的时候，往往是需要有些原则的，就是你大体要做什么样的事，有个什么样的想法，有所为有所不为，要不然很容易出问题。**

3. 财务选择还是外延扩张

下面就是一些具体投资并购的选择：要分清楚是财务选择还是外延扩张，我去投资，到底是获取财务收益，还是为了扩张我的业务。这两个完全投资方式是不一样的，财务收益就是看投到哪里比较合算，能赚钱就好。外延扩张就是我要把钱投到外面去，看看它获得的业务能不能跟我现在的业务进行配合，对我未来的发展有好处。

比如说现在新三板企业规定要搞募集资金专户管理，我之前就碰到过这样的问题，我这个募集资金的用途里面说了，我要准备进行投资并购，但是如果我把这个钱投到一个大的PE里面去，我只是一个很小的LP，你说他是并购投资还是财务投资？这个时候问题就来了，督导券商认为，那个基金几十亿元，你只投了2000万元，肯定不是一个战略投资而是一个财务投资。我跟他解释：“我跟这个PE有战略合作的，他投资我，我也投资他，我这个其实是一个战略投资，为了获取项目、为了获取合作，加强合作的纽带。”他说：“那你在这个PE里面有没有决定权？”如果跟你的业务没有什么特别的关联度，你要把他定义成并购投资这就相当困难，实际上还是一个财务投资，财务投资大家知道，是放在可变现金融资产里面，而不是放在长期投资里面。

4. 做主业转换还是咬定青山

你去外面投资总是有想法的，比如说我不想干这个买卖了，我要换一个买卖干干，那就是主业转换了。我曾经碰到过一个哥们干广告的，挺大的广告公司，后来我有一次跑到北京他请我吃饭，他说他开饭馆去了，开一个连锁饭馆。我问他为什么要开连锁饭馆，广告做得蛮好的。他说他不喜欢广告这个行业了，广告这个行业太累了。他给我举一个例子，问我们行业里搞定客户靠什么，我说我们靠技术、靠实力、靠投标，他说他们就靠送钱，看谁送得多谁就拿单子。

有一些行业看上去相关实际上是跨行业，比如说我曾经服务于一家公司，这家公司原来是做航运搞运输的，后来跨界到造船，你说他这是主业保持不变还是跨了？肯定是跨了，一个是运输行业，另一个是跨到了装备制造行业，这完全是不一样的，玩法也不一样，商业模式也不一样。

还有一种是做投资并购目的就是扩张主业，还是干原来的这个事情，我原来是倒大粪的，现在还是继续倒大粪。有一个典故电影《新上海滩》，刘德华和张学友两人演的，他们有一个经典的镜头，就是站在上海的石库门房子露台上看上海市，那时候是租界年代的老上海，他说他们要发达了，全上海的屎都是他们倒！我们要发达了，市场占有率第一，所有的马桶都归我们倒。

有很多这种企业是在主业上做扩张，比如我就做这个行业，但是我把它做大，咬定青山不放松。

5. 做业务还是做资本市场

有的时候你分不太清楚，我打一个比方，你到底是做生意还是演戏，当然有时候演戏，演着演着就进去了、入戏了，这个也不好说。但是其实就要分清楚，因为这个跟你投资的效果衡量的标准有关系，比如我做业务、做投资或者是并购的时候，就要看对业务的实际好处，看看能不能扩张客户，增加收入，还是降低成本，还是能够扩大市场占有率等等，这是你的投资并购的目的。

还有一种就是我们在资本市场经常碰到的，就是我演戏给你看，其实我并没有打算那么干，或者那个难度很大一时半会也干不成，但是我要考虑资本市场对我这个行为的反应，而不是这个行为真的对我业务有什么帮助。比如说今天我到一个投资大佬那里去，他们准备投新三板拟 IPO 的公司，这是新三板上目前一个很靠谱的投资逻辑，新三板上有一些公司他能够去 IPO 或者要准备去 IPO，你先投他，相当于跨板套利。他就说现在发公告的新三板公司大概 200 多家，真的要去 IPO 的不超过 100 家，其他 100 多家就是演演戏，就是市值管理目的，因为你们喜欢，我们就演戏给你们看。就说他要去 IPO 了，股价要涨，你们喜欢，所以我说我也要去 IPO，也公布一个辅导声明，我也申请辅导了，我也在 IPO 辅导里面了，我也通过董事会股东会决议,我要去IPO。

有的是真干的,有的就是演戏。我们有的时候看这个投资并购的目的是看资本市场对投资并购的行为反应而定的,有时候我们就是要演场戏,你要明白我既然是演场戏,把戏演好就行了,做业务这件事情倒变得次要了。

6. 企业的文化个性

企业文化个性,在中小企业做投资并购的时候,非常重要的一点,中国中小企业文化个性大部分是企业家人格的延伸,也就是企业家的个性,企业的边界就是企业家人格的边界。我们中小企业特点是,高度集权、高执行力、统一文化的气质。一个企业在比较小的时候,什么样的企业容易活下去?不是在那里吵吵闹闹搞民主的,一般都是强人文化,一个老大带三个兄弟就干了,这三个兄弟不能太强,如果太强了就是一山容不得二虎,就要斗争,通常情况下斗争下来只剩一个老大,其他人都是唯老大话是从,这个时候效率最高,不需要太多的制度,但是执行效率高,所以这种中小企业容易在市场竞争中生存下来。

但是要去做投资并购,特别是对外的投资并购的时候,你就发现,这样的文化气质是投资并购的一个巨大障碍。因为人家那个公司,不管你是投资还是收购他,他不是你自己兄弟的,不是一起打拼过多少年的那些兄弟,那是一个外人。他们这个团队或者是他们这个企业的行为方式、言谈举止、思维模式,统统跟你不一样。这个时候问题就来了,你管还是不管,融合还是拼盘,都是很现实的问题。

7. 管还是不管?融合还是拼盘?

我们也经历过这样的过程,我们宣布我们要做一些外延的扩张,我们要准备去投资一些企业、收购一些企业,说得很好听。有一次有一个PE就到我这儿来访问,问道:"你们对外投资,你们的并购战略是什么,你们投哪些行业?"他最后就问我一个问题:"我们收购的这些企业以后,怎么融合啊?"

其实这个问题就是一个陷阱,我不知道你们有没有学过金融学或者投资学,**世界上大部分的并购案例都是以失败告终的,绝大部分的融合都没有成功,并购后的企业融合是非常难的。**你很难驳倒他,因为世界上就是这个样子的,所以你说我准备怎么怎么融合的时候,他总能找出各种理由、各种问题来为难你,你实际上是很难说圆的。我知道他下面是要为难我,所以我回答他很干脆,我说不融合。他当时就愣在那里,我说很简单,我们现在这个团队在我们这个领域是非常牛的,高度专业化,战斗力非常强,由高素质的人才组成的核心团队,在我们这个软件外包的行业里面非常有实力。但是我们要投的那些行业,互联网金融、金融IT服务、大数据、移动营销、数字营销,这些领域我们都不熟悉,由我们这个团队对收购进来的大数据团队或者是数字营销的团队进行整合效果会很差,策略是各自独立发展,互相承诺业绩，市场互相支援，后台互相共享，不要求我们两家最后变成一家，甚至办公地方都应该不一样，大家不要混在一起。如果有一些可以共用的市场资源，我们可以共用，如果有一些可以共用的后台资源我们可以共用，剩下不做融合。

8. 表内还是表外？合并还是其他？

我之前讲过增发，**我一直强调我们做增发的时候心里要有一张表，做投资并购的时候，心里的资产负债表、合并利润表一定要有，一定要明白，我做了这个动作，对我的资产负债表、对我的利润表有什么影响。**比如，我做横向并购，我这个公司行业老三，行业老五跟我完全一样的，我们俩一合并就变成行业老大了，这种横向并购很多，因为我们大家都比较了解，说不定原来都是师兄弟。你说这样的一个合并，是要放在表内还是放在表外？大家心里有数吗？必须放在表内。你要并他的销售收入，你只要控制他 50% 以上的股份就变成他的控股股东，你们两家就合并报表，销售收入直接加起来，利润也直接加起来。他剩下 49% 在利润表下面一行“少数股东权益”里面体现出来。可是，你虽然只买了他 51% 的股权，但是你买了他 100% 的销售。如果说你是只合并他 49%，你只在投资收益里面一栏把他利润的 49% 放进来了，销售一分钱没增加，那你跟他合并的意义何在呢？这个时候你要把他放在表内。

有一种情况就是，这个公司很好，前景很好，技术特别好，但是现在亏得连裤子都找不到了。亏得净资产负几千万，但是将来能够发大财。这个时候要不要并表？肯定不要并表，最好放在表外。你只要是我的就行了，先别拖累我，让我先好好过，我占一个坑，了不起你的亏损算我一份，比如 30%、20% 算一份，甚至我投 19.9% 按成本法计量投资，成本法是你亏多少钱跟我没有关系，我是用成本来计算我的投资额的，这个时候适合放在表外。

9. 做投资并购，你是自己干还是找专业的人来干？

这个问题反过来谈也是一个伪命题，你如果是一个小公司，专业的人也找不来，你只好自己干。只有你大到一定程度的时候，你才有可能说，我们找点专业人士来干，或者我们找一个专业机构来干。我后面还会跟你们讲，这个时候怎么选择，怎么做。但是这个问题你要想清楚，我要做投资并购了，我到底是自己干还是找专业人士呢？因为如果你自己干，你会不会就是一个很大的问题，因为搞投资并购还是有很大风险的，都是坑，满地都是坑。

我们把第一个问题讲完了，第一个问题是关于投资并购的资本策略，我们需要讨论或者思考这些问题。如果你把这些问题都思考过了，你可能就会有一个比较明确的想法知道该怎么干这件事情，或者说你要说服你的老板把这些问题都要想一遍。

二、交易工具要准备

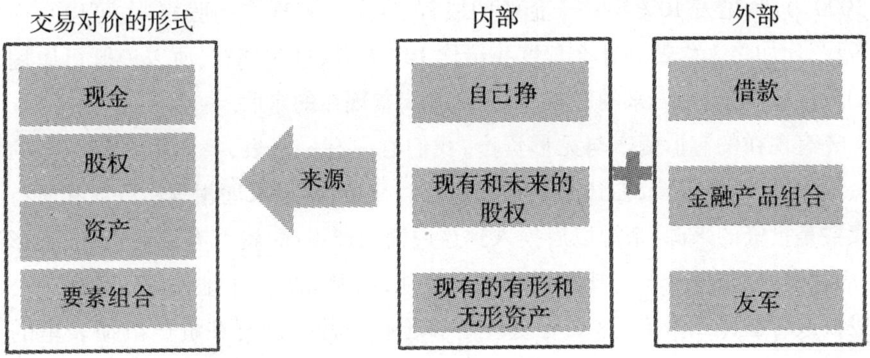

图 18－3　交易工具准备和股权结构准备

大家不要被这个名词忽悠了，交易工具就是个词，就像昨天有个哥们儿来聊天，我问他是干什么的，他告诉我说是搞量化融资的，我就没听懂，我说这俩名字没组合在一起的时候我都有了解，合在一起就不知道他是干啥的了。通常情况下听不懂的新名词，不是骗子就是经济学家。

做投资并购，交易工具要准备，投资并购要付对价，要么给钱，要么给股票，要么给许诺，要么给画大饼，总得给点东西对不对？你不能什么都没有吧？这就是所谓的交易工具。企业要是没钱就张罗着借钱，或者去增发筹钱，或者说别人帮你，总是要有对价的，你买个公司，你投资人家，哪怕你占个小股也要有对价，人家给你股权了，那你拿什么对价付给人家？

交易工具的准备，就是你要做投资并购的时候，我们理解为要投资到外面去，即你要做投资，你要拿到别人的东西，比如拿到别人的企业或者别的公司的股权，你总要付一个对价，对价就是你付出的代价，你总要给别人一些东西，别人不可能白送你。当然也有特例，例如“中国好同学”A 股的上市公司，快要退市了，他的中学同学实在不忍心看到同学的公司退市，所以把自己几个亿的公司送给上市公司，叫作“中国好同学”。

你去拿别人的公司或者是股权总是要付一个对价给别人。交易对价有几种形式：第一个是现金；第二个是股权，我们在新三板公司就是股票，没上新三板之前叫股权；第三个是资产，资产可以是有形的也可以是无形的；第四个就是上面三种形式的组合。

这些东西哪里来？第一个就是内部的，第二个就是外部的，很简单二分法，内部外部以企业边界为限。一是自己挣，如果你每年自己挣钱有现金流有利润，你可以积累。二是股权或者是股票，股票可以是现在有的股票，比如说你现在的公司1000万股，增发10%换一个企业的股权，这是一种现有的股权，也可以是未来的股权，比如将来你做到什么程度我给你100万股，这叫期权，所以说既可以用现在的股权，也可以用未来的股权，不一定是要拿现在的东西。

还有现在的有形资产与无形资产，我们心中有一张表，我们很多资产类的资产负债表，左边是资产，右边是负债和所有者权益，两边永远相等。负债和所有者的权益是投资的来源，来源以后投入到这边的资产里面，资产有流动资产、无形资产、固定资产、长期资产。比如说我拿一块地，以无形资产土地使用权换这个公司的股权或者是什么资产，这很容易理解。还有一种是没有在资产负债表里的东西，比如特许经营权，某一个牌照，现在很多行业是要牌照的，比如支付牌照，有牌照没牌照完全不一样。例如，在工程设计领域，有资质的设计院和没有资质的设计院完全不一样，这个牌照一般没法放在资产负债表里面。还有就是客户资源，这个非常重要，我们经常会提到，有的时候你未必需要钱去收购一家公司，而是说我帮你打开某一方面的市场，提供客户的资源，拿股份来跟我换，这个也是无形的资产，内部的。

外部的资产有哪些？第一是现金，你可以借，问银行借等等，有息的负债，也可以问供应商借，无息的负债，占用他的应付账款，等于我们占了供应商的钱，也是借款不用付利息的。

第二是金融产品的组合，加一点杠杆，比如刚才的例子，我自己1个亿，他们帮我配3个亿，我自己有1个亿只能干1个亿的事情，他们帮我配3个亿，一共4个亿我可以干4个亿的事情，就是金融产品组合，这是很常见的。

第三是友军，有的时候你在这个阶段不方便，需要别人来帮忙配合。比如我们经常发现这样的情况，你看一个股价走势图，他是一个曲线，我们有一个基本的假设，我们假设每一个价格，股票价格每一个位置上，具体价格是包含所有这个公司的信息了，我们假设这是一个有效市场，当然，现实世界里完全有效市场并不存在，因为经济学家证明下来整个金融市场包括美国的金融市场都不是有效市场，是半有效市场。我们假定他是一个有效市场，股票价格里面就有包含了形成价格的信息。

如果你现在有一个非常重要的收购案，这个收购案对你企业帮助非常大，在这个案子没有收购之前，股票价格里面是不包括这个案子的信息的。如果收购了，这个价格会上涨，这个价格就包含了收购案子的信息。我们经常是发股票去收购某一个资产，你去发股票收购这个资产的时候，发股票的价格还不包括收购带来的价格上涨，所以价格在低位，这时发股票收购资产实际上是不划算的。

最好是什么情况？最好是我先借钱，或者别人帮我把这个东西买下来，给市场一个预期，让投资者觉得我有这个资产后价格就会涨上来，然后在这个高位发股票筹集资金，再还借来的钱，或者还给友军。这样是不是就可以充分利用价格上涨的因素呢？

另外一种情况是，我们上市公司市盈率 PE 很高，我们经常去海外收购资产，因为我们 PE 高所以我们增发股票得的钱多，国外的 PE 很低。但是我们发的股票外国人不要，外国人也看不懂，他们要现金，同时，上市公司做增发时间周期很长，老外根本等不了，老外得让你先付钱。这时候友军出来，帮你先把这个公司拿过来，然后等你发股票再把钱还给他。当然友军是要挣钱的，大家是无利不起早的，你不让他挣钱他肯定是不干的。

还有一种情况是，比如这个项目你不太吃得准，他也可能发大财，也有可能不太行，或者说你现在 IPO 申报里面，增发股票不方便。你就请一个友军，让友军来投，你也投小一点，投一个 19% 不到 20%，剩下就是友军来投，你自己就是一个成本法核算的小股东，这个公司看上去友军的，但是友军投这个公司完全是看你而不是基于这家公司情况，因为你将来会收购这家公司，不是友军自己去调研看好他，而是你要承诺这个公司将来要收进来，这时候友军就出钱，先把这个公司拿下来，培养两年，长得比较好了，上市公司再出钱把他收购进来，这是友军经常的用法，在不同的阶段友军都有他的作用。

三、股权结构的准备

我们假定你要去投资并购，除了你内部的积累以外，只要在资本市场发股票筹钱，就要稀释实际控制人的股份。无论是增发还是直接用股票收购资产，这两种方式都会不断地严重侵蚀实际控制人的股权。我们上市公司的控股股东上市差不多两三年以后只剩 30% 左右是比较常见的现象，经过了上市之前一轮一轮的稀释，到上市以后 25% 的稀释，再做两次重组，他差不多 20%、30% 了，不会太多了。实际控制人股权比例过低会产生一系列问题，例如恶意收购等，2016 年宝能举牌万科就是生动的例子。

如果你定下了一个对外进行长期投资并购的策略，在自己的股权结构上就要做好准备，策略就是要低买高卖。比如说现在市场不太好，或者你有机会以净资产进行增资，同时你自己还有一点钱的时候，除非你一点钱都没有，那也没办法，你以比较便宜的价格先自己增持一点股份，为未来的稀释做好准备。现在整个市场都不好，在不好的情况下，你以净资产的价格回购股票，以净资产的价格自己增持一点股份,为未来的收购兼并做好股权结构的准备,这是非常重要的。

四、标的选择和来源

如果我们定下来了,准备要投资收购和兼并了,比如,我们要结婚,这个对象从哪里来,是去婚姻中介上找还是亲朋介绍?总要有一个想法,这些想法有这一些,大家可以考虑,不是必然的,大家可以琢磨琢磨。

第一个就是同行的扩张,就是主业扩张,中小企业最大的问题,就是业务很聚焦,聚焦在自己熟悉的主业,如果你做同行扩张,这个你最熟悉,外围的投资人还没有你熟悉,你有几个竞争对手,当时公司怎么起家的、怎么发家的、怎么来的,你可能都很清楚,每个老板什么脾气,甚至都是好朋友。同业扩张的时候主要是你自己拿主意,上下游就是纵向扩张的时候你也很清楚,你的上游供应商是谁,下游客户是谁,可以进行扩张,这是两个方向。一个是同行业扩张(横向),另一个是纵向扩张(上下游)。一般来说,这个方式中小企业自己心里都有数,比如说有哪些同行有可能合作,有哪些上下游有可能合作,比较容易拿主意。

如果进入到新产业、新行业,基本上就是一个盲人了,你在你自己的行业里做得再好,进入一个新行业、新领域肯定是两眼一抹黑,这个时候一定要慎重,不要听得好就干,坑很多的。

另外,项目有各种阶段,这是标准的说法,有天使轮、pre-A 轮、A 轮、B 轮、C 轮、D 轮等等,笼统地分有早期的、中期的、成熟期的。要投哪个阶段的项目,和你的策略有关系。你想在某一个行业做一些孵化或者做一些战略准备的,可能早期项目比较好一点。如果我就按照财务指标,想做大,快速地做大,营业额要扩张,要把资产规模扩起来,快速扩张,你肯定要去找那些成熟期的企业,你找早期的企业没有用,他离业绩增长还远着呢。

企业之间是不是有协同关系?这个也很重要,因为你去投一个企业的时候,这些企业也挑人的,不是你去投就接受,现在中国最大的情况就是钱多、钱很多,大家都有钱。他拿谁的钱就变很重要了,钱都是一样的,可是背后出钱的人千差万别。他如果只拿你的钱,别人钱都拿不,你千万小心,他就骗了你一个。如果来看的人很多,这个钱都有的话,你凭什么在这么多的投资人中能够脱颖而出最后他跟你合作呢?就是协同,你能不能帮他做生意,如果他是中早期的项目,能够帮他多介绍几个客户,多做一些生意,这个企业说不定长起来了,所以能不能协同非常关键。

另外,比如说有一些公司有很大的销售团队,有一些公司有很大的研发团队,其实这些生产能力都是过剩的。有很大销售团队里面多放一些产品进去都没问题，销售团队还高兴；有些规模很大的研发团队多给他加一点研发任务也没有问题，生产能力利用率更高，这就有协同。一个是能够扩大生意规模，另一个可以降低成本。

资本市场的看法也非常重要，我们是在资本市场上做这些事情，有两个极端：一个极端是纯做业务不管市场，另一个极端就是纯做资本市场，光演戏给别人看，忽悠你。这是两个极端，大部分在中间，既要做业务又要资本市场反应好。资本市场的看法哪里来？很简单，我们做董秘的或者做投资的，总是有些做投资人的朋友，你说我想这么干，听听别人怎么看法，别人觉得投个这样的项目你加分，或者你这个投的项目他们不看好，这就是资本市场的意见，资本市场背后也是人。

财务标准，商业模式是否得到财务数据的支持，这个非常关键。从我亲身的经历看，早期的项目主要是看人，中后期的项目主要是看财务指标，因为早期的项目其实没有财务指标，所以这个时候你基本上不是判断事情，而是判断这个人靠谱不靠谱。中后期的项目是看财务数据能不能支持他的商业模式，他的商业模式说得天花乱坠，但是财务数据不支持，你就要千万小心他的商业模式是不是忽悠你的，或者他把自己也忽悠了也是正常的，很多人也是把自己忽悠在里面了，他以为是可以的，但是没有走完完整的商业循环，商业模式没得到财务数据支持，都是比较危险的。比如说小批、中批、大批生产和销售，这个商业模式的循环完成了没有？想得很好，钱有没有收回来？客户是不是满意？客户是不是给下一张订单？这都很重要。如果没有财务数据的支撑，你只能判断人，这个事情通常情况下我们需要用神秘主义的方法。

我们是自己找项目，还是要专业机构来合作，你同业扩张或者上下游扩张，你肯定心里有数，如果你跨到新行业、新领域怎么办呢？最好还是跟专业机构来合作。当然你找专业机构，光会看财报的也不行，通常情况下早期的 VC 一般来说在行业里面都是分行业的，投资经理往往把这个行业耕深耕透。这个行业里面有什么公司，这家公司从哪来的，这家公司跟那家公司有什么关系，之前有什么恩怨，技术上有什么渊源都非常清楚。这个时候专业机构是非常关键的，你听一个人讲，讲得天花乱坠的觉得特别好，可能人家告诉你这个公司就忽悠，其在这个行业里面没啥地位的。所以，行业的深度非常关键，对你非常有帮助。

五、尽职调查

要看哪些方面？行业、业务、团队、客户、供应商、竞争对手、财务、法律等，你都得看，全都得看，都要看清楚，没有什么是不需要的。有什么侧重点呢？外人、第三方总比对手方可靠，这是一个规律。比如说你了解他的客户，你最好到客户那里去,你要了解他的团队最好跟团队里面的人聊一聊,你要了解他的供应商最好到供应商那里问一问,要了解竞争对手最好到竞争对手那里去打听一下,法律资料最好是工商局的档案盖工商局章的,行业形势最好找找行业分析师了解下。当然你听项目方讲是你获得这些情况的入口,因为你可能对这个行业也不熟悉,听他讲这个行业里面有什么人、有什么团队、有什么客户、有什么供应商,竞争对手是谁,这些东西你有了线索,再去第三方那里去搞搞清楚。但是你自己不能只听他的,因为这是人性,人性都喜欢表露好的一面,差的一面他就不告诉你了。虽然他不一定有心骗你,但人性就是这样的,他可能看出来就是好的。

有什么手段?一般来说两种:一种是书面材料,另一种是访谈。其实你就是一个侦探。

前些年我有一个朋友,行业大佬,他要收购一家在宁波的香港创业板上市公司。去之前,我很天真地觉得这公司应该是不错的,在香港上市,就把那家公司财务报表下载下来看一看,然后我跟我的朋友一起到厂里去,还有一个律师一起去的。到了企业,看了看报表,跟企业的财务总监聊了聊,把明细资料又补充了一些,如供应商明细、销售明细等。看完,带我们到车间、生产线里转一转,感受一下。到了厂里生产线上我故意走得慢一点,他们走在前面。碰到操作工问:“兄弟,这个公司怎么样?”“这个公司不行,加班不给力,现在都不加班,一天就开一班。”多问几遍心里就有数了,然后到仓库里转一转。大概前前后后两个钟头,离开那个公司的时候,我跟那个朋友说这个公司要千万小心,我怀疑他的存货都是假的。因为他是一个电子制造行业,电子制造行业周转是非常快的,存货一旦呆滞料很快会赔钱,会不值钱的。生产线上的工人是真实的,他活不忙,他们告诉我们的数据说有很大的出货量,这是有矛盾的,是在隐瞒什么事情,他有很大的库存,在这么大的库存和这么小的流动量的情况下,应该有很多的呆滞库存,很危险。所以,你就是一个侦探。

饶胖以前做风险投资的时候还干过一个事情,项目方告诉我一天卖多少货,然后我们走了,第二天我们吃过早饭一早赶到公司门口,我们头天看过地形了,在公司门口对面一个茶馆坐下,在那里画了一天“正”,数那些来往的货车,看一看他说的是不是真的。

另外,你需要请一个什么帮手?我们做投资并购的时候总会请一些顾问,要明白我们周围的顾问分两种人,一种人就是平常帮我们挂牌上市的中介机构,包括券商、律师、会计师,挂一个牌或者上市总要请券商、会计师、律师,这些人你很熟也很有用,但是这些人主要的用途是合规,因为他们是卖方顾问,他们是把我们的企业卖给股转公司或者是卖给证监会,他们的主要目的是解决你的合规问题,而不是解决这个企业有没有投资价值的问题，所以你问他这个企业有没有投资价值他们是不知道的，他们给你的报告大多只能解决合规问题和揭示风险。所以你要明白，你周围的中介机构是卖方顾问，这些卖方顾问只能起到卖方的作用。

什么样的专业机构能够切实帮到你？比如说投资机构的研究员或者是投资经理或者尽职调查团队，他们是买方，他们要投钱的，所以他们会关心这个公司有没有投资价值。这些人调查的着眼点不是合规，而是企业情况是否是真实的、这个公司有没有潜力、未来发展会怎么样。他们会提供有投资价值的意见。所以要分清楚，有买方顾问也有卖方顾问，你现有的中介机构和你的券商、律师、会计师能够解决什么问题？解决规范的规定。

下面一个问题，对我们中小企业的投资并购非常重要的一点，就是“老大”合不合得来。我们刚刚讲了中小企业的文化气质是非常重要的，中小企业的文化气质就是老大一言堂，老大气场非常强大，如果说对方这个团队的领导和你现在的老大合不来，你在这个阶段做的所有工作都白费了。所以老大合不合得来非常重要，如果一个项目过来了，你去一聊，跟我们的战略什么都相符，你自己感觉也不错，可能这个时候还没有做详细的尽职调查，也没有请什么顾问，还没有花钱，这个时候就请对方的领导跟你们老大见个面，时间不要长，就在办公室，也不要吃饭，一个小时足够了，两个老大见见面，聊一下创业的经历，或者聊聊一些无关痛痒的事情。一个小时够了。

聊完以后你就问老大，你觉得是红灯还是绿灯，这是解决什么问题的？不是解决你们老大看不看好这个项目，而是让你们老大判断一下值不值得往下调查。因为很多人一见面一个小时之内就知道合不合。不合就不要再往下做调查请顾问花钱，没有必要，两个人合得来就合得来，一个小时内就能解决问题。合得来就合得来，合不来再勉强也没有用，项目多得是，你不用担心说我错过这个以后没有了，不会的，项目多的是。

如果老大合不来将来也是很麻烦的事情，没有必要。所以在这个阶段主要是看两个老大在一块气场合不合，感觉好不好，如果感觉好，下面就可以做尽职调查了，我们就可以到他公司看他的资料了，可以谈一些核心的条款了，可以请顾问去调查了，可以投入精力了。如果说老大合不来，你到后面再考虑这个问题的时候，很多工作已经全白做了，这是提高我们工作效率的一个重要方法。

合规性重要不重要？我们自己企业往往是已经合规了，比如我们已经挂牌了或者准备 IPO 已经合规了。如果那个标的公司不合规怎么办？你要记住一点，**如果你自己就是要去 IPO 的企业，你千万要小心了，因为你一旦并购了一家公司，成为你的合并范围内的子公司以后，他的历史就变成你的历史了。而 IPO 对这个历**

史上的不合规是看得很重的，所以说你如果要去 IPO 千万要小心，如果他历史上有重大的违法行为，如走私或者逃税被处罚，这种重大的违法行为可能这个主体就不能要了，我们可能要改成收购他的资产而不是收购他的股权。

所以，如果你打算 IPO，你千万要小心，但如果你暂时还没有 IPO 的计划，那就不要紧，因为我们会有一个交割日，交割日你要跟他签好协议，交割日之前所有的问题都是由原来的股东承担，交割日之后我们就规范了，该交税交税，该申请牌照就申请牌照，该交社保就交社保。

在尽职调查里判断未来非常重要。我们看企业主要看他的未来，因为你不是买一个资产，不是买一块地，所以我们主要是看一个企业未来的发展，主要是看未来。未来怎么看？我们在投资一个企业的时候，最主要的是投资这个企业的未来。当然，在少数情况下我们就买一个资产，比如我们就买块地、买一个房子，这个我们看重它的使用价值。但是我们投资一个企业的时候，我们主要是看重它未来给你创造现金流或者是创造收入和利润的能力。这里面就有一个很实际的问题了，我们怎么去判断未来，这个是很好玩的一件事情。

我们用一个围绕着财务模型的尽职调查框架的思维方式来帮助对未来的预测，这是一种方法。如果你的投资并购原因是判断未来，我们就存在一个预测的问题，预测基本上是两种模式，第一是神秘主义，第二是用财务模型。当然还会有其他的方法，比如你相信你的直觉、相信你的技术。

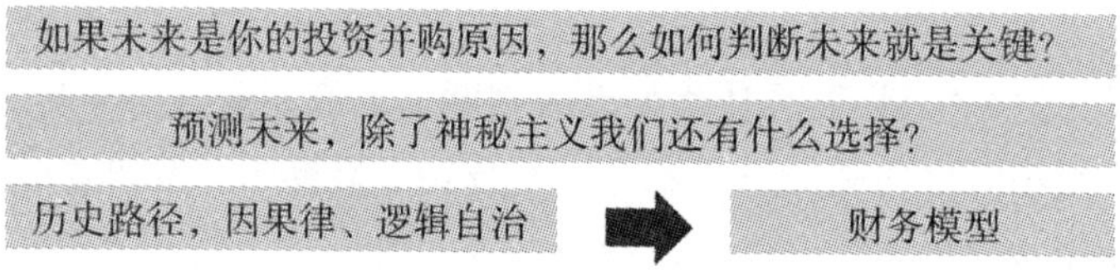

图 18－4　围绕财务模型的尽调思维框架

我先讲一个插曲，丹尼尔·卡尼曼，普林斯顿大学教授，2002 年诺贝尔经济学奖获得者。卡尼曼有本非常著名的著作叫《思考，快与慢》，这本书是一部学术著作，但是我非常推荐大家看，因为这本书实际上是行为经济学或者是行为金融学的奠基之作。卡尼曼是一个心理学家,但是他得的是诺贝尔经济学奖,实际上从他开始行为经济学或者是行为金融学就成了一门显学,或者说成了科学,以前有点像巫术和非主流的学术观点。

卡尼曼在《思考,快与慢》这本书里面提到一个关于投资股票的技能错觉的问题。故事是这样的,卡尼曼说他自己对金融研究不多,在三十多年前他和他的伙伴做心理学调查,到一个基金公司去,与一个基金公司华尔街高级经理聊天,就问他,说他卖出的股票,他把这个股票卖出去了谁来买呢?经理往窗外挥了挥说,买的人是像他一样的人。卡尼曼觉得很奇怪,说什么东西使得有人买或者有人卖,而且使得买方觉得他们知道而卖方一无所知。实际上这件事情很奇怪,也就是说,一个股票同时有人买有人卖,那大家的想法肯定是不一致的,有人要把它卖掉、有人要把它买进。

其实我们在对未来做预测的时候,我们天天做预测,我们经常做的预测就是股票。我相信大家炒股票的朋友或者买过股票的人都有这个体验,其实你是买股票的未来,你预测它会涨就买了,你预测要跌你肯定把它卖掉,这就是你预测。

卡尼曼在书中认为整个华尔街的金融产业是建立在一个技能错觉的基础上,大多数的买方和卖方他们享有同样的信息,当然我们说我们从某种角度上的内幕信息很重要,如果你有小道消息也很重要。但是如果我们享有相同的信息,之所以进行股票交易的主要原因就是他们就有不同的想法。国泰君安首席分析师黄燕铭说了:“股市的花不开没关系,你心里的花开了就行了。”

你之所以进行交易就因为有不同的看法,或者说你不同的想法,并不是那个股票怎么样了,而是你的想法怎么样了,这才是最关键的。所有的买卖人都觉得我比别人了解得更多,其实这是一个错觉,这个心理学家有实证的研究。卡尼曼的学生奥登对一万名投资者的收益账户进行了长达 7 年的交易记录的研究,分析了 16.3 万笔交易。他就分析两件事情,一个投资者为什么卖掉自己的股票?就是因为他觉得这个股票要跌;为什么买一个股票?就是因为他觉得这个股票要涨了?这就是截然两个相反的决策,就是我卖掉和买入。这是他跟踪了这一万名投资者长达 7 年的 16.3 万笔的交易之后发现是反的。基本来说,个体交易者卖出的股票比他买进的总是要好,大家操作或者预测总是反的,当然机构投资者也不能幸免。

我看过一篇报道,讲的是一家美国著名的基金会,他们投资股票,判断总是反的,经常亏。所以他后来出了本研究报告,就是把自己的投资组合作为反向指标,就是说只要你反着来,你卖空这些你就能够赚钱,是吧?所谓的机构投资者也好不到哪里去。

这个问题在哪里?对于未来,我们人类实际上并没有什么把握,对未来的把握这件事情,实际上大多数是我们自己的一个错觉,这是卡尼曼和心理学的观点。

另外,我们经常会用神秘主义来预测未来。神秘主义这个东西很好玩,就是“掐指一算”。有过这样的故事,饶胖掐指一算说今天不宜出门,可是饶胖今天有非常要紧的事情,今天要出去讲课,同学们都还等着,没办法,不宜出门算了,从墙上翻出去吧,结果从墙上翻出去没翻好,摔下来摔伤了,你看,今天不宜出门就是不宜出门。还有一个笑话,非常精彩,关于预测的。说有个地方长时间不下雨干旱一塌糊涂,当地族长请了大师来求雨。大师就来了一通做法,法事做完准备拿了钱走,族长就问:“大师,什么时候下雨啊?”“噢,你问这件事情啊?”大师就给了这个族长一个锦囊,说“你下雨的时候把它打开。”过了几天果真下雨了,族长把这个锦囊上面打开上面写了四个字“今天下雨”。哇,太神了,这个预测太神了!对不对!这是神秘主义。

我们说说易经,易经这个东西很神秘,碰巧饶胖读过几年哲学,跟着复旦刘康德老师学过易经。易经在国内的研究基本可以分成两个流派,刘康德老师跟我们讲研究易经大体分成两个路数,一个路数是易理,研究易经里面的文字,例如“天行健,君子以自强不息”,这是什么人生的道理,讲的是易理;另外一个流派,就是刘康德老师这个流派,他认为易经就是一个占卜工具书,既然是一个占卜工具书你就得会占卜,你就用它来占卜。一个学期就教我们占卜,用铜钱来占卜叫作“金钱课”,用蓍草来占卜就叫“摆蓍草”。饶胖出身是工程师,是科学的头脑,碰巧我班上一个同学是交大计算机的博士,现在人家是交大计算机系的教授了(朋友圈里经常看见玩铁人三项,马拉松都是前些年玩剩的,现在是“铁人”了)。我们俩都是科学脑袋,我们俩听来听去,总结了一套科学的方法,就把这个方法讲给刘老师听。

我们跟他这么说:“你看我们这样理解行不行。你占卜不就是预测嘛,一件事情未来会怎么样就是对这件事情的预测,但是这里面有个非常重要的假设,假定这个世界是有序的,这个世界如果是无序混沌的,就没有什么因果联系,没有这件事情和那个事情之间的联系,没什么规律,你就无法预测了,首先,要假设这个世界是有规律的,是可以预测的。我们假定我们这个世界在有序地运转,包括我们在内,我们所有人都在内,都在里面有序地运转。这个世界太大了,我没办法在上面定位,要找到定位的办法,有了一本工具书叫易经,这本工具书是我们这个可预测规律的、运转的大千世界的一个投影。虽然对于这个运转的大千世界没办法,但是我有一本书,这本书像一个缩微的模型或者是投影,大千世界都投在这上面,这是第二个假设。”刘康德老师闭着眼睛听,点头,不置可否。

第三个,我们继续说,“我们如果找到我们要说的这件事情在易经上的位置,我们就可以预测它了,就是刘老师教我们的这些东西,我们用金钱课、用摆蓍草。”

我们怎么学习易经的?也要做案例分析,和我们做资本市场研究一样,看这个公司那个公司,都是参考历史案例。历史上卜那么多的卦,也有很多的案例、很多记载留下来,所以每次我要算一个卦,书都铺了一桌子,做笔记,我老婆老笑我效率太低。

我们假定世界是有序的,再假定易经就是这个有序世界的工具书,是真实世界的投影。我们只要找到我们想问的这件事情在易经上的位置,我们就可以对这件事情进行预测,对不对?但是问题来了,你怎么能够找到这件事情在易经里的位置?老师说“天人合一”,一脚就把你踹到神秘主义那边去了,你以为是个科学,科学地说了半天。首先我声明,刚才我对易经的说法,只是我们用科学的语言对易经的阐述,绝对不是易经本身,只是帮助你们理解,用我们科学头脑去理解这件事情。

怎么样“天人合一”?我们就问刘老师怎么能够天人合一。刘老师说第一要心诚,首先要沐浴更衣,第二要方法对,占卜用的金钱要通灵,用的蓍草要有年代,能够与天人感应。这一切都到了神秘主义,不再是科学了。这一件事情最终如果我们这么找下去就是神秘主义,但是神秘主义未必就是不对的,或者说他只是不科学,如果说你认为世界全是科学的,那就是错了。科学只能管一小块地方,其他地方就是我们用科学解释不了的地方,我们也不知道是什么东西,反正不是科学来管的。比如你的情绪、你的感情、你热爱的那些东西、你的感觉,这都不是科学能够管的,科学管不了,那什么东西来管?神秘主义。所以说,如果你对一个项目实在拿不定主意,你也可以找饶胖帮你算一卦,只要你相信。

除了神秘主义,我当时学易经的时候有很多参考书,我经常算,在一个本子上记录。今天什么日子什么时辰,农历的,算什么事情,出来什么卦象,卦象怎么解释,最后得出什么结论。其实我写这个东西的时候地跟我搞项目可行性研究没什么差别。

有同学问我是不是讲偏了,如果你真做这件事情,真的去做决策了,你就会发现你面临着这个实际的困境,就是科学帮不了你。**当然我们用科学的方法可以避免一些低级的错误,比如我们用财务模型的方法来做尽职调查框架,这个框架帮助我们干什么?问题的假设和分解、逻辑关系的梳理、识别风险和敏感性、形成讨论的框架、未来业绩承诺的基础,这是我们做财务模型的五大目标。**里面有没有告诉你,是不是做完财务模型你的结论就出来了呢?NO!所以我们要先把这个事情放一放,你做了财务模型觉得还是没用,这个结论从哪来?你的大脑或者说得更玄一点就是你的心。不管怎么样,看项目总得有一个结论。财务模型可以帮助你形成这个结论,仅仅是帮助。

什么叫财务模型?不要想得太复杂,我接触这个东西大概是在20世纪90年代中的时候。那个时候,我在设计院的主要工作是写项目可行性报告的财务分析部分。财务分析其实是一套表格,从产品明细表、价格明细表到销售收入明细表,再到成本明细表、费用明细表,费用明细表里面可能还有人工,人工的人数和工资的明细表,然后有固定资产,固定资产有折旧,借款还款表,最后形成预测的利润表、现金量表和资产负债表,这一系列的表格是用逻辑关系和公式联系在一起的一套表格,我们叫他 Financial Model 或者就叫财务模型。

那个年代没有 Excel,连 Lotus123 还没见过,我是用 Dos 环境下 Debase 来做这件事情的,编了一个很复杂的程序,这个经济评级软件(财务分析软件)还得过机械部软件奖。90年代我参加重庆发动机厂和美国康明斯的合资谈判,两边谈,谈的过程中,改一个数,马上算。我是在计算机机房里算的,跑回机房,电脑打开,算完以后打印出来,那个时候都是宽行的穿孔打印张,针打的,打印出来再跑回来。人家拿一个笔记本电脑,那是我第一次见笔记本电脑,上面有一个电子表格,那个时候没有 Excel,用的是 Lotus123,老外在上面改一个数,按下回车,数字一会就计算出来了,觉得好神奇。

就是这么个玩意,这个玩意有什么用?用处非常大。它要解决什么问题?解决你决策的怀疑和排除障碍。我们很难用这个模型得出一个项目值不值得干,但是可以把这个项目潜在的风险和那些等着你的坑找出来,这个是可以的。

这个东西怎么做呢?其实很简单,我们现在都用 Excel 表了,我们就预测,你横着未来的第一年、第二年、第三年、第四年、第五年……后面我们假定是一样的,为什么?因为你预测不清楚的,你后面第六年可能就是等于第五年,预测十年后面五年都一样是一个数。因为在那个时候,长期预测的时候,你预测不出来它是往上走还是往下走,你最好假设是平均数,平均数就是不变的数。

前面放过去的历史数据,前一年的、前两年的、前三年的,把这些数据列在一起。我们做预测,有一个非常重要的原则,叫做“历史路径原则”,我们假定所有的事情,未来都跟我们现在和过去有关,这是我们的假设,通常情况下,这个假设是好用的。比如说这个企业去年销售收入1000万元人民币,前年500万元收入,我们可以想象,如果他告诉你明年要干2000万元收入的时候,你不会太惊讶?他是100%增长,可是如果他告诉你明年要干1个亿收入的时候,可能你看到这个数字会觉得不太对劲?为什么呢?他从500万元涨到1000万元,怎么突然涨到1个亿,涨了10倍是为什么？这个与历史逻辑不一致,你就会觉得比较奇怪了。当然也可能有什么比较特别的原因,但是你感到奇怪就要去找这个原因,这就是尽职调查要干的事情。

表18－1　Excel预测表

序号	项目	历史			预测			
		2013年	2014年	2015年	2016年	2017年	2018年	2019年
1	销售收入							

这个表格(表18－1)本身是没有特别价值的,而形成财务模型的问题和假设的分解则是有重大价值的。比如你去看一个项目,老板跟你讲今年干1000万元利润,明年干5000万元利润,后年干1个亿利润,然后你给他今年20倍PE。1000万元的20倍就是2个亿,这个东西你听下来,你是不会有感觉的,因为你提不出问题。我们必须把他这些话分解了才能提出问题。我们怎么分解呢？因为净利润是利润表最后一个数,在销售收入表和利润表里面净利润是最后一个数,最前面是销售收入,形成销售收入的是产品数量和产品价格。我们要从产品数量和价格开始,比如说你今年卖多少产品,比如假定就是卖一种产品,卖多少价格？你就往前后延伸,那明年你打算卖多少产品？是多少价格？去年之前历史上你已经实现了的业绩,比如你卖多少产品？价格怎么样？这是两件事情。确定产品销售数量,产品的客户在哪里？你要增加产品销量,什么样的客户来接受？是老客户接受还是新客户接受？这是一个市场策略的问题。你说是新客户,那么新客户从哪里开发,有没有办法？一个一个问题接着来了。产品产量要增加,如果你是生产企业,生产能力你怎么提升？你的生产设施怎么提升？如果你是劳动服务企业,比如说软件开发企业,你的程序员从哪里来,怎么培养？你看,一个一个抽象的利润问题,就分解成了企业的运作问题和假设。

很多数据是企业历史上有的,可以作为参照物。比如说原来用多少人？原来生产能力多少？原来的价格是多少？原来客户多少？他现在说未来要做什么产品,卖给谁,原来老客户增加多少,新客户增加多少,要卖什么价格,竞争对手怎么样,价格怎么样能够维持住原来的位置,可能要涨价或者是要跌价,都是有策略性的。这些东西都是企业家的假设,也是对未来的预测,虽然都不是现实的,但是没有问题,只要他的假设是合理的经得起推敲。但他不能一假设今年1000万、明年2000万、后年1个亿,如果你连问题都提不出来,也就无从分辨他是不是在诓你。

有的时候,企业家甚至自己都不知道,我就碰见过这样一件事情。若干年前有一个朋友介绍,找了一个老板,他要引入风险投资,当时都是外国的风险投资

VC机构,国内的VC很少,他要融一大笔钱,跟风险投资对赌未来3年的利润。大家都知道对赌是什么意思,比如说我今年承诺1个亿的利润,我给你10倍的市盈率、企业估值10个亿,如果你只做到5000万就砍掉一半,你就值5个亿,我原来给你那么多钱,比如说你原来10个亿VC给你1个亿占10%股份,你现在5个亿,VC一个亿就要占20%,你要再无偿转让给风险投资10%,或者说你给风险投资额外的钱来补偿。这个老板请我去帮忙,主要是看看VC的投资条款有没有问题。那个年代,投资条款像业绩对赌、回购、共同出售、担保这些东西大家不是很熟悉,不像现在什么人都可以玩VC/PE。我就用这套财务模型的逻辑,一个白板立在那里,我们两个人一起,因我不知道他的业务,我只是问:"你去年、前年做多少,产品多少,客户是谁,价格是多少,你明年做这个,你销售收入是多少,你卖给谁,你渠道怎么安排,生产能力怎么安排,价格怎么安排,客户怎么安排,如果要投资钱从哪里来……"一系列的问题,就在一张白板上我们推算了一下。也就是两个小时,主要是我在问,我引导他,未来都是他来假设,我也不知道他的企业情况,我对这个企业和行业一概不知,我就是一个框架,你是承诺最后那个数字,但是最后这个数字,我们讨论它没有任何意义,我们就要讨论这个数字源头形成的逻辑合理不合理。我们就假设,反正未来的事情我们也说不清楚。我们就假设,你假设的时候会有感觉到底靠不靠谱。比如说你现在只能卖1000万的市场,你说我明年卖10个亿的市场,而且现在还不知道客户在哪里,这个事情你是不是觉得不是很靠谱,对吧?

结果算完,老板脸都青了,因为他觉着业绩承诺他肯定完不成,但是后来他还是接受了这个条款。后来我理解,他实际上当时处在资金链要断裂的状态,他是要搏一把,万一做成了还是可以的。但是实际跟我们当时推算的一样,他是做不到的,最后弄成这个公司慢慢控制权变成PE的了,慢慢地管理权都被PE拿去了,最后他变成一个没有发言权的小股东。

做财务模型,还有一个很重要的原因。我们做成这个财务模型,第一,我们形成一个讨论的框架,如果最终你收购了这个企业或者是投资这个企业,未来会发生很多的事情,可能是投资时始料不及的,但是如果你和这个企业家或者是这个团队对未来的这些东西都经过详细的讨论,并形成了财务模型Financial Model,有数字支持的财务模型,以后再发生问题的时候,我们很容易来检讨当时我可能哪里假设得不对,例如当时对市场太乐观了,这其实都没问题。预测除了掐指一算以外,事前很难检验,但是我们共同形成了预测和讨论的基础,而不是说"当时你骗我"。我们经常会有这样情绪化的东西,原来承诺这样的,最后没有做好,说:"噢,你骗我。"实际上有了这个,那种情绪化的东西我们都可以避免。

第二，我们可以识别这里面哪些东西过于乐观了，而你觉得不太靠谱。这个时候有几个方法，一个方法，你要给他打一点折，因为企业家都是乐观主义者，这个很正常，企业家必须是乐观的，如果企业家都跟我们搞财务一样，老是盯着风险，永远成不了企业家，这是一个非常实际的问题。所有的企业家都看到好的一面、光明的一面，他会去赌，这是很好的。但是我们要考虑的是万一失败了，怎么控制住风险，你要知道自己的风险在哪里，就是说投了这个企业，并购了这个企业，风险的底线在哪里？可能会出问题，任何创业都有可能失败，但是风险在哪里？你怎么把它识别出来？这个就非常关键了。

第三，敏感性。我们做过敏感性的分析，比如价格上升5%项目会发生什么样的变化，价格下降5%会发生什么样的变化。有的企业，比如有的财务模型做下来，价格变动1%就亏钱了，这种公司就要千万小心了，因为价格问题是一个竞争的问题，不是靠你自己能完全解决的。市场上如果说现在就是赔本卖，那你能不能咬牙跟得上。好的模型就是降价对我的利润影响不是太大，一般情况下这样的公司都是毛利率比较高的公司。毛利比较低，靠规模取胜的公司价格敏感性都非常高，价格敏感性都是危险的。

第四，通过财务模型的分析，我们还可以发现项目实现的可能性问题。比如说我要干这个事情，我必须要找BAT大咖，找BAT大咖这个事情是要碰运气的，不是说你要找就找得到的。如果没有这个条件项目就会做不成，那么这个事情在实现的可能性上就有问题了。

第五，很多老板其实他自己也没有认真地把这个逻辑关系梳理过，所以跟他一起用这样的一个财务模型，把他的业务重理一遍非常有帮助。

最后一个，财务模型是未来业绩承诺的基础。我们要投资一个企业或者并购一个企业就是投资他的未来，我们需要他给我们什么保证未来的业绩？就是业绩承诺。我现在给你这个估值就是跟业绩承诺挂钩的，业绩挂钩的业绩数据从哪里来？就是我们这个财务模型，在做业绩承诺的时候用这个财务模型就可以了。

六、交易方案的设计

设计一个投资并购方案需要考虑以下因素（包括但不限于）：(1)构不构成重大资产重组；(2)参股还是收购；(3)估值多少合适；(4)对价支付方式；(5)业绩承诺和保证；(6)参与管理的方式；(7)审计基准日前后以及过渡期的资产、利润处理；(8)交割条件；(9)竞业限制；(10)税务处理；(11)条款清单或者框架协议；(12)停牌（重大资产重组和一般事项）。做一个投资或者是并购，总是要设计一个方案，会有一些问题需要考虑，大体你把上面这些问题都考虑进去了，基本上这个方案也就成型了。

(一)构不构成重大资产重组

如果你是一个新三板企业,你是在新三板上挂牌,第一个要考虑的事情就是构不构成重大资产重组。如果一个新三板公司购买或者出售,我们主要是购买,因为我们是讲投资并购,资产重组有买也有卖。根据《非上市公众公司重大资产重组管理办法》规定,如果购买的资产总额占公众公司最近一个会计年度经审计的合并财务报表资产总额的比例达到50%以上,比如今年最近一期是2015年年报,年报显示总资产是1个亿,你打算买这个公司总资产5100万,超过了50%,就构成重大资产重组,这是一个指标。第二指标,购买的资产净额占公司最近一个年度合并财务报表净资产比50%,且占总资产30%。如果你买的这个公司的净资产,比如净资产是5000万,你买了这个公司净资产2500万,达到50%了,但是同时还有一个标准是资产总额达到30%以上,要再看资产总额。这是两个指标。

上市公司的规定与新三板略有不同,《上市公司重大资产重组管理办法》第12条规定:"上市公司及其控股或者控制的公司购买、出售资产,达到下列标准之一的,构成重大资产重组:(一)购买、出售的资产总额占上市公司最近一个会计年度经审计的合并财务会计报告期末资产总额的比例达到50%以上;(二)购买、出售的资产在最近一个会计年度所产生的营业收入占上市公司同期经审计的合并财务会计报告营业收入的比例达到50%以上;(三)购买、出售的资产净额占上市公司最近一个会计年度经审计的合并财务会计报告期末净资产额的比例达到50%以上,且超过5000万元人民币。购买、出售资产未达到前款规定标准,但中国证监会发现存在可能损害上市公司或者投资者合法权益的重大问题的,可以根据审慎监管原则,责令上市公司按照本办法的规定补充披露相关信息、暂停交易、聘请独立财务顾问或者其他证券服务机构补充核查并披露专业意见。"

如果投资并购项目经过判断构成重大资产重组了,作为董秘或者作为董事长就要非常谨慎,因为重大资产重组有法规的,买一个企业不要紧,只是一个投资,只要按照公司章程规定的决策程序和决策标准,由总经理决策或者是董事会决策或者是股东会决策,按信息披露规则披露即可。可是如果你一旦构成重大资产重组了,新三板公司有《非上市公众公司重大资产重组管理办法》来规定,要严格按照这个规定来操作,里面对信息披露有严格要求,要聘请独立财务顾问,要查内部知情人,都有明确的规定,所以你一看构成重大资产重组,就要小心了,因为你可能要停牌,要统计内幕知情人要上报,要请独立的财务顾问,要定期做信息披露。

所以,这就是一个重要的分水岭。如果构成重大资产重组了,就要严格按照重大资产重组管理办法来做，如果不构成，没关系。

（二）参股还是收购

我们刚开始讲的时候，我把投资并购合在一起讲，我觉得这是一个从量变到质变的过程，你收了多数股权，50%以上形成控股，就是收购了。如果是50%以下20%上就是参股了，20%以下可能就是一个投资了。因为你是用成本法来核算这个投资，20%～50%之间通常情况用权益法，50%以上就要并表了，这是完全不一样的玩法。

我们搞投资并购一开始就要定一个投资并购的战略，比如希望通过投资并购迅速地扩大企业营业规模，通过并购实现销售高成长。例如企业销售是5个亿，目标企业销售是3个亿，这个时候你说我是要参股还是要并购？一定是并购。因为你只有并购50%以上股权的时候，目标企业才跟着你合并报表，合并报表了，合并销售才是5个亿销售加3个亿销售等于8个亿，才能通过投资并购实现销售收入的增长。如果你投49%，你惨了，合并报表上销售收入还是5个亿，目标公司净利润的49%用权益法反映在合并报表投资收益里面，对你的报表销售规模没有影响，这个投资并购行为就达不到之前设立的资本战略要求。

有的时候也不能一下搞太多，例如，我想进军一些新产业，新兴产业的盈利有时非常不确定，也可能大涨也可能大跌，如果说上来就对一个很不熟悉的新兴行业大举并购，很可能目标企业明年大幅亏损，对你的合并报表会产生很大的负面影响。这个时候你可能需要先参个股观察下，或者获得一个未来并购的优先权就可以了。

还有就是业务上的考虑，比如那些对你的企业发展非常重要的企业可能要将其并进来，如果只是战略合作你可能先参一参股试一试，大家磨合一下观察一下再做打算比较好。

最后一个是分阶段的收购策略。我们在做投资并购的时候，特别在并购的时候，经常会为一件事情谈不拢，就是并购的价格。这个价格我们通常怎么定的？通常是以未实现的净利润，就是以业绩承诺的未来的净利润的倍数来定。比如说这个标的，说我今年能赚1个亿的净利润，我们大家讨论一个倍数比如12倍，标的企业的价格是12个亿，可是尽职调查以后，做了财务模型分析，又对标的公司企业家的假设进行了梳理，对他的过去以及历史延续性进行了考察，我觉得承诺1个亿净利润，有可能太激进了，多数情况下可能做一个5000万，5000万乘以12倍是6个亿。那个老板觉得1个亿一定做得出来的，因为他信心满满，我们刚才说过老板都是乐观主义者，乐观主义者看的都是机会，我们看见的全是风险。我们两拨人的立场有很大的差别,我们总想保险一点,我们出6个亿,他要12个亿,这个价格是谈不拢的。但是我们发现,我们只是在对未来事情的判断上有分歧,就是到底他今年能够做多少利润出来,这件事情没有完成之前谁都不知道,大家都是猜的,尽管我们有财务模型,但是还是预测。就算饶胖帮你卜了一卦也只是一卦而已,毕竟没有实现,还没有到时候。

我们对一个未来没实现的事情产生分歧的时候,可以用分阶段收购法来解决这个问题。我可以跟他谈说:"如果我按1个亿的12倍PE收了你,最终你只做出来5000万,你就要把估值调整到6个亿,你多拿的股份和现金就要吐出来,同时,这件事情对你对我对资本市场都是一个坏消息,相当于我们判断失误,你做企业做得失败,实际上对我们整体的资本战略都会产生一个负面的影响。"这个他一定是承认的。"第二个,我要给你6个亿你觉得少了不干,但是如果你做出了1个亿的净利润,我可以把剩下的6个亿补给你,你看怎么样?"

我们怎么玩呢?我先收你50%多一点点,或者是51%或者是50%多一点,我先控股先并表,我用6个亿做价,假设你能做5000万。如果你做出1个亿来,按约定我收购剩下49%的时候,我把6个亿对价给你补齐。本来我如果是6个亿估值收你49%的话是3亿不到,我现在用9亿,你算一下总对价还是12个亿,只要你1个亿净利润能够真真实实做出来,那是一个皆大欢喜的结局。这就是分阶段收购的一个策略。有的时候我们在说服被并购方的时候,策略、技术也是管用的。

(三)估值多少合适

一个企业值多少钱?饶胖是中国第一批有牌照的资产评估师,20世纪90年代刚有资产评估这事,资产评估师牌照是行政派发的。当时我在一个央企的设计院,就分到了一张资产评估牌照,然后那张牌照就落到我们这个研究所。我们这个研究所就说:"你去搞这个东西,成立一个公司。"然后研究所就成立一个资产评估公司,后来又要搞个人资质,参加注册评估师考试,我就成了第一批有牌照的注册资产评估师。股份支付的课我还请了之前研究所的领导熊总,熊总现在一直做资产评估,2000年我离开设计院的时候,他也离开设计院,但是他一直在做资产评估,我就改行做别的了,我做风险投资、做财务,现在做"饶胖",有这么一个历史渊源。

我经常会被人问到这个问题,就是一个企业的价格、价值是可以通过估值技术评估出来的吗?我不知道大家怎么想,大家觉得一个企业的价格,就是当我们要投资并购一个企业时,这个价格我请一个评估师来评估一下,他评估出一个公允价,你们觉得靠谱不靠谱?这个是真不靠谱的。什么叫"价格"?价格是交易行为的表现方式,就是有人买、有人卖,他们最后在这个商品上(我们现在谈的"商品”是这个企业)，即在这个企业的价格上，买卖的双方达成了共识，用一个数据来表现他们的共识就叫“价格”。绝对不是第三方的资产评估师坐在旁边，用一套很复杂的理论推导出来的东西，但那个东西能干什么用？那个东西是帮助你谈判的。

或者说我们在中国的资本市场是怎么用资产评估师和评估报告？就是你们俩谈好一个价格，我们中国的资本市场需要一个中介机构的研究报告，就是用这个资产评估报告来说明你们俩谈好的一个价格是合理的。实际上这个情况是怎么样的？通常情况下王总跟张总经过了谈判之后，觉得这个企业价格是1个亿，这个时候找个评估师来，评估师就来了，说要评1个亿。因为他要用两种方法进行评估，不管是市场法、重置法、成本法还是收益现值法，要用两种方法评估，选一种作为最终评估结果。他基本上在你们谈好的价格框框里头，你说评1个亿他就忙乎，然后说：“饶总不好意思，这个盈利预测有点低，我评不出1个亿。”“怎么办？调盈利预测”，就是调我们的财务模型，明年1000万元不行，明年1000万元评不出这么多钱，明年得做1300万元，然后调过来我们说：“兄弟，你这个盈利预测太低了评不出这个价钱，你要这个价钱必须盈利预测给我提高。”这也是压价的一种方法，但是基本上没有可能用一个评估师来帮你定价，这是不太可能的。

我跟大家讲，我从来不认为会计是一个科学，我认为他是一个艺术，如果评估跟会计相比评估基本上就是一个魔幻。评估可以在每个环节看上去都非常有道理，数据非常详尽，每个参数的选取都是有大量的科学推导以及案例、市场数据，看得你眼花缭乱。可是所有的参数都是可以调整的，大家要明白任何一个方程，如果每个参数都是可以调整的情况下，我可以拟合出任何的东西。大家要明白这个道理，当然评估师因为他有职业道德，有职业规范，所以他会在一定的范围内评估。比如说可能这样的一个企业评2亿~3亿元比较合适，你让他评5亿元肯定是有点为难，评将近4亿元说不定想想办法还行，他在一个比较宽的范围内有效。

在评估里面，特别是我们现在着眼未来的收购企业，基本上都是用DCF法也就是收益现值法，其基础就是财务模型Financial Model，如果你的财务模型Financial Model老早做好了，你把这个Financial Model发给评估师，评估师可舒服了，做起工作来特别快。

(四)对价支付方式

在方案设计里面我们还要考虑投资并购的对价支付方式。我们投资人家或者是买了人家公司，我总要支付对价给对方，一般来说对价支付工具里面有现金、有股权还有资产。我们一般在做并购的时候，现金和股权用得最多。现金就是现在的价值,他拿了钱就可以用,股票是未来的希望。通常情况下,参股或者是投资一般来说都是现金,很少用股权。并购用股权比较多,因为被并购方也是看重你股票的升值潜力,并进来以后我的这个题材比较好,拿到你的股票也可以升值。

现金就是监管不方便,你给了他钱,因为你有业绩对赌,他要没完成业绩承诺,这个钱要吐出来,而这个执行起来千难万难。股票可以锁定对赌,因为股票可以质押、可以锁定、可以限售,管理起来比较方便。

实务里,还有税的问题要考虑。被并购方的股权被我们收购了,被并购方如果是自然人,他是有税务现金支出要求的,通常情况下你要把这个因素考虑进去。我们经常的方案至少是二八开,80%的股权加20%的现金,最起码给你20%的现金把对方个人所得税缴了。如果我是一个公众公司或者是一个上市公司,我去买一个私人企业,如果私人企业的股东是个自然人,公众公司或者是上市公司是有个人所得税代扣代缴的义务的,这个责任是由公众公司或者是上市公司承担。个人所得税是代扣代缴的,代扣代缴是公众公司或者是上市公司的责任,这是你的责任,你把钱都给他了你没有代扣税,将来这个问题出在你身上,所以你的税务风险就很大,所以你要代扣代缴。你怎样代扣代缴?你给的都是股票,他又没有钱缴税,那怎么办呢?你最好在设计方案的时候给他留一部分现金。

当然税务总局有一个文件,规定个人在拿股权的时候,如果有纳税困难的,可以到当地税务部门申请经批准,可以在5年内延期缴纳。比如说我给你股权你没有拿到现金,所以我可以延期到5年内再去缴这个税。

我有一次看到伯朗特,伯朗特也是我们新三板很出名的公司,他公布了一个方案,当然后来那个方案废掉了。他公布了一个全股票收购另外一家公司的方案,我一看很感兴趣,我就找到伯朗特董秘给他打电话问。我说刘总你们有一个全股票收购的案例,他说对的,我说你这个很先进、很好,我就问他税怎么处理?他说税务总局有一个文,我说是不是那个延迟5年缴纳的文?他说对的。我问对方有没有拿到税务部门同意的函?他说这个是对方的事情他们不管。记住,个人所得税代扣代缴是你公众公司的责任,这是你的纳税义务,你不能不管。

所以,你去收购一个企业,这个问题你是要想好的,你是要去跟当地税务部门沟通的。沟通有很大的技巧,一般来说被收购企业和当地税务部门总是认识点人的,你要私下去打听,别贸然地写一个报告去。因为很多地方的税务部门压根就不执行这个文,他们就说不知道这个事情,不知道怎么执行。可是你打一个报告去你就暴露了,你原来收购的这个事情,由于有的地方税务局和工商局不通气,有些地方的工商部门是要你先纳税的凭证来了才登记,有些工商登记的部门根本就不管,所以税务部门不知道你转让了股权,他也没法收你的税,可是你去报告,他不就知道了吗？这个事情就暴露了。所以你在设计方案、设计对价的时候，要充分考虑，如果对方是个人的话，看他这个税能不能免；如果不能免的话他个人有没有现金的来源；如果没有现金来源，你要把这个对价给人家考虑好，这个钱是放在你手里你帮他去交的。

对价什么时候支付？一般来说都是分阶段支付的。如果你是要控股的，第一次付款要付到51%，这是证监会的惯例。分阶段支付实际上是一个通行的做法，就是如果说你是控股的话要合并报表，那么你一定要注意，付款要付到51%或者就是50%以上，就是因为都是这样规定的，特别是公众公司、上市公司。我们新三板比照上市公司，如果钱没付，虽然对方工商登记变更了，董事会你也控制了，你实施了控制，但是钱没付也会有很大的问题的，并不了表。

（五）业绩承诺和保证

关于业绩承诺和保证，我们这儿有一个前提，通常说投资并购是指买一个公司的股权，并购是买一个公司，投资大多是参股。如果在参股比例很少的情况下，除了VC/PE有业绩对赌要求，一般来说只有在控股的时候，才有业绩承诺的保证。如果你是一个长期投资者或者是一个VC、PE，是否能安排业绩承诺，取决于双方的谈判地位，如果投资方强势，项目方只好接受业绩承诺（对赌）。我们也经常看到项目方强势，就是不接受对赌，你爱投不投。

我们投资一个企业是投资他的未来，谁最清楚他的未来？不是我们这些外部的投资者，而是你要投资的那个团队，标的企业的实际运营者、老板、团队最清楚他们这个行业、他们这个企业，最清楚他们的未来。有的时候我开玩笑，我听人家做路演，有时候做路演的人一紧张会犯糊涂，有时候会问："投资者老师，你说我这个企业该怎么经营啊?"这其实是一个很可笑的问题，如果投资者会经营，他还用来投资吗？他直接经营了，他就只会投资不会经营。

不管用什么样的方法，建立多么完美的财务模型，用了那么完善的尽职调查方法，作为外部投资者，你永远不如操盘者清楚标的企业的情况，俗话说买的没有卖的精。那些外部研究和调查，只能产生否定项，发现一些否定的因素，可以导致你决策不投资，但是标的企业成功的因素往往是你通过调查很难确定的，怎么办呢？这就要求接受投资的对方给出业绩承诺，你说的你要做到，因为我们对标的公司的估值是根据标的公司对未来的业绩承诺确定的，做不到，就要补偿投资者的损失。

比如他说今年能挣5000万元净利润，明年能够挣1个亿的净利润，如果你给他10倍的市盈率，按今年算就是5个亿的价钱。其实这个做不做得出来我们也不知道，那是未来，他比我们应该清楚，所以他给我们一个业绩承诺，就是要承诺5000万净利润。这既然是个承诺，而且是跟我们投资的价格相关的，他就要对这个承诺有一点保障，如果达不到承诺的这个利润，就要给予补偿。

大部分上市公司收购，在重大资产重组或者收购的方案里面，都会涉及估值调整的内容，就是业绩承诺和保障，公式都是差不多的。一般有两种：一种是当年承诺，承诺这一年的或明年的，不累积计算；另一种是累积计算的，每年都要调整。比如我承诺今年5000万元，明年1个亿，后年1.5亿元，不但要求今年、明年、后年都达到，还要累积达到。有一个公式来算，原来承诺的利润多少？实际达到的利润多少？实际完成数字除以原来承诺的那个数字，就有一个比例，以此来调整原来的发行的价格，就能够算出来要赔多少钱。

通常会有补偿股票或者是补偿现金的方式，也有直接补偿利润的，比如你承诺今年5000万元的利润，你没做到，你做到4000万元，你还要补我1000万元利润，这个通常情况下不太用。如果捐利润能够实现这事，监管就不需要了，股票涨到天上去了，总共这么一点钱，我把你利润补出来就完了。所以一般来说，是要求调整对价，我原来收购你公司花了5个亿，比如80%的股票20%的现金，现在调成4亿元，现在80%是3.2亿的股票，你吐8000万股票出来，吐2000万元现金出来，这就是调估值，不是说承诺了5000万元你完成4000万元差1000万元，你捐给公司1000万元就算完成了，这里面有一个估值倍数的差异。

估值调整的公式都差不多，我们举个例子，上市公司利欧股份(002131.SZ)发行股票和现金收购上海氩氪、琥珀传播的重大资产重组报告书中，约定业绩承诺，如果上海氩氪、琥珀传播在利润补偿期间内任一会计年度的当年期末实际净利润累计数未能达到当年期末预测净利润累计数，原股东优先以股份补偿的方式进行利润补偿，不足部分以现金补偿的方式进行利润补偿，股份补偿数额的计算方式如下：

当年应补偿股份数=(标的公司截至当期期末预测净利润累计数-标的公司截至当期期末实际净利润累计数)÷标的公司业绩承诺期间内各年度的预测净利润数总和×标的资产交易价格÷发行价格-已补偿股份数量。

若原股东持股数量不足以补偿时，差额部分由原股东以现金补偿。

超额完成了业绩怎么办？通常情况下，要求被投资方对投资方进行承诺，如果按照公平的原则，你投资一个标的公司没有完成业绩承诺，需要按业绩承诺约定对投资者进行补偿，如果标的公司超额完成了业绩怎么办？是不是就是按照我们业绩承诺的原则来调整？比如我们10倍的市盈率，他完成5000万元净利润，估值就是5亿元，他完成6000万元是不是就调整到6亿元？我再给他加1亿元估值？研究上市公司的重组报告或者收购报告里面关于业绩承诺这一块的内容，我们发现都没有这么约定的，道理在哪里？道理在于，我们整个的上市法规，由我们证监会制定，我们证监会主要的目标是维护市场公平，保护中小股东利益。保护中小股东利益就是向中小股东倾斜，证监会认为如果保护了上市公司的利益就保护了中小股东的利益，所以上市公司不能吃亏。所以你跟上市公司承诺，要完成多少，完不成要把钱吐出来。但是如果超额完成了，对不起，通常不给调整估值，了不起给一点奖励，奖励的方法是发点奖金。发点奖金是进成本的，比如他承诺利润是税后5000万元，现在做到6000万元了，给他发500万元奖金，他的净利润也就变成5500万元了。

一般来说，超额业绩的分配以50%左右为分配标准，上市公司50%、60%都见过，再往上就比较少见，因为这有一个负激励，如果朝上全是别人的，这个通常情况下也很难说这是一个对你有利的事情。

在实践中我们怎么保证业绩承诺或者对赌的实现呢？比如说你前些年收购了一个公司，对价是现金，钱都支付给了对方的自然人了。如果他没有完成业绩承诺，你要叫他把钱吐出来，他不吐怎么办？你只能起诉打官司，这个很难弄，即使法院判你赢，往往还有执行的难题，如果对方没有可执行资产，法院的判决也是一纸空文。所以如果对价是现金，业绩保证实现起来比较困难。

相比于现金，股票就比较容易。比如说你给他50%的股票，50%的现金，或者是60%的股票40%的现金，他交了税以后还有股票，或者还有部分的现金。股票可以质押给收购人的实际控制人，如果他没有完成，因为股票质押在那里，我们就可以把他质押的卖掉来补偿我们的损失，业绩承诺的实现就有了保障

另外，我们还要考虑一个资产减值的测试问题。因为我们大部分的情况下收购的资产评估是按收益法评估的，按照标的公司未来的预测收益根据DCF评估出价格，这样的公司净资产一般都不是太高。比如你定一个5亿元的收购价收购标的公司100%股权，标的公司报表上只有1亿元的净资产，收购完，你一合并报表就会产生4亿元的商誉，不管你对价是股票还是现金，收购对价一共5亿元，标的公司报表净资产资产是1亿元，一合并报表还差4个亿，这4个亿计在商誉中，商誉不需要每年摊销，而是每年要做减值测试，也就是说你这个商誉每年由会计师在资产负债表日（12月31日）进行测试，看看这个商誉有没有减值，如果有减值你要提前做减值准备，放在管理费用里面，减少当年的利润。什么情况下会提减值准备？就是标的公司实际完成的业绩没有达到标的公司承诺的业绩，或者是说我们当时评估公司的评估报告里面财务预测的数据，这几个数其实都是一个数据，既是标的公司的承诺数也是用于评估的数。如果是不低于那个数，一般来说

不会有减值,如果低于那个数,通常情况下是有减值的。所以我们之前做的财务模型 Financial Model 以及评估报告里面的财务预测都是非常重要的,不是说就用那么一次,以后每年 12 月 31 日会计师做审计报告的时候都要用到这个数据,大家要记得。

业绩承诺条款通常约定,如果说标的公司出现业绩补偿的情况,同时也出现了资产减值的情况,这两个事情一般来说是同时出现的,取一个大的,哪个数大就赔哪一个。这其实是个会计技术问题。饶胖实际碰到过一个案例,标的公司条件都谈好了,就在业绩承诺补偿要取利润数和商誉减值之间较大的数,这个条款他不同意,他觉着这个商誉减值是由会计师来做,会计师是你请的,所以这是个黑箱,不能接受。他其实是没搞清楚,商誉减值的基础也是业绩承诺没有完成造成的,多数情况下业绩承诺就是资产评估报告中用的预测数据,其实是一回事,当然如果对方都不能相信收购方会秉公处理,收购做成的可能性是很小的。

(六)参与管理的方式

如果你是参股 50% 以下,大部分情况是原来人家团队继续管理,你只是一个小股东。如果是收购,你取得控股权,把对方纳入报表合并范围,那原有管理团队的地位怎么安排?一般来说,如果原来的团队是有业绩承诺的,有保证在业绩承诺期完成业绩承诺的对赌条款,在业绩承诺期内,要保证原管理团队的运行管理权。这其实是权利义务相对应的,你要人家承诺业绩,如果完不成业绩要扣钱,你就要同时要保证他原来的经营管理权,要不然他既没有经营管理权又要承担业绩人家肯定不干的,这是很正常的事情。

我们来看一个案例。2016 年 5 月 10 日,上海证券报《蓝色光标曝"抽屉协议" 1.8 亿业绩缺口谁买单》报道称,蓝色光标 2013 年收入囊中的西藏山南东方博杰广告有限公司(以下简称"博杰广告")。这家蓝色光标颇为倚重的全资子公司,连续两年超额达成承诺业绩之后,在第三年发生业绩滑坡,实际净利较承诺数少了约 1.82 亿元。蓝色光标 4 月中旬发布董事会决议称,博杰广告原股东李芃、西藏山南博萌创业投资管理合伙企业(有限合伙)(以下简称"博萌投资")应补偿合计 3099.5476 万股蓝色光标股份。该部分股份折算最新市值约 3.25 亿元。李芃及博萌投资对上证报记者表示,蓝色光标 2014 年自李芃手中收回了博杰广告的经营权,实际变更了购买资产协议书中涉及业绩承诺的履行基础,业绩补偿也失去了相应的前提及事实基础。5 月 3 日,他们向北京市朝阳区法院递交起诉书,请求判令蓝色光标所做的关于业绩补偿的董事会决议无效。

在保证对方原有管理团队运营管理权的情况下,通常情况下会有几种参与的方式。

第一,如果收购是取得控制权的,要控制董事会,董事多数由投资方委派。通常情况下还是要把法人代表和董事长都弄过来,董事会要占多数。

第二,你要任命财务负责人。财务负责人甚至可以是他原来的人都不要紧,但是由你来任命、你来考核,人都是跟着 KPI 走的,谁来考核谁来发钱,他就听谁的。当然,你自己派一个财务负责人更好。标的公司原来财务部的经理或者是财务部长都可以留用,你另外有一个财务总监去就行了。

第三,资本项目和重大经营项目的决策权。一般来说我们交给标的公司的经营管理权是日常经营管理权,所有涉及资本项目的统统不属于日常经营管理。比如说你去银行贷款,为第三方提供担保,增资扩股等的,这些事情都是属于资本项目,所有的资本项目都要由你来控制。另外是重大经济项目,比如说他签几百万的合同,比如说这个公司 100 万算大的了,你就说 100 万以上需要你批准,其他就自己批准。

参股的公司通常情况下你可以获得董事会的席位,但是会约定你派驻董事在重大项目上有一票否决权。比如资本项目、重大经营项目,要有一票否决权。这通常是 VC 或者是 PE 的做法,这也取决于双方的谈判地位,如果项目方强势也许你只是派个人开开董事会而已,什么特别的权力都没有。

(七)方案设计的其他问题

大的问题我们都说完了,下面都是零碎的小问题。

第一是审计基准日前后,以及过渡期的资产利润处理。比如你收购一个公司,你进去谈,你跟他说,现在比如说是 9 月份,我们以这个时间点 9 月 30 日为基准日进行审计,委托会计师进行审计,出个审计报告,以这个审计报告为基础来谈判,谈好了请律师作出合同。

可能交割日离这个审计基准日有一段时间,什么是交割日?交割就是这个公司变成你的了,工商登记变更完成,换发新的工商营业执照,变更完成董事会改组,公司章程变更,这些都完成后,我们认为就是交割完成。就上面的例子,交割可能在 10 月份或者是 11 月份才能完成,那么从审计基准日到交割日这一段时间收入利润怎么处理?大家要谈好,一般来说标的公司在此期间不能做重大的资产处置,不能在这段时间把最重要的资产卖掉了,我审的是“9 · 30”,结果后面你把最重要的资产卖掉了,或者你在此期间借了大笔的钱,这个是不行的,你要和我商量商量,审计基准日以后的事情如果必须要做,必须大家都同意,要不然是不能做的,包括重大的合同。有时候标的公司会给挖一个坑,你看的是“9 · 30”之前的,结果10月份签一个重大的合同,这个合同可能有重大的问题、重大的风险,将来你可能要承担。

第二,交割的条件。交割的条件通常会这么约定,交割的时候所有资产负债表上的项目内容都是真实完整的。我们会面对很多实际的问题,比如标的公司净资产有1个亿,总资产2个亿,负债1个亿,其中有1个亿的应收账款再加5000万的存货,1个亿的应收账款能不能收回来?那个存货还能不能用?减值准备充足了吗?这些对方要保证的,他要不能保证这个资产安全完整,就可能会出问题。另外,还有一些可能跟原来的实际控制人有关,小企业通常情况下老板所有的钱在一起混用,左右兜不分,经常会有互相占用的情况,交割前是否已清理完了这个问题很重要。

这些都是交割条件,在完成变更工商登记之前,你把什么东西都要搞好,也就是说你该保证的要保证,该有些违规处理的你要处理好,都要一揽子谈好,这都很重要。如果你没谈好将来可能有很大的问题。

第三,竞业限制。我们通常情况下买一个公司就是买一群人,一个团队,这一群人特别是核心人员要继续为你服务相当长的一段时间,不能说我收购了你,你明天就跑了,跑到竞争对手那里去跟我公司竞争,那是不允许的。一般是以“3 + N”起,就是我要求你在一定承诺期限内不能离职(一般3年),除非我开除你,甚至我帮你干活,你在旁边站着也不能走。“3 +2”比较多,意思是承诺期满,你离职以后最起码2年不能从事跟我相竞争的行业,哪怕1年后,我也同意你走了,但是5年内你不能从事跟我相竞争的行业,如果你跑来跟我竞争,那我买你公司有什么意思呢?

第四,税务的问题。因为你是付款人,你是收购人,对方是自然人时,收购人有代扣代缴的义务。

有朋友问消极怠工怎么办?这个没有办法。因为你跟他对赌的是业绩,如果他完成不了业绩,你顶多调整估值,要求他补偿或者冻结他的股票,或者拿回他的股票。但是他消极怠工这件事情,首先我们是用对赌业绩承诺来实现的。至于他不作为这个事情,其实你没有什么高招,你把他拿过来也没有什么大用。你看蓝色光标和那家广告公司的争议,最后蓝色光标在前两年完成得不错的情况下,第三年强行接管了他的管理权,结果业绩一落千丈,最后跟人家打官司,这个官司也不知道最后情况怎么样。人家抗辩说,你剥夺了我的管理权,所以对赌结束了,你自己管,你管不好别赖我,这也是很麻烦的。

第五,条款清单或者框架协议(Term Sheet),这个要拖出来讲一下。我们先跳到最后面,看整个的流程(见图18 -5)。

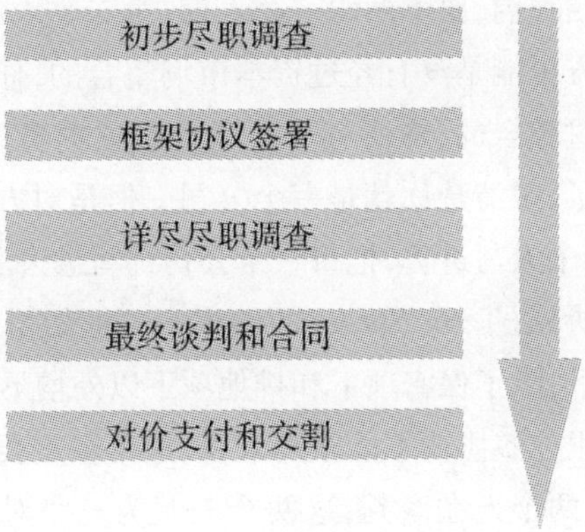

图 18－5　投资并购流程图

第一步，我们要初步进行尽职调查，你找到一个项目，要初步进行调查，大体地看一看，跟你投资的战略、资本战略相不相符，是不是你的菜？如果看下来基本符合，你自己感觉还不错，这时要看看老大们合适不合适，见见面，老大合适就往下谈，不合适就不要往下谈了。如果这个时候老大一见面觉得 OK，两个人的气场相投还可以继续干的话，这个时候就要聘请顾问或者是派人进去做详细调查了吗？不是的，要先谈判和签框架协议。为什么呢？这个其实是没有实操经验经常会犯这个错误，大家一谈不错我就去调查，然后花了很多钱还请了顾问，券商会计师律师，财务顾问都很贵的，你一弄就是几十万花出去了，然后你自己的团队耽搁很多的时间，有些项目部不在本地，你要跑出去出差一次半个月，但是最后发现双方价格根本谈不拢。所以这个时候千万不要开始详细地去干，要先做框架协议，把框架协议谈好，再往下进行下一步，再详细地尽职调查，请财务顾问。

我们看看什么叫“框架协议”，我这里有一个框架协议的范本。这个东西其实是没有范本，都是大家实践中用过的，拿过来你改一改，或者是 A 公司用过的 B 公司拿来改一改。有一个范本总是比你从头写起要强，快很多。

在这个框架协议里面的内容是什么？就是我们刚才谈的整个并购方案的所有内容，比如估值，对价支付，业绩承诺，管理层安排等等都在里面，三四页纸够了，但是这个框架协议中有两个条款要讲一下：

第一条是框架协议的双方。通常情况下你自己很清楚，你自己的公司是一家什么样的公司，你被收购的主体很可能是一堆公司一堆人，你千万别写一个，你写一个将来就很麻烦了。你要把对方所有的公司，可能有五家公司、六家公司，所有的关联公司都写进去，也可能这些公司将来都要注销掉只剩一两家，没有关系，把所有的都写进去，对方所有股东的人都写进去，这个协议的约束是把对方这一群人以及关联方全部包括在内,要不然跟一个人谈,第二个人说我不知道我不同意,就白忙活了。因为对方可能是没有经过资本市场整合的,你的公司可能是一个挂牌公司上市公司是经过整合的,你所有非关联的已经剥离掉了,所有相关同业的主体已经合并在一起了,很清楚你就是一个公司。但是对方可能是好几个公司好几个人,你就要把每一个人写进去,把每一个公司都写进去。

第二条是本框架协议(Term Sheet)的约束力。框架协议约束力这一条必须要有。在本框架协议下,除了保密项下和排他项下以外均不产生法律约束力。

什么是保密?我跟你签协议不能跟别人说,这个很重要。所以说你在跟别人谈判的时候,或者你跟两个人在谈判,这两个人互为竞争对手的时候,你怎么办?你就要签一个这个东西,然后你不跟那个人说很正常,因为你签了保密协议的,你的律师告诉你不能说,不然你就会有很大的心理上的尴尬,你跟他谈,他跟第三方是竞争对手,我又跟他的竞争对手谈,是不是不太好啊?你可能心里头会有负担,怕人家知道,但是你签了保密协议,就名正言顺不能告诉他,因为你签了保密协议。

什么是排他权?你跟我谈的时候不能跟我竞争对手去谈,因为我跟你签了个协议。如果你跟我签了协议还要跟别人去谈,不行。有一个期限,3 个月或者 6 个月,有时候是 1 个月,你跟我谈的时候不能脚踏两条船,只能跟我一个人谈。

除了保密项下和排他项下的规定以外,其他规定对甲乙双方均不产生法律约束力,而且到截至本备忘录签署,双方之间就收入标的、收购对价不存在具有法律约束力的协议,除非获知到双方得到全部必要的法律认可,并且双方已经谈判批准签署该项协议,在签署该协议之前,双方有充分的权力因任何理由终止谈判,且不存在任何责任。

也就是说,我们谈来谈去除了保密和排他之外,统统没责任,大家想怎么谈就怎么谈,想作废就作废,今天想不玩随时可以不玩。那你说谈有什么用?这就是谈判的基础。因为我们在这个里面要明确很多事情,第一个大概的标的范围,就是我收购哪几个公司?这一堆萝卜我到底要红萝卜还是白萝卜,烂的是不是不要。第二是范围,这是价格。因为所有人对价格认同都是不一样的,自己的东西都觉得自己的东西好、值钱,自己都觉得值 10 个亿,但是别人看了觉得最多值 5 个亿。如果大家在 1 亿差距左右,你觉得 5 个亿他觉得 6 个亿,你可以写成价格是 5 亿 ~6 亿元或者是 5 亿元谈判决定都可以的,但是如果一个是 5 亿元、一个是 10 亿元,就不要谈下去了。如果大家都不让步的话,就不用做后面的文章了。比如说你竞业禁止“3 +3”,对方说不行,你不能给他写竞业禁止,这个也很难谈下去。

这些核心的内容虽然不具备法律约束力,但是在我们的框架协议中,要把我们在初步的调查中形成的共识的条款定下来，然后再做后面的事。因为这些可能有重大的分歧，如果出现重大的分歧要随时刹车，不要浪费时间和精力。

框架协议给了人家，如果你们谈好了就签一个框架协议，下一步就做详细的尽职调查，做完详细尽职调查很多的问题就暴露出来了，原来他没说的，原来有这个事情有那个事情，还有诉讼，现在都暴露出来了，我们在这个基础上再谈。最后在框架协议基础上形成一个合同，一般都是律师写的，律师写完了合同就要批准。

你要注意了，合同批准的权限在哪里写着？你的公司章程，千万要去看一下公司章程怎么约定的，到底是总经理批准就可以，还是要董事会批准，还是股东会批准？如果构成重大资产重组是好复杂的事情，还要停牌、还要披露。

经常有人问我这个问题："我现在要投资这个公司要不要披露？"你是一个新三板的企业要不要披露，这是一个信息披露的问题。我们怎么判断这个问题？有几个路径：第一，你要看他由谁来批，如果是股东会的批准权限是必须披露的，股东会的决定必须披露；第二，如果是董事会批你要判断是不是构成重大事项，或者对你的股价是否会产生重大影响，如果会，你就披露，如果不会，你就可以不披露，当然如果是好消息你也会选择披露的，你有选择权。经过股东会事项的都是要披露的，如果不需要董事会，总经理就可以批的，这时候你就要选择了，如果这个消息对你是一个好事情可以宣传就披露，如果你觉得这个事情无关紧要你就不披露。是不是要停牌？重大资产重组是要停牌的，重大事项是要停牌的，要取决于你们自己和监管机构的判断觉得是否需要停，我们有一讲专门讲"停牌"，看看就知道了。

合同签署了，经过批准生效了，下面是对价支付和交割。付钱就是把钱付过去，然后获得公司，获得你要的东西。获得公司就是你改组董事会，修改公司的章程，完成工商变更登记，拿到新的营业执照。到此时，一个并购就做完了，可以开庆功会了，当然，并购后的整合才刚刚开始，"而今迈步从头越"。

最后聊几个与投资并购决策有关的话题。

第一个问题是财务模型的作用。推荐本书给大家看——《失灵》，作者德曼是物理学家，后来在华尔街做金融。他就说了财务模型管不管用，我们之前讲了财务模型，讲了很多的财务模型。我们一直讲财务模型是帮助你决策的，形成那个决策的环境，以及你作将来对赌业绩的承诺假设东西的基础，但是财务模型并不必然地产生结果。你把财务模型都列出来了你看财务模型看了半天，你到底投还是不投？你不知道，这是关键。所以大家可以看这本书。

德曼说认识世界有三种方式：第一是理论，第二是模型，第三是直觉。我们刚刚说的是模型，理论是什么？就是比如牛顿物理学，那是内外世界的统一，是一个本质的描述。模型是一个类比、是一种隐喻、是一种交流的方式，财务模型是一个交流的方式，并不是实物本身，财务模型做得再好也是一个财务模型，并不是一个企业本身。第三是直觉，人剑合一、主客体合一、天人合一，你获得直觉没那么容易，有人有直觉，有人没直觉。但是通常情况下你要装得有直觉，不能说没有直觉，那就不对了。这本书很薄，推荐大家去看一看。

第二个问题是还原论的困境。奥地利经济学家弗德里希·哈耶克于1974年获得了诺贝尔经济学奖，哈耶克是伟大的经济学家，我们这个时代最伟大的思想家之一。他就很早提出来，说自然科学里面我们是通过经验然后再抽象，再了解微观世界，就是我们的物理世界，我们先有经验再抽象。哈耶克指出，在自然科学中，人们通过具体的经验来了解宏观世界，接着用抽象的方法来了解微观世界。例如，最初的气体理论是关于体积、压力、温度、热量的，这些都是我们直观感受的。几个世纪后，我们了解到气压是看不见的微观原子的动能，尽管我们认为原子也是真实存在的，但比气压温度等能直接观测的变量要抽象得多。哈耶克认为，在经济学领域，认知的顺序与自然科学是相反的，先是通过人类经验了解微观个体的行为，继而抽象为宏观经济整体。这就叫还原论。我们之前研究企业，研究了企业的各个方面，技术、客户、市场、团队等等，然后再把这些要素组合起来，也是还原论的一种形式

如果大家对还原论感兴趣，可以看一看《复杂》这本书，作者是梅拉妮·米歇尔。本书阐述现代物理学的理论，非常精彩，且通俗易懂，会改变你的世界观。如果你想跟上时代的脚步，这本书你必须要看。看看这本书的简介："蚂蚁在组成群体时为何会表现出如此的精密性和具有目的性？数以亿计的神经元是如何产生出像意识这样极度复杂的事物？是什么在引导免疫系统、互联网、全球经济和人类基因组等自组织结构？这些都是复杂系统科学尝试回答的迷人而令人费解的问题的一部分。理解复杂系统需要有全新的方法，需要超过传统的科学还原论，并重新划定学科的疆域。借助于圣塔菲研究所的工作经历和交叉学科方法，复杂系统的前沿科学家米歇尔在《复杂》一书中，以清晰的思路介绍了复杂系统的研究，横跨生物、技术和社会学等领域，并探寻复杂系统的普遍规律。与此同时，她还探讨了复杂性与进化、人工智能、计算、遗传、信息处理等领域的关系。"

这本书讲什么？就是讲复杂现象的科学，比如说我们碰见了台风是不是叫复杂现象？到目前为止，台风、龙卷风的模拟和预测都是一个很大的问题，比如说这个蜂窝，蜂群的组织行为非常有奥妙的，蜂巢结构非常漂亮和完美，好像是高智慧的设计，但是我们去研究每一个蜜蜂的个体，发现个体的智商是极其低下的，很难理解这样的个体怎么样创造出来宏观上复杂的现象，这个很难理解。

还有一个,是我们人类的大脑。我们的大脑两个层面,第一个层面就是我们的神经细胞,你看上去就是一些神经细胞加一些枝干的东西,你看不出有什么高深的地方,但是几百个亿、上千亿的神经元结合在一起的时候就产生了思想,思想,是第二个层面,我们就认知了自己,这是完全两个层面的东西。你在那个低的层面上,在神经细胞和神经中枢的层面上永远分析不出你的思维是从哪来的,这就是复杂学,如果大家有兴趣可以看这本书。

我们分析一个企业的时候,我们研究他的销售收入、看他的客户、看他的产品、看他的技术、看他的团队、看他的每一个人,我们是不是在分析他每一个个体?可是这一群"蜜蜂"组合起来是一个企业,我们没有看到那个企业本身,我们看到的都是这个企业的细胞,把这些细胞研究的头头是道,但是我们没有看到企业本身,这就是还原论的困境。**我们把每个细胞都分析得非常好,但是我们其实是搞不清楚这些细胞组合到一起的时候到底会发生什么事情,这就是我在前面一直讲的,我们搞预测总是采用分析主义和结构的方式,我们希望通过解剖麻雀获得麻雀的整体,差不太多就是这个道理,这就是还原论的困境。我们在理论框架上就存在巨大的漏洞,这个漏洞就是我们是用还原论来分析企业。**

企业是由各个部分组成的不假,但是我们分析各个部分是不是堆积起来就能够还原这个企业本身呢?要画一个很大的问号,因为你没法证明,这才是问题。没法证明或者证伪的就不是科学,就进入了信仰、宗教和神秘主义的领域。

下一本书是《超越金融》。索罗斯大家都熟悉,资本大鳄,他认为自己是个哲学家。索罗斯的书,我只建议看这一本《超越金融》,只有100页。《超越金融》是索罗斯在2008年金融风暴之后一本演讲,但凡演讲集他要口语化就比较容易懂。这本书我建议大家好好地看一看,你只要做"人"的工作,你只要做现代金融的工作,做企业的工作,你一定要想明白他讲的道理是什么,即关于人的不确定性的两个命题,易误论和反射论。

这是两个假设,第一个假设:人不可能完全真实地、全面地认识这个世界,所以我们经常会出错,这个很正常,你不是上帝,只有上帝站在最高处,全知全能才能掌握全貌。我们总是管窥窥豹、一叶知秋,我们总是只看到很少的东西,很少的信息,你要承认,这是人类认识的局限性。我们看到这么少的信息,再加上我们人的认识局限性,我们自然会有扭曲现实,会犯错误,这个假设很正常,放之四海而皆准。

第二个是反射论,在学牛顿物理学的时候我们知道,输入一个变量经过一个理论,一个公式,输出一个变量。根据这个理论我们在事前可以预测这个变量,我们可以站在旁边观察,输进去什么东西,再经历一个过程,然后出来什么东西,用来验证牛顿物理学的理论成立，这就是牛顿物理学的定理。

换句话说，在牛顿物理学体系里，人的观察不会改变那个体系，但是量子力学不是。我们只是说牛顿物理学、经典物理学是这样的，但是我们的世界观，我们现在大部分人的世界观，包括我在内，都是牛顿物理学的世界观。什么样的社会学科最像科学？就是经济学，因为经济学是定量的有模型的，我们之前也有做财务模型，是不是看上去很科学？

但是你忘了一件事情，经济、金融背后不是牛顿物理学的世界，是人的世界，每一个行为都是人的行为，就是我们在参与人的活动的时候，我们不但是旁观者也是操作者。比如你看见一个股票涨，它在涨你要去买，你这个信号带给别人，别人看到又进去买。你除了是个观察者之外还是一个执行者，你就会输入反馈的变量进去，然后就会自我加强，自我实现，这就是我们经常看见的股市的疯狂或者房市的疯狂，或者是金融泡沫的产生。最后它的崩溃，都是在这个里面加速上升或者是加速下降。

这本书就是讲这个。这本书给我们最大的体会是，除了教会我们炒股票的时候要怎么想这个问题、怎么看待泡沫的问题以外，我们还要考虑什么问题？这个是金融的世界和我们企业的世界，不是牛顿物理学的世界，是有人在里面的，这个特别重要。

我给大家讲一个故事，我有一个朋友F博士，当年他创业做手机天线，算来算去差不多要1000万元人民币才能启动，这个预测考虑了各种因素，看上去很科学，他们三个兄弟一凑只有100万元人民币，再看看模型和预测，钱不够啊，只好出去融资，最后在IDG那里融了100万美元，那时候折合人民币800多万元加自己的100万元，将近1000万元，钱够了，公司启动了。没想到当年外商投资并购那个法规10号文刚出台，因为IDG当时只有海外基金美元基金，IDG的钱只能投资到海外架构上，投资在境外，博士要用这个钱，就要把钱从国外汇回来。当时整个政策发生变化了，钱进不来，只好改架构，改了半天，经过大半年钱终于进来了，但是那个时候F博士的公司一个月营业额已经1000多万元了，根本不需要那100万美元。但是你要想一想，如果没有那100万美元在那里，他们的创业能启动吗？这就是人的力量。

我们的资产负债表、利润表、现金流量表里面，什么地方考虑到人的呢？你要好好考虑考虑，你不能光看一个静态的东西，光看一个静态的东西就会陷入一个牛顿物理学的困境，忘了这背后全都是人。

其实这个问题也困惑了我很多年,我以前刚工作的十年主要工作之一是写可行性研究报告,后来做风险投资,再后来在企业里面管财务,其实也偏向投资金融这方面。我不可避免地要判断大量的项目,看项目是有困惑的,最大的问题就是我们很静态地用牛顿物理学的方法来看待这个项目,而忘记了人的要素。后来我读德鲁克的《卓有成效的管理者》,德鲁克讲,趋势的转变才是决定一个机构及其努力成败的关键。什么叫趋势的转变?我们在做模型的时候,我们依据的是什么?我们依据的是过去发生的事情和现在的情况,因为我们人类认知的能力有限,我们对未来是没有认知能力或者是没有预测能力的,我们在脑子里就自然而然地偷换了一个概念,就是卡尼曼在《思考,快与慢》里面多次论述的一个论点,即我们会偷换概念,我们会把现在当作未来。我们自然而然追求从过去到未来趋势推导的一致性,有这个一致性我们就觉得很舒服,我们就觉得感觉很好。这就是为什么我们会去看趋势外推,我们都觉得很有道理,我们喜欢看 K 线图,我们总觉得 K 线图就是未来。

但是对不起,德鲁克在六十年代就说了,趋势的转变才是关键,就是那个“黑天鹅事件”,任何过去和现在的判断你虽然可以推断出趋势,但是绝对推断不出拐点。什么叫“黑天鹅事件”?“黑天鹅事件”就是说猪从出生就有拥有一双温暖的手和一张和蔼面孔的饲养员来喂它,天天照顾它,喂它吃、喂它喝,那就是它的“保护神”,直到有一天这个“黑天鹅事件”降临的时候,这个“保护神”把猪送到屠宰场去了,这就是猪的“黑天鹅事件”。但是对我们人来说,所有的预测都是一样的。

德鲁克接着说,人的逻辑虽然不是特别强,但他是有比较的,他说的上下文是拿人脑和电脑相比,那个年代刚刚开始使用电脑,很多东西用电脑来做比人快,因为电脑的逻辑强。他说人的逻辑不是特别强,但是人能察觉,这才是人的优点所在。就是人有洞察力,有了洞察力就知道这个事情到底会怎么样、可能会怎么样,这个东西内化在你心里、内化在你脑子里的时候,就是你的洞察力。

第十九讲　企业价值传播

——酒香也怕巷子深[1]

我们这个企业在新三板市场上要被别人知道，真叫“酒香也怕巷子深”，你公司再好，在这个市场上还是要宣传，这是新三板的命题。秘诀在哪，就是出去喊，喊就要声音大，就是比谁嗓门大，另外就是比勤快，你得经常去发言、去露脸。

这个课题我特别愿意讲，这个课题不像我讲的其他内容那么“实操”，务虚的东西比较多。这个课题很多东西只能讲理论，没法跟你讲你左脚应该怎么迈，右脚应该怎么迈，即使讲了由于现实千变万化，也不能生搬硬套。而我们在资本运作实操课程，比如说我们发行股票，我们做收购兼并，我们做投资，我们做股权激励，我们在新三板挂牌等，这些东西实际上都是实操性非常强的，企业价值传播有一点务虚，你首先要有方法论。讲企业价值传播，我有点业余爱好，我在复旦大学读了一个哲学的研究生，对人的认识问题特别感兴趣，当然也跟我自己的世界观的转变、认识世界的方式的转变有关系。

企业价值传播这件事情为什么会成为董秘关心的话题？这件事情的起源也是新三板，因为在新三板之前，中国资本市场发展了20多年，一共不到3000家上市公司。上市公司本身就是稀缺资源，需不需要做企业价值传播？很少做，因为上市公司都在忙着“灭火”，大家都在消灭负面新闻，因为标的太少了，就那么3000家公司，所以他不愁人没人注意他，只是怕负面信息。所以上市公司什么时候出来做路演，什么时候出来说明业绩，这些都是被迫的。证监会规定，你出了半年报要做业绩说明会，强制的。以前谁也不做，你必须在你的网站上回答股民的问题，强制的。以前谁理你？这就是我们以前资本市场的状况，我们一个企业到了资本市场以后，他是不愁卖的，不愁别人知道的，因为上市公司就是这种情况，

① 本讲是在上海交通大学讲课的录音整理。

所以基本没有企业价值传播这个事情。

但是到了新三板以后发现，我要出去做路演、做宣传，为什么？我们这个公司没人知道，我们要流动性、要活跃，我们要有知名度，我们股票价格要高，可是没人知道你那怎么办？你要出去喊。我是2015年5月份做的第一场路演，时间很短，也就20分钟，还是个收费路演，花了5000块。从那以后，2015年我大概做了三十多场路演，把我们公司“吹”得跟花一样，当然结果是很好的。我们有一个“流动性指标”，因为三板流动性很差，流动性好的企业很少，如果能跻身流动性好的企业行列，你的传播工作目的就实现了。我们是2016年6月29日停牌去IPO的，1月4日到6月29日我们公司日均成交额是540万，540万在A股是一个很小的数，但是在新三板做市股票上半年排行，在第七位。公司的股东，从挂牌新三板的时候大概10个股东，到停牌的时候1016个股东，外部股东占比27%，已经达到上市公司股权分布的标准了。这个很重要，将来如果新三板有向主板的转板政策，转板公司必须符合上市公司的标准，其中一条就是符合上市公司股权部分标准，外部股东持股超过25%，千人千股。

秘诀在哪？就是出去喊，喊就要声音大，就是比谁嗓门大，另外就是比勤快，你得经常去发言、去露脸。在路演活动中，我就发现一个很实际的问题，他们都说我路演讲得好，我开始讲课也是和路演有因缘的。我一直在北京某个机构办的董秘班讲课，我在那边已经讲了第八期董秘班了，我说我是被他们发掘出来的，因为我有一次路演在他们家，我还掏了5000块钱去他场子路演宣传，当时他们是办了一个董秘班，再加路演，我没听他董秘班是去路演了，回来以后他给我打电话说“你能不能给我们讲课?”我从此走上了讲课这条路。

企业价值传播是新三板的一个新课题，9000多家新三板企业啊！每天都还在增加，1600多家做市交易，953家创新层，获得关注真的好难！做新三板的董秘经常会被老板问：“为啥我们这么好的技术这么好的公司，投资者为啥就不上心？为什么找不到投资者？为什么我们这么NB没人关注？为什么价格这么低？为什么没有交易量？为什么隔壁老王的公司受人追捧?”

我们这个企业在新三板市场上要被别人知道，真叫“酒香也怕巷子深”。你公司再好，在这个市场上还是要宣传，这是新三板的命题。当然对于我们所有企业而言，只要你走上资本市场了，你都面临传播的问题。比如，没挂牌之前要吸引外部投资者，跟外部投资者交流其实也是一个企业价值传播的问题。诺贝尔奖获得者赫伯特·西蒙说：“在信息丰富的世界里，唯一稀缺的资源就是人类的注意力。”

一、企业价值传播之理论准备

首先要做理论准备,有一大段理论准备,后面有一点小小的实操。这个需要大家有耐心,因为我有一次讲这个课题,一个很大的场子,大概 300 人,是个董事长的班。结果开始讲理论讲了半个小时,主办方的人给我递一个条子,主办方的董事长写的:“请直入主题”,理论听不下去了,老板发话自然要听,我就草草地把理论结束了,然后开始讲实践。结果下课的时候,同学们就不乐意了,他们说前面没讲透,后面没听懂。我觉得其实在企业价值传播这个问题上,实操并不那么重要,转变你的观念是最重要的。

我们总要有一个框架,就是从哪里入手,关于企业价值传播我可能会讲三个方面的理论。我们把企业价值传播总结成一句话:如何让利益相关者认识到你的企业是家好企业。这里面有三个关键词:**利益相关者、认识、好企业**。我们一个一个来分析:

第一个是利益相关者,就是谁来认识你的企业,你向谁推销。你向政府推销,向税务局推销的时候,是不是能够像投资者那样推销?那就出事了,把营业额说得天花乱坠的,税务局想:“你没交那么多税啊?”所以会出事。

第二个是“认识”,因为他觉得你是好企业,这是认识的问题,是个主观的问题。他认为你是一个好公司,你是不是一个好公司不重要,他认为你是个好公司才重要。

第三个是什么叫“好企业”,有没有标准。我们怎么塑造我们的公司是一个好公司的形象。

(一)利益相关者

先讲利益相关者。利益相关者,在公司治理理论里面已经把利益相关者放在股东的前面,国内还是有误区的,是把股东利益放在最前面,股东也是利益相关者之一。什么是利益相关者?跟你公司所有相关的人都是利益相关者,包括你的股东,股东里面分大股东、小股东,还有供应商、客户、监管机构、员工、社会公众、潜在投资者等,不同的利益相关者。

我们这一讲是说企业价值传播的问题,我们的传播对象主要是公司的投资者或者潜在投资者,我们在这里做个限定。我们在做企业价值传播的时候我们是传播给投资人听的,是给潜在的投资人或者是实际投资人听的,而不是传播给你的员工、你的客户听的。所以我们要有一个限定。一定要“见人说人话”,这个话没有错,不同的利益相关者,他们需要的东西不一样,一定要给他们不一样的东西,

不能有一个千篇一律的东西包打天下。

讲一个案例。上个星期，去了一家新三板的企业，董事长很好，因为有问题要问我，他听过我的课，后来发现他们一家三口都听过我的课，给我打电话咨询问题，结果他口音很重我电话里听不清楚，然后他说你来我们这里聊吧，我就去了一趟，挺好玩的一个企业。这个企业是做物流园区运营的，看得出来他的公开转让说明书是经过包装的，叫“先进物流信息供应商”，实际上就是一个提供货运的物流园区，提供货车的停放、信息的中转、货车司机的吃喝拉撒一条龙服务，以及货车的配货。

我问他有什么需求，董事长说他要融资，该怎么估价合理。现在的资本市场怎么融资？最简单的方法就是看你挣多少钱。例如，今年预计实现多少净利润，或者去年实际实现多少净利润，投资者给你一个 PE，假如去年净利润 500 万元，15 倍 PE，那么企业估值就是 7500 万元，这是最常见、最通行的方法，不管合理不合理。董事长说今年预计净利润 500 万元，我说是传统行业能够给到 15 倍就不错了，已经很高了，那就是 7500 万元的估值，如果要融 2500 万元就要让出 25% 的股份，就是这么很简单的算法。

显然这个估值跟董事长的心理价位相差很远，他就一再问我还有什么方法。我开始不开窍，就一直跟他讲这个东西，我跟他讲未来现金收益法 DCF 的财务模型，还可以从什么地方忽悠，未来还有什么东西放进来，还可以给别人什么希望，我们把它放到这个里面来，然后未来承诺。他虽然有项目，但是他面有难色，觉得这个好像还是不太行。

聊了聊也没聊出什么名堂，在他企业转了转。到了吃饭的时候我就突然想到了这个问题，我们刚才都打圈圈打在哪里？我们把他潜在的投资者自然理所当然地认为是资本市场的投资者。我们理所当然地认为是资本市场的投资者的行为和思维模式是什么？资本市场的投资者会把投资标的和资本市场上其他公司比较，你 15 倍他 20 倍，你是传统物流他是互联网，资本市场投资人在面对很多的标的，包括买股票的时候也会这么想，这家公司干这个的传统物流多少倍，那家公司干生物制药的多少倍，那家公司干锂电池的多少倍，会比较，甚至会跟上市公司的 A 股估值去比较。像董事长这种传统物流公司，在这种比较面前，因为他的模式你一看就知道是现实盈利有保证，但是未来大幅增长十分困难，想象空间缺乏，在资本市场面前，他是苍白无力的，一点办法都没有。

但是我下午跟董事长一起聊天的时候，发现他在当地蛮有影响的，当地比较小，三线城市，他在当地是蛮有名望的，是有名望的士绅，这个企业做了很多年也做得不错，在当地还蛮有点名气。我说：“既然这样，我们不一定要把你的潜在投资者搞成我们认为的资本市场上这些投资者,如果我们只针对当地的投资者,当地投资者怎么比较投资标的的潜力?是跟理财去比的,不是去跟上市的A企业、B企业去比,而是我投资一家企业的时候,去和那个理财比,理财今天不太好,P2P都倒台了,银行给的理财收益率比较低,只有三点几。如果投资者对这个企业一直有好感,也觉得比较放心,如果你再给一个保底的条款,他就会觉着很有吸引力。"我说,"不如你把这个目标聚焦在他们身上"。他马上说:"对啊,我有很多比如银行的朋友、什么地方的朋友都愿意给钱,但是不知道怎么估值,不知道怎么说这件事。"

我说用资本市场的估值方法肯定不行,500万融15倍肯定不行,说了他也听不懂,这是第一。第二,估值太低了,董事长很难接受,如果我们说30倍自己心里也说不过去,太不像话了。没有问题,公司有块地,150亩,就是物流园区的场地,这个土地在拿的时候是郊区的地,在账上是很便宜的,在账上可能基本上价值是零,经过10来年,这块地的地段已经很好了,周围的土地目前市价二三十万一亩,但是你要知道这二三十万是假,你不能卖,这是工业用地你不能随便转用途。但是这可以解决心理的问题,我说:"你这块地现在这个地方2个亿~3个亿是有的,你就跟投资人说,你现在只是土地就值3个亿,给他打一个七折,别的都不算,他把钱拿过来,2个亿估值,你再给他个两年回购8%收益的保底,当地的投资者看的不是你公司的未来而是现实的保底收益率。"企业家都是很实际的,听完饶胖忽悠,我们都在讲故事,讲完故事以后他听完:"喝酒,吃菜。"一会儿出去了,出去转了一圈时间不是很长就回来了,他说:"饶总,好使,2个亿估值没问题。"

所以你看,这就是我们在针对不同类型的投资者的时候,我们绝对不能采用同样的思维模式,如果我们要坚持,我们要用市盈率估值去估,这个公司永远融不到钱,或者永远融不到他合理的价位,他心里的价位永远融不到,他想要2个亿估值,你最后给他估7000万,最后很难成交。没有成交不了的东西,只有成交不了的价格。这是我上个星期亲身碰到的事情。

第一个关键词是"利益相关者",不同的利益相关者的诉求是不一样的,我们满足他的诉求的信息和方法也不能是统一的。比如说如果还没有挂牌的企业如果要去融资,千万不能只有一个商业计划书BP,见所有人都是一个BP,你成功的概率是很低的。可能还是这些内容,但是针对不同的投资人,你的BP要有针对性地修改,看他们想知道什么,他们喜欢什么,我们回头再分析他们可能会想什么。

(二)认识

第二个关键词是"认识"的问题,我刚才谈到"认识",你这是一个好企业,但

是别人要认识你。认识是谁认识？是利益相关者他个人的认识，这就是认识者认识结构的问题。这个话题是最有颠覆性、最富挑战性的东西，也是最好玩的。**我们从两个层面讲，第一个是说人的认识结构是跟他的人生经历和环境有关，或者受人生经历和环境的限制，这是一个层面。第二个是神秘主义。**

柏拉图的“洞穴之喻”。柏拉图是古希腊伟大的哲学家，在柏拉图的巨著《理想国》里面讲了这样一个故事，柏拉图是托他的老师苏格拉底之口来讲述，他记录的。这个故事是这样，他说有一些人从一生下来就被手脚固定在一堵矮墙的后面，头也不能转动，只能面向石壁，通向洞口的地方有一团火，矮墙后面总有一些人举着一些道具从后面走过。这些道具都会投影在这个石壁上，这些人一辈子只能看到这个墙上的投影，这就是他们全部的世界，他们的世界就是这样的，就是有很多的影子的世界，有的影子像马，有的影子像器物。

突然有一天有一个人挣脱了束缚冲出了洞穴跑到了外面，突然发现外面蓝天、白云完全是另外一个世界，他就跑回到洞穴里面跟他的兄弟们讲，说我们一辈子看到的都是假的，外面那个才是真的。这个人的会什么样的下场呢？（听众：被打死。）要么认为他是疯子，要么就是坏人，居心叵测的坏人。当然我们国家的疯子是需要公安机关鉴定的，但是你很难证明你不疯，这点你要想明白。就跟你不能证明你是被困在一个机器里一样的道理，因为你在里面，你要出去才能证明，你在里面怎么证明。这个故事的意思是说我们看到的世界很可能是另外一个世界的投影，我们并不知道真的世界是怎么样的，那是一个寓言。

“三季人”

孔子有一天坐在家里面，突然听到外面有人争论，就问怎么回事。一个弟子跟他说：“来了一个人跟我们争论一年有几个季节，我们说春夏秋冬四季，那个人说春夏秋三季，争论不休。”孔子说：“你把他叫进来。”然后进来了，这个人就说：“老师，这一年就是春夏秋三个季节对吧？”孔子看看来人，说：“这位先生说得对，一年就是三季，三个季节。”那个人听了一鞠躬很得意地走了。弟子们觉得很奇怪，一年明明四季，老师为什么说三季？孔子说：“这人全身是绿的，是个蚂蚱精，蚂蚱见不到冬天，秋天就死了，所以他的生命里只有三季，所以我说他说得对，只有三季。”这就是说“夏虫不可以语冰，井蛙不可以语海”，道理是一样的。就是说他没经历过的事情，你要给他讲明白基本上不太可能。

我们今天讲传播，我们不是说人的认知有多少局限，而是说我们知道这个局

限以后,我们该怎么做。很简单的例子就是,你可以讲你企业具体的历史,投资者他是没有感知的,他的经历是没有这些的,你怎么让他理解你的这些事情。你不能怪他说他听不懂,他是听不懂。

此外,人的认识结构,还有一种是宿慧,另一种说法是慧根。这个有点神秘主义。六祖惠能的故事大家都知道,六祖惠能是佛教禅宗的第六个祖师,他家里很穷,父亲早就去世了,惠能以砍柴维生,养活老母亲和自己,家里很穷自然没有上过学,没有读过书,也不识字。惠能岭南新会人,那个年代,岭南就是蛮荒之地。有一天,他扛着柴到城里卖,经过城门,听见有人诵经,顿时开悟。开悟这个事情,说不清楚,开悟了你不能说,说了肯定不是,可是不说,你怎么知道他开悟。你们看这逻辑循环,你没开悟一定不知道什么叫开悟,你开悟了一定不会说你开悟了。所以有人问玄奘大师,说你这个逻辑循环下去,我们就不知道了,我怎么知道开悟不开悟?玄奘大师说:“如人饮水,冷暖自知。”瞬时开悟,就是听了《金刚经》里面一句话:“应无所住而生其心。”慧能开悟了以后就问这个《金刚经》是在哪里求的?那人说是在黄梅东禅寺弘忍大师那里求来的。慧能决心去追随弘忍大师求佛法,有士绅很好心,给他钱安顿好母亲,慧能就去黄梅东禅寺了。

这里面有一个很实际的问题,惠能没读过书,不识字,他那种智慧从哪里来?这是很奇妙的问题。我们先放这儿不表。惠能到了五祖弘忍那里,五祖弘忍问他:“你哪里人?”“岭南新会人”五祖弘忍就说:“葛僚(蛮子),蛮子怎么能学佛?”惠能回答说:“人分南北,佛性岂分南北。”听起来是不是很有道理?

还有一个小故事,惠能去投奔黄梅寺路上,他开悟的事迹已经很有名了,路上有人听说他悟性很深,路上投宿在一个施主家里,施主说:“我有一个姑姑在学佛经有点疑惑不明白,听说你造化很深,你能不能给她解说解说。”惠能说:“好。”姑姑说:“这一段经文我参了很多年一直不懂,师傅给看看。”惠能说:“我不识字,你念给我听吧。”姑姑大惊,说:“你不识字怎么能够懂得这个东西?”惠能说:“诸佛妙理非关文字。”佛理就是佛理,跟文字没有什么关系。很有点意思是不是?

所以说人的认识结构,另有一面,我们用理性的科学主义是没法解释的,我们通常情况下叫悟性或者叫宿慧或者叫慧根,我们要理解在人的认识结构里面有很多东西是非理性的结构。

讲个故事,这个故事其实困扰了我好多年,我大概2004年在中文大学读会计硕士EMPAcc,会计课的老师——会计学著名教授吴毓武,四天的课讲了一天的人生,讲了三天的会计。每个同学发了本南怀瑾的《论语别裁》,上来就讲了“渔夫迪科和华尔街分析师的故事”,我从2004年困惑差不多10年左右的时间。

渔夫迪科和华尔街分析师的故事

这个故事这样讲的，说一个华尔街的精英去哥斯达黎加海岛渡假，看见一个渔夫驾着小船打鱼回来，拿着很好的鱼，精英看着鱼很好买两条，也不贵。然后说："你打这些鱼要很久吗？""不久，一会儿就打好了。""那你下面干啥呢？""我很忙的，我中午要跟老婆睡个午觉，下午要逗小孩玩，天凉快了，我还要到村子里找我的朋友弹弹吉他，喝喝小酒。"这个华尔街精英就说了："你应该用更多的时间去捕鱼，捕更多的鱼，你可以赚更多的钱，你可以换一条更大的船，甚至买更多的船，甚至可以组一个船队，还可以搞'O2O'把鱼卖到纽约去，还可以在产业链的上下游纵深，深入到鱼类产品加工，那样未来你就会成为非常棒的大BOSS。"然后渔夫就问："然后呢？""然后你就可以在纳斯达克IPO，然后可以挣很多的钱，成为大富翁，然后可以到海岛上度假，喝个小酒，跟老婆睡睡个午觉，弹弹吉他。"渔夫说："那我现在不就这样吗？"

这个问题当时是困扰我的，那时候我大概是三十多岁的样子，好像很吻合，我们应该那样进取，可是他好像说的那个道理，他那个结果让我们感觉到又似是而非。我做这些干什么？

我后来学了哲学以后，慢慢开始理解这个事了，当然这是我个人的理解。幸福感这件事情是个人的事情，跟你人生的经历有关系，那是别人的幸福，你的幸福是另外一种。精英的幸福是要IPO才能幸福，渔夫的幸福只要弹个小曲就行，幸福这是由他各自的人生经历决定的。但是一旦他的世界被其他人入侵以后他也就没有幸福了，他马上就被资本裹挟到里面去了。前一段时间有一个朋友跟我讲，他二三十年前从我国香港地区到内地来旅游，到西藏藏族自治区什么地方骑马，本来他们请的向导是100块还是50块转一天，马是随便骑起的。回来的时候问："你的马能不能让我骑骑？"然后问："多少钱？""随便骑，马拴在那里没什么用。"第二天旅游团来了，说这个马100块钱一天，后来变成是500块钱一天，那种淳朴再也回不来了。

当然我们也可以说一个笑话。记得有一个笑话是这么说的，父子俩街上走，天上下着小雨，忽然开过去一个豪车，水一下子溅到身上了，这两人都很生气。他儿子说："开这种车的一定没素质。"他爸爸说："说这种话的一定没钱。"所以说人的感觉是跟他的个人经历有关系，这是第一个。

第二个是比较你周围的人是什么样子。这个很关键，幸福感的另一个重要维度是相邻比较，精英的相邻比较和渔夫的相邻比较是不同的，所以他们对幸福感的把握也是不同的。如果你周围的人都是这样的,喝个小酒的你会很幸福的,只要没有那些资本的入侵。但是如果你生活在华尔街不可能像他那样生活,你只能像我们一样的生活,我们只能这么生活,我们礼拜六还要来听课,这就是我们的生活,这就是我们被资本裹挟的生活。

按照我老师的说法,我们都是资本的螺丝钉,我们的人生是被资本安排的,因为这样对于资本来说是最高效。有没有想过?我们教育我们的小孩,说你要上一个好幼儿园,上一个好小学,上个好初中,上个好高中。那小孩会问你:“我为什么要上一个好高中?”上了好高中才能上好大学,上了好大学才能找好工作,找了好工作才能娶一个媳妇买一个房,才有资格当房奴,才能在这个资本的链条上为资本发扬光大,为资本贡献你的力量,这就是资本给我们规定的生活。你有没有想过?这就是生活的意义吗?这肯定不是生活本来的意义。但是资本给我们规定了,因为资本来到人间以后,所有的规则都被资本洗礼了,因为资本要增长。我们想为什么我们要更高更快?因为资本要增值,不增值资本就死了,资本家其实也是很可怜的,晚上睡得很晚,早上要起得很早。

应该这么说,资本家也是被资本所奴役的人格,因为资本这个东西是非人化的,就是异化的。你想我们这么好的周六,如果我们能够坐在外面的咖啡馆里很舒服,外面下着小雨,我们在那里喝咖啡听个小曲吹个小牛,多好的事情。但是没有办法,我还要在那里讲课,你们还要听课,我们都要为了“更快、更好、更高”努力。

当然这是一个笑话,因为每个人的看法肯定是不一致的,我的段子是到情景想起来了,想不起来就拉倒了。他们叫我“段子王”,其实我更愿意讲段子。前一段时间我有一个朋友 K 先生,新三板上面做自媒体做得挺大的,也很厉害,他搞周年庆请我去演讲。我说我不演讲,但是我讲几个段子就可以了,结果讲了一堆的段子,讲得我自己很开心,别人开心不开心我就不管了,大家的世界观肯定不一样。

每个人的世界是不同的,所以渔夫和华尔街精英之间并没有分歧,只是他们是不同的人。所以我们牢牢记住这一点,每个人认识事情认识世界的方式是不一样的。

卡尼曼的《思考,快与慢》这本书我强烈地推荐大家要看一下,因为现在还有很多的朋友在看古典经济学、新古典经济学,如果你没看过的话有必要扫扫盲。但是古典经济学的时代已经过去了,现在是行为经济学的时代了。行为经济学从哪开始?从卡尼曼开始。卡尼曼是个心理学家,但是他得的是诺贝尔经济学奖。从那一年开始,2002 年以后,行为经济学就成为显学了,成为科学了,以前这玩意儿像巫术，从那以后行为经济学就成为一门显学、科学了。

为什么？这个太重要了，我们被误导的时间太长了。道理在哪里？古典经济学有一个最重要的假设是理性人的假设，其假设人是理性的，然后经济学家从假设往外推。但是如果这个假设是错的，所有推理出来的东西可能都会有问题。所以说，你看炒 A 股炒得好的，他往往是跟风的，我周围的那些炒股炒得好的，基本上都不是价值分析的流派，他会价值分析、技术分析、什么都会，但是他最明白的一点是什么？跟风。要跑得快，人嘛，既然背后都是人，我们就要跟着人跑。这本书应该是行为经济学的奠基之作，对改变你的思维模式非常有帮助，当然我们可以发现，如果大家都没有看过，你就会发现你具有先发优势，你看过你知道他的思维方式会有缺陷，我有一个小小的技巧，一下子你就上钩了。这本书稍微有点难，是本专业的学术著作，但是我还是强烈地建议，我看了三遍，常看常新。

卡尼曼的核心观点认为，人的大脑思维结构是两个系统，一个叫 S1，一个 S2；一个叫感性系统，一个叫理性系统，不是说我们大脑里真有两个部分或者有两个 CPU，只是大脑运作方式的比方。卡尼曼说我们在意识系统、潜意识里面，有一个 S1 系统，这个潜意识系统是一个直觉判断系统 S1，比如说我们晚上在花园里散步，眼角余光看到一条蛇在脚边，你第一反应是思考蛇的哲学问题吗？不是，一定是直接跳开，嘴里大叫，当然也有吓愣在那里的。大部分人看见一条蛇马上就会害怕，这个不是你的理性思维告诉你“有蛇，蛇会咬我，所以我应该怕”，而是你看见蛇了你已经在反应，你脑子里甚至没有意识到这是一条蛇，你的心跳开始加速，肾上腺素已经分泌了，因为你已经进入到战斗或者是逃跑的状态，要么搏斗，要么赶快跑。因为爬行动物是哺乳动物的天敌，我们是从哺乳动物进化来的，我们脑子里面有一个层次就是哺乳动物脑，这个脑遗传了我们哺乳动物所有天然的本能，一看到蛇形状的东西的时候，还没有搞清楚什么东西的时候，整个生理系统已经开始运转起来了，要不要打、要不要跑，肾上腺素开始加速分泌，心脏加速要加强供血，准备战斗或者是跑。这就是一个直觉系统。

第二个系统是理性系统 S2，是慢系统，理性系统就是我们的逻辑思维，我们的逻辑思维推理、我们所有认识到的这些东西都是逻辑思维。你潜意识的东西，你是认识不到的，除非在梦里，梦里是潜意识。如果有兴趣可以看看荣格的书，荣格和弗洛伊德是同时代的，他是研究潜意识的心理学大师。荣格的书看不懂可以找荣格的自传来看，相对来说比较容易，但是非常有趣。这就是潜意识，你意识到的东西不是潜意识而是 S2，你想到的东西都是意识，都是慢系统 S2。

经过启蒙以后，就是牛顿物理学，到了现代，我们都是科学主义。其实你要问你是什么人的时候，你要想到我们都是西方人，我们从小受的教育是西方的教育，我们学数理化的都是逻辑思维,而没有受过我们中华文化传统的东西和传统文化的教育,所以我们的整个思维体系偏西方、偏逻辑,所以我们现在中国人其实都是半拉子西方人。

在这个时代我们有什么?我们最开始叫“知识就是力量”,培根说的,我们就改变世界了,我们可以控制世界,知识就是力量。我们中国老祖宗从来不说这个话,我们说的是“天道有常”,是循环,我们跟着走就行了,“更高、更强、更远”这是现代科学的思维逻辑。我们所有在座朋友,大家都是科学大脑,所以我们都相信科学和理性。我们认为我们所有人,古典经济学假设都是理性人,我们所有想的这些东西都是由我们的理性系统做出决定的,这就是我们的现状。

卡尼曼说,第一系统直觉的、S1 的特点是无意识,并行运算、无意识自发的、无须努力、联想性、情景依赖、情绪化,神经网络的先天性质,“canned in”。你其实意识不到 S1 在运行,这是你的潜意识,是先天的,不用使劲自然就来了,你意识到就是后天的。S1 是情景依赖,之前北京野生动物园老虎咬死人的事,你可以想象问题出在哪里。当然有很多的问题,其中有一个问题是安全教育的情景化很重要。安全教育的情景是什么?我们通常企业里面做安全教育一般放片子都是血淋淋的,你看完了血淋淋的就上心,这就是情景化教育。如果说他下次再做教育的时候,进园就不应该给大家看文字、抽象的东西,因为抽象的内容要用这个 S2,不是所有人都能够马上能够调动起来理解这个事情的,很多人是理解不了的。你看个片子,老虎一下子给人抓走了,那动作多快啊,别跟老虎较劲,老虎比人类动作快多了。如果有一个情景化的东西,效果就好很多,直接作用于直觉系统 S1。有时,不要小看这个仪式感,人家到你企业或者出去商务谈判,怎么创造一个情景调动对方的情绪,这就跟 S1 有关。那是一个神经网络的特性,你是意识不到的。S2 是我们的理性逻辑,理性系统是一个非常费力的东西,通常情况下要呼唤才能来,意识控制的,就是我们知道我们在推理,这是意识,我们是有意识的。狗也有推理,但是我们判断狗不知道它自己在推理,这是人和狗最大的区别。你知道你自己知道,这就是人,你意识到你在意识这是人,这个是需要努力的一个系统 S2。

我们先说结论,卡尼曼这本书很长,有很多结论,我说一个结论。卡尼曼说,**我们思维运作的模式是先有结论,再来解释**。这是科学,不是我们刚刚说的惠能那个事,神秘主义的、解释不清楚的那个事。卡尼曼以及当代心理学家得出的结论认为,人的思维方式是先有结论再来解释,一般来说我们通常会认为,我有一个结论的时候,是因为先有一个逻辑分析。

“这个老兄能成功,因为面善”有道理的,这就是你强化的自信,因为你已经觉得他能成功了,你再找原因,你没有别的信息,只看他的脸,你说他这个长相一定是大富大贵。你在信息很少的时候,你也会找出原因,这就是我们人类的思维模式。但是一定要记住,我们一定是先有一个结论,然后反过头来去编造这个故事,给这个结论找到原因。

所以我们想让别人相信一件事情的时候,你讲道理管用吗?你要好好考虑考虑。如果他已经先有结论了,然后我们再给他一点素材,让他自己把故事编好。是不是很牛!我见过无数这样的大师,我以前见到这些大师的时候,没这套理论,我觉得好牛啊。但是现在发现这一是套现成的科学理论,谁都可以学会的东西。

卡尼曼认为,我们以为自己的经济和宗教的核心理念是源自于 S2 逻辑思维系统,而实际上它们是产生于 S1 直觉判断系统,人们只是在之后才通过逻辑来意识到这些理念。“当认定一个结论为真,人们就更倾向于认同支撑这个结论的论据,哪怕这些论据有时并不真的具有足够说服力。”

关键是直觉系统 S1,就是你不知道的潜意识。人们只有通过逻辑来意识到这个理念的时候,你才有这个意识,你认定一个结论为真的时候,通常情况下会采用支持这个结论的论据,哪怕这些论据有的时候并不具备足够的说服力,也就是说先有直觉的结论,这个时候甚至你自己都还不是很清楚,接下来,你会寻找各种证据来支持你的结论。是不是很有意思?

讲一个亲身经历的故事。我前几年在深圳,因为爱讲段子,所以我周围总是有很多师兄、师弟和师妹。有一天有个师妹问我,她是复旦本科,在北大汇丰商学院读的研究生,当时准备到一个券商做研究员,在实习,她就问我:“师兄,请教你一个事,你觉得苏宁好还是京东好?”我想她可能要写这个研究报告,因为她是券商分析师。你说我该怎么回答?我说:“你们老大觉得哪个好?”刚刚我们讲的利益相关者,你报告给谁看的?谁用的?关键是这个问题,不是你怎么认为,你怎么认为不那么重要。你可以说任何人好,因为这个东西没有可以逻辑推理出来的,这是推不出来的,这是我的亲身经历,我写过十年的可行性研究报告,结论都是先有的,然后再写报告堆积素材。

既然老大让你写一个报告,老大肯定有倾向性的,老大觉得京东好还是苏宁好?他觉得京东好你就写京东好。因为你找的这些素材两面都有,有的说这个好有的说那个好,只是你在挑选这些素材的时候,你采用了那些支持你观点的素材,把那些可能支持另外一边观点的素材轻描淡写地列在后面。“但是我们还看到对京东有一些不利的影响因素……”最后得出了一个宏伟的观点,跟老板一致就行了,因为老板就是让你写这个文章。

这跟我刚才讲的东西是一样的,我们从逻辑推理上很难得出我们想要的那个结论的。我们通常会有一个感觉,但是我们在说服别人的时候我们不能说我感觉是这样的,你相信我就完了,这个不行,我们生活在一个科学的社会里头,你这么说人家会认为你不科学。当然不科学有不科学的方法,如我给你算一个卦,这个饶胖也擅长。

独裁者实验

独裁者实验是一个心理学实验,就是找一群学生,然后两个人一组,这儿有10块钱或者是10美元,一个人决定怎么分,你们两个分。独裁者实验早期阶段是什么?一个人决定分配方案,另一个人,可以拒绝,拒绝则两个人都没钱,钱被收回去了。理性地讲,就是你拿一块钱也挣了,否则啥也没有,如果你反对我们两个都没有。可是我们人类正义感驱使我们可以放弃这一块钱,我可以选择惩罚你,让你分配不公平,让你也没有,实验的结果大致在6:4到7:3之间这个样子。

往下再推,还有一种实验,一个人的决定分配方案,我8块你2块,但是另一个人只能被动接收分配结果,你不能反抗,这就是独裁者实验的终极阶段。我告诉规则10块钱你俩分,他来决定你来接受,你不能反对。你等于是只能接受了,这个时候,理性分析,你应该发现应该是10:0,对方不能反抗了,理性分析,我就应该全拿了。其实不是,大部分是8:2,人还是有良知的,王阳明说的。

再往下推还有一个实验的变种,在这个纸质问卷上,你要选择你7块他3块,要写在一个纸质问卷上,不是口头的,要写一个问卷。然后研究者制作两种问卷,一种问卷是点三个点,上面两点下面一点,像个倒三角,很小的点,另一种问卷是反过来,上面一个点,下面两个点,像个正三角。这样点三个点,很细微,不仔细看看不出来有三个点,很浅的,不是说我画三个大点。好像是纸上印刷的时候可能质量不好有那么三个点。这个问卷发下去分成两组,发现倒三角的这一组,上面两个点,明显地比别人多分,达到之前的他能反抗的那个水平,6:4到7:3之间,而正三角,上面两个点、下面一个点的这一组,和没有点的情况没有变化。

上面两个点下面一个点是不是像一个人的脸?这就是一个巧妙的心理暗示,我们一般一个人的脸是这样的,所以所有的人可能都没有意识到这个,但是潜意识感觉到了,好像在被观察,被观察的情况下人的行为趋向于不那么利己,因为别人看着你呢,别人看,你会不好意思,没人在,很难控制人性自私的倾向,儒家常说慎独。可是这一切都发生在哪?发生在潜意识,不是这些人逻辑推理出来的,而是他的潜意识,这是非常重要的一个实验。

当然,当年在没有功能性核磁共振的情况下,只有通过实验的方法来判断你的心理什么反应,这十几年为什么脑科学突飞猛进?就是功能性核磁共振设备的普及,我问你问题的时候我把你放在核磁共振里面,我看你脑子哪里有反应,你填问卷可能是掩盖自己的是骗人的,到这儿用功能性核磁共振,哪里都看得见。

我还看过一个例子特别好玩,一般而言,我们看见钱,我们高兴是为什么?我们理性、逻辑判断一下,因为钱能够满足我想要的,能够满足我,能够满足,我就开心,所以我一看见钱就开心。因为有了钱,能够满足我,我就开心了,按理说这应该是 S2,理性的系统。

在这个实验里,把实验者放到核磁共振设备里,让他看一下美元的图像,按理来说他的大脑皮层系统应该有反应。我们发现他脑干系统有反应,原来在我们的潜意识系统面,我们看见钱就高兴。见钱眼开,所以说你不要说那些贪官,那就是开心,他不为花钱,数着就开心。我后来就能理解了,数着就开心,他也不一定花。以前我们读葛朗台,葛朗台就是不花钱,天天攒,他攒了每天摸摸就开心,他有幸福感,不一定要花,这是现代心理学和脑科学。

我们大脑是构建意义的器官,人生活跟动物非常不同,人的生活需要有意义,意义哪里来?意义是你构建出来的,是你想出来的。我们的大脑是构建意义的器官,当你发现一件你不可预知的事情的时候你就会调整你的世界观,让他趋于一致。

我们更相信一个结果,S1 认为结果具有一个一致性的和谐的过程,这个一致性的和谐的过程由 S2 进行构造和解释,并赋予意义,这是人的思维习惯问题。所以说,你在展示你公司形象的时候,有一个很重要的小窍门,即结果导向,就是从胜利走向胜利。因为你说我的公司再好千好万好,也没有用,你只要有一个胜利或者再有一个胜利结果为证,观众就觉得这个公司好牛,或者这个人好牛。

关于人们思维习惯的因果律,卡尼曼说这就是大脑运行的方式,大脑试图理解世界。就像视觉感知,在模棱两可的视觉情况下我们感知到的结果却并不模棱两可,因为大脑会帮我们进行选择,类似的现象发生在许多更复杂的行为中。大脑的自动选择造就了生物学上十分高效的感知能力。而我们的思维是由感知系统衍生出来的,故而具有感知系统的这些特性。

那么,是不是我们将世界过度简单化了?卡尼曼认为是的,从某种角度上来说这是件好事,因为我们不用陷入世界的繁杂性中。依靠这种“近似”的感知,我们已经可以生活得很好,真的处理模棱两可的世界代价太大了。所以说回来,我真的不认为我们是低效的生物,这些错误反而使我们高效。卡尼曼在这里也是用效率而非哪个是真的来表述。

其实我们刚才已经谈到了一段因果,就是说大家思维运行的方式是因果律的方式,即我们认为任何事情发生都是有前因后果的,如果一件事情我们从因果上可以解释,我们就感觉到和谐,这人类的思维模式,这个你不用抗拒,对不对是另外一回事,因为因果律本身这个东西是不可证明的。

卡尼曼是这么分析的,我们这个物种存活到现在,我们有一种本能就是叫因果分析的能力,这个能力就是在这个纷繁复杂的世界里头找出简单的“因为所以”,然后我们就按这个方法来做事情来生活。因为世界太复杂了事情太多了,如果我们全部都处理,我们的脑袋得有多大,这个脑袋需要能量过多,这个物种也不能生存下去,这是生物体的平衡问题。所以我们要把这个世界简化,我们用近似的因果的关系我们把复杂的世界简化了。6 个月大小的婴儿就开始发现因果关系,因果是一个事情在一个事情之后发生,存在时间上的顺序,我们如果把他看成规律的话就是“因为所以”。我一摸头腿一动,如果你观察 10 次的话认为这是“所以”,但是也可能不是。因果律是人的认知,不是事物的真相。是人为了解决我们复杂的生存问题,为了解决我们脑子的问题,这是进化出来的样子,我们用这个方式来简化我们的世界,然后我们来做这些事情。

反过头来我们应该怎么想,就是我们在表述我们的事情的时候,“因为所以”(因果关系)很重要,我刚刚说了结果很重要,给他结果的时候,同时还要给他一点原因(或者形成原因的素材)。他如果不好猜测原因的话,他自己脑子里的故事就讲不圆,他自己的判断就会不好,最后破坏他的一致性,他老觉得哪不对,哪儿一致性出问题了。结果和原因之间,他自己匹配得不好,一致性出问题了,他感觉不好了,也恐怕很难相信你说的东西。我们理解了这一点,反过来怎么利用人类的思维模式的时候,这个很重要。

我们讲一个因果律的笑话。有一次,饶胖到农村去参观,看地里有很多牛,有的牛有角,有的牛没有角,就问农民,这头牛为什么没有角?这是一个“因为所以”的问题,因果律的问题。农民就说了,牛没有角有很多原因,(因果律,对吧)有的生病角掉了,有的打架角掉了,有的牛天生没有。至于这一头,为什么没有角,因为它是头驴。

（三）好企业

我们讲完了"认识"，接着讲什么是一家好企业。

谁能跟我说一下什么叫作"好企业"？有人会说："团队比较优秀，股份架构比较清晰，公司治理比较好，利润状况不错，发展前景不错，市场占有率高，投资者认为他是个好企业……"说的都对，刚才我们讲过，你有没有限定他的立场。限定他的立场，他是谁？谁认为是好企业。比如说我去买股票，我买股票的目的就是赚钱，我不是去挑一个对社会贡献大的公司，而是能够给我贡献的公司。再问一下什么样的股票是好股票？涨得好的股票！买股票的目的就是赚钱，在A股市场又缺乏做空工具的情况下，自然涨得好的股票就是好股票。

我讲一个例子，这个故事特别好玩，是我亲身经历的。

去年有一段时间新三板比较火，有一个证券报的美女记者采访我，聊得比较开心，我请她吃了一顿饭，然后又聊了聊新三板以外的事情。去年新三板比较好的时候，A股是4000点牛市刚起步，全世界都是股神，每个人都在说"我赚了多少……"这是那时，那个时候的背景。我俩就聊，当然我们纷纷讲了我们的股市英雄事迹，我们眼光多么独到，选股如何成功，在股票上赚了多少钱等等，都是股神的光辉事迹。在股票上赚了多少钱这件事情是可比的，有一个非常有名的人类学家做过一个研究，他到了南太平洋岛上做人类学田野调查，那是个未开化的部落，他发现有一个哥们每次讲故事，都讲到他打了一只熊，那只熊有多么厉害，他又是多么勇敢，次数多了，人类学家以为他打过好多熊，后来他就问人家，这个人打了多少熊？人家说就一只，我们现在不可以打熊，熊是保护动物。我们可以聊聊我们的股市的"打熊故事"。

这就是我们男人热衷于聊股票赚钱经历的人类学原因。你发现男人还喜欢聊什么？喝酒。昨天喝倒谁了，战胜了谁。这跟打熊是一样的道理，现在不能打熊了，现在我们只能靠比拼我们的内力叫喝酒。其实你们想想都是怎么样的？这个解释可以追溯到达尔文那里，达尔文的进化论有一个重要的理论叫性选择，你看公孔雀进化出一个巨大美丽但是绝对是华而不实、又妨碍逃生的大尾巴，为什么？这是在进化的性选择中，公孔雀用这种方式向母孔雀显示自己的优越，即使拖着这么不方便的大尾巴一样能生存下来，这个一定是优等生。我们人类已经进化到文化生活状态，不用再长个大尾巴来争取异性，但是还可以用喝酒这种自杀的方式表达自己的强壮，他自己也许都不知道，自己只是基因的载具，做而不自知。当然，这是一类观点，著名生物学家理查德·道金斯就是持这种观点，有兴趣可以看看他的名著《自私的基因》,很有趣的。

我觉得英国人是谈天气,中国人是谈股票,当然要看股票好不好,股票不好的时候不谈。我之前公司那个老板,那个公司出售了,卖了好多钱,那个老先生60多岁退休了。他炒股票总是大几千万的钱在里面滚,去年股票好的时候还联系着,不好的时候我都不敢问,我想一联系可能就要说这个事,我也不敢联系他。他也没消息,我想是不是去年股灾损失太大了,老爷子身体也不是特别好。后来过了一段时间他请我吃饭,我看他气色不错,我就问一下股票怎么样。他说可以,赚了大钱。

我们还回到我跟这个美女记者讨论股票的故事,我们讨论一个问题——怎么选股。她就问我:"饶总你怎么选股?"我说我纯粹听消息。因为我这个圈子里好多的师兄师弟有做股票分析师的,有做卖研究员的,有做买方操盘手的,这个行当里的认识人很多,经常碰上了,我就问他现在买什么股票,他一般会告诉我一个代码,我再问第二句什么价钱买,现价能买入吗?我第一个反应是打开手机马上买,如果正好是交易时段的话。

这是我深刻的体会,这么多年经过我分析的股票大都不赚钱,这是我的体会。我跟你们不一样,这是我个人经历的局限,我经过分析的。因为我经常是有消息的,我很早就做上市公司的募投可研报告,很多时候我们是有消息的,同时我们又是做研究,我们对标的公司太了解了,总是觉着这么烂公司的股票你敢买吗?不敢。每每看到涨成这个样子觉得不可思议。后来我发现我不能研究,他们告诉我代码,我连名字都不想知道,我只想知道代码是多少,多少钱能买,买了就买了,当然分散投资,控制仓位是最重要的,就是你投入里面的钱都损失了也不会影响你现在的生活,你的心态就会比较好。

这位记者一听,说:"这不对,你这么买股票非常不科学。"我说:"你怎么选股?"她说:"我首先得选行业,最起码这个行业要好,第二个最起码企业得好。"落到我们这个问题上来了,什么叫好企业?刚才大家说的都是好企业的标准,我们挑股票的时候什么是好企业?结果导向,股票涨了就是好公司,没有涨就是差公司,所以我们追涨杀跌,涨起来我们跟着走,跌就割掉再来,不过熔断几次,半年以后又是一条好汉。

我又问:"你怎么看他是一个好公司?"记者说看财务报表。我是半路出家干会计的,之前我干了十几年的设计、汽车工厂设计,后来做风险投资,然后到企业做财务。我做了那么多年的财务分析,再到企业做财务,所以我都经历过。在企业外看,和在企业里看,很不一样,我就发现你从外来看这个财务报表和从企业看这个财务报表真的就是两回事。

我就问她了，我说这个财务报表好，我们还不能说他是不是真的，真假我们不知道，也可能是假也可能是真，有概率。就算他是真的，一个财务报表好的公司，你投资的目的是什么？你选公司的目的是什么？股票赚钱。赚钱跟一个好公司之间有关系吗？没关系。这个联系是你自己联系上的，一个企业是你认为的好公司，他股票就要涨，这一件事情是你自己认为的。当然了，其实买股票这件事就在于你自己，其实就是你跟自己玩心理，你找出很多的理由，它会涨然后投钱，第一个涨停对了，第二个涨停我是股神，然后不好的时候我就跑，就割肉，俗话说三个跌停或者涨停，你的世界观就改变了。

我想起一个故事，澳大利亚那个是封闭的大陆，大陆上的动物都很傻，因为它没见过人。有一个英国人去抓火鸡，他弄一个大笼子弄一个门，然后弄一个绳子，他藏在树后面拉着那个门，里面放一点食物。火鸡走进去吃食物，走到第八只的时候他想："再来一只，我就关门。"结果走出去一只，他就想："等这只回来我就关门。"没想到一只一只全都走出去了。其实你想我们买股票就是这样，涨的时候追不追，跌的时候割不割，其实都是跟你自己的心理做搏斗，跟市场没太大的关系。

所以说你要传达一个好公司，一定是你要传达那个对象认为的好公司，不是你认为的好公司。我自己当然会认为我们是好公司，我们的老板特别牛，我们董事长特别帅，我们就是一个好公司。我曾经见过一个上海的公司路演，上来老板一通演说，一人发本他的诗集。诗写得还不错，平心而论，但是因为太重我没带回来。但是你想想投资人会怎么想这个事情？你整天都忙啥呢？你是很有才，但是你想想投资人怎么反应？这是比较错乱的一个例子，你这个企业可能有很多的优点，但是有些优点是没法传达的，**你一定要想在别人心里一个好企业的标准是什么？我这个企业有什么好的东西？我能靠上去，我给他两句，不要多，不是多就好，多了很乱，不知道会推理出什么。**就两点，一个是董事长面相大福大贵，这个企业肯定是一个好企业？以前投企业就是这样的。当然有一些路径，聊聊背景，你是不是出国回来的？你家里孩子几个？有没有创过业？离过几次婚？到你家里做客看看老婆怎么样？隔行的先进技术根本听不懂，你要听得懂，他们一定是忽悠你的。

如果一个高精尖技术，比如我们那个年代看什么叫 Lcos 技术，一种特别先进的液晶技术，我说我这种人都能够听懂，这个人一定在骗我。你不可能听懂，你只知道好，他和同行对比好在哪里，因为你是不可能在这个行业里面，所以你只好判断人。

所以我在这个地方想跟大家说的是，你一定是看你在跟谁说，再来想他眼里的好企业是什么样子的，你再来传播。有人问我对新三板怎么看？我可以告诉大家新三板差不多到底了，很多公司已经具有投资价值，但是这些公司的投资价值的判断哪里来？我讲一个故事给你们听，你们看看我前面用的什么技巧。

> 有一家公司叫宏源药业，利润是不错的，有个大几千万的净利润，做普通西药原料的，在一个贫困县里面。这家公司确实是在一个贫困地区，别的一个朋友问我，说这家公司能不能买？我就去看他那个公开转让说明书，我看完以后跟他说可以买。他问我为什么，我跟他说了一个原因，我说这家公司是在一个偏远的县里面做普药原料药的公司，但是他在2012年的时候居然变更了实际控制人，引入了一个上海的资本大鳄做共同实际控制人。我们可以展开想象的翅膀，我们脑补一下，我就给你一个信息，这样一家企业在偏远的山沟里头，来了一个上海的资本大鳄，拿了几千万进去当了第一大股东进去，他会消停吗？肯定不会消停，所以就会有机会，所以可以买。我说这个公司好，不一定会买，但是这个信息足够了。

其实我们在这个里面就发现，分析一个好公司，我们不需要太多的信息，他是不是好公司不知道，大家要明白这个是不是好公司，“实相”皆不可得，这佛教用语，就是那个本体那个真相，你是不可能知道的，因为你在外面推测。想想我们之前讲的柏拉图的“洞穴之喻”的故事，我们在看对面墙上的影像，去推测他的本体是什么，这种事情没有出来结果之前都有风险。但是我们现在不是说这件事情，我们是在说怎么让别人相信这件事情，我们传播上要让别人相信这件事情，而不是说这件事情就是真的，这件事是不是真的我们说不清楚。我说我们这个公司是一个伟大的公司，20年以后是一个伟大的公司，那是20年以后的事情，你现在就断言他是一个伟大的公司，实际上你也是在做一种估计或者是猜测。而且从心理学上讲，预测是没有的，只有现实的估计。

大家都会混淆现实状况的估计和预测之间的区别，实际上我们在做预测的时候我们是对现实状况进行估计。就像刚才我们说的，我用一个很简单的信息，就让你觉得这个有希望，就让你觉得有道理，可以买。大家知道“买者自负”这句话什么意思？买股票赚钱也是你的，亏了也是你的，钱也不跟我分，所以一定要买者自负。

知识的诅咒

我们在描述一个企业好不好的时候,我拥有众多的信息,我对这个企业的历史,都是自己家的企业,最起码在里面干过一段时间,这个历史怎么样我都很清楚,好在哪里、技术怎么样、老板怎么样、团队怎么样、市场怎么样等等,我都非常清楚。但是这个信息量太大了,没法传递,就需要先消化,要把它简化和抽象,抽象出一个短短的商业计划书 BP 或者是一个路演的 PPT,这是一个抽象的过程。抽象完了以后,你自己看商业计划书 BP 或者看路演 PPT 的时候,你心里是有那些详尽的信息的,所以你觉得我的商业计划书 BP 或者路演 PPT 好丰满。可是别人看了不知道这是什么,因为观众脑子里没有详尽的背景信息,只看到抽象不连贯的东西,很难和你同步,这就叫"知识的诅咒"。

我们面临两个阶段的困境,第一个阶段我们不可能把我们全部知道的信息让我们的受众获得,这是一个难题,我们必须把信息提炼出来。提炼出来以后传达,但是你在说这些提炼信息的时候,你的受众又没有你的背景知识。我们以为我讲得很清楚,但是我的听众都没有背景知识,不知道我在说什么,这是我们经常会遇到的问题。因为你对自己的企业很了解,你说几个抽象的词语企业里的人都明白你是什么意思,但是企业外的人是不明白的,因为他没有那个背景音乐。可是我们传递信息的对象是企业外的投资者,所以大家一定要注意了,不要搞成对牛弹琴。

因为这个东西很顽固,一旦你脑子里有了歌,你就会忘了对方脑子里没有歌,就像那个帅哥打拍子的时候歌在他脑子里循环播放,别人看着"这干啥呢? 这不是打太极拳吗?"

1990 年,美国斯坦福大学研究生伊丽莎白·牛顿(Elizabeth Newton)因一项研究而获得心理学博士学位。他研究的是一个简单的游戏,受试者分别扮演"击节者"和"听猜者"两类角色。击节者拿到一份列有 25 首著名曲目的清单,包括《祝你生日快乐》和美国国歌《星条旗永不落》等耳熟能详的歌曲。每位击节者选定一首,然后在桌上把曲子的节奏敲给听猜者听。听猜者的任务是根据敲击的节奏猜出正确的歌名。结果,看似简单地任务,最大部分受试者是猜不出来的。

打拍子的人,在打拍子的时候脑子是有歌的,我们经常会看到有时候有人戴着一个耳麦在唱歌,调子不知道走到哪里去了,他自己 High 得不得了,他自己不觉得,因为他脑子里有音乐,你没有音乐。你会觉得"什么玩意儿啊"?就跟打拍子一样的,你脑子里是有音乐联系在一起的,但是我们看到的都是一些不连贯的动作,不知道什么意思。其实就是这个道理。

这个东西就叫"知识的诅咒"。问题就在于,击节者一旦事先掌握了某种知识(比如歌曲名),就很难想象缺乏这种知识的情形。击节者打击节奏时,想象不出听猜者听到的是一下又一下分离的敲击声,而不是连贯的歌曲旋律。这就是"知识的诅咒"。我们一旦知道某事,就无法想象不知道这事的情况发生的原因:我们的知识"诅咒"了我们。我们很难与他人分享这些知识,因为我们无法轻易摸透听猜者那一方的心理状态。

锚定原理

这是一个真实的条款,大家看看:

回购条款

如果××信息未能在本次投资后72个月以内合格并购(定义见下),AA资本有权要求BB科技以"回购价格"回购AA资本所持有的全部或部分××信息股权及相应的股东权利。

向AA资本支付的回购价格不低于以下两个值中的较大值的公平市场价格:

(1)AA资本投资金额的100%加上每年投资金额12%的单利;

(2)AA资本所持股权比例所对应的公司的当期经审计后的净资产值;

合格并购是指公司被并购的价格不低于当期公司经审计后年度净利润的16倍且公司估值不低于3亿元人民币。

这个条款是VC/PE投资时常用的回购条款,如果××信息是一个公司,未能在本次投资后72个月内完成合格并购,AA资本就是投资者有权要求××信息,接受投资的一方,以约定回购价格回购AA资本所持有的全部股权。这是一个惯常的回购协议。回购的价格怎么定?向AA资本支付的回购价格不低于以下两个值中较大的值的公平市场价格。价格是什么?公平市场价格,但是他有一个限定,在两个之间不低于这个较大的,就是不低于这个数，第一个数是本金加一个12%的单利，第二是净资产，这也是常用的。也就是说，这个公平市场价格，不低于当时净资产或者约定收益率。

下面有一个条款，什么叫合格并购？如果没有合格并购他就要按这个公平市场价格来回购，不低于这个数。合格并购是指公司被并购的价格不低于当期净利润的16倍，且估值不低于3亿元。

我问大家一个问题，在这个里面，公平市场价格应该是多少？条款这么写，如果3年里头，目标公司没有上市或者是没有合格并购，因为目标公司卖掉也可以，投资者也可以退出了。什么叫合格并购？合格并购是不低于3个亿，且不低于16倍。如果没发生这个事，你应该把投资者的股权买回去，买回去的价格是一个公平市场价，但不低于两个条件，即不低于当时净资产或者约定收益率，只是说了公平市场价格的下限，但是没说啥叫做公平市场价格。

我就问大家，这里面的“公平市场价”你认为应该是多少？这里面没有对错。记住，我问这个问题的时候，一定先有一个陷阱，谁认为的公平市场价，这里面有好几方，有要求回购的和被要求回购的，两方面对什么叫公平市场价格理解会是不一样的。这个协议冲突在哪里？其实撰写人的本意可能是公平市场价，到时候我们谈一个公平市场价格，这个公平市场价格给你一个保底，不低于你的本金加单利以及净资产，到时候我们谈一个数。但是他里面埋了一个小小的地雷，他说你没有合格并购所以我就做这个，这个我们都谈好。他说如果没有合格并购，合格并购的条件是3亿元人民币，这就叫锚定。

将来我们在谈公平价值的时候，这个数据会成为核心影响。尽管在这个协议上推理没有说公平市场价格到底是啥玩意儿，但是这个数据将来一定有用，因为我们已经默认这个公司合格并购应该是值3个亿，这就是我们可以在这3个亿的范围内谈谈，这叫锚定。所以这个条款是一个陷阱，看上去好像我答应，我回购的价格就是12%固定收益或者是净资产价。但是不对的，我说的是公平市场价。什么叫公平市场价？我在这儿已经预设了两个数字，当期净利润的16倍，且估值不低于3亿元，尽管没说但是在这儿放着，对大家的心理都会产生一个重大的影响，这就是“锚定效应”。

所以目前在新三板上有大量这样的问题，就是做市的价格偏低，可能不反映他的实际价格。但是那个价格一定会对你的实际估值产生重大的影响，这就叫锚定。一定有了那个，这个影响是很难去掉的。

上面条款的设计叫先发锚定，我发现了以后就吵了，把这条删掉了，对方不同意删,然后开始吵架了。这个东西是什么意思?看上去好像不影响,其实这是很重要的技术,所谓的谈判技术以及协议技术,这就是重要的协议技术。

二、企业价值传播之技巧篇

我们下面讲讲技巧。我们要去传播企业价值,我们总要有载体,通常我们写一个商业计划书 BP 或者做个路演 PPT,或者写一个招股说明书,或者写一个推介材料,反正要有东西。这个东西还要人来介绍,PPT 是一个死的文字,你还要需要讲。这个材料的内容我们怎么创造呢?内容创造,我觉得有八个方面要注意,这八个方面的技巧都掌握了,也许就有比较大的帮助。

(一)简单

这一点非常重要。就是说,和投资者交流,我们现在把你的传播对象已经规定为投资者,这是很狭义的,就是你潜在的投资者。我们经常会看这样的 BP,上来公司名字,第二页是公司简介,什么科技公司、成立于多少年、是什么地方的高新技术企业、拥有多少专利、是什么行业的翘楚等等。通常情况下,如果你出现了那一页,你就可以认定这是一个不专业的菜鸟。

因为我们刚才有一个非常重要的认知上的理论,直觉(结论)在前,解释在后,你上来就要给听众创造一个直觉的环境,上来就要给直觉,这是第一个。第二,直觉是不讲道理的,没有道理好讲,不要讲道理,塞一个给他就是了。伟大的演讲者都是没有逻辑的,你看列宁,演讲极其具有煽动性,讲道理嘛?不讲。传销,那有逻辑吗?没有逻辑。但是那些辞藻,那个热情一下子就抓住了你,其实这就是心理学。我们也一样,和投资者交流,你要明白,投资者面对的项目是千千万万。达晨创投总裁肖冰在一次演讲里说,达晨 16 年看了超过 100 万个项目,实际投了 351 个。投资人每天就是来听路演看项目,今天有 10 个项目,我手上不断地有 BP 发过来,投资者的精力很难集中,特别是我们现在都有手机,我们有手机依赖症,如果 2 分钟不看,感觉到我们的魂被勾走了,要看一眼。你如果一上来没有抓住他,没有让他脑子里对你有一个印象,你就失败了。所以上来一定要把最想要告诉他的东西马上告诉他,千千万万记住,哪怕是你口头交流,要给最干货、最简单,能三句不要五句,能一句不要三句,能一个词不要一句,最简单直接塞给他。

简单就是要找到核心观点,**简单 = 核心 + 精练**。

精练:句子比段落好,一句好过 5 句,“一鸟在手胜过十鸟在林”。因为人一次能学会和记住的东西实在有限。重要的事情先说,精彩导语胜过千言万语,是一个“倒金字塔结构”。

假设你是一位战地记者,电报线路随时中断,那么,你先说什么?

什么是决策焦虑?言多不得。人类决策的基本规律之一,人在作决策时会受到不确定情景的影响,过多的选择导致决策瘫痪。人们总是希望一下子告诉对方你的一切(无用的准确),实际上先告诉足够用的信息,然后再一点一点慢慢增加。

当然,我们有很多的策略,比如以前我写可行性研究,可研报告是很厚,其实这么厚都是增加可信性的,这个东西往桌上一扔的时候“当”!人家觉得花了几十万,值了。这个研究工作做得很扎实,到头来他要看什么?就是前头那个提纲,或者是摘要。一般会写个报告的摘要,把你的核心观点都放在最前面,领导就看那两页,你以为领导会翻后面那些东西?不会的,领导看看你的厚度就行了,前面两页东西看清楚就行了。其实道理是一样的,就是要简单。

如果这么简单,有很大的问题,前面讲了“知识的诅咒”,听众有可能不知道你在说什么,怎么办?很简单,有一个基模原理,就是说,我们要利用受众脑子里现有的东西,按照现代心理学,你给他一个信息,他只会在他自己脑子里已有的东西里面检索,不可能出现他脑子里原本没有的新东西,根据这个原理,你一定要找一个他脑子里可能有的东西作参照对比。

比如说我们介绍一个水果——“西柚”,这是我在百度上查的西柚解释:

葡萄柚又名西柚,芸香科、柑橘属小乔木,枝略披垂,无毛;叶形与质地与柚叶类似,但一般较小,翼叶也较狭且短,嫩叶的翼叶中脉被短细毛;总状花序,稀少或单花腋生,花萼无毛,花瓣比柚花的稍小;果扁圆至圆球形,比柚小,果皮也较薄,果顶有或无环圈,瓢囊12~15瓣,果心充实,绵质,果肉淡黄白或粉红色,柔嫩,多汁,爽口,略有香气,味偏酸,个别品种兼有苦及麻舌味;种子少或无,多胚;果期10~11月。

都是字,看完也不知道它在说什么。如果我们这么来介绍西柚,我们就失败了。如果我们用基模的原理:西柚大致是一种小型的柚子,形似葡萄,皮薄且软。一句话。因为大家都知道柚子,所以西柚可能是一个比较特殊的柚子,那你就明白了,就是一个特殊的柚子,小一点。如果你还要进一步,你给他看一个照片:就长这样。是不是就胜于千言万语?

所以详细的文字解释放在开始没什么用,详细的文字都在厚厚那一本的后面,大家很少去看。但是为了增加可信性的时候,你需要那些东西,会显得工作做得很扎实的样子。

我做路演，第一张两个关键词，IT＋金融，上来就让你觉得我是IT＋金融的，下面还有点补充信息，按行业区域的分类。IT＋金融比较易懂，这两个词都是“基模”。第二张PPT就是我们公司利润多。这个公司最大的特点是什么？别的没有，就是钱多，会挣钱，把最重要的事先说。别等20张PPT说完了，最后说我的财务状况很优异，我这个公司最好的地方，就是我会挣钱，我先让别人知道。比如，这个公司最优异、这个老大是腾讯的谁，这些放在最前面，人的精力一开始就要吸引他的注意，一分钟、两分钟之后他开始看手机了。你让他有一个印象，有了深刻的印象以后他如果真的感兴趣会主动找你，会主动看后面的东西。

（二）吸引注意力

所有的演讲者最怕的就是这个，人的注意力集中大概只在15～20分钟，而我们还有手机了，就更难了。

信息沟通的首要难题就是吸引别人的注意。**意外是吸引注意力的有效方式，**意外就是意料之外或者违背常识（破坏基模），意外产生惊讶，惊讶情绪摇醒我们的注意力。为什么阴谋论能长盛不衰？因为人们设法要适应意外事件的冲击。出色的文章多是以悬疑故事开场，悬疑创造出对答案的渴求。

好奇心的缺口理论认为，当我们的知识有了缺口，好奇心就产生了。缺口来自哪里？人知道得越多好奇心就越少吗？正好相反！所以背景知识的介绍非常重要。所以你一定是要让大家好奇，在他意料之中的就不是好奇，他意料之外的就是好奇。

我们举个例子：新三板有家公司叫BLT（43039×），大大的有名，为什么大家能记住BLT呢？因为有一次BLT的董事长宣布要融资105个亿，打造中国机器人产业集群之类的，具体做什么饶胖也不记得了。但是105个亿的融资额让整个市场记住了BLT，后来记者采访这个董事长，就问你这么小的公司，融105个亿？你觉着可行性有多大？这个董事长就说了，其实融1.05亿对BLT来说都是巨大的成功，但是1.05亿谁会记得你？不如说105亿。这个董事长深谙传播的精髓啊。当然，乱讲也是要付出代价的，后来BLT被股转处罚了。

你要发掘你的素材里面什么东西会使投资者感到意外，一旦打破听众常规的框架，他马上就会感兴趣，多巴胺就会分泌了。多巴胺就是我们脑垂体里面分泌的一种激素，这种激素使我们感觉到快乐，我们没法定量我们的快乐，我们这个快乐和那个快乐没法定量比较，但是科学家说可以测多巴胺的浓度，按浓度来算。

（三）具体

语言是抽象的，但是生活并不抽象。到底什么东西能让某事变得具体呢？**如果你能凭感官去认知某样东西，那就是具体。**例如，V8是具体，高性能是抽象。

回忆一下卡尼曼，人的认识模式，对了！直觉！具体的语言能帮助人们理解新概念，特别是对着一无所知的新手，抽象是专家们独享的奢侈品。如果你想把某个观点传达给满满一屋子人，你又不确定他们的知识水平，那么具体的语言才是唯一可靠的办法。

为什么具体能帮助我们理解事务？具体让我们利用现有知识和感官的基本模块来搭建更抽象的内涵，如案例教学、情景联想等。

我们的脑子比较容易记得住具体的事情，而抽象东西比较难，所以你讲一个抽象的东西要马上举一个例子，听众可能记住例子、记住故事了，但是记不住抽象的东西。

人主要是靠直觉，所以我们一定要加入很详细的细节的东西，不要讲太多抽象的东西。你看我在今天讲课的时候，我讲了大量的理论，但是每讲一个理论马上就要讲一个故事，要讲一个段子，因为不讲那些例子和故事，理论对你们来说根本就没有印象，出了教室门就忘了，但是段子和故事你也许能记住了，这就是很重要的，这就是增强听众记忆的方法。我们要会举例子，这时候你千万不要忘了你是打拍子的人，你是讲故事的人，这个故事有时候要讲得具体一点，如果不具体可能还记不住。

（四）可信

我们在说一个公司好，我们在推销公司是一个好公司的时候，我们经常会发现这个问题，我们怎么样让别人，让我们的听众相信我们？这个很重要。

让他们相信我们有以下几个方法。

第一，细节。大家看过《鹿鼎记》里的韦小宝，《鹿鼎记》是我的人生启蒙书，因为我是在大学里看的，忽然才发现其实那才是真实的社会人际关系。韦小宝是撒谎大王，但他撒谎往往成了。他的要诀在哪里？所有的细节都是真的，在关键的地方胡诌。你不要小看这一点，很重要的就是细节。如果你讲一个故事，我们讲得要很具体，道理在哪里？你要让别人相信的时候要讲细节，别人才会有感觉。当时什么情况？我们当时干了什么？当时谁怎么说的？讲这些细节，非常重要，营造了场景感。

第二，"眼见为实"。这也是一个心理学问题，在卡尼曼的书里都有，大家都可以看一看。我们的大脑更相信眼见为实，就是我看见了，我相信了。

他那本书里面有一个故事，每年 NBA 都要选秀，从高中生里面招那些最新苗子进来集训，这些新苗子是未来之星，有很多的女孩子包围着，他们就要教育这些孩子，说很危险，艾滋病什么的，因为你们很年轻，将来前途很大，这个很危险，安全性的问题很重要。就跟我们教育游客，里面有猛兽伤人，这是很抽象的道理。自然这帮新秀小孩们听见了，大家都没当回事，晚上一样出去玩，来了好多的女孩子出去玩。第二天一早开晨会，一开门进去，昨天晚上那几个姑娘都在那里坐着，然后领导就说："来，请翠西介绍一下。"翠西说："我 HIV5 年。"这个就比你跟他说教管用，当然，翠西什么的都是安排好的演员。

我还想起一个笑话。在大学女生宿舍，女生在洗手间化完妆，总有人涂完口红习惯在镜子上亲一下，留下有一个口红印，很难清理。阿姨就很生气，就跟舍监说要管好学生，不能在上面亲，很难清理的。舍监就说行，把所有的女生集合到这个化妆室里头，然后叫阿姨过来："来，你给她们示范一下你怎么清理这个镜子。"因为上面有好多的口红印，阿姨就拿起拖布在马桶里涮涮，在镜子上拖了好几下，这个镜子立刻很干净了，以后还有人亲镜子吗？这就是眼见为实，说没有大用，眼见为实很重要。

第三，数据很重要。我们往往记不住具体数字，但是我们记住数据之间的关联就好了。比如说刚才我展示了我们那个公司利润，其实我不指望谁能记住这个数，只要让你记住这个公司好、能挣钱就行了，具体多少数目看一眼就可以了，留下很能挣钱的印象就达到目的了。但是很能挣钱是个抽象的，6400 万元是具体的，听众不一定记住 6400 这个数，但是留下了很能挣钱的印象。

第四，可以找别人背书。别人成功了，如果和你有什么关联，就很容易引起别人的注意，相信你也能成功。比如说你的股东里面有腾讯，你要说我的股东是腾讯，胜似千言万语。因为他觉得那么牛的公司能够看中你，你一定也是很牛的，就是这个道理。

我讲一个小小的故事。

我以前在一个造船和航运的公司里面工作，我的老板很牛，做造船这个行业，民营企业很难的。后来有一次我跟他一起到复旦去听唐先生的演讲，唐先生在"学历门"之前，那个年代是顶级的社交名人网红大咖。唐先生这个人喜欢吹牛。唐先生说他到日本，日本经济很好，后来他离开日本去了美国，日本就开始衰了，唐先生去了美国，美国经济很好，后来他离开美国回国了，美国又开始衰了，中国经济好了起来，然后他说他也不知道为什么，他就喜欢讲这个故事，大家听听笑笑就完了。我跟我们那个老大在底下听，我们说怎么把他唬住？老板说："你看我的。"现场一讲完，好多人围着唐先生，我们老板冲上去，他说："唐总，你刚刚讲你到哪里，哪里就会旺，离开的地方就会衰，我有两个解释。"唐先生马上不听别人的，注意力转向，这就是打动人心。第一个叫做候鸟理论，你有这种直觉，他要兴了你就去，他要衰了你就走，这叫候鸟。第二个是混沌效应，蝴蝶效应，南美蝴蝶翅膀一扇亚洲的台风形成了，这就是蝴蝶效应。说得唐先生心花怒放，马上换名片留电话约"下礼拜喝茶"。

第五，结果的偏见。我们人的习惯是以结果来判断，所以你要展示一个好公司的时候，要记住从胜利走向胜利。其实你会告诉我这很难，因为你预测一个事情没发生，你怎么知道他能胜利？万一吹了半天的牛，没胜利呢？这么大的一个耳光。人是这样的，先看到结论，然后构建因果过程。我们刚才讲过这个理论了，即结果的偏见。你有了结果，这个公司股票涨，他就是个好公司，所以你找出好多的原因来说明他是一个好公司；这个公司的股票跌一定是一个赖公司，你找出好多的原因说他是一个赖公司，所以结果很重要。

这里面有一点点的小小操作技巧。你总有很多事值得宣传，一个公司总有很多事，特别是你想宣传这个公司不错，有很多事，如签个大单、有个大客户、开发新技术、收入大涨，如此这般，真的很多事。这事已经成了，别说了。你就说我要做这件事情，过了 3 个月我告诉他这个事情的好结果，就是一个简单的时间差。比如说你签一个大单，你先别说，而说今年下半年主要目标是开拓南方市场，实际上南方市场已经搞定了，合同都已差不多了，过了 3 个月你再宣布我们在南方市场取得了如此的光辉成绩，其实就是打了一个时间差，只是在你宣布的时候打了一个节奏差，你说的每件事情都是已经实现的，千万别说没实现的事，没实现的事就很容易打自己的耳光。

我说我要怎么样，但是这个东西没实现，很容易打自己的耳光。但是总有很多事是已经实现了的，问题是别人不知道，我就说我要实现这个事情，过几个月就实现了。来那么几回,别人就说:“你好牛啊,你们公司太厉害了!”这就是从胜利走向胜利。

第六,光环效应。人的思维有个一致性的困境,就是他会认为全部好、全部坏。比如说我说一句话:希特勒很喜欢小动物。你们是不是听起来很违和?希特勒一个恶魔怎么会喜欢小动物?好像这个形象很不对,这就是人思维的特点,是人类的思维方式决定的。我们在认为这个人是好人的时候,我们把所有的好都会给他;我们认为他是坏人的时候我们会把所有的坏都给他,这就叫光环效应。

所以制造企业价值的光环效应是大大的法宝,你要能够为你自己的企业戴上光环或者为你的企业家戴上光环,因为价值是人心里的感觉。有个老总跟我讲,说这个企业的价值怎么出来?我是中国第一批有证的资产评估师,企业价值就是交易,你买我卖这才叫价格。评估是什么?我坐在旁边,你俩已经商议好了3个亿的价格,说你评一个能评3个亿吗?如果少了再把盈利预测加上,这是评估师的工作。

在国有资产的情况下,评估师有的时候就反客为主,因为国有资产往往是这样,他怕承担责任,所以他指定一个他系统内的评估师定一个价,大家都没有责任。评估价格范围可以很大,天上到地下,都是合规的,评估师可以用一套逻辑非常严谨的东西推理,即使如果每一个参数都胡扯,也可以扯出一个很有逻辑的结果,让你觉得每个参数选择过程都很科学。最后可能都是我们做的那个东西,就是先有结论。

我给你一个东西你觉得好漂亮,但是有没有价值?其实最终的价格是两人谈出来的,我愿意买多少钱,你愿意卖多少钱,这才是核心。

我讲一个小故事,我曾被光环效应欺骗了。

2006年时,国内自主手机刚刚崛起,当时我虽然在企业里做财务,但是我一直业余时间做FA,就是财务顾问帮民营企业融资。我们当时发现了国内自主手机行业一个领袖人物,大家都知道的这个行当技术旗帜性人物,在中兴、华为这样的公司开创了手机设计部门,后来出来到手机设计公司做CEO,再后来自己出来创业。我们这几个人帮他出主意,要帮他打造一个新的公司,帮他找风险投资,用他这个光环驱动行业内的资本,依靠他的光环把大家聚到一起,然后拿到风险投资的钱。我们想干一把大事,我们做FA都是自己垫的钱,我们没要他的钱,我们想要股份,想一把搞一个大的。我们签约会议在哪开?风险投资的签约会议在南湖的游船上,类似种种做了很多的文章,把大家糊弄到一块,最后风险投资协议都签约。但是我们犯了一个致命的错误,我们在塑造这个神奇光环的时候我们自己也信了，就是把我自己也骗了，所以我们在发现他给他自己嫡系人马分派股权的时候有点不公平，给自己太多了，给兄弟们太少了。我们提出来说这个有问题，底下兄弟们可能会造反，他说他会搞定，他也被自己的光环骗住了。最后关键的时候，底下的兄弟们造反了，不干了。这种事情就是本来可以做一个大事的，但是就是光环效应，我们被他的光环，甚至他自己被自己的光环所欺骗了，错误地估计了形势。

（五）情感

这一点我想大家都容易理解，就是你怎么样能够和你的听众产生共鸣。比如，你说要见这个投资人，你千万做一个功课，不要不认识就去，要看看他啥背景，打听在哪个学校上的学。我们人与人之间社交就是这样的，你在做这件事情的时候不要把他想得太理性化、科学化了，一样都是人。

特雷莎修女曾经说过："如果我看到的是人群，我绝不会行动，如果我看到的是个人，我就会。"打动人心，一能胜多。我把特雷莎修女的话放在这里是有代表意义的，也就是说群体不管用，群体是没有情感的，而个别人是有情感的，讲个人的故事才能打动人。如说我讲一个个人的故事，朋友讲给我听，印象很深。

朋友说他的领导很厉害，是副部级，为了拿一个大的项目，约好去见当地副市长，结果去了领导还没有回来，人家不让进门，他们两个人就在门口的台阶上，天上下着毛毛雨，坐了4个小时，一直等到半夜那个领导回来把那个单子搞定了。

要讲这样的故事，有场景的，个人的，一定要讲个人，个人才管用。大家看过庄子与惠子的对话"子非鱼安知鱼之乐"，庄子与惠子在郊外游玩，路过一座小桥，河里鱼在畅游，庄子说："这鱼很开心啊。"惠子说："你又不是鱼，你怎么知道。"我只是打了一个比方，道理在哪里？人类是一个很奇特的动物，人类脑子里有一个地方叫"他心中心"的地方，如果这个地方被破坏了，就会得自闭症，就没有了社交能力。现在脑科学非常发达，经济学家特别留意脑科学，这个区域的存在证明了我们可以察觉到别人的情绪，即可以共情。很久以前孟子就说了，人有恻隐之心，看到别人家的小孩往井里爬，你也会很紧张，也会去救，这就是人类进化出来的东西，我会懂得别人的心，也会体会到别人的快乐和别人的痛苦，所以这是人类特有的东西，这也是人际关系的基础，是人类社会能够存在的基础。所以情感这张牌一定要打好，非常关键。因为我们人类就是具有这样一个特征的生物。

(六)讲故事

讲故事是必需的,“**故事是有灵魂的数据**”,一定学会讲故事,你企业里头一定有这样那样的故事,你要把故事讲给别人听,故事才能推倒心里的墙。因为大家在社交的时候,心里是有防范的,故事才能打动人。

我讲一个故事给大家听,看看他的故事讲得好不好。

我有一个做风险投资 VC 的朋友,2000 年开始做 VC,后来转行自己创业,这几年他做期货的量化交易做得很好,自己从几十万起家做到几个亿,全是自己的钱,现在有二三十人的研究开发团队,都是从美国回来的博士做研究。我很有兴趣,正好有朋友需要量化交易工具,我就约了一起跑到他那里去拜访。我就问他:“你为什么会成功?”这是我们都想知道的问题,因为他已经成功了,我们想知道他为什么会成功。(因果律,对吧)他告诉我两条,第一是技术要可靠,技术,我听不懂;第二是哲学上很正确,这个我有兴趣。

什么是哲学上很正确?他要在吃饭那一会的时间把这个事讲清楚,他就讲了一个故事。他说假设这个期货市场是个怪兽,我们就是跟怪兽搏斗的参与者,不管我们是什么,我们参与到这个期货市场就要从怪兽身上割块肉、弄块皮,弄个指甲也行,就是在怪兽身上赚钱。跟怪兽搏斗,有两种方式:一种哲学叫做怪兽是可以被理解的,我研究这个怪兽,我分析它,它的血液循环、皮、眼睛什么的,它是什么动物,我研究清楚了自然知道跟它怎么搏斗,这听起来像一个价值分析对不对?我研究一个好企业,研究透了,自然知道下一步他会怎么样。另外一个是怪兽不可知论,既然他是一个怪兽,我们就不可能了解它,不知道它是什么东西,不可能试图把它搞清楚了再做什么。但是这个怪兽也许会有一些习惯被我们观察到,也许它要动腿的时候先甩甩尾巴,这个小小的关联被我们察觉到了,在一个较短的时间里,我们就可以利用这点来赚钱,而不必真搞清楚怪兽是什么。讲到这里,看着窗外,那是一栋陆家嘴的高楼,正好窗外飘过一张小纸片,他说我们不知道这张纸从哪来,我们也不知道这张纸要去哪里,我们都不知道。但是我们可以预测下一步它往上和往下的概率哪个更大。**如果我们能够观察到它有一些规律,我们在这个规律上只要是抓住大概率的事件我们就能够赚钱。**这是他的哲学,他不追求每次都赢,而追求概率上的赢。比如说我做 10 单,55% 胜率非常好,53% 能够接受,51% 还可以,他通常做到 56% 左右,所以能够赚到大钱。这是他的哲学观。他不是靠听消息,而是靠技术分析和算法策略,他全是用自动量化交易策略,上了策略以后人就不能管。这么复杂的一个东西我们用一个短短几分钟的小故事就讲清楚了,要干什么?要怎么干?你可能也会想我把钱投给他,可能会赚大钱,我也是这么想的,但是他不要我的钱,嫌我的钱太少了。

（七）逻辑自洽

自洽（self－consistent），简单地说就是如果**按照自身的逻辑推演的话**，自己可以证明自己至少不是矛盾或者错误的。因果律是所有事物之间最重要、最直接（可以是间接）的关系，表示任何一种现象或事物都必然有其原因，即“物有本末，事有始终”、“种瓜得瓜，种豆得豆”之意。这种自洽或者一致性，让我们感到舒适。

我们在准备内容的时候，我们要做到逻辑自洽，我们的思维都是因果逻辑。因为所有这些，尽管因果律这个东西不是实然的，但是它是人类的思维习惯，我们就按照这个习惯来走。内容自洽，就是不要出现逻辑上的矛盾。我们经常会看到这样的矛盾出现，比如前一段时间我看一个路演，在新三板上做数字营销的很大的公司，路演中展示了一个预测，未来 3 年每年超过 300% 的一个高速增长的预测。前一年，这个公司实际增长了 150%，销售收入增长了 150%，这个行业同期大概增长了 300%。问题来了，因为如果大家是对这个行业了解的话，知道去年全行业的增长率是 300%，你这个 150% 只能说明你做得不够好，马上被所有人质疑，他那轮融资就失败了。我不说怎么回避这些问题，但是你一定要想想你的逻辑在投资人那里成不成立，如果不成立的话你千万要调整一下。因为这个逻辑不是全部因素，他可能很多情况下只是挑出几个因素进行逻辑推导，你只要回避掉可能产生逻辑障碍的那一些因素就可以了。

逻辑自洽有这么几个内容，第一个是**内容上要自洽**，数字前后不要矛盾；第二个，**现在和未来要自洽**，比如说我们估计，我们预测未来，其实是在估测现在，所以现在很重要，你说我今年 500 万元，明年我要做 5000 万元，通常情况下别人也不信，当然也有可能你行业不一样，但是你一定考虑到别人会怎么想这个问题。比如说刚才我们说了我们在分析逻辑自洽的时候，很重要的，比如你作预测，未来一、二、三年的销售收入、利润会这样，你千万考虑一下你前一年的实际情况是怎么样，这个之间的关系怎么样，能不能说得圆，或者大家一看是不是合理，如果啥都没有还是零呢？你说你要干天大的事情，大家首先觉得你这个人是不靠谱的。可能也许你能干成，但是这种感觉可能就否定了让你的那些潜在投资人去关注了，因为他的项目很多，他用排除法，一看这个不好就过了，那个不好就过了，剩下他再看看，因为项目是很多的。

（八）可视化

形式也很重要。我们回忆一下人的认识结构，场景化是我们直觉的重要部分，你要有一个场景，这个场景很重要。所以如果你能用视频就用视频，而且可以拍个小短片。比如,我介绍我的工艺流程一个小短片,弄一个动画,或者你拍一个实际的生产过程,大家一目了然,不要太长,视频一定要比照片要好,有照片一定比图表好,有图表比文字好,你全是一大篇的文字说今年多少,比去年增长多少,可能大家就不想看了。你可能有一个图表会好一点,结构化。如果能够有画面,比如说你董事长很上照,把董事长的照片拿出来也可以,有人就看这个人面相好,就关注了。

《让创意更有黏性》这本书大家做内容时候可以参考,这本书挺好的,但是我建议先看卡尼曼和海特的心理学,如果你没有看过,看这本书就没啥大用。因为你不知道你自己该怎么弄,因为他光教你一些实战的技巧,实战的技巧到你那儿还是不会用,当然也可以看看。因为这本书我之前看过,看过之后我觉得没啥用,后来我看过其他书以后反过来觉得这本书很有用。

三、企业价值传播之渠道篇

企业价值传播的渠道和方式,就这么几种:**社会传播、股转系统公司的公告系统、研究机构、定向介绍。**

我们从媒体、股转系统、研究、路演、调研这么来看,越往上受众越广,越往下专业越聚焦。你从内容深度上讲,新闻事件是最浅的,股转系统是一个法定渠道,研究是专业解读,路演,我取名叫有节制的宣传,路演的时候你很谨慎,不像新闻报道,新闻报道记者可以胡写。如果面对面就是深度解读,面对面是非常重要的,路演是一对多,但是面对面是什么?你把人家请到你会议室,或者你到人家会议室,可能就两三个人深度地解读。上面是宽,下面是深。

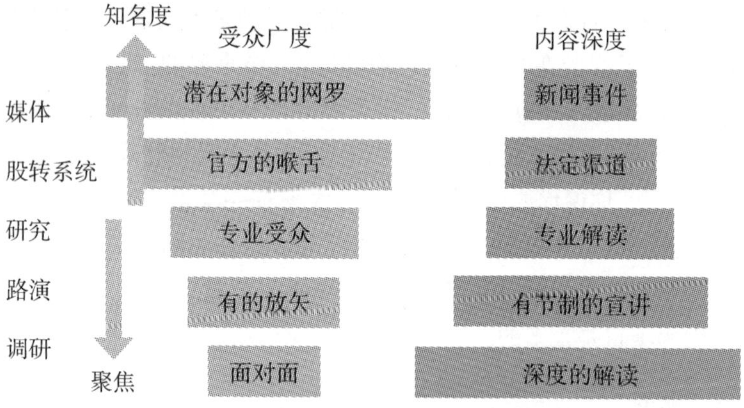

图 19-1　创业价值传播之受众广度与内容深度

我们有传统媒体,四大证券报、21 世纪报道、第一财经这些,网络媒体如网易财经、今日头条、东方财富等，自媒体就是现在那些大V的号，如公众号、微博等，新三板自媒体相当活跃。

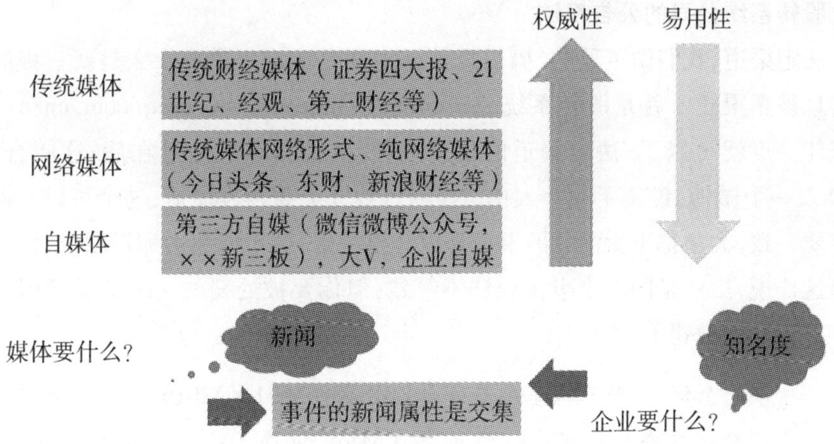

图19－2　社会传播简图

从我们企业角度来看，我们都希望好的东西上新闻，负面新闻没有。但是媒体要什么？媒体是要新闻的。我们要什么？我们要知名度。这两个不是一件事情，就像狗咬人不是新闻，人咬狗才是新闻。

你只有找到这种交集，媒体才会感兴趣。我为什么要跟这些记者交朋友？我也想知道他们想什么，后来都成好朋友了，我就知道了，我给他什么东西他才会有兴趣，你说我公司怎么好之类，他不会有兴趣的，你说我的公司就是好，我今年利润多少，他一定不会有兴趣，这不是新闻，这是企业宣传。

股票十连阳算不算新闻？为什么会十连阳？因为是在股灾最低谷时就停牌了，行情好了，复牌了。每天都涨，一涨涨了10天，我们心里都很清楚是补涨。可是在宣传企业的时候我们说，我们企业复牌以后补涨涨了10天，这是新闻吗？不是新闻。十连阳是事实吗？是事实。大涨70%是事实吗？是事实。这就是新闻，这是结果，原因是什么不重要，看者自行脑补。

我刚才讲的所有的理论现在都可以用到，结果是最重要的，你告诉他一个结果，这个结果是真的，你没跟他说是什么原因，但是不重要，他自己去觉得。他可能会觉得你是一个好公司，但也未必，他也可能会认为你是补涨，不过没关系。因为你上新闻了，你公司大涨不是好消息吗？所以结果导向是人的思维方式，你给他一个好结果，不要老觉得心里有愧，说这个好的结果，其实跟你没关系，这是国家的大势，你们公司现在好了，是跟行业有关系、跟环境有关系，这其实才是真相。这几年有些行业不错，大家都过得很好，但是你没必要这么说，你就说这个公司就是好,看你涨了多少。他可能会觉得你这个企业很好,他脑补去了,他脑补完了以后还是觉得你很好,因为这个行业很好。

股转系统公司的公告系统

法定渠道,我们做董秘的,搞信息披露主要是法定渠道。什么是新三板的法定信息披露渠道?就是股转系统公司的网站(http://www.neeq.com.cn/)。大家记住一点就可以了,法定渠道的信息在前,其他渠道的信息在后,这叫合规。CEO发一个微博,说签了一个大单,这不行,要先公告再发微博,这个可以。而且内容要一致,大家都不太注意的事情是内容要一致,你不能那边那样说的,后来你这边这样说,虽然是同一个事情说法不一致,但你要被处罚的。BLT就是因为几个字不一样就被罚了。

> 举一个例子,新三板基础层公司LMSW(83691×)2016年11月8日公告:"公司主办券商东海证券获悉,LMSW董事长吴某参加了CCTV证券资讯频道2016年10月29日播出的《创响中国》节目,在节目中宣传了公司未经审议的股权融资事项。同时吴某在对投资者问题的回复中就公司2016年销售收入进行了预测。鉴于上述事项并未在全国中小企业股份转让系统信息披露平台予以披露,违背《全国中小企业股份转让系统信息披露细则(试行)》要求。东海证券发布风险提示公告提醒公司及吴某学习信息披露相关规定,完善公司内部治理,并郑重提示投资者注意投资风险。LMSW同时发布停牌公告称,因公司董事长吴某先生在公共媒体宣传公司未披露的股权融资事项,为避免造成公司股票转让价格造成波动,根据《全国中小企业股份转让系统业务规则(试行)》《全国中小企业股份转让系统挂牌公司暂停与恢复转让业务指南(试行)》等有关规定,经本公司向全国中小企业股份转让系统有限责任公司申请,本公司股票自2016年11月9日开市起停牌。"

还有一个,**就是千万别开投资者微信群**,这个也是饶胖的"私房菜",这都是血淋淋的教训。有朋友来问我:"这个投资者群怎么关啊?"我说:"你关有什么用?他们都联系上了,他们自己联系上再建一个群你不知道,你在里面不吭声还可以观察大家的反应,最好是别开。"中国的投资者都是听了风就是雨的,你以为他有500万门槛就是理性的投资者?我刚刚讲了人是不理性的,人都是以直觉判断优先的,听到风就是雨了,好事就罢了,坏事就麻烦了。

银橙传媒收购案就是这样的,某个新三板自媒体拉了几百个银橙传媒投资者进去组成维权群,维权。大家一通吵以后,有人说他这个还可以,有人说是不行,吵到最后就是负面的能量占到上风，然后就写举报信到证监会，会里最怕这个事了，中国证监会是保护中小股东利益的，就是保护韭菜的，没有我们韭菜哪有中国股市？我们证监会最大的任务就是保护好“韭菜”，就是他用大棚把我们罩起来，到时候好割。所以要明白自己的定位，做一个茁壮成长的好“韭菜”。

所以千万别开投资者群，因为投资者群很麻烦，第一个因为他是你的股东，是你的投资者，他会问一些问题，你打官腔他不高兴，你说了不该披露的话也不行。他们自己互相交流负面能量很容易上升，没法管理，所以千千万万别开。不能说，股东 200 个人，我们都加到这个群里头，千万别干这个事，好多公司都吃这个苦头，好几个董秘跟我哭诉问怎么关，我说你现在关来不及了。

研究机构

新三板目前成体系的研究还没有，主要是什么原因？我们国家证券业的卖方研究报告是从二零零几年开始的，这个体制实际上是券商研究所做研究，把报告提供给机构投资者，机构投资者在研究所在券商开户，买卖佣金给研究所分成，研究所就挣钱了，从此研究所就成为券商一种商业模式。

新三板到目前为止没有建立起这个模式。研究新三板不能挣钱，写新三板的报告挣不了钱，很少有人愿意写新三板的报告。所以你现在看新三板上你想要投资的公司，很难找到一些专业研究报告。现在唯一成建制的就是中信证券新三板的团队，他们十几人，一年大几千万的预算，但是不挣钱，不过中信证券有钱，他们养得起，不靠这个挣钱，他说新三板他们当第一。我认识好多的新三板研究员，最终的结果是 A 股还得同时干，因为新三板不赚钱，所以他 A 股也得干，兼顾一下新三板。当然研究报告是很重要的，这就是我刚刚说的背书效应，有人给背书说你这个公司好，而且是第三方专业研究机构，管用。

我再教大家一个秘籍，当你说服投资者的时候，投资者问你未来几年盈利预测怎么办？你们还没挂牌没关系，如果你已经挂牌了就要做盈利预测，盈利预测你正式披露过吗？这就是信息披露的法规，你没披露过，必须先在法定渠道披露，但是你正式披露盈利预测的风险是很大的，容易误导投资者形成承诺，怎么办？你不预测又不行，人家要拿钱进来。**解决的方法是找一个研究员给你预测一下，你告诉他明年利润是多少，由他来出报告预测未来几年你的利润是多少。下次你在你的路演里头列出这个盈利预测，下面一行小字：“上述数据引自某个券商的研究报告”，这样你就安全了。**

路演（Roadshow），路演是指在公共场所进行演说、演示产品、推介理念，以及向他人推广自己的公司、团体、产品、想法的一种方式。路演最初是国际上广泛采用的证券发行推广方式，指证券发行商通过投资银行家帮助，在初级市场上发行证券前针对机构投资者进行的推介活动。是在投资、融资双方充分交流的条件下促进股票成功发行的重要推介、宣传手段，促进投资者与股票发行人之间的沟通和交流，以保证股票的顺利发行，并有助于提高股票潜在的价值。

路演是我们所有的做这行的人不可避免地要去做的一件事情，就是去宣传介绍公司，你做了一个商业计划书总没有你讲的生动，所以要去做路演。经常有人问路演有没有用，我的回答是没用也得做，但你不做更没用。

曾经2015年最彷徨的时候，我做一场路演，第二天交易量上升，第三天又回到原来，后来我们董事长宽慰我，他说我们总共200多股东，如果做一场路演能够忽悠回来5个人，我们就做40场不就增加一倍？所以2015年不懈努力地拼命去做，只要你多做总会有效果，你不做一定没效果。

大家说去哪路演？优先找券商，券商是不要钱的，因为券商是服务投资者的，所以券商有这笔经费要投入。经常有朋友问我，说哪去找这些券商？只认识他自己的券商，也不认识别券商。我告诉你一个秘诀，你多参加别人的路演不就认识了嘛？中信办路演你做听众总会吧？去了以后，和办路演的券商哥们换一个名片再聊聊天一般就熟了，回头再到他公司拜访一下就认识了："下次有路演不要忘了我。"所以这么简单的事情只要腿勤一点就能够做得到，不要指望说我给你一个名单，没有用，人际的交往要靠情感来维系。

投资者、分析师、媒体，有时他们会到你企业来调研，可能要反向路演，到你公司来，让你给他们讲一讲。一般来说，如果你讲完一场路演，能有几个人愿意到你公司来调研，这是巨大的成功。当然到公司来你还是把那套话又讲一遍，没有关系，你讲熟了，你自己会有自信，越讲越觉着公司好，这个公司真好，特别好。

在做路演时，我是把我们整个公司都屏蔽了，因为这是给企业外的投资者看的，不是员工看的。后来有一些路演视频可以在网上看，有时候我们员工就看到了。有一次我在电梯里碰见一个同事，说看见我的路演了，是网上看见的，他说他觉得我们公司真不错啊。我想这下忽悠大了，把自己人也忽悠了。

四、企业价值传播之路演者的个人修养

你多讲，你的信心就来了，道理在哪里？你经常会碰见很刁钻的，碰到比你有经验的，他们见得太多了，随便问几个问题就把你问倒了，经常有的。你多回答这样的问题自然就会了，你在你的路演里头把他所有的问题都回答了。我经常做完路演以后，问"大家有什么问题"。大家都鸦雀无声，因为他们要问的问题，在路演里我都已经回答了。我感觉这样不好，我一般留几个破绽让他们后面问，他们一问以后再摔回去，这样效果更好。

做路演我们要站到台上,这其实是一个演讲的问题。我们做路演哪怕你在线下,你做董事长的、做财务的、做董秘的,来一个投资者跟他交流,实际上就是一个演讲。你就把自己想象成站在台上的演讲,是一样的,没有差别。

怎样讲得好?我做了那么多演讲,**主诀窍是练习,你和我之间的差距就是几百个小时的演讲**。你多讲就会了,你多讲就不会错了,发生任何事情都不会紧张了。碰见突发事情不要慌,保持自己的心态平静。这个心态的平静哪里来的?练出来的,我第一次演讲,上去腿也是抖的,还弄一个小纸条准备好台词。我现在做路演,任何时候是开口就来,第一是讲顺了,第二是你有控制能力,我会观察听众的反应,听众什么反应好我就说什么,有时候反应不好,我就讲一个故事讲一个段子,让大家有兴趣。

演讲要有 PPT,但这一定是两件事情,PPT 是你展示的内容,绝对不是你讲的内容你绝对不能照着 PPT 念,照着念,不如你弄一个自动的小机器人就完了,你一定要有情感投入,PPT 是一个大纲,有两个用途:第一个是提示大家,你有大纲;第二个是提示你自己别忘了内容。我讲课 PPT 上面的字比较多原因是什么?这其实是不好的 PPT,这个字不是给你们看的,而是我怕自己忘记掉。我讲课多,也不是说每次都有时间备课,我怕忘记东西,特别是讲法规,我把法规列在这里,到时候忘记了不能现去翻,上面有,我照着看就行了。

所以说 PPT 最好的形式,即最酷的形式就是一个黑色的屏幕,上面一行字,你再穿一个黑色的圆领衫,然后你要记住戴一个耳麦,这样拿着话筒很丑的,一看就是非专业的人士。记得 T 恤要扎在皮带里面,仪容仪态很重要。因为你拿着这个话筒,你就做不了手势,这都是经过研究的,手势要这么做,表达一个什么问题手在一个什么位置上是非常重要的。后来我发现其实西方人对这个研究都很深入、很专业了,他们有书,我们找来看就行了。

关于精神状态,你的情绪就是你观众的情绪,一定是饱满的情绪。当然你紧张,这是可以理解的,**解决紧张是靠训练**,你多练就不紧张了,你多讲几次就不紧张了。你没讲过没关系,叫你同事在底下听你讲。还有一个办法,你拿一个摄像机把你讲的录下来,一般一个路演 15 ~ 20 分钟,录下来自己看一看。你看完以后发现"我怎么这么差?"然后你就修正,这个语速太快了,语速太慢了,手势不对。千万别把手插兜里,这是很危险的姿势。

还有时间掌握,通常情况下就怕你讲不完,或者大家注意力不集中,你把重要的部分先讲,你一定要准备比你讲的时间多的内容,因为你有可能忘记,讲着讲着把某段忘了,讲着觉得已经讲完了。事前内容一定要准备得多,临场可以删掉一部分,有些东西可以不讲。今天时间多,主办方给我时间多,我就多讲两个故事,今天主办方就10分钟我就言简意赅。所以我做路演最短只有5分钟,最长我讲了45分钟,讲45分钟一个路演,都要疯掉了,我讲了好多的故事,讲了好多的段子,结果爆笑全场,然后效果特别好,因为时间太多了只好讲段子来充了,没有办法。

现场提问怎么办?"饶总,我看了你的材料,我觉得你这个公司增长乏力了,后面的目标一定是达不到了。"你怎么办?现在驳斥他吗?一巴掌扇回去吗?不是,你要这样回答:"你好,这位先生的问题非常好。"我们不能说:"你又不是我们这儿的,你凭什么对我们评头论足。"这可不行,我们千万别用这招,要说:"你的问题非常好,我们下面慢慢讨论这个问题。"你想回答就回答:"你说得非常好,我们行业确实存在困难,但是通过我们的努力历史已经证明我们有能力克服这个困难。"其实你啥也没有说,你回答问题的时候不说具体的东西,你说具体的东西的时候很容易被人抓住把柄的,接着再问又被倒出来了。所以你要回答就说大的、模棱两可的话,就像一个泥球一样的。

如果有些问题你想说,只是PPT里面放不进去怎么办?经常会有我的东西特别好,我就希望你问我。比如说我们公司,其实最大的问题是什么?日元汇率持续走低的问题。我是有一张PPT专门做好,等着他们问我的:"饶总,我看你们都是日元收款的,日元的汇率跌得这么厉害对你们有什么影响?""是这样的来看另外一张PPT",我就把PPT带着放在里面等着他们来问,"你看在过去这些年日元汇率下跌这样的情况下,我们的利润是逆势上涨的。"我不跟你谈为什么,为什么是好长的一段话,我就用一个结果告诉你,一看大家就觉得你很牛。如果他要来办公室问你,你就可以跟他讲一讲这是为什么。

第二十讲　新三板政策演变和展望[①]

——新三板重点问题的政策展望及政策建议

随着挂牌公司家数的快速增加，新三板市场逐渐暴露出制度供给、监管资源与市场快速扩容不匹配，市场交易、融资、定价功能发挥不充分等突出问题，市场发展已进入"瓶颈"期，亟须统筹规划、深入改革、重点突破、有序发展。

《国务院关于全国中小企业股份转让系统有关问题的决定》发布以后，全国中小企业股份转让系统市场（以下简称新三板）发展迅速。特别是在2015年，新三板挂牌公司家数、融资规模和融资次数快速增长，对于缓解中小企业融资难、支持中小微企业发展、促进经济结构调整和转型升级都起到了积极作用。但2016年以来，**随着挂牌公司家数的快速增加，新三板市场逐渐暴露出制度供给、监管资源与市场快速扩容不匹配，市场交易、融资、定价功能发挥不充分等突出问题，市场发展已进入"瓶颈"期，亟须统筹规划、深入改革、重点突破、有序发展。**本章首先回顾新三板现阶段发展的基本情况，总结新三板发展过程中的几项主要问题，提出总体的政策展望。尔后针对几项重点问题，分别提出相关的政策建议和讨论。

一、新三板现阶段发展的基本情况

市场规模快速扩大，高新技术企业占比较高。截至2016年9月底，新三板挂牌公司家数已达到9122家，总股本5251亿股，总市值22466.74亿元。创新层挂牌公司953家，基础层8169家，采取做市转让的1640家，采取协议转让的7482家。挂牌公司以中小微企业为主体，科技创新、研发驱动、高成长性特征突出；地域上，挂牌公司覆盖境内31个省（区、市）和86个大类行业；规模上，挂牌公司股东人数在200人以下的占比97%，在10人以下的占比45%；行业分布上，挂牌公司中高新技术企业占比67%，先进制造业、现代服务业占比合计74%。

---

① 本讲由洪卫青撰写。

市场融资功能偏弱,结构性特征明显。新三板具有小额、快速、灵活、多元的融资特点,2015 年共有 1887 家挂牌公司完成发行 2565 次,融资 1216.17 亿元,融资金额分别是 2013 年、2014 年的 121.33 倍和 9.85 倍。2016 年以来,新三板融资热情减缓,截至 9 月底,共有 2114 家挂牌公司完成发行 2126 次,融资 939.57 亿元,而去年同期完成发行 1702 次,融资 749 亿元。挂牌公司家数同比增加了 154%,融资金额同比仅增加了 25%,市场整体融资功能不强。更重要的是,仍有大量挂牌公司融不到资,融资的结构性特征十分明显。

交易活跃度有所降低,市场流动性逐步萎缩。新三板的成交金额和成交量并未随着挂牌公司数量的增加而增长,2016 年 1 ~9 月日均成交 6.97 亿元,与 2015 年日均成交 7.82 亿元相比出现一定程度下滑,市场流动性逐步萎缩较大地影响了市场交易、定价以及融资功能。截至 2016 年 8 月底,新三板市场投资者合计 30.39 万元,其中合格投资者 15.33 万元,受限投资者 15.06 万元。合格投资者中,过去两年从不交易的投资者占比高达 56.46%,交易仅限于一只股票的占比 26.43%,合计高达 82.89% 的投资者交易在一只股票以下。

二、新三板市场发展存在的主要问题

(一)市场功能不显著

目前,新三板市场的交易、融资、定价功能尚未完全发挥。主要存在以下问题:

1. 交易不活跃,流动性不符市场预期。一是整体流动性较差,挂牌公司股份成交数量和金额较小。2016 年上半年市场日均成交金额仅约 6.97 亿元,流动性未达到股转系统与参与主体预期。二是整体换手率较低,结构性问题较为突出。2016 年上半年仅金融或类金融领域换手率相对较高,其余大部分行业区间换手率均在 30% 以下。三是股份转让价格波动巨大,投资风险较大。由于新三板无涨跌幅限制,交易价格巨幅调整的情况经常出现,影响了投资者入市积极性。四是分层制度未发挥应有的流动性改善效果。市场分层之后,创新层流动性没有实质性改观,基础层流动性却有所变差,整体交易依旧不活跃。

2. 融资金额明显下滑,融资制度不健全。一是融资金额出现了较为明显的下滑。从周度滚动的计量方式看,单月拟募资金额(四周滚动)从年初的 706 亿元大幅下降至 2016 年 8 月底的 107 亿元左右;单月完成的实际融资金额(四周滚动)从 3 月中下旬的 180 亿元持续下滑至 2016 年 8 月底的 131 亿元;如考虑拟融资与实际完成融资的时限,融资额近期仍将持续下滑。二是定增备案审核时间长,影响挂牌公司定增积极性。目前定增备案审核平均周期在半年左右,挂牌公司急需使用资金但审核过程尚未结束，影响公司定增的积极性。三是募集资金使用缺乏信息披露和外部监督，存在“脱实向虚”倾向。股转系统现行业务规则未要求挂牌公司披露募集资金用途及后续使用情况，部分挂牌公司脱离主业使用募集资金，“脱实向虚”、体外空转，募集资金的安全性、使用规范性缺乏有效监管。

3. 价格发现功能较弱，交易制度不完善。一是协议转让制度难以发现真实价格。协议转让价格未经充分竞争，价格波动大，极端价格时有发生，甚至成为利益输送、避税的手段，不仅误导价格传导机制，影响后续做市价格，还妨碍挂牌公司市值管理。二是做市转让制度还需进一步优化。与做市转让配套的盘后大宗交易欠缺，不能满足市场大额交易需求；做市商做市动力不足，做市商数量有限且每家做市股票数量也有限；做市制度与 IPO 制度衔接不畅，优质企业做市后再申请 IPO 时会面临清理“三类股东”的问题，导致优质企业不愿做市，而差企业又无人做市的结构性困境。

（二）参与主体有失位

从市场参与主体看，挂牌公司、中介机构、投资者、股转系统、监管机构等都存在不同程度的角色失位，现分述如下：

1. 挂牌公司质量参差不齐，结构还需进一步优化。一是挂牌公司数量剧增，规模差异大且质量参差不齐，投资者难以有效遴选投资标的，投资标的供给和需求难以匹配。二是挂牌公司行业结构没有凸显新三板市场的定位，有待优化。在类金融机构挂牌被暂停后，挂牌公司目前依然以传统制造业为主，从现有结构来看，创新、创业和成长的相关要求需要进一步强化。

2. 中介机构执业质量不高，责任边界不明晰。一是新三板挂牌公司众多，服务流程复杂而中介机构服务能力却相对有限。二是中介机构“重推荐轻规范”，服务质量整体偏低。由于新三板项目收费较低，挂牌公司规范程度较差，中介机构权责利不匹配，在推荐挂牌、持续督导等环节执业标准远低于沪深市场，导致新三板中介服务质量整体偏低。三是中介机构出现收缩服务的趋势。2016 年以来，由于新三板流动性较差，市场前景不明，同时监管趋严，中介机构出现了收缩新三板业务的趋势。新三板的继续扩容使得新三板中介服务扭曲问题日益严重。

3. 投资者结构需进一步优化。一是投资者结构比较单一，个人投资者数量占比较高，证券投资基金、合格境外机构投资者、保险资金、企业年金等机构尚未获准进入新三板市场，多元化机构投资者力量尚未形成。截至 2016 年 8 月底，新三板市场个人投资者 27.02 万，占比 88.91%，机构投资者 3.37 万，占比 11.09%。二是部分主办券商没有严格落实投资者适当性管理，为不符合条件、不具备风险识别和风险承受能力的自然人垫资、集资开户。三是部分私募基金对新三板市场的理解不够成熟,募资期限短,投机色彩重,一些产品存在期限错配、集中到期等问题,面临短期内无法退出的困境,也给整个市场带来流动性风险。

(三)监督管理难匹配

1. 股转系统监管、服务资源与市场快速扩容不匹配。一是市场快速扩容与创新自律监管方式的矛盾凸显。挂牌公司预计今年年底将达10000家,目前比照上市公司进行严格监管,监管工作量巨大,股转系统监管人员一人多岗、一岗多责、超负荷运转现象比较普遍,亟须创新监管方式,对挂牌公司实施分层监管。二是股转系统监管队伍监管经验积累不够。股转系统监管队伍年轻人居多,虽有良好教育背景,但经验积累不够,对问题和风险的识别及处理能力不足。三是市场基础设施建设跟不上市场发展和自律监管的需要。监管信息系统仍处于建设完善阶段,技术系统、交易系统不完备,监管信息化、科技化水平亟待提高。四是自律监管规则对市场主体的义务性规定比较原则,违规行为与处理措施之间对应关系有待明确。在发现市场主体涉嫌违法违规时,监管部门还不能讲自律规定作为执法依据。

2. 行政监管方式不适应,监管依据不充分。一是监管方式不适应。行政监管与自律监管的职责边界模糊;中央监管信息系统尚未成型;派出机构与股转系统监管协作机制有待健全;与地方政府尚未形成监管合力,地方政府对挂牌公司风险处置机制须进一步理顺;与相关部委、证券交易所的监管合作严重不足,有待完善。二是监管依据不充分。《证券法》未对挂牌公司的信息披露、执法和处罚等做出明确规定,致使对挂牌公司的监管法律依据不足;监管规则原则性、一般性规定较多,针对性和可操作性不足;协议转让是否存在内幕交易、操纵市场还有争议,做市转让下相关股票交易是否适用《证券法》内幕交易、操纵市场的相关规定,还不明确。三是监管执法机制不完善,标准不统一。市场主体违法违规线索移送、执法程序等机制不完善,一事一议情形较多;执法标准不统一,容易导致同事不同罚。

三、总体政策展望

(一)注重独立化定位,进一步明确市场定位的理解和市场发展的方向,稳定市场预期

新三板应坚持独立市场定位,在市场属性、市场功能、服务对象、与其他市场关系等方面应进一步强化其定位的理解,与交易所市场、区域性股权市场及其他

市场形态形成差异化的发展路径，实现不同层次市场的互联互通、协调互补，建成中国特色的全国性、独立、多层次交易场所。

应审慎研究建立转板机制，管理好市场主体对转板机制的预期。在不恰当的时机推出转板机制，会使尚未成熟的新三板市场沦为二等市场，加剧流动性困境。

建立转板机制应考虑以下因素：对初创期的企业设置一定年限的强制考察期，提高规范运作水平、健全公司治理、完善信息披露，实现合理估值、达到上市公司的合规要求后，才能进行转板。明确交易所上市审核权的法律定位。转板条件与上市条件保持一致，程序审核上可考虑适度简化。

（二）注重市场化运作，进一步完善新三板挂牌备案制度，匹配市场供需状况

新三板应继续坚持市场化原则，完善备案制度。在新三板市场准入标准上，覆盖行业既有侧重又适度多元，规模上以中小微企业为主的同时，在分层设计中允许规模较大企业挂牌。

适当提高新三板市场的挂牌标准使部分企业回流区域性股权市场，一方面缓解新三板市场的供需不平衡，另一方面使发挥区域性股权市场的资本市场孵化器功能更充分发挥，实现两个市场的协调发展。

（三）注重差异化监管，进一步深化分层制度和分类监管，完善差异化制度供给

为了发挥市场融资、交易、定价功能，促进新三板长期可持续发展，有效服务成长型、创业型和创新型中小微企业，需要以进一步合理分层为抓手，缓解挂牌企业多与投资者相对过少的矛盾，在新三板市场的高层次中实现企业的数量跟投资者的数量的相对平衡，逐步完善市场融资、交易和定价功能，提升新三板市场独立性水平，健全新三板市场体多元化功能，完善多层次资本市场体系。

1. 认清新三板分层制度本质。新三板分层就是挂牌企业的有序分类，其潜在的政策含义应该是监管的有序分类。新三板分层的本质应是差异化的挂牌企业匹配差异化的制度供给、差异化的市场功能和差异化的监管要求。新三板分层不仅是为了消化新三板存量问题，提振市场流动性，完善市场功能，更重要的是实行分类监管，匹配差异化的制度供给、市场功能和监管标准。

2. 完善新三板分层制度。股转系统和监管层应该贯彻“多层次，分步走”总体思路，逐步完善分层制度，设置多元化分层标准，建立健全分层初始标准和维持标准，确实贯彻分层标准体系，以实现新三板挂牌企业的有序有效分层，并根据新三

板市场的分层,按照差异化定位和差异化制度去发展。在分层标准的选择中,股东人数是基础性指标,如股东人数是否超过200人应为分层标准的基础标准。

3. 匹配差异化制度供给。新三板内部分层后,应当根据各个层次的市场环境和发展程度,对不同层次市场在股票发行、信息披露、交易制度、投资者适当性管理方面实行差异化的制度安排,并实现高、中、低级层级之间的转层制度。短期内,对于创新层,其制度供给逐步向真正的交易所接近,而对于基础层,则按照传统场外市场定位发展。长期而言,新三板层次可以更加多元,最高层挂牌企业实行最严格的监管标准但可大幅降低投资者准入门槛、采用竞价交易、T+0制度甚至直接转板至主板、中小板或创业板,最底层挂牌企业甚至可以成为无须信息披露的"展示板"或"报价板"。

(四)注重法制化发展,进一步完善法制制度框架,加强协调机制建设

完善新三板市场的法律制度,促进新三板市场持续稳定健康发展,是我国多层次资本市场体系建设的重要一环。

1. 修改《证券法》,明确新三板市场的法律地位

明确新三板市场在多层次资本市场体系中的法律地位,是市场健康有序发展并有效监管的前提。2013年《国务院关于全国中小企业股份转让系统有关问题的决定》明确指出,"全国中小企业股份转让系统是经国务院批准,依据证券法设立的全国性证券交易场所,主要为创新型、创业型、成长型中小微企业发展服务";"达到股票上市条件的,可以直接向证券交易所申请上市交易。"但是没有明确转板机制与沪深交易所的关系。建议借着此次修改《证券法》的契机,明确新三板市场的法律地位以及与沪深交易所、区域股权市场的区别,授权行政部门规定新三板各层次在准入条件、信息披露、法律责任和监管要求等方面的不同,修改完善相关法律法规明确界定新三板市场的地位,确定其是独立市场还是附属市场,明确其与沪深市场的关系、与区域股权市场的关系。从准入条件、退出机制、公司治理和信息披露、投资者适当性、发行制度、交易制度、市场产品、投资者权益保护、转板制度等各方面完善整个市场的法律制度体系。

2. 进一步细化新三板的监管体系

为解决股转系统监管依据不足、市场预期不确定的问题,首先,应考虑在行政法规层面制定《新三板市场监管条例》,明确界定新三板市场的定位。其次,从准入机制、退出机制、公司治理和信息披露、投资者适当性、发行制度、交易制度、市场产品、投资者权益保护、转板制度等各方面完善整个市场的法律制度体系。最后,建立跨部门领导小组,加强部门间沟通。由于新三板的业务涉及条线较多,必

须在证监会建立跨部门的领导小组,才能有效协调,步调一致。建议由主席任领导小组的组长,有利于上通下达。

3. 研究是否以200人为界限划分公募市场与私募市场

根据《证券法》第10条的规定,证券公开发行有两个途径:一是向不特定对象发行证券,二是向累计超过200人的特定对象发行证券。此外,因转让、赠与等导致股份有限公司人数累计超过200人的发行和转让行为也视为公开发行。该规定实质上不允许非上市公司通过定向增资和股权转让使得股东人数超过200人。

根据《非上市公众公司监督管理办法》第2条的规定,非上市公众公司是指有下列情形之一,且其股票未在证券交易所上市交易的股份有限公司:一是股票向特定对象发行或者转让导致股东累计超过200人;二是股票公开转让。依据该办法,严格限制非上市公众公司的增资和股权转让,不得采用公开方式向社会公众转让股份,也不得在国务院批准的证券交易场所外转让股份,未经批准不得擅自发行股票。依据该规定,如果股东人数超过200人,就必须到证券交易所上市和全国股权系统挂牌交易。

在美国《JOBS法案》大幅上调公众公司股东人数标准的背景下,仍然以股东200人为标准区分公募和私募、公开发行和非公开发行,是否合理,值得研究。

4. 进一步强化自律监管

一是建议明确授权股转系统进行自律监管。自律监管权力必须有明确的来源,包括立法授权和会员授权两类。新三板自律监管体系的构成中应当注意根据立法授权行使监管权力,必要时可通过法律的修改来明确全国中小企业股份转让系统的相关自律监管权限。

二是确保自律监管组织持适当的独立性。首先,全国中小企业股份转让系统应当构建系统性的内部规则体系,明确自身的组织框架、人员构成、职责范围、监管方式、业务程序等,尤其是应注意与行政监管机构在监管中的分工和差异,着重事前监管和风险预判,通过对市场交易的全面、动态监管发现相关市场主体的异常交易行为,通过及时分析判断为监管措施的采取提供决策依据。其次,全国中小企业股份转让系统应更多引入市场化组织结构体系,在人员构成及来源上保持多样化,并保持人员构成的适当流动性,以便提高组织结构的活力和保持与行政监管机构的差异性,同时也有利于市场一线监管职能的发挥,更为贴近市场,及时了解市场动态。

三是自律监管应当与行政监管紧密协作与配合。如当证券市场中出现的不当行为已触及违法时,自律监管组织通常需要申请行政监管机构的介入,以便动用国家强制力纠正相关不当行为以维护市场秩序,而当行政监管机构需要调查证券市场有关违法行为时,通常也需要交易所等自律监管组织提供相关数据等辅助性支撑。

四、提升新三板流动性的政策展望

自2014年成立以来,新三板挂牌公司数量迅速增加,截至2016年8月31日新三板市场共有挂牌公司数量8895家,总市值超过3.5万亿元。值得注意的是,仅2016年上半年新三板新增挂牌公司数量2556家,新三板挂牌仍然受到企业热烈追捧。但相比之下,新三板的成交金额和成交数量并未出现相同的增长状况,市场整体流动性较差。

(一)新三板市场的流动性问题

新三板市场的流动性问题主要体现为四个方面:

一是从市场整体状况来看,新三板市场挂牌公司股份成交数量和成交金额较小,市场整体流动性较差,与挂牌企业数量剧增形成鲜明反差。2016年上半年,每个交易日平均成交金额约2亿元,成交家数占全部挂牌企业数量约12%。

二是从挂牌企业股份转让换手率来看,新三板市场整体的换手率较低且存在较为明显的结构问题。新三板市场的股份转让交投较不活跃,2016年上半年大部分行业区间换手率都在30%以下,只有金融或类金融领域换手率相对较高。

三是新三板市场股份转让价格波动巨大,投资风险较大。新三板市场股份转让交易中,由于不设置涨跌幅限制,经常出现交易价格巨幅调整的情况,投资者出于风险防范对于新三板挂牌企业股份投资十分谨慎。

四是新三板市场分层之后,创新层流动性没有实质性改观,基础层流动性却有所变差。一定程度上,在分层制度实施之后,新三板市场整体交易依旧不活跃,并没有充分发挥分层应有的流动性改善效果。

(二)相关政策展望

第一,通过顶层设计,明确新三板市场定位,解决新三板流动性根本症结。市场定位是建立游戏规则的基础,清晰明确的定位不但为市场主体和中介机构指明行动的方向和原则,而且有助于奠定三板市场的法律基础,为市场制度和监管政策的制定与实施提供依据。

第二,通过完善分层制度,配套相匹配政策,增加特定层级的流动性。流行性问题可以差异化看待,对创新层通过降低投资者门槛等政策增加流动性,而对基础层则可主要用于发挥市场的融资功能,不宜追求较强流动性。股转公司和监管层应该贯彻“多层次,分步走”总体思路,逐步完善分层制度,进一步优化市场结构,需要尽快明确创新层和基础层的差异化政策,创新层或更高层级可以进一步丰富投资者结构、扩大做市商规模、适当放低投资者准入门槛等。

第三,采用更灵活的交易制度。在交易方式上,引入私募基金做市商,继续发展竞争性做市转让方式,强化主办券商交易组织者和流动性提供者的功能。鉴于市场处于发展之初,存在问题较多,应慎重选择竞价交易方式,但可以论证盘后大宗交易的可行性,畅通机构投资者进入和退出渠道,逐步提升市场流动性。

第四,重点培养几个典型优质企业,营造示范效应。优质企业的成长是市场参与者共赢的来源,这样的公司无论一级市场还是二级市场都会得到投资者的认可,相应股票的交投活跃将进一步带动其他相关行业或领域的市场活力。促进长期投资理念的培育,并在退市机制的配合下形成优胜劣汰的良性循环,也符合多层次资本市场的建设初衷。NASDAQ 市场上诞生的微软、谷歌和苹果产生了巨大的示范效应,不但吸引了众多创新创业企业而且吸引了更多投资者,市场流动性得到进一步提高。

第五,慎重降低投资者门槛。要将新三板建设成为一个机构投资者为主的市场,坚持必要的投资者适当性是基础性的条件。虽然,理论上降低投资者门槛会使得资金供给出现改善,进而提升流动性,但是,流动性的改善在于市场定位的明晰、投资框架的稳健、标的企业的价值和资产供给与资金供给的匹配性等。如果过多降低投资者门槛,特别是全面引入较多的个人投资者,对于市场的长期可持续发展并不利。只有配合分层制度,在最高层次上可以考虑适当降低投资者门槛。

第六,完善摘牌制度。目前,挂牌公司快速增长,较大部分挂牌公司是因为政府资金支持而产生“免费挂牌”的想法,但是,这部分企业在机构投资者的投资逻辑中并非是有价值的投资标的。随着分层制度的深化,部分挂牌企业将出现几乎没有融资、交易的情况,企业可能因为各种因素出现亏损甚至无法承担目前每年约 50 万元的挂牌费用。强化摘牌制度特别强制摘牌制度,淘汰累积数量日益增加的“僵尸”挂牌企业,是实现新三板遴选优质企业、扶持优质企业和树立优秀标杆的基础任务,是新三板市场形成自我强化的可持续发展路径的机制保障。

五、改进市场交易规则的政策展望

根据股转公司的股票转让细则的设计,新三板股票可以采用协议转让方式、做市转让方式或竞价转让方式之一进行转让。目前尚未制定竞价转让方式股票的准入条件,因此现有的新三板挂牌公司的转让仅有协议和做市两种方式。其中问题比较突出的是协议转让方式,价格发现功能较弱,容易产生极端价格。做市转让方式是新三板市场的特有制度,在提供流动性方面起到了重要作用,然而其自身制度需要进一步完善,强化主办券商市场交易组织者和流动性提供者的功能,增加做市商的种类和数量,丰富做市资金。在充分论证的基础上,应该结合分层制度差异化供给交易制度,可以在较高层级上采用集合竞价方式以提高市场效率。

1. 协议转让方式的市场价格发现功能较弱。市场各方一致认为,协议转让方式存在较多问题,包括:(1)协议转让方式下价格巨幅波动,影响公开市场投资者判断;(2)目前存在较多滥用交易规则的行为,影响市场主体判断,误导价格传导机制;(3)协议转让还为利益输送、逃税等提供了手段;(4)协议转让价格的大幅波动也对未来的做市价格产生不利影响;(5)投资者的异常成交也给挂牌公司的市值管理带来诸多困扰;(6)协议转让的成交方式复杂,难以被市场理解和操作。

2. 做市转让制度需要进一步优化。做市制度存在的主要问题包括:(1)缺乏大宗交易制度,现有做市方式下,投资者只能与做市商成交,许多战略投资、新增做市商取得股份等真实的大额交易需求难以满足。(2)整体来看做市商做市动力不足,市场流动性不足,做市商数量有限且每家做市股票数量也有限。(3)优质企业做市之后再申请 IPO 时会面临清查三类股东的问题,这导致优秀的企业不愿意做市。在现有做市制度下,面临优秀的企业不愿意做市而差的企业没人做市的窘境。

3. 分层与交易方式不匹配。目前的分层制度没有考虑与交易方式的匹配问题,导致在创新层既有做市转让也有协议转让,同层企业的流动性存在巨大差异。

从短期来看,可以考虑采取以下措施优化现有的交易制度:第一,尽快建立做市方式下的盘后大宗交易平台,实现投资者之间的大额成交,同时不对指数和价格构成重大影响;第二,尽快扩大做市商队伍,吸引社会投资机构参与做市,允许更多做市商进入市场,减少库存股与二级市场的价差;第三,扩大做市商资金来源,允许做市商通过资管计划、发债等方式筹集资金参与做市;第四,加强做市商交易的信息披露,确保投资者可以监督做市商是否履行最优报价义务;第五,对券商的新三板业务建立新的评价和监管体系,促使券商以提供挂牌、融资、并购、做市等全链条服务为目标遴选企业;第六,市场建议完善协议转让方式。将指定对手方的拉手成交方式放至盘后,并且增加有效报价区间。对于不指定对手方的点击方式,建议增加集合竞价,提高市场效率。

从中长期来看,交易规则的改进应与市场分层制度相结合。

第一,在现有的基础层中进一步分化,剩下部分股东人数少、股权高度集中的挂牌公司继续采用协议转让的方式;第二,对于现有基础层中股权相对分散,转让价格会对市场产生较广泛影响的挂牌公司建议逐渐全部采用做市商模式,由券商引导价格发现,通过适当活跃的市场完成价格发现;第三,对于现有的创新层企业,建议逐渐增加做市商数量并丰富做市资金的种类,提高做市商的竞争性,提高市场效率;第四,对于现有的创新层中质地更为优良的挂牌企业,若其收入、利润、股权分散程度达到一定标准,可以考虑采用混合交易制度。在做市的基础上引入竞价方式,允许投资者报价与做市商报价相竞争。初期应该参照沪深交易所,保持涨跌幅和 T+1 交易的限制,防止过度投机;第五,新三板除了服务中小微企业之外,也是资本市场自身改革与发展的创新实验基地。在严格控制投资者门槛的基础上,长远来看应该逐渐在某些分层尝试取消对于涨跌幅和和 T+1 的交易限制。

六、改进新三板挂牌制度的政策展望

新三板市场挂牌制度是以备案制为核心的重大制度创新,有助于促进创新型、创业型、成长型中小微企业的发展,推动国家产业结构调整和经济发展方式转变。在没有实质性审核的备案制下,新三板市场挂牌企业规模高速增长,新三板市场已经成为挂牌企业最多的交易场所。但是,由于挂牌企业数量较多且质量参差不齐,新三板市场流动性、估值、融资以及市场可持续发展等面临较大的挑战。

新三板挂牌制度没有实质性审核、没有重大约束性准入门槛,符合创新型、创业型、成长型中小微企业发展的需要,但是,这也造成了挂牌企业规模过大、难以匹配投资需求、市场流动性相对较差以及融资功能不凸显等问题。

一是市场服务能力整体相对有限,难以匹配高速扩容的挂牌企业规模。新三板挂牌企业的增长速度十分迅猛,截至 2016 年 9 月底,挂牌公司数量已超 9000 家。但是,股转公司、中介机构、监管当局等由于人员编制、监管能力、成本控制、人才培训等因素,使得现有的服务资源难以匹配新三板市场挂牌企业暴涨及其高速增长的服务需求。

二是挂牌企业规模多且差异大,投资者难以有效遴选投资标的,投资标的供给和需求难以匹配。在新三板快速扩容的过程中,挂牌公司的质量难以保证,同时,由于新三板市场实行严格的投资者准入门槛,机构投资者对于投资标的选择更加理性,对新三板投资需求增长相对有限。供给过快、过多、过杂使得机构投资者难以有效遴选投资标的,使得市场呈现出较低的投资需求。

三是挂牌企业数量过多,市场功能无法充分发挥,导致市场出现劣币驱逐良币的状态。由于新三板挂牌企业数量大、增速快、需求弱,新三板市场的制度优势难以明显发挥出来，质量相对较好的企业对新三板挂牌呈现日益审慎的态度，而质量相对一般的企业则趋之若鹜，这使得新三板挂牌企业质量整体有所下降，直接影响了新三板市场的投资价值。

四是挂牌公司行业结构没有凸显新三板市场的定位，有待优化。此前，金融类或类金融机构一度成为新三板挂牌和融资的主体，而实体经济挂牌企业的融资功能相对较低。在类金融机构挂牌被暂停后，挂牌公司目前依然以传统制造业为主，其占比达53%。新三板的市场定位主要是服务于创新型、创业型、成长型中小微企业，但是，从现有结构来看，创新、创业和成长的相关要求没有得到有效显现。

五是挂牌企业数量过大，使得市场功能无法有效发挥，市场长期可持续发展面临重大的挑战。如果挂牌企业规模持续扩张，但是，市场融资功能、定价功能和基本的交易功能无法实现，那么市场服务企业的功能就可能日益淡化，最后使得市场陷入一个没有交易、没有融资、无法定价的“展示板”，这将背离新三板建立和发展的初衷。

在明确新三板定位和坚持备案制的前提下，新三板挂牌制度亦需要匹配市场发展现实，做出积极的技术性调整新三板挂牌制度本身是重大的制度创新，是符合我国经济结构和经济转型的现实需要的，新三板挂牌制度是整个市场制度设计的一个有机组成部分，需要与顶层设计和市场定位相匹配，进行积极地调整和完善。

第一，新三板挂牌制度需要继续坚持备案制。备案制是新三板市场最大的制度创新和制度特色，不能因为新三板挂牌及整个市场存在一些发展中的问题就放弃备案制。但是，证监会和股转公司需要打破新三板市场挂牌是没有门槛的市场误读。证监会和股转公司需要明确新三板挂牌企业在挂牌过程中不做实质性审核，但是，挂牌企业需要履行相关的法律责任，如会计报表的准确性、公司经营的合法性、运作管理的规范性等。

第二，新三板挂牌需要考虑标的供给和标的需求的匹配性。通过规范性要求，把好“进口”，将部分不符合基本规范的挂牌企业挡在市场之外，防范其滥竽充数。通过信息披露制度，提高挂牌企业规范性水平和可持续经营能力，不断提高新三板挂牌企业的质量。通过强化摘牌制度建设，拓宽“出口”，将部分违法、违规企业和不具有可持续经营能力的企业挤出新三板市场，不断提高新三板市场的投资价值。

第三，强化主办券商制度，完善推荐挂牌制度。日益规范主办券商，实现主办券商利益和挂牌公司质量相互捆绑，充分发挥主办券商推荐挂牌功能和持续督导功能。适度扩大推荐挂牌的主体机构，引入竞争机制，提升挂牌机构的规范运作和持续督导能力。建立健全奖惩机制，对违规推荐挂牌和持续督导的券商给予惩治，对合法合规推荐挂牌和持续督导的券商给予奖励，并在综合监管评价上给予体现。

第四，匹配新三板分层制度，不断完善分类挂牌功能。未来新三板市场功能将在分层中不断完善，挂牌制度应该匹配分层制度的相关要求，在准入门槛、规范审核、信息披露等方面实现差异化的制度安排。

第五，监管当局应不断完善市场服务功能。一是劝诫地方政府不要一味实施财政补贴，而应该坚持市场原则，让企业自行选择是否挂牌。二是持续提升服务水平和能力，加大股转公司的人员配备、培训，完善内部管理机制，提高备案程序性审核的质量，较快提升股转公司的服务水平。三是加大培训教育功能，强化对拟挂牌企业的教育，让企业充分了解挂牌的利弊，根据自己的情况审慎裁决。强化对挂牌企业的规范性教育与培训，对财务总监、董秘以及高管进行具有针对性的培训。四是强化奖惩标准，对于欺诈、造假、违法等行为坚决采取"一票否决制"，加大惩罚力度，使得市场规范性得以提升。对于规范运作的企业和主办券商等在分层、融资、兼并重组和考核等给予针对性的奖励。

七、提升新三板融资功能的政策展望

新三板的融资功能对挂牌企业而言有着至关重要的作用，挂牌企业可充分利用新三板融资功能获得资金和资源，进而实现跨越式发展。新三板融资按需发行、少额多次、快速便捷的特点为中小微企业解决融资难问题提供了良方。因此，探究新三板融资问题对于新三板未来制度建设以及挂牌企业发展战略的制定都有着重要意义。

（一）新三板融资现状

2015年新三板市场融资火热，2016年新三板市场融资活跃度下降，2014年开始，随着市场对新三板的关注度不断上升，新三板市场股票发行热度也持续上涨。2014年上半年，新三板股票发行次数仅为66次，总融资金额为48.68亿元。2015年，新三板市场融资热情上涨，2015年上半年股票发行次数达到709次，同比增长974.24%，融资金额达到307.89亿元；2015年下半年更是达到1859次，同比增长631.89%，融资金额达到922.82亿元，同比增长1072.27%。2016年，新三板市场股票发行融资热情有所减缓，2016年上半年，新三板市场共进行1634次定向增发，较2015年下半年下降12.10%，2016年上半年融资总额为722.64亿元，较2015年上半年下降21.69%。总体而言，2016年定增市场活跃度在下降。

从未完成预计募集资金的案例来看，2014 年已实施的 66 起定增方案中，只有 2 起未完成预计募集金额，占比 3.03%；2014 年下半年未能完成预计募集金额的定增方案占 16.93%，2015 年上半年该比例稍微下降（占 12.13%）。2015 年下半年开始，未能完成预计募集资金的定增方案比例明显增加，占比达到 19.85%，比上半年增长 63.64%；2016 年上半年，未能达到预计募集资金目标的定增方案共 489 例，占比 29.93%，比上年增长 50.78%。数据表明，2015 年下半年开始，未能完成预计募集金额的定增方案比例增幅明显，进一步说明新三板市场投资者投资更为谨慎。

新三板的融资金额从周度滚动的计量方式来看，出现了较为明显的下滑。这主要体现在两个方面：首先，新三板拟募资金额从年初的单月（四周滚动）706 亿元大幅下降至当前的 107 亿元左右，几乎回到了去年投资者热情点燃以前的水平；其次，实际融资金额并不乐观，从 3 月中下旬开始，新三板单月（四周滚动）完成的融资金额由 180 亿元持续下降至上周末的 131 亿元。进一步考虑到新三板拟融资和实际完成融资的时滞，预计这种趋势在近期将延续。

（二）相关政策展望

第一，在创新层引入公募基金，境外投资者等丰富投资者类型，落实储架发行制度。

第二，探索适当降低创新层投资者门槛，如参考证券法讨论稿中的合格投资者标准，即 300 万元。

第三，建立健全统一的盘后大宗交易制度和非限定条件的非交易过户制度，将垄断性做市商制度改为竞争性做市商制度，以及尽快扩大私募基金机构参与做市业务试点。

第四，尽快恢复挂牌同时发行制度，推动放开挂牌同时向合格投资者发行股票的新增股东人数限制。

第五，尽快推出更为丰富的融资品类。

第六，允许一次定增人数突破 35 人，加快定增审核时间周期。

为解决流通股份来源问题，建议要求申请挂牌公司取得挂牌函后一定期间必须发行一定比例的股票，未能按期发行股票的公司不予挂牌。允许挂牌公司定增人数突破 35 人限制，以提高股份分散程度。在加强募集资金管理的同时，为减轻监管机构的审核压力，建议继续淡化挂牌公司定增的审核，股东人数超过 200 人的挂牌公司定增也由股转公司进行备案审查。

八、新三板市场并购重组政策展望

新三板公司从2015年起并购重组频繁，据WIND资料显示，2014～2016年6月，新三板挂牌企业公告的重组事项共计1688次，2014年35次，2015年704次，仅2016上半年高达949次，超过前两年次数之和。2016年上半年挂牌公司披露重大资产重组报告书58次，合计交易金额82.57亿元，环比分别下降27.5%、70.26%；披露收购报告书98次，合计交易金额65.60亿元，环比分别增长34.25%、57.81%。新三板涉及的并购重组主要分四大类：上市公司并购新三板企业，新三板企业收购上市公司，新三板企业进行的产业并购，以及新三板企业并购新三板企业。

（一）存在的主要问题

第一，并购相关的业务规则还不够完善。随着《非上市公司收购管理办法》和《非上市公司重大资产重组管理办法》以及《全国中小企业股份转让系统非上市公司重大资产重组业务指引（试行）》的颁布，新三板挂牌企业并购的规则大部分已经规范化了，但是其中仍然有不够完善的部分，如针对收购，《非上市公司收购管理办法》中只给出了要约收购的基本流程，对于实际操作而言无疑是一种缺失。根据《上市公司收购管理办法》，当投资者及一致行动人持有上市公司股份达到30%时，必须发出全面要约。而《非上市公众公司收购管理办法》规定，公众公司在公司章程中约定在公司被收购时收购人不必向公司全体股东发出全面要约收购。这一条款被金力泰收购银橙传媒利用，从而剥夺了中小股东的共同出售权、投票表决权。

第二，主办券商没有完全发挥持续督导的作用。虽然挂牌条件中要求主板券商推荐并持续督导，但是实际情况是券商对并购交易的结构设计、交易方案、定价以及交易促成等方面都没有起到重要的作用。

第三，监管部门与监管方式不明确。为了维护证券市场的安全，保护投资者的合法权益，新三板市场的挂牌公司应当由相应的监管部门采取适当方式对挂牌公司并购进行监管。《证券公司代办股份转让系统中关村科技园区非上市股份有限公司报价转让试点办法》曾规定由证券业协会以备案方式监管，但现行规则也未承继该项规定。

值得注意的是，全国中小企业股份转让系统有限责任公司的经营范围包括为非上市股份公司融资、并购等相关业务提供服务，但这一职能却未载入相关规定。就目前而言，新三板市场挂牌公司并购并没有法律制定的监管机构，而且也没有明确的监管方式，不利于场外市场的长远发展。

（二）相关政策展望

第一，继续完善新三板收购的相关业务规则。

目前，新三板收购才刚刚起步，主流的收购的类型是上市公司并购新三板企业。但是随着新三板的发展，不排除并购业务会迅速地增多，并购的类型会更加地多样复杂。现在除了主流的新三板企业被上市公司收购以外，也已经存在新三板企业并购其他中小微企业，新三板并购上市公司等等。那么现在仅有的相关规则理应进一步完善，规范新三板企业并购重组的行为。比如，完善要约收购的相关规定，根据《非上市公众公司收购管理办法》，公众公司应当在公司章程中约定在公司被收购时收购人是否需要向公司全体股东发出全面要约收购，并明确全面要约收购的触发条件以及相应的制度安排。而《非上市公众公司收购管理办法》将是否发出要约由挂牌公司章程决定，而公司章程只需三分之二股东通过即可，占公司股份比例超过三分之二的大股东和董监高股东有着是否发出要约的决定权。投资者既没有上市公司股东的被要约收购的权利，也不能通过回购条款保护自己的，这样新三板投资者缺乏了任何维权手段。

第二，要发挥主办券商对并购的持续督导作用。

新三板企业并购时会涉及并购交易的结构设计、交易方案的确定、定价博弈以及交易促成等各方面的内容，这时候就要利用主办券商的优势，让其在并购过程中发挥监督和促进的作用。需要根据实际情况对新三板公司的股票进行估值，如对于涉及新三板流动性较好的创新层挂牌公司的重组，可以将市价作为新三板公司股份的定价依据，而流动性较差的基础层交易，市价缺乏公允性，基础层挂牌公司仍可按评估值定价。

第三，明确新三板收购的监管部门与监管方式。尽快明确新三板收购的监管部门与监管方式为了维护证券市场的安全，保护投资者的合法权益，新三板市场的挂牌公司应当由相应的监管部门采取适当方式对挂牌公司并购进行监管。

第四，建立非交易过户的规则和程序。

九、进一步强化新三板市场的投资者适当性管理的政策展望

目前，能够参与新三板市场股票公开转让的投资者分为两类：一是机构投资者，即注册资本500万元人民币以上的法人机构、实缴出资总额500万元人民币以上的合伙企业；二是自然人投资者，要求投资者本人名下前一交易日日终证券类资产市值500万元人民币以上且具有两年以上证券投资经验，或具有会计、金

融、投资、财经等相关专业背景或培训经历。

(一)存在的主要问题

从调研情况来看,新三板投资者适当性存在的问题主要集中在两方面:一是是否应当降低投资者准入门槛,增加流动性;二是现有的投资者适当性规则需进一步细化完善,增强可操作性。具体如下:

一是自然人合格投资者准入门槛过高。一方面,500 万元证券资产的绝对值过高,符合条件的自然人投资者数量严重不足;另一方面,两年以上证券投资经验要求与新三板市场企业处于初创期、高风险、更多需要 PE 投资经验的实际情况不符。

二是仅以证券资产作为判断投资者风险承受能力的证明,不够全面充分。市场普遍认为风险比新三板企业更大的私募产品,其合格个人投资者门槛仅为金融资产 300 万元,且金融资产的范围比证券资产更广。而新三板市场自然人合格投资者仅以证券资产作为判断标准,不够充分全面。

三是对机构投资者注册资本的要求缺乏可操作性。目前,市场对法人机构注册资本 500 万元是实缴还是认缴的理解存在分歧;对合伙企业的实缴出资资本,哪些资金流水或者资产证明可以作为实缴出资证明,也未形成统一共识,亟待明确。

四是投资者资产证明材料的认定工作缺乏细则。调研中,市场反应各家券商对于投资者使用何种证明文件来证明其本人名下证券资产市值,标准不一,需要全国股转予以明确。

五是计算资产时未对投资者信用账户负债情况进行规定。从市场反应的情况看,新三板市场部分投资者已开通融资融券业务,但在申请新三板合格投资者资格时,需要进行两融业务了结并进行担保品划转,手续非常复杂,增加了开户成本。

六是打击"过桥"资金虚假开户缺乏抓手。从调研情况看,目前市场上存在自然人投资者"垫资开户"的情况。部分投资者以开户为目的,外借"过桥"资金存入账户,完成开户后再将资金挪走。对于这类行为,券商营业部目前缺乏进行管理的依据和抓手。

(二)相关政策展望

基于新三板市场的定位及挂牌企业的高风险性,新三板市场应以追求适度的流动性为宜,因此不宜降低自然人合格投资者的门槛。改进新三板市场投资者适当性制度,仍应当坚持风险匹配原则,同时结合新三板市场的定位、分层尤其是对流动性的追求综合考虑。

一是短期内不宜降低自然人投资者准入门槛,可适当降低机构投资者准入门槛至300万元。中长期看,待市场发展稳定后,建议根据新三板市场的分层情况,设定不同的自然人合格投资者准入门槛。短期来看,自然人投资者的准入门槛应维持500万元的标准不变,但可适当降低机构投资者的准入门槛至注册资本300万元。中长期看,市场分层制度成熟后,对于流动性差、风险高的基础层,严格自然人合格投资者准入门槛,建议维持现有的500万元准入门槛不变。对于风险相对较低、追求适度流动性的创新层及更上一层,建议比照私募基金自然人合格投资者的规定,适当降低自然人合格投资者准入门槛,将500万元下调到300万元。

二是建议修改自然人合格投资者风险识别能力和风险承受能力的标准,分别将“两年以上证券投资经验”改为“两年以上私募股权投资经验”,将“证券资产”修改为“金融资产”,明确金融资产应包括银行存款、股票、债券、基金份额、资产管理计划、银行理财产品、信托计划、保险产品、期货权益等。

三是建议全国股转出台细则,适当延长投资者金融资产在账时间,禁止过桥资金开户。建议延长投资者资金在账户时间至一周或15天,以确保投资者真实具有风险承受能力,避免部分投资者融资转入证券账户、开户后资金迅速转走的规避行为。

四是建议明确机构投资者500万元注册资本应为实缴资本。《公司法》2013年修订后,将实收资本制改为认缴资本制,除特定类型的企业外,注册资本是否实缴由公司发起人或认购者自行决定。从机构投资者参与新三板市场投资活跃交投、防范风险的角度看,应要求机构投资者具备相应的资本金,建议明确注册资本为实缴。

五是建议建立针对信用账户负债的计算标准。建议对自然人投资者开设证券信用账户的,在计算合格投资者的资产标准时,采取简单的计算方式,在相关细则中规定“投资者证券账户下剔除信用账户负债后,前一交易日日终证券类资产市值500万元人民币以上的,可以开设全国股转系统账户”。

十、进一步规范新三板市场中介机构的政策展望

中介机构是新三板市场发展的重要支撑。目前,**新三板市场的中介机构主要分为三类:一是主办券商,二是会计师事务所,三是律师事务所。**从新三板市场发展参与程度和机构重要程度区分,由于涉及挂牌、交易、定增、并购、信息披露、持续督导甚至摘牌等业务环节,主办券商是新三板市场最为重要的中介机构。

（一）存在的主要问题

新三板市场的发展离不开中介机构的支持，一定程度上，券商持续督导责任大大降低了股转系统和证监会的监管责任和具体工作。但是，新三板中介服务领域问题日益凸显，需要妥善处置，以夯实中介机构服务的基础，提升中介机构服务的质量，促进新三板市场长期可持续发展。

一是中介机构的服务量巨大，不堪重负。目前，由于新三板扩容迅猛，同时，新三板挂牌企业的中介服务是“全流程”的，涉及挂牌、交易、定增、并购、信息披露、持续督导甚至摘牌等诸多环节，中介机构的服务数量大、复杂程度高、触碰风险可能性大。即使不新增挂牌公司及其他相关业务，目前券商、会计师等中介机构的服务亦不堪重负。比如，某券商 1 个督导员需要负责 20 家左右挂牌企业的督导工作，督导工作量巨大。

二是中介机构的服务质量整体相对偏低。大部分新三板市场的挂牌企业资质、规范程度相对较差，中介机构服务的实际成本较高，但是，新三板中介机构的收费标准较低，很大一部分中介机构对新三板采取相对低的标准来进行业务操作，中介机构领域就出现了部分勤勉尽责不到位的情况，使得新三板中介服务质量整体偏低。甚至，个别会计师事务所的审计业务是外部第三方机构负责编制、事务所会计师签字的“通道业务”。

三是中介服务出现收缩服务的趋势。2016 年以来，由于新三板流动性较差，市场发展前景不明，同时监管趋于严格，中介机构出现了收缩新三板业务的趋势，券商对于挂牌企业遴选、做市业务参与以及持续督导等都相对谨慎，会计师事务所亦对新三板审计等业务扩张保持警惕。中介机构业务收缩与新三板市场继续快速扩容使得新三板中介服务扭曲问题将日益严重。

（二）相关政策展望

一是适度降低新三板市场扩容速度。按照目前的发展速度，2017 年年底新三板挂牌公司可能达到 2 万家，而券商数量、新三板人员数量以及服务的能力无法同步增加，新三板市场扩容应该循序渐进、稳步发展，以缓释发展和服务的扭曲程度。

二是强化新三板挂牌企业培训工作。股转系统或其他相关机构应该加大对新三板挂牌企业董监高、财务人员和信息披露人员等的培训工作，提高相关人员专业水平，提高企业治理水平，提高企业规范程度，降低中介机构的低水平服务负担，提升信息披露的规范性、及时性和有效性。

三是继续维持中介机构监管标准。股转系统和证监会不能因为中介机构服务问题而降低对其监管标准，继续维持对中介机构的监管标准，强化相关的处罚标准，促使部分好“圈地”、不合格、不尽职的中介机构退出新三板市场，以提高新三板市场和整个资本市场的中介服务质量。

四是完善新三板中介服务制度安排。结合新三板市场整体发展改革以及诸如摘牌制度建设等，以市场化思维完善持续督导机制，合理设计中介机构终止中介服务的制度安排。

五是完善新三板中介机构的奖惩标准。在继续强化新三板中介机构服务监管标准、强化中介服务违规处罚标准的同时，需要合理安排中介机构尽职服务的奖励标准。比如，出于新三板市场和挂牌企业成长促进的目的，可以考虑对在新三板市场服务中没有出现违规问题的券商在综合考评中给予一定的奖励分数，以促进券商规范开展业务、提升持续督导水平、完善市场中介服务体系。

十一、进一步提高新三板市场信息披露质量的政策展望

（一）新三板市场信息披露及存在的问题

新三板市场服务对象定位主要是为创新型、创业型、成长型中小微企业发展服务，促进大众创业万众创新。为了适应于企业发展初期的特征和需求，企业挂牌的条件相对较低，是一个以信息披露为基础支撑的备案制市场。股转系统对新三板挂牌企业的备案和信息披露不做实质性审核，新三板市场本质上与注册制市场是相似的，这个市场最为核心的基础设施就是信息披露制度。**但是，新三板市场信息披露仍然存在较多的问题。一是挂牌企业信息披露质量整体不高，挂牌企业信息披露的规范性、及时性和准确性相对较低。二是挂牌企业信息披露规范意识不强，对于关联交易、重大事项等信息披露的及时性和规范性较差。三是挂牌企业信息披露流于形式。**

（二）相关政策展望

一是强化新三板市场以信息披露为核心的市场发展方向。要求中介机构特别是券商做好持续督导工作，强化其信息披露的相关工作，围绕信息披露做好挂牌企业相关的服务工作。对持续督导和信息披露完成情况较好的券商，给予考核加分的待遇；对于持续督导和信息披露完成情况较差甚至违规的券商，给予相关的惩罚。

二是完善新三板挂牌企业的治理结构。通过相关制度安排、规范要求、直接

监管以及培训等渠道，促进新三板挂牌企业加强现代治理体系建设，建设相对完善的治理结构，充分发挥股东大会、董事会和监事会的功能，强化信息披露主体建设和健全信息披露制度，自下而上地形成新三板市场信息披露制度的微观支撑。

三是强化新三板信息披露机制的差异化安排。对于创新层和基础层挂牌企业的信息披露设置差异化的制度安排，比如，创新层挂牌公司需要严格披露半年报和年报，基础层挂牌公司则只需在一个年度内披露一次经审计的季报、半年报或年报。考虑新三板挂牌企业信息披露时间与A股实现差异化安排，比如创新层挂牌企业半年报或年报可以比A股上市公司晚披露1个月，基础层挂牌企业可以选择披露季报。甚至可以考虑在较长市场后进一步分层，对不同层级挂牌企业施用不同信息披露标准，对于股东人数较低、没有再融资、没有做市等挂牌企业可以考虑降低信批频次和要求，但仍然要求准确性、规范性。

四是强化新三板挂牌企业信息披露的培训工作。加强对新三板挂牌企业的董事会、监事会和高管成员的培训工作，强化其信息披露的主体意识、责任意识和规范意识；加强对新三板挂牌企业信息披露人员的业务培训工作，对财务总监、财务人员、董事秘书等人员进行相对基础的信息披露业务培训，以提升信息披露报告的准确性、规范性和及时性。

十二、完善新三板摘牌制度的政策展望

近三年新三板市场进入高速扩张发展期，挂牌企业迅速增加，但挂牌企业鱼龙混杂，质量参差不齐。但是，新三板市场流动性较差，投资者投资意愿不足，市场的股份供给和投资需求出现严重的错配，新三板市场长期可持续发展面临重大的挑战。完善新三板市场挂牌企业的退出机制，特别是完善新三板挂牌企业的强制摘牌制度是未来新三板市场发展的重大制度保障。

（一）新三板市场退出机制的现状及问题

新三板市场退出机制包括主动摘牌和强制摘牌两种方式，强制摘牌并非主要方式。申请主动摘牌的挂牌企业主要是由于并购重组和申请主板IPO，目前已有12家企业在新三板摘牌后，在主板、创业板和中小板上市。强制摘牌主要是由于挂牌企业不能履行信息披露业务、存在重大违法违规等情况触发摘牌条件。目前被强制摘牌的挂牌企业较少，近期股转系统对不能按规定期限披露2015年年报的朗顿科技和中成新星采取强制摘牌。

新三板市场现行退出机制无法实现市场的遴选功能，反而引发了逆向选择。新三板挂牌企业差异性较大，在实行备案制准入和缺乏强制摘牌制度的条件下，

新三板市场股份转让和融资功能较差,这导致了逆向选择问题,好的企业不愿进入新三板或主动摘牌,坏的企业则争相涌入但逐步会成为“僵尸”挂牌企业,最后使得新三板市场进入一个自我强化的恶性循环。

新三板强制摘牌制度的设计相对简单,使得强制摘牌缺乏制度性支撑。关于强制摘牌条件的法律法规只有《全国中小企业股份转让系统业务规则(试行)》规定了两个强制退市的条件:(1)未在规定期限内披露年度报告或者半年度报告的,自期满之日起2个月内仍未披露年度报告或半年度报告;(2)主办券商与挂牌公司解除持续督导协议,挂牌公司未能在股票暂停转让之日起3个月内与其他主办券商签署持续督导协议的。

(二)相关政策展望

为了保障新三板市场长期可持续发展,完善新三板市场的摘牌制度,推动新三板成为“有进有出”的市场化选择交易场所,促进挂牌企业优胜劣汰,是完善市场功能、保持市场健康发展的基础工作。

一是强化新三板摘牌制度的基础设施功能。利用市场化的手段,结合新三板发展阶段,构建摘牌指标,完善新三板主动摘牌和强制摘牌机制,实现新三板挂牌企业的优胜劣汰,形成正向激励机制。

二是注重差异化的摘牌制度。在制定强制摘牌标准上,分层构建不同的综合指标,对不满足标准的企业进行强制摘牌,对基础层和创新层可以设置不同的强制摘牌标准,对创新层的摘牌指标可以相对提高,但应该匹配差异化的制度供给,保障创新层企业或更高层级企业能够获得一定的差异化政策优势。

三是细化强制摘牌的指标设计。细化新三板强制招标的指标体系设计,将挂牌企业财务造假、欺诈、董监高违法行为等纳入强制摘牌的指标体系之中,在重要指标上实行“一票否决”制度,在其他指标上面实行“累积制”,达到一定阈值就要求挂牌企业摘牌,以提升新三板市场的淘汰功能,实现新三板市场的优胜劣汰。

四是缩短强制摘牌流程,加大强制摘牌的执行力。在出台常态化的摘牌制度后,增强摘牌执行力度和缩短摘牌流程有利于减少企业退出成本,促使更多不适合新三板的企业退市。

五是设置与IPO相互衔接的暂停交易及摘牌制度。目前挂牌企业准备IPO,就要在新三板申请摘牌。对于准备IPO而主动申请暂停交易或摘牌的挂牌企业,可以允许在IPO准备期可以继续享有在新三板的交易和融资功能。

图书在版编目(CIP)数据

饶胖说新三板:董秘资本实务二十讲/饶钢,洪卫青著. 一北京:法律出版社,2017
ISBN 978-7-5118-6291-4

Ⅰ.①饶… Ⅱ.①饶…②洪… Ⅲ.①中小企业一企业融资一研究一中国 Ⅳ.①F279.243

中国版本图书馆CIP数据核字(2017)第168290号

饶胖说新三板:董秘·资本实务二十讲
RAOPANG SHUO XINSANBAN:
DONGMI · ZIBEN SHIWU ERSHIJIANG

饶 钢 洪卫青 著

责任编辑 赵明霞 章 雯
装帧设计 马 帅

出版 法律出版社
总发行 中国法律图书有限公司
经销 新华书店
印刷 中煤(北京)印务有限公司
责任印制 胡晓雅

编辑统筹 法商出版分社
开本 710毫米×1000毫米 1/16
印张 25.5
字数 436千
版本 2017年8月第1版
印次 2017年8月第1次印刷

法律出版社/北京市丰台区莲花池西里7号(100073)
网址/www.lawpress.com.cn
投稿邮箱/info@lawpress.com.cn
举报维权邮箱/jbwq@lawpress.com.cn
销售热线/010-63939792/9779
咨询电话/010-63939796

中国法律图书有限公司/北京市丰台区莲花池西里7号(100073)
全国各地中法图分、子公司销售电话:
统一销售客服/400-660-6393
第一法律书店/010-63939781/9782 西安分公司/029-85330678 重庆分公司/023-67453036
上海分公司/021-62071010/1636 深圳分公司/0755-83072995

书号:ISBN 978-7-5118-6291-4 **定价:**68.00元
(如有缺页或倒装,中国法律图书有限公司负责退换)